I0078726

INTELIGENTNI PLAN

INTELIGENTNI PLAN

PORUKA ZA ČOVJEČANSTVO

RAEL

Copyright © The Raelian Foundation 2009

Autorsko pravo Raela na ovo djelo utvrđeno je sukladno Zakonu o zaštiti autorskih prava, dizajna i patenata iz 1988. godine.
Sva prava su zadržana. Nijedan dio ovoga izdanja ne smije se umnožavati, pohranjivati u sustav za pretraživanje podataka, ili preoblikovati u bilo kojem obliku i na bilo koji način, elektroničkim, mehaničkim putem, presnimavanjem, ili drugačije u svrhu prodaje ili zbog komercijalne dobiti bez prethodnog dopuštenja autora i nositelja autorskih prava u pisanom obliku.

Ovo izdanje izmijenjenog naslova pisano na hrvatskom jeziku, ponovno je sastavljeno i iznova prevedeno i osuvremenjeno izdanje tri Raelova izvornika na francuskom jeziku "Le Livre Qui Dit La Verite" (Knjiga Koja Govori Istinu) koja se prvi puta pojavila u Francuskoj 1974. godine, "Les Extra-Terrestres M'ont Emmene Sur Leur Planete" (Izvanzemaljci Su Me Poveli Na Svoj Planet) i "Accueillir les Extra-Terrestres" (Poželimo Dobrodošlicu Izvanzemaljcima).

ISBN: 2-940252-29-7
ISBN-13: 978-2-940252-29-9

Izdavač: Nova Distribution
Izdavača možete kontaktirati na web adresi: publishing@rael.org

Zasluge za izdavanje navedenih knjiga
Glavni urednik i voditelj projekta: Cameron Hanly
Pomoćnik pri vođenju projekta: Line Gareau i G.K.
Provjera prijevoda: Teja Šobak, Vukota Lekić, Mitja Urbančič
Dizajn naslovne strane: Rael i Cameron Hanly

Sadržaj

TREĆA KNJIGA : POŽELIMO DOBRODOŠLICU IZVANZEMALJCIMA

PREDGOVOR

Anthony Greya,
međunarodno poznatog romanopisca,
novinara i komentatora na radio emisijama.

Uvjeren sam da ovaj izvanredni opus sadrži obavijesti o otkrićima od najvećeg dometa i važnosti za čovječanstvo. Po prvi puta kombiniraju se tri važne knjige pretočene u jednu, a pisane su vrlo jednostavnim jezikom potkrijepljenim činjenicama. Ovo novo opsežno djelo za mene predstavlja jedino stvarno uvjerljivo objašnjenje koje sam dosad otkrio o našem fizičkom podrijetlu, našoj povijesti na ovom planetu, našem mjestu i sadašnjem položaju u nama poznatom svemiru te naposljetku razloge koji stoje iza naših kronično djeljivih i potencijalno samo-razornih globalnih religioznih uvjerenja.

Zbog svega ovoga vjerujem da ova nova knjiga zajedno s ostale četiri Raelove knjige ima moć preobrazbe našega poimanja ovoga jako ispaćenog svijeta otvarajući put u novu, do sada nezapamćenu epohu o svjetskom miru, harmoniji i dosad nezabilježenom znanstvenom i društvenom napretku. Prije svega, Raelov tekst koji se nalazi između ovih korica tvrdi da nismo sami u svemiru. On pokazuje da smo trenutačno vrlo mladi, ali i nadasve moćni članovi većega klana galaktičkog čovječanstva koje je upravo poput nas samih. Naprednija ljudska civilizacija koja je koncipirala i planirala našu egzistenciju na ovom planetu nas voli, promatra i usmjerava sve dok si to dopustimo.

Iako ove tri knjige u jednom izdanju ne govore iscrpno o svemu, niti odgovaraju na sva zamišljena pitanja o našem svemiru i nama samima, one nadaleko nadmašuju sve ostalo što je do sada izdano na području ufologije i izučavanja svemira jasno nudeći autoritativni uvid u raznovrsne teme kao što je raznovrsna i beskrajna priroda cjelokupne žive materije, naše povijesti na planetu, ljudske i biljne genetike, spolnosti, senzualnosti, psihologije, politike i prave prirode kriminaliteta. Jednako tako bacaju fascinantno, novo svjetlo na mnoge druge svjetske teme uključujući vlasništvo, odgoj nadarene djece, staromodne vrijednosti naših konvencionalnih bračnih sustava i veliku važnost sporta, čak i nasilnih sportova pri stvaranju i podupiranju miroljubivog ljudskog društva.

U detaljnom prikazu o tome kako su ljudski znanstvenici iz drugoga dijela naše galaksije planirali sve oblike života na Zemlji uključujući ekosustave i nas, Rael učinkovito demistificira i preusmjerava sve drevne napise glavnih svjetskih religija. Dok naglašava da sve vjere i njihove povijesne tradicije i kulture još uvijek zaslužuju naše poštovanje, objašnjava kako su one zastarijevale nastavljajući mračno svjedočenje o ovoj novootkrivenoj praktičnoj znanstvenoj stvarnosti. Ovaj opus na najprotuslovniji način ukida pojam da nad svima nama predsjeda dobrohotni, sveznajući, svemoćni, duhovni, mistični i nematerijalni Bog. Naglašava da napisi svih glavnih religija govore o predstavnicima krajnje sofisticirane i nadasve kultivirane civilizacije – o ljudskim bićima poput nas, koja se iskreno brinu o nama, jer su baš ovdje po prvi put otkrila i razvila svoj vlastiti genij za preobrazbu života od planeta do planeta ovladavanjem na području DNK. Ukratko, ova knjiga ogromne važnosti našu prošlost, sadašnjost i budućnost postavlja na čvrste znanstvene temelje bez umanjivanja ljepote, radosti i duhovnosti našega postojanja. Zapravo, ona znatno povećava razumijevanje i praksu nove duhovnosti zdravog razuma koja se zasniva na meditaciji i postizanju unutarnjeg mira i harmonije koji se izvanredno uklapa u ovu novu eru svemirskih putovanja i genetske modifikacije nas samih kao i našeg okoliša.

Autor ovog jedinstvenog djela rođen je kao Claude Vorilhon u Francuskoj, u rujnu 1946. godine. Ime je promijenio u Rael, što znači "glasnik" na hebrejskom, nakon susreta s ljudskim bićem sa drugog planeta pošto je mali svemirski brod sletio na udaljeno vulkansko područje u južnoj Francuskoj u prosincu 1973. godine. Tijekom nekoliko uzastopnih dnevnih susreta izvanzemaljski stanovnik ljudskoga lika usmeno mu je izdiktirao većinu teksta prve knjige ovoga opusa i rekao da je to "poruka koja se mora uputiti cijelom čovječanstvu". Rekao je Raelu da su svi veliki proroci glavnih religija kroz povijest bili o tome obaviješteni sukladno razini obrazovanja iz njihova vremena, pa je na isti način pozvao Raela na preuzimanje misije u izvršavanju onoga što je nazvao "naša završna poruka" koja se mora obznaniti diljem svijeta. Rael je prihvatio zadatak te je ubrzo napisao i izdao prvu knjigu na francuskom jeziku pod simpatično jednostavnim naslovom *Knjiga Koja Govori Istinu*.

Skoro dvije godine kasnije, u listopadu 1975. došlo je do drugoga susreta u šumi pokraj mjesta Brantome u regiji Perigord u Francuskoj i tada su Raela pozvali u svemirski brod napredne tehnologije i poveli ga na zapanjujuće putovanje puno otkrivenja. Rael ga potanko opisuje u drugom poglavlju knjige pod naslovom *Izvanzemaljci su me Poveli na Svoj Planet*, koja je također prvi put izdana krajem 1975. kao posebni svezak na francuskom jeziku.

Uzimajući u obzir činjenicu da su američki, ruski, kineski i europski astronauti do sada bili poznati po uspjesima u smionim pothvatima samo na najbližim marginama svemira, većinom u orbiti oko Zemlje i našeg Mjeseca, možda će se na prvi pogled činiti neobičnim da je Rael bez skafandera ili neke druge osobite opreme brzo i neočekivano poveden sa šumovitog europskog proplanka na put kroz našu galaksiju na daleki, drugi planet. Ali upravo to je ono što on ovdje opisuje istim objektivnim jezikom činjenica navodeći detaljne opise neobičnih iskustava na planetu njegovih domaćina "Elohim". Poznavajući ga nekih trinaestak godina, ne sumnjam da on ovdje opisuje stvarna i činjenična iskustva.

U trećoj knjizi pod naslovom *Poželimo Dobrodošlicu Izvanzemaljcima*, čiji je original izdan 1979., a koja se sada prvi puta pridružila prvim dvjema knjigama u ovom novom izdanju, Rael odgovara na neka od najuvrježenijih pitanja koja su stalno postavljali novinari i drugi ljudi o njegovim originalnim napisima na početku njegova rada. Vrlo znakovito i treću knjigu nadalje dopunjuje novim proširenim materijalom o vlastitom podrijetlu za koje kaže da su ga njegovi izvjestitelji 1975. godine zamolili da ne odaje sljedeće tri godine. Ostala jednako bitna djela uslijedila su u uzastopno napisanim knjigama pod naslovom: *Senzualna meditacija, Da, kloniranju ljudi, Geniokracija* i *Maitreya*. Da bismo dobili stvaran i potpun uvid u njegova do sada nezapamćena otkrića i shvaćanja, važno je pročitati sve ove knjige.

U potankom pripovijedanju o ovom kratkom prikazu Raelove

priče nisam uvrstio uobičajene opisne fraze kao što su "navodi se" ili "priča se" što bi se od odgovornih novinara, a osobito od nekadašnjih inozemnih dopisnika koji su izvještavali iz Pekinga i Berlina, među ostalim podacima baš moglo i očekivati u svrhu distanciranja od kontroverznih ili nevjerojatnih informacija koje prenose. Ovo sam uradio upravo u namjeri da bih istaknuo da je Rael čovjek visokog integriteta koji opisuje stvarna iskustva na iskren i potpuno istinit način.

Naravno, novinar s međunarodnim iskustvom poput mene naviknut je na procjenjivanje pouzdanosti i ostaloga kod onih ljudi čije informacije navodi čak i ako ponekad prikriva identitet osobe od povjerenja iza uvriježene fraze poput "obično dobro obaviješten izvor" ili "obično pouzdani izvor". U ovom pogledu Raela procjenjujem kao osobito pouzdanog svjedoka o onome što je iskusio, premda se to često može činiti fantastično. Mislim da je on doista "bez premca informiran, pa je i pouzdan izvor", a obzirom da sam ga slušao kako drži javna predavanja tijekom trinaestogodišnjeg perioda i nakon preslušavanja mojih i drugih snimljenih radijskih i televizijskih intervjua s njim imam utisak da možda čak i sada kaže manje nego što je naučio tijekom ovih izvanrednih, neočekivanih susreta sredinom sedamdesetih godina na ovom planetu i izvan njega. Možda je važnije da mi se duboka logika i racionalnost o kojoj su mu govorili njegovi izvjestitelji prikažu kao nepobitne činjenice.

Dva puta sam intervjuirao Raela tijekom priprema istraživačke dokumentarne serije na radiju za BBC World Service pod naslovom NLO-i – činjenica, fikcija ili mašta? Također sam intervjuirao razborite, odgovorne Francuze koji su ga susreli i odlučili podržati tijekom razdoblja koje je uslijedilo netom nakon njegova dva neobična susreta u sedamdesetim godinama. Isto tako sam upoznao i kao prijatelje poštujem mnoge druge vodeće i ostale članove njegove međunarodne organizacije. U kratkom predstavljanju Raelove priče svjetskom radijskom slušateljstvu kao jednom od aspekata kompleksnog fenomena NLO-a, slijedio sam uobičajenu praksu nepristrane objektivnosti, ali ovdje nisam oklijevao javno iskazivanje svojega uvjerenja da je Rael napisao knjige od krajnje važnosti i značaja za razumijevanje nas samih i poznatog svemira u kojem živimo. Ako je to tako, legitimno je postaviti pitanje zašto sadržaj ove knjige još uvijek nije opće poznat i zašto ga svijet nije prihvatio otprilike trideset dvije godine nakon objavljivanja njegove prve knjige? Ukratko, u Francuskoj je došlo do žestokog naleta interesa javnosti pošto je Rael na televizijskoj govornoj emisiji objavio prikaz onoga što mu je rečeno po dovršetku svoje prve knjige. Ipak, ova upečatljiva priča nekako nije odmah bila opće prihvaćena u Europi niti je sebi tada prokrčila put u inozemstvo putem uobičajenih programa za emitiranje vijesti. Jedno objašnjenje je da nacionalni i međunarodni mediji za emitiranje vijesti imaju neobično konzervativni pristup izvješćivanja o vijestima koje su besprimjerne. Dobro uhodane klišej priče koje su sigurne i pouzdane uvijek pronalaze put u televizijskim pregledima vijesti i novinama, dok za nešto zaista radikalno treba proći dugi period da bi se o tome podrugljivo izvijestilo, ako uopće i tako. Omalovažavanje moguće istine o dosad nezabilježenim informacijama naoko je instinktivan potez kojem uvijek iznova pribjegavaju mnogi novinari da bi izmakli sumnji o lakovjernosti njihove organizacije, kao i njihovoj vlastitoj. Ovo se velikim dijelom događa i s Raelovim izvanredno bitnim informacijama tijekom posljednjih tridesetak godina i svjetski mediji do sada općenito nisu o tome iscrpno obavještavali javnost. Dakako, postoje naznake da se ovo napokon počelo mijenjati. To se mora pozdraviti obzirom da smatram da sadržaj ove knjige čine naslovnica, glavni naslov, glavna priča kojoj nikada nije poklonjena svjetska važnost koju zaslužuje. Malo po malo, prošle su godine od 1973. i nova znanstvena otkrića potvrdila Raelovu originalnost početnih informacija. Kada u potpunosti bude dokazano da je istinita, siguran sam da će glavnina informacija predstavljena na narednim stranicama biti sagledana kao najveće otkriće u sačuvanoj povijesti čovječanstva. Ali, naravno, do sada su postojala dva očigledna razloga zašto one odmah nisu bile prepoznate kao takve.

Prije svega, ovdje ne postoji neosporivi fizički dokaz koji bi podupirao ono što je Rael napisao. I drugo, priroda onoga o čemu govori jako je uznemirujuća za utabani sustav vjerovanja religijskih, znanstvenih, akademskih i drugih institucija u cijelom svijetu. Kao pojedinci, mi smo svi nesvjesno pod utjecajem konvencija našeg obrazovanja, odgoja i ograničene klime poimanja koju potiču većinski konzervativni i nepoduzetni novinski mediji.

Sve ovo ne iznenađuje obzirom da od pojedinaca iziskuje izvjestan napor u postajanju nezavisnih slobodoumnih jedinki i prebrođivanju ovakvih utjecaja. Iz ovih razloga su ove izvanredne informacije jako sporo proputovale svijetom tijekom protekle trideset dvije godine, najvećim dijelom uslijed upornih, nenapadnih nastojanja Međunarodnog raeljanskog pokreta koji je u vrijeme pisanja ovih redaka tvrdio da ima oko 60.000 članova u gotovo devedeset zemalja.

Sada, nakon više od trideset godina, sam Rael je svojom blagošću, strpljivošću i humorom uvijek iznova objašnjavao svoju priču, sigurno više tisuća puta na radiju, televiziji i novinarima za tiskovine u većini svjetskih država. Kada bi ga ismijali ili izrugali, što se često događalo u emisijama uživo ili za vrijeme snimanja intervjua u studiju tijekom kojih sam bio nazočan kao njegov komercijalni izdavač za engleski jezik i pristaša njegove neuobičajene misije, uvijek se ponašao s jednakom mirnom uljudnošću i nepoljuljanim samopouzdanjem. Ni jednom nisam primijetio da je izgubio mirno držanje čovjeka koji bez tračka sumnje zna da govori istinu.

Dakako, što se tiče prikupljanja dokaza, Rael navodi da Elohim hotimično uskraćuju svaki izravni fizički dokaz koji bi podupirao njihova otkrivenja – osim činjenice da će se, kako vrijeme bude odmicalo, njihov svemirski brod sve češće pojavljivati na našem nebu. Oni kažu da je vrlo bitno da u cijelosti razmotrimo konačne informacije bez dokaza – logika i razboritost onoga što su otkrili sadrži njihov vlastiti znak istine.

Razumjeli mi i prihvatili njihove obavijesti, filozofsko učenje i shvaćanja ili ne, kažu da je to ključni test naše inteligencije i snage percepcije i iz naših reakcija će vidjeti jesmo li dovoljno zreli da nam povjere njihovo krajnje nadmoćno društveno i znanstveno znanje koje je 25.000 godina ispred našeg.

Njihovo objašnjenje je da ne žele sletjeti otvoreno i javno u bilo koju državu jer bi to dovelo do kršenja našega planetarnog zračnog prostora na nacionalnoj i međunarodnoj razini. Ateriranje na bilo kojem prostoru također bi impliciralo odobravanje vlade i filozofije te države, a oni to ne odobravaju ni u jednoj državi. Stoga im je potrebno njihovo vlastito izvanzemaljsko veleposlanstvo s nekom vrstom eksteritorijalnih prava koja bi uživao bilo koji uvaženi diplomat, posjetitelj u stranoj državi. Obzirom da je njihovo prvo veleposlanstvo na Zemlji bio prvi hram u Jeruzalemu, zamolili su da se izgradi njihovo novo suvremeno veleposlanstvo što bliže svim gradovima u srcu Izraela.

Unatoč neznatnom prihvaćanju Raela i onoga što je on u medijima zastupao do današnjih dana, vrijeme se već pobrinulo za sve veću solidnost njegovih napisa. Godine 1974.-75., kada je progovorio o tome da su svi oblici života na Zemlji stvoreni u laboratorijima znanstvenika Elohim putem ovladavanja DNK, naši znanstveni istraživači na polju genetike bili su daleko manje napredni u obavljanju svojega rada nego danas. U veljači 1997. godine, oko četvrt stoljeća nakon Raelovog prvog susreta s posjetiteljem iz svemira, došlo je do najave povijesne, svjetske prijelomne točke na polju biologije iz Edinburga u Škotskoj, koja je otkrila da su britanski embriolozi umjetnim putem uspjeli klonirati ovcu nazvanu Dolly.

Tada je rečeno da će kloniranje ljudi biti moguće unutar razdoblja od dvije godine i Rael je odmah izdao poruku u tiskovinama navodeći: "Sve ovo pokazuje da je tehnologija koju se smatralo nemogućom u vrijeme mojih prvobitnih otkrivenja sada potpuno dostižna."

Prognoza da bi bilo moguće klonirati ljudsko biće za dvije godine u ovom slučaju se nije pokazala točnom. Dakako, Rael je te iste godine osnovao novu tvrtku pod nazivom Clonaid i ona je postala prvo komercijalno poduzeće u svijetu koje nudi usluge kloniranja za javnost i u prosincu 2002., pet godina nakon objavljivanja Dollynog rođenja, dr. Brigitte Boisselier, predsjednica Clonaida, objavila je na prepunoj tiskovnoj konferenciji u Miamiju da je ova tvrtka asistirala prvom rođenju uspješno kloniranog čovjeka - djevojčice nazvane Eve. Dr. Boisselier je kasnije objavila da je Clonaid postigao niz rođenja ostalih klonova u određenom broju zemalja diljem svijeta, a tako je i bilo u jesen 2005. godine kada se ova knjiga trebala tiskati. Dr. Boisselier javno se izjasnila da je želja Clonaida zaštititi privatnost i sigurnost klonirane novorođenčadi i njihovih roditelja, što je njen prioritet, ali će dokazi o dostignućima tvrtke Clonaid biti pravovremeno objavljeni.

U međuvremenu, nove prednosti pri poimanju kloniranja, DNK i matičnih stanica nastavljaju se redovito pojavljivati u našim novinama dajući novo uporište onom što je Rael pisao i govorio tijekom proteklih trideset godina. U jednom značajnom primjeru japanski znanstvenici su objavili da je njihovo istraživanje pokazalo da je genetski bazen za sve rase na Zemlji nastao od zapanjujuće malog zajedničkog temelja prije otprilike 13.000 godina. Ovaj broj je ponovio ono što je Rael napisao s nevjerojatnom preciznošću otkako su Elohim rekli da su ovdje započeli svoj rad prije 25.000 godina i da su proveli nekih 12.000 godina u pripremi planeta i kreiranju ekosustava, morskog života i ptica, a onda su na red došli kopneni sisavci prije konačnog upuštanja u stvaranje ljudi "prema vlastitom liku". Rael kaže da su vođe Elohim stalno živjeli tijekom ovih 25.000 godina i da su od tada dugo izučavali kako genetički ponovno stvoriti ljudsko tijelo bez narušavanja pamćenja i osobnosti. Tvrde da ćemo i sami uskoro biti u mogućnosti produžiti naš prosječni životni vijek za otprilike 1.000 godina, kao što su to učinili oni. Rael kaže da oni također pomoću računala nadziru misli i djela svakog pojedinca na Zemlji i da svakoga od nas daljinskim uzimanjem uzoraka jedne jedine stanice našeg tijela mogu ponovno stvoriti u trenutku smrti. Izvješćuje da je već oko 8.000 ljudi sa Zemlje ponovno stvoreno na njihovom planetu kada su ga tamo odveli 1975. godine.

Izvan istraživačkog rada koji se vršio u znanstvenom laboratoriju nedavni vrlo značajni rad na ovom akademskom polju ponovno je podržao Raelovu poruku. Dana 4. kolovoza 2004. bez pompe je svijetu predstavljen najsveobuhvatniji izazov Darwinovoj teoriji evolucije poznat pod nazivom Inteligentni dizajn. Ova nova teorija pretpostavlja da se do ni jednog živog entiteta ne može doći slučajno i formalno ju je predstavio dr. Stephen C. Meyer, direktor Centra instituta za znanstvene i kulturološke izume u članku koji je izdao Nacionalni muzej prirodnih znanosti pri Smithsonian institutu u Washingtonu D.C. u časopisu za biologiju. Časopis, *Postupci Društva biologa Washingtona* (svezak 117, br. 2, str. 213.239), objavio je članak pod naslovom "Podrijetlo biološke informacije i viših taksonomskih kategorija" u kojem dr. Meyer raspravlja o tome da nijedna općenito prihvaćena teorija evolucije ne može biti razlog za podrijetlo informacija koje su potrebne za stvaranje novih životinjskih vrsta. Kao alternativu je predložio "inteligentan dizajn". Ovaj članak je predstavio prijelomnu povijesnu točku za one koji su dugo ispitivali Darwinovu nedokazanu teoriju jer je bila izdana u osvrtu akademskog časopisa i od tada je znanstvenici, koji su prethodno imali obvezu pozivati se samo na teoriju evolucije, pri objašnjenju svojih otkrića sve više koriste kao preporuku.

Komentirajući ovo otkriće u to vrijeme dr. Boisselier je rekla da oni koji podržavaju Raela u cijelom svijetu imaju razlog za veselje povodom ovoga događaja, jer je on biolozima omogućio da na žive jedinke ne gleda kao na rezultat koji je nastao slučajnim mutacijama, već više kao na sofisticirane tvorevine u kojima je svaki detalj promišljen i ima razloga za postojanje. "Biologija će brzo napredovati", rekla je, "kada biolozi prestanu biti zaslijepljeni teorijom evolucije. Uvjerena sam da će se znanstvenici nakon deset godina od sadašnjeg trenutka osvrtati u čudu pitajući se zašto su tako dugo prihvaćali teoriju evolucije."

Ovaj prijelomni akademski događaj unio je u javnu svijest novi pojam "inteligentni dizajn" i otvorio je novu eru debate o teoriji evolucije i našem podrijetlu. "Inteligentni dizajn", koji je u kratko vrijeme postao poznat pod skraćenim nazivom ID, sada se počinje izučavati i razvijati na nekim uvaženim sveučilištima. Čak je i predsjednik George W. Bush, koji nije na glasu po svojim intervencijama u čisto intelektualnim debatama, izjavio da je "inteligentni dizajn" moguće objašnjenje za teoriju evolucije.

Znači li ovo da je predsjednik Bush poduzeo prvi korak na putu da postane Raeljan? Možda da, a možda i ne. Što god pokazala istina, ovo je još jedna ilustracija postupnog izranjanja čvrste potvrde Raelove priče. I doista, mogli bi nagađati o tome je li bit "Inteligentnog Dizajna" Elohim, u tome da oni vrlo sporo osvješćuju svijet koji su stvorili upirući na cjelokupnu istinu, jer je iznenadno i trenutno buđenje iz dubokog sna uvijek vrlo neugodno, a ponekad i štetno.

Dakako, zbog svih tih razloga su Raelova djela pod naslovom

Inteligentni Plan : Poruka za Čovječanstvo dobila ovo novo izdanje. U izvanrednom novom autorovom pogovoru u ovoj knjizi Rael ovu temu postavlja na novu razinu. On kaže da originalno i jedinstveno raeljansko objašnjenje podrijetla života na Zemlji učinkovito nudi Treći put koji se nalazi između Darwina i Postanka, pa bi ga se na najbolje dalo opisati kao ateistički Inteligentni dizajn, što je znanstvena tvorevina života na Zemlji koju je izvršila napredna ljudska civilizacija. Na jedinstveni način je ovaj Treći Put moguće reproducirati u laboratoriju.

Obzirom na sve do sada rečeno, moram naglasiti da nema takvoga sažetka koji bi istinski odao priznanje velikom značaju ove cjelokupne knjige. Sažimanje cjelovitog značaja svih njenih glavnih tvrdnji zahtijeva odmjereno razmatranje koje bi trebalo podariti svakoj od njih u njihovom kontekstu. Zato se nadam da će drugi pročitati ovaj predgovor koji će ih potaknuti na pažljivo čitanje cijele knjige. Ako je to sve istina, a siguran sam da je sve napisano iskreno i istinoljubivo, tada na ovom svijetu ništa ne može biti važnije.

Svijet istraživanja o NLO-u preplavljen je mnoštvom zapanjujućih i protuslovnih svjedočenja i tvrdnjama o životu izvan našega planeta, a sva su praktično bez dokaza. Ono što je Rael napisao ne dovodi do trenutnog mirenja svih ovih protuslovlja, a ništa drugo ne bi ni moglo. Izvan uznemirujućeg i još uvijek neobjašnjivog fenomena tvrdnji o iskustvima izvanzemaljskih otmica o kojima se piše u cijelom svijetu, drugi ljudi su tijekom proteklih četrdeset ili pedeset godina bili spremni na tvrdnje da su imali prijateljske osobne kontakte s izvanzemaljskim posjetiteljima koji su došli na naš planet. Lista osoba koje su "kontaktirale" s izvanzemaljcima sadrži varalice kao i druge koji su očigledno iskreni. Ali nitko od njih ni izdaleka nije dosegao točku do koje je stigao Rael na ljestvici navodno ponuđenih obavijesti i on je nepokolebljiv u činjenici da je samo njemu povjereno širenje ovih istina.

Upravo je proteklo više od trinaest godina od vremena pisanja kada sam i sam po prvi put pročitao sadržaj ove knjige. Francuski rukovoditelj poslova kojega sam susreo na konferenciji predočio mi je kombiniranu kopiju prve dvije knjige koju sam počeo čitati jedne večeri pošto sam kasno otišao u krevet, a čitao sam je cijelu noć do kraja i pritom nijednom nisam zaspao, kao ni tijekom cijeloga idućeg dana.

Gotovo odmah me je obuzeo sablasni osjećaj, da sam zahvaljujući dobrom slučaju došao do najveće moguće istine i taj osjećaj me od tada nije napuštao. Nakon razmišljanja i pažljivog poniranja u dublju smislenost ogromnih razmjera tijekom proteklih trinaest godina, još uvijek čvrsto vjerujem kako je i prikazano u prethodnom dijelu da iznad svih trenutnih očekivanja ona ima potencijala da izmijeni nas i naš svijet. Kada bi nacionalni lideri ovu knjigu ozbiljno shvatili s čisto pragmatičnog stajališta i prihvatili zamisao da je naš svijet u usporedbi s mnogim naizgled nerješivim problemima zaostala "zemlja u razvoju", a da je dostupna neograničena pomoć i asistencija velikodušne i vrlo napredne žive supersile koja se nalazi izvan našeg planeta, tada bi se njihovo djelovanje u smjeru ostvarenja povijesnog susreta s predstavnicima Elohim u prvom svjetskom izvanzemaljskom veleposlanstvu pokraj Jeruzalema činilo kao vrijedni i smisleni međunarodni cilj.

Vjerujem da je jednako važna bit otkrića o samoj prirodi stvarnosti u kojoj živimo. Stvari koje su beskrajno male, kažu Elohim, imaju potpuno istu strukturu kao i beskrajno velike stvari i oni su Raelu dali do znanja da su to znanstveno dokazali. Ovo zvuči nevjerojatno možda iz razloga što naša vlastita znanost još ovo ne može shvatiti, ali kažu da su atomi i subatomi u stanicama naših tijela odrazi svemira iznad nas; oni sadrže sićušne planetarne sustave i galaksije na kojima postoje kompleksni, inteligentni oblici života poput nas.

Slično tome su naš vlastiti planet, Sunčev sustav, galaksija i svemir malene čestice u atomu nekoga nepreglednog organskog bića i sva materija se na različitim razinama odražava na ovaj način. Kažu da materija i vrijeme nemaju početka ni kraja i da je sve ciklično. Isprepleteni trokuti Davidove zvijezde kao simbol ove temeljne istine, koje su ilustrirane i objašnjene u odabiru fotografija otisnutih u ovoj knjizi, nalazili su se na prvom izvanzemaljskom svemirskom brodu koji je sletio pred Raelovim očima u Francuskoj. Tijekom svog drugog susreta podučavali su ga meditativnim tehnikama ukorijenjenim u ovim shvaćanjima koje on neprestano izučava na godišnjim seminarima na svih pet svjetskih kontinenata. Ove tehnike pod nazivom "senzualna meditacija" ili "meditacija svih čula" osmišljene su za buđenje uma pojedinca do svojih krajnjih potencijala na način da se prvo potpuno osvijeste fizički senzibiliteti tijela.

Nesumnjive koristi bilo koje vrste meditacije sve više se prepoznaju u medicini, ali tehnike koje podučava Rael osobito pomažu pojedincima pri postizanju većeg osjećaja harmonije s beskonačnom prirodom svih stvari i napokon, u odnosu jednog prema drugome. Blagotvorne kemijske reakcije stimuliraju se unutar tijela, popravlja se zdravlje, povećava se mentalno i fizičko unutarnje opuštanje. Ukratko, ono što je jedinstveno za sva ova učenja i njihovo prakticiranje je kombiniranje zdravog razuma zajedno s duhovnim i znanstvenim pristupom koji obećava transformaciju društva koja počinje tamo gdje mora početi svaka stvarna promjena – s pojedincem.

Po mom mišljenju, obzirom na mnoge razloge koji su ovdje prikazani u glavnim crtama izdanje knjige pod naslovom *Inteligentni Dizajn – Poruka Stvoritelja* označava kraj dugog razdoblja neshvaćanja i neznanja o nama samima i svrhama našega postojanja. Ne smatram da je pretjerana njena potencijalna važnost: mislim da je ovo jednostavno najvažnija knjiga koja je izdana tijekom dvije tisuće godina igdje u svijetu. Ako dobije zasluženu pozornost, vjerujem da bi mogla navijestiti i bez presedana nas uvesti u epohu svjetskog prosvjetljenja i promjene.

Jesen 2005
Norwich, Engleska

Anthony Grey, bivši inozemni dopisnik za Reuters u Istočnoj Europi i Kini – gdje je bio tijekom Kulturne revolucije dvije godine talac – i autor međunarodnih najprodavanijih povijesnih romana pod naslovom, *Saigon, Peking* i *Tokijski zaljev*.

(www.anthonygrey.co.uk)

PRVA KNJIGA

KNJIGA KOJA GOVORI ISTINU

1

SUSRET

Još od devete godine imao sam samo jednu strast - automobilske utrke. Da bih mogao živjeti u sportskom okruženju u kojem pojedinac stalnim nastojanjem u pobjeđivanju drugih pobjeđuje i samoga sebe, prije tri godine sam osnovao specijalizirani časopis za motociklizam. Još od ranog djetinjstva sanjao sam o tome da postanem vozač trkaćeg automobila slijedeći put nekog slavnog kao što je Fangio. Zahvaljujući vezama koje sam imao kao izdavač vlastitog časopisa često sam sudjelovao na utrkama. U tome sam bio tako dobar da moj stan sada krasi desetak trofeja.

Kada sam se ujutro 13. prosinca 1973. godine spremao otići do vulkana s pogledom na Clermont-Ferrand (Francuska) bilo je to najviše iz razloga da bih se nadisao svježeg zraka, a ne zbog vožnje automobilom. Noge mi nisu dale mira jer su navikle na utrke tijekom cijele godine, živio sam, tako reći, od utrke do utrke gotovo stalno na četiri kotača.

Zrak je u to doba bio hladan, a nebo prilično sivo s izmaglicom u daljini. Malo sam šetao, malo trčao, a onda skrenuo sa staze na kojoj sam ostavio automobil uputivši se prema središtu kratera zvanom Puy-de-Lassolas gdje sam ljeti često dolazio na izlete sa svojom obitelji.

To je prelijepo mjesto i oduzima dah pri pomisli da je prije nekoliko tisuća godina tu gdje sada stojim bila erupcija lave. Još i sada se ovdje među krhotinama mogu pronaći dekorativne vulkanske tvorbe. Oskudna vegetacija je nalik na onu u Provansi u Francuskoj, ali bez sunca.

Upravo sam namjeravao poći i posljednji put sam pogledao na vrh te zaobljene planine nastale od ohlađene lave, sjećajući se koliko sam se samo puta spustio niz njene strme padine klizeći, kao na skijama. Iznenada sam u magli vidio crveno, treptavo svjetlo, a onda nešto nalik helikopteru koji se spuštao prema meni. Helikopter je obično bučan, a ja nisam čuo apsolutno ništa, čak ni najslabiji zvuk. Možda je balon?

Objekt je bio oko 20 metara iznad tla i vidio sam da je pljosnat.

Bio je to leteći tanjur.

Oduvijek sam vjerovao da leteći tanjuri postoje, ali nisam ni sanjao da ću ga jednoga dana vidjeti. U promjeru je iznosio oko 7 m i 2,5 m visine, donji dio mu je bio ravan, a gornji stožastog oblika. Na donjem dijelu objekta treperilo je vrlo jako crveno svjetlo, a na gornjem dijelu je treptalo naizmjenično bijelo svjetlo kao kod fotoaparata. Bilo je tako jako da nisam mogao u njega gledati bez žmirkanja.

Objekt se nastavio spuštati bez najmanjeg šuma i zaustavio se oko dva metra iznad tla. Skamenio sam se stojeći potpuno mirno. Nisam bio uplašen, već ispunjen radošću što sam doživio tako veliki trenutak. Bilo mi je jako žao što sa sobom nisam ponio fotoaparat,

A onda se dogodilo nešto nevjerojatno. Na donjem dijelu letjelice su se otvorila vrata i nešto nalik na stepenice spušteno je na tlo. Shvatio sam da će se neko biće pojaviti i pitao sam se kako će izgledati.

Prvo su se pojavila dva stopala, a onda dvije noge što me je malo umirilo jer bilo je očito da ću uskoro susresti čovjeka. Biće koje sam na početku smatrao djetetom konačno se spustilo stepenicama i uputilo prema meni.

Tada sam vidio da to zasigurno nije dijete, iako je bilo samo 1,2 m visine. Vidio sam da se radi o odraslom čovjeku. Oči su imale pomalo bademast oblik, kosa je bila crna i duga, a brada crna i kratka. Ja se još uvijek nisam pomaknuo, a on je stajao oko 10 m udaljen od mene.

Nosio je neku vrstu zelenog jednodijelnog odijela koja mu je prekrivala cijelo tijelo, a glava, iako otkrivena, oko sebe je imala čudan sjaj koji je spominjao na vibriranje i svjetlucanje zraka. Nije to bila prava aureola, nego je zrak koji mu je okruživao lice blago vibrirao i svjetlucao. Izgledao je kao nevidljivi štit ili mjehur, tako fin da se jedva mogao zamijetiti. Boja kože mu je bila blijedo zelenkasta kao kod nekog tko pati od bolesti jetre.

Nasmiješio se i pomislio sam da je najbolje da mu uzvratim na isti način. Bio sam pomalo uznemiren, ali sam se nasmiješio i pognuo glavu malo naprijed kao u znak pozdrava. On mi je odgovorio na isti način. Htio sam provjeriti čuje li me, pa sam ga upitao: *'Odakle dolazite?'*

On je odgovorio jakim artikuliranim, pomalo nazalnim glasom: 'Iz daleka.'

'Govorite li francuski?' Upitao sam.

'Govorim sve zemaljske jezike.'

'Dolazite li s drugog planeta?'

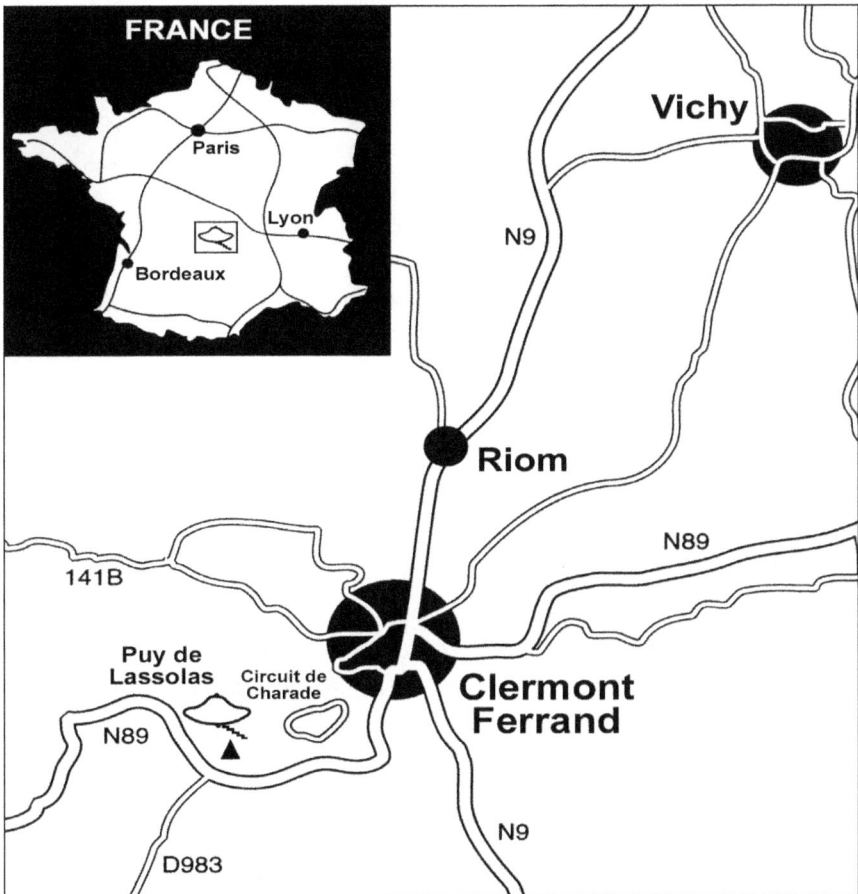

Mjesto Raelovog prvog susreta Puy de Lassolas, blizu Clermont-Ferrand, 13. Prosinac 1973.

'Da.' Odgovorio je.

Dok je govorio, primaknuo se oko dva metra od mene.

'Je li ovo prvi put da posjećujete Zemlju?'

'O, ne!'

'Dolazite li često?'

'Vrlo često - to je najmanje što mogu reći.'

'Zašto ste došli?'

'Danas sam došao da bih razgovarao s vama.'

'Sa mnom?'

'Da, s vama Claude Vorilhon, izdavačem maloga časopisa za sportske automobile, oženjenim i ocem dvoje djece.'

'Kako sve to znate?'

'Promatramo vas već dugo vremena.'

'Zašto mene?'

'To je upravo ono što vam želim reći. Zašto ste došli ovamo ovog hladnog, zimskog jutra?'

'Ne znam. Prohtjelo mi se šetati po svježem zraku.'

'Dolazite li često ovamo?'

'Ljeti da, ali skoro nikada u ovo doba godine.'

'Pa zašto ste onda došli danas? Jeste li već odavno planirali ovu šetnju?'

'Ne, zaista ne znam. Kada sam se jutros probudio, iznenada sam osjetio želju doći ovamo.'

'Došli ste ovamo zato što sam vas želio vidjeti. '

'Vjerujete li u telepatiju?'

'Da, naravno, ona me je uvijek zanimala kao što su me zanimali leteći tanjuri kako ih mi ljudi nazivamo. Ali nikada nisam pomislio da ću ga osobno imati priliku vidjeti.'

'Ja sam koristio telepatiju da bih vas doveo ovamo zato što vam moram puno toga ispričati. Jeste li čitali Bibliju?'

'Da, zašto pitate?'

'Je li prošlo puno vremena od kada ste je pročitali?'

'Ne, u stvari, kupio sam je tek prije par dana.'

'Zašto?'

'Zaista ne znam, ali sam iznenada osjetio želju da je pročitam...'

'Opet sam se koristio telepatijom da bih vas naveo da je kupite. Izabrao sam vas za vrlo tešku misiju i moram vam mnogo toga reći. Pođite sa mnom u moju letjelicu, tamo ćemo moći lakše razgovarati.'

Slijedio sam ga penjući se uz stepenice koje su se nalazile s donje strane letjelice. Kada sam malo bolje pogledao letjelicu, primijetio sam da je nalik na spljošteno zvono s punim i ispupčenim dnom. Unutra su bila dva sjedišta okrenuta jedno prema drugom. Temperatura je bila prijatna, iako su vrata još uvijek bila otvorena.

Nije bilo nikakve svjetiljke ali je prirodna svjetlost koja je dopirala sa svih strana obasjavala čitav prostor. Nisam vidio instrumente poput onih koji se nalaze u pilotskoj kabini. Pod je bio izrađen od svjetlucave, plavičaste legure. Stolica na kojoj sam sjedio je bila veća i niža od one nasuprot mene, bila je načinjena od nekog vrlo udobnog, bezbojnog, prozirnog materijala. Mali čovjek je sjeo ispred mene u sličnu stolicu, nešto manju, ali toliko višu da se njegovo lice nalazilo na razini mojega.

Dotaknuo je neku točku na zidu i cijela letjelica je dobila prozirnost osim na gornjem i donjem dijelu. Imao sam osjećaj da sam vani, samo što je temperatura bila ugodna. Rekao mi je da skinem kaput, što sam i učinio, a onda je počeo govoriti:

'Kajete li se što niste uzeli fotoaparat da biste imali dokaz o našem susretu pred cijelim svijetom?'

'Naravno...'

'Slušajte me pažljivo. Vi ćete reći ljudima o ovom susretu; istinu o vama i nama. Prema njihovim reakcijama odlučit ćemo hoćemo li se javno i službeno predstaviti. Pričekajte da saznate sve prije nego što počnete javno govoriti tako da imate neoborive dokaze protiv onih koji vam ne vjeruju. Sve što ću vam reći zapisat ćete i objaviti u knjizi.'

'Ali zašto ste odabrali baš mene?'

'Iz više razloga. Prije svega, treba nam netko tko živi u zemlji gdje su nove ideje dobro došle i gdje je moguće govoriti otvoreno o takvim idejama. Demokracija je rođena u Francuskoj i ova zemlja uživa ugled širom svijeta kao zemlja slobode. Također nam treba netko tko je inteligentan i prema svemu otvorenog uma. Iznad svega, trebamo nekoga tko je slobodouman, a da nije protiv religije. Pošto ste vi sin od oca Židova i majke katolkinje, smatramo da ste idealna spona između ova dva važna naroda u povijesti svijeta. Osim toga, vaše aktivnosti vam ni na koji način ne daju predispozicije za nevjerojatna otkrića, a to će vašim riječima dati još veću težinu. Obzirom da niste znanstvenik nećete komplicirati stvari, nego ćete ih objašnjavati jednostavno. A pošto niste pisac, nećete govoriti kompliciranim rečenicama teško razumljivim za većinu ljudi.

Konačno, odlučili smo izabrati nekoga tko je rođen poslije prve atomske eksplozije 1945., a vi ste rođeni 1946. Pratili smo vas od vašeg rođenja, pa čak i ranije. Zato smo izabrali vas. Imate li nekih pitanja?'

'Odakle dolazite?'

'S dalekog planeta o kojem vam neću reći ništa od straha da bi Zemljani mogli biti nedovoljno mudri da poremete naš mir.'

'Je li vaš planet jako daleko?'

'Jako je daleko. Kad bih vam rekao točno rastojanje, razumjeli bi da vam je nemoguće doći do njega s vašim sadašnjim znanstvenim i tehničkim spoznajama.'

'Kako se zovete?'

'Mi smo ljudi kao i vi i živimo na planetu sličnom Zemlji.'

'Koliko vam vremena treba da biste došli do Zemlje?'

'Isto toliko, koliko je vremena potrebno da na to pomislimo.'

'Zašto dolazite na Zemlju?'

'Promatrati i nadzirati razvoj ljudske vrste. Ljudska bića na Zemlji su budućnost, mi smo prošlost.'

'Ima li mnogo ljudi na vašem planetu?'

'Da, više nego na vašem.'

'Htio bih posjetiti vaš planet. Je li to moguće?'

'Ne. Prvo, vi tamo ne biste mogli živjeti jer je atmosfera drugačija od vaše, a niste ni pripremljeni za takvo putovanje.'

'Zašto smo se sastali baš ovdje?'

'Zato što je vulkanski krater idealno sklonište skriveno od radoznalih ljudi. Ja sada odlazim. Sutra dođite ponovno ovamo, donesite Bibliju i nešto za pisanje. Nemojte donositi nikakve metalne predmete i nikome ne govorite o našem razgovoru. U protivnom, više se nikada nećemo sresti.'

Vratio mi je kaput i pustio me da siđem niz stepenice mašući rukom za pozdrav. Stepenice su se nečujno podigle, vrata su se zatvorila, letjelica se polako i bešumno podigla na oko 400 m visine, a potom se izgubila u izmaglici.

2

ISTINA

Postanak

Sljedećeg dana došao sam na sastanak i ponio sa sobom bilježnicu, olovku i Bibliju. Letjelica se pojavila na vrijeme i ponovno sam se našao oči u oči s istim malim čovjekom koji me je pozvao da uđem i da se smjestim u udobnu stolicu.

Bio vrlo zadovoljan kad sam mu rekao da nikome nisam pričao o našem susretu, čak ni najbližima. Predložio mi je da zapisujem i počeo je govoriti:

'U davna vremena, na našem dalekom planetu dostigli smo razinu tehničkog i znanstvenog razvoja koji se može usporediti sa znanjem koje ćete i vi uskoro dostići. Naši znanstvenici su počeli sa stvaranjem primitivnih, embrionalnih oblika života i živih stanica u epruveti. Zato su svi bili ushićeni.

Znanstvenici su usavršili tehnike i počeli stvarati bizarne, male životinje. Vlada je pod pritiskom javnog mišljenja naredila znanstvenicima da obustave svoje eksperimente zbog straha da bi se mogla stvoriti čudovišta opasna za društvo. Naime, jedna od tih životinja se oslobodila i prouzročila nekoliko žrtava.

Pošto su međuplanetarna i međugalaktička istraživanja istovremeno napredovala, znanstvenici su odlučili otići na neki daleki planet gdje su postojali neophodni uvjeti za nastavak njihovih eksperimenata. Izabrali su Zemlju, planet na kojem vi živite. Sada bih želio da uzmete Bibliju gdje ćete naći tragove istine o vašoj prošlosti. Ovi tragovi su, naravno, ponešto izmijenjeni od strane onih koji su ih prepisivali jer oni nisu mogli zamisliti tako visoku tehnološku razinu i stoga se, ono što je bilo nerazumljivo, pripisivalo mističnom i natprirodnom.

Samo su važni dijelovi Biblije koje ću vam objasniti. Ostalo je poetsko brbljanje o kojem vam neću govoriti. Sigurno ćete zamijetiti da zahvaljujući zakonu koji kaže da se Biblija mora prepisivati bez izmjene i najmanjeg detalja, a to znači da su smisao i značenje ostali netaknuti milenijima, čak i ako je tekst iskićen mističnim i beznačajnim rečenicama.

Počnimo s prvim poglavljem Postanka:

U početku stvori Elohim nebo i zemlju. *Postanak 1: 1.*

Riječ Elohim koja je u nekim Biblijama pogrešno prevedena riječju "Bog" na hebrejskom znači "oni koji dolaze s neba" i, zapravo, označava množinu. To znači da su znanstvenici iz našega svijeta tražili odgovarajući planet koji bi bio pogodan za ostvarenje njihovih projekata. Oni su "stvorili" ili još bolje otkrili Zemlju i shvatili da tu postoje svi potrebni elementi za stvaranje umjetnog života iako atmosfera nije bila ista kao naša.

I duh Elohim lebdio je nad vodama. *Postanak 1: 2.*

Vršili su mnoge izviđačke letove, a ono što biste danas nazvali umjetnim satelitima bilo je raspoređeno oko Zemlje da bi se proučio njen sastav i atmosfera. Zemlja je u to vrijeme u cijelosti bila prekrivena vodom i gustom maglom.

I vidje Elohim, da je svjetlost bila dobra. *Postanak 1: 4.*

Da bi stvorili život na Zemlji, bilo je važno znati jesu li sunčeve zrake štetne za Zemljinu površinu i ovo je kasnije u potpunosti istraženo. Utvrdilo se da je Sunce ispravno grijalo Zemlju bez odašiljanja štetnih zraka. Drugim riječima "svjetlost je bila dobra".

Postade večer, i postade jutro - prvi dan. *Postanak 1: 5.*

Ovo istraživanje je zahtijevalo dosta vremena. "Dan" ovdje odgovara razdoblju tijekom kojega se vaše Sunce podiže pod istim znakom na dan proljetne ravnodnevnice, drugim riječima, oko dvije tisuće zemaljskih godina.

> Tako stvori Elohim svod i rastavi vode pod svodom od onih nad svodom. *Postanak 1: 7.*

Nakon proučavanja kozmičkih zraka iznad oblaka, znanstvenici su se spustili ispod njih, ali su ostali iznad vode. To znači da su bili među oblacima, "vode pod svodom" i oceana koji je prekrivao cijeli planet, "onih nad svodom".

> Voda pod nebom neka se skupi na jednom mjestu, i kopno neka se pokaže! *Postanak 1: 9.*

Poslije izučavanja površine oceana proučili su njegovo dno i utvrdili da nije jako duboko i dubina je svugdje podjednaka. Zatim su jakim eksplozijama koje su imale učinak buldožera, podigli materiju sa dna oceana, sakupili ga na jedno mjesto i oblikovali kontinent.

U početku je na Zemlji postojao samo jedan kontinent i vaši znanstvenici su nedavno primijetili da su svi sadašnji kontinenti tijekom godina nastali cijepanjem jedne kopnene površine i da su se savršeno uklapali jedan u drugi oblikujući jedinstvenu površinu.

> Neka pusti zemlja iz sebe travu, bilje, što nosi sjeme, i plodonosno drveće, što rodi plodove po vrsti svojoj, plodove, što u sebi samima svoje sjeme nose na zemlji! *Postanak 1: 11.*

U ovom veličanstvenom i ogromnom laboratoriju stvorili su biljne stanice isključivo od kemikalija iz kojih su nastale razne vrste biljaka.

Svi njihovi napori bili su usmjereni na reprodukciju. Nekoliko vlati trave koje su oni stvorili trebalo se reproducirati samo.

Znanstvenici su se diljem ovog ogromnog kontinenta međusobno podijelili u male istraživačke skupine. Svaki pojedinac je stvarao različite vrste biljaka prema svojoj inspiraciji i klimatskim uvjetima. Redovito su se sastajali u određenim intervalima da bi mogli usporediti svoja istraživanja i ostvarenja. Ljudi s njihovog planeta su izdaleka pratili njihov rad sa strašću i divljenjem. Najbolji umjetnici su se pridružili znanstvenicima da bi biljkama podarili isključivo dekorativnu komponentu bilo u izgledu ili mirisu.

> Neka budu svjetlila nebeska na svodu, da rastavljaju dan od noći, kao znakovi neka ona služe i pokazuju vremena, dane i godine. *Postanak 1: 14.*

Promatrajući zvijezde i Sunce znanstvenici su mogli izmjeriti trajanje dana, mjeseci i godina na Zemlji što im je pomoglo da organiziraju život na ovom planetu, tako različitom od njihovog matičnog na kojem dani i godine nisu jednako trajali. Astronomska istraživanja su im omogućila da se bolje smjeste i bolje razumiju Zemlju.

> Neka vrvi voda posvuda od živih bića, i ptice neka lete iznad zemlje svodom nebeskom! *Postanak 1: 20.*

Onda su stvorili prve vodene životinje, od planktona do malih riba, a zatim puno veće ribe. Također su stvorili morske alge da bi uspostavili ravnotežu u ovaj mali svijet da male ribe imaju što jesti, veće ribe će jesti manje, itd.

Na ovaj način bi se uspostavila prirodna ravnoteža i nijedna vrsta ne bi mogla u potpunosti uništiti drugu da bi preživjela. To je ono što bismo mogli nazvati "ekologijom" i to su uspješno izveli. Znanstvenici i umjetnici su se često sastajali i organizirali natjecanja da bi odredili koji je tim znanstvenika stvorio najljepšu ili najzanimljiviju životinju.

Nakon riba su stvorili ptice. Mora se napomenuti da je ovo bilo izvedeno zbog pritiska umjetnika koji su nastavili sa stvaranjem najnevjerojatnijih životinjskih oblika najljepših boja. Neke od njih su neke imale teškoće s letenjem, ali su zato imale prekrasno perje. Natjecanje je išlo i dalje od toga i nije uključivalo samo fizičke značajke, nego i ponašanje ovih životinja uključujući prekrasne obredne ljubavne plesove.

Neke druge skupine znanstvenika stvarale su strašne životinje, prava čudovišta što je dokazalo ispravnost onih ljudi koji su se protivili planu stvaranja na njihovom vlastitom planetu. Tu je bilo zmajeva ili kako ih vi zovete dinosaura i brontosaura, itd.

> Neka zemlja proizvede živa bića svake vrste: stoku, životinje, što gmižu, i zvijeri zemaljske, sve po vrsti njihovoj! *Postanak 1: 24.*

Nakon organizama u moru i zraku znanstvenici su stvorili kopnene životinje na planetu na kojem se vegetacija do sada izuzetno razvila, pa je bilo hrane za biljojede. To su bile prve stvorene kopnene životinje. Kasnije su stvoreni mesojedi radi održavanja ravnoteže. Svi ti znanstvenici potječu s mog planeta. Ja sam jedan od tih koji su stvorili život na Zemlji.

Tada su najsposobniji među nama umjetnim putem željeli proizvesti ljudsko biće nalik na nas. Svaki tim je prionuo poslu i ubrzo smo mogli usporediti rezultate. Međutim, na našem matičnom planetu su bili užasnuti kada su čuli da pravimo "djecu iz epruvete" koja bi mogla postati prijetnja svijetu svojih stvoritelja. Bojali su se da bi nova ljudska bića mogla postati opasna ako njihove mentalne mogućnosti ili sposobnosti budu nadvisivale sposobnosti njihovih stvoritelja. Zato smo ova nova ljudska bića morali ostaviti na vrlo primitivnoj razini ne dopuštajući im bilo kakvo znanstveno znanje, mistificirajući naše djelo. Lako je dokučiti koliko je timova znanstvenika ovo uradilo - svaka ljudska rasa je djelo jednog tima.

> Načinimo čovjeka na sliku i priliku svoju! Neka on vlada nad ribama morskim, nad pticama nebeskim, nad stokom, nad svim

zvijerima zemaljskim i nad svim, što gmiže po zemlji!

Postanak 1: 26.

"Na sliku i priliku svoju!" I sami vidite zapanjujuću sličnost. Tada su i počeli naši problemi. Tim koji se nalazio u zemlji, danas poznatoj kao Izrael, koja u to doba nije bila jako udaljena od Grčke i Turske na prvobitnom kontinentu sastojao se od najboljih stvaratelja koji su vjerojatno bili i najtalentiraniji.

Njihove životinje su bile najljepše, a biljke su najugodnije mirisale. To je bio kako biste vi rekli "raj na Zemlji". Ljudska bića koja je stvorio ovaj tim bila su najinteligentnija, pa su stvoritelji morali poduzeti mjere da ih stvorena ljudska rasa ne nadmaši. Zato su ih držali u neznanju u odnosu na velike znanstvene tajne dok su ih istovremeno obrazovali da bi im mogli mjeriti inteligenciju.

Sa svakoga drveta u vrtu smiješ jesti; samo s drveta spoznanja dobra i zla ne jedi, jer čim bi jeo s njega, morao bi umrijeti.

Postanak 2: 16-17.

Ovo znači: možeš učiti sve što želiš, čitati sve knjige koje su na raspolaganju, ali nikada nemoj niti taknuti znanstvene knjige jer ćeš inače umrijeti.

… sve životinje zemaljske i sve ptice nebeske, što ih bio načinio od zemlje, pred čovjeka, da vidi, kako će ih nazvati.

Postanak 2: 19.

Ljudska bića moraju u potpunosti poznavati sve biljke i životinje koje žive oko njih, njihov način života i na koji način ih koristiti kao hranu. Stvoritelji su ih naučili imenima i podučili o moćima svega što je postojalo oko njih jer su smatrali da nije opasno uputiti ljude u tajne botanike i zoologije. Zamislite radost ovog tima znanstvenika koji su imali dvoje djece, muško i žensko, i koja su trčkarala naokolo revnosno učeći sve ono što su ih oni podučavali.

Zmija reče ženi: Nikako nećete umrijeti! Dapače zna Elohim, da će vam se otvoriti oči, čim budete jeli s njega, i da ćete postati kao Elohim …! *Postanak 3: 4-5.*

Neki znanstvenici u ovom timu su bili toliko privrženi svojim malim, ljudskim bićima, svojim "stvorenjima" da su ih željeli naučiti svemu što oni sami znaju da bi i oni mogli postati znanstvenici kao i oni. Tim gotovo odraslim ljudima rekli su da i oni mogu spoznati tajne znanost i steći isto toliko znanja kao i njihovi stvoritelji.

Tada se obadvima otvoriše oči, i oni opaziše, da su bili goli…
Postanak 3: 7.

Tada su shvatili da i oni mogu postati stvoritelji i bili su ljuti na svoje roditelje jer su im zabranjivali čitanje znanstvenih knjiga i smatrali ih opasnim bićima kao one iz njihovih laboratorija.

Tada reče Jahve Elohim zmiji: Jer si to učinila, da si prokleta....
Na trbuhu ćeš svojemu puzati i prah ćeš jesti sve dane života svojega! *Postanak 3: 14.*

"Zmija" je bila mala grupa stvoritelja koji su željeli reći istinu Adamu i Evi i zato ih je vlada njihova planeta osudila na izgnanstvo na Zemlji dok su drugi znanstvenici trebali obustaviti svoje eksperimente i napustiti Zemlju.

I načini Jahve Elohim Adamu i ženi njegovoj haljine od kože i obuće ih u njih. *Postanak 3: 21.*

Stvoritelji su im dali osnovna sredstva za opstanak koja bi im bila dovoljna za život bez njihove pomoći. Biblija je sačuvala rečenicu koja je vrlo slična izvorniku:

Eto, čovjek sad postade kao jedan od nas, tako da spoznaje, što je dobro i zlo. Da sada samo on ne pruži ruku svoju i također ne uzme s drveta života i jede i vječno živi! *Postanak 3: 22.*

Ljudski život je vrlo kratak, ali primjenom znanosti može se znatno produžiti. Ljudski znanstvenici koji izučavaju cijeli svoj život počinju dolaziti do zanimljivih otkrića tek kada ostare. Ovo je jedan od razloga za spori napredak čovječanstva. Ako bi ljudi živjeli deset puta duže, znanstvenih saznanja bi bilo znatno više.

Da su onda kada su stvorena prvi put ova nova bića mogla puno duže poživjeti, prilično brzo bi postala jednaka nama jer su njihove mentalne sposobnosti malo veće od naših. Oni nisu svjesni svog punog potencijala. Osobito narod Izraela koji je, kako sam već ranije spomenuo, bio zahvaljujući svojoj inteligenciji i nadarenosti izabran na natjecanju kao najuspješniji tip čovjeka na Zemlji. Ovo objašnjava zašto su se oni uvijek smatrali "izabranim narodom". Zapravo, oni su bili narod koji je izabrala grupa stvoritelja koja se okupila da bi ocijenila svoj stvaralački rad. I sami znate koliki je broj genija rođen u tom narodu.

I kad je bio prognao čovjeka postavi istočno od vrta edenskog kerubine s mačem ognjenim, iz kojega se vijao plamen, da čuvaju put k drvetu života. *Postanak 3: 24.*

Vojnici s atomskim oružjem čuvali su ulaze kuća stvoritelja da bi spriječili ljudska bića od daljnje krađe znanja i otkrića.'

Potop

'Pređimo na četvrto poglavlje Postanka:

I poslije nekog vremena dogodi se, da Kain prinese Jahvi žrtvu od plodova poljskih. I Abel žrtvova od prvina stada svojega, i to komade sala. *Postanak 4: 3-4.*

Stvoritelji u izgnanstvu koji su bili pod vojnim nadzorom zahtijevali su od ljudi da im donose hranu da bi svojim pretpostavljenima pokazali da su bića koja su stvorili dobra i da se nikada ne bi okrenula protiv svojih stvoritelja. Dakako, uspjeli su ishoditi dozvolu za vođe ovih prvih ljudi da se koriste "drvom života" i ovo objašnjava njihov dugi životni vijek: Adam je živio 930 godina, Set 912 i Enoš 905 godina, itd., kako je navedeno u *Postanku*, Glava 5., Stihovi 1-11.

A kad se ljudi počeše množiti na zemlji i kćeri im se rodiše, Vidješe sinovi Elohim, da su bile lijepe kćeri čovječje, i uzimali ih sebi za žene, koliko ih htjedoše. *Postanak 6: 1-2.*

Stvoritelji koji su živjeli u izgnanstvu izabrali su najljepše kćeri ljudske rase i oženili se njima.

Duh moj neće više dugo ostati u ljudima; jer nijesu više ništa drugo nego meso, a trajanje života njihova neka bude još samo sto i dvadeset godina. *Postanak 6: 3.*

Dugovječnost nije nasljedna, što je bilo olakšanje vlastima na dalekom planetu, djeca novih ljudskih bića neće automatski uživati u plodovima "drva života". I tako je tajna zaboravljena, a napredak ljudske vrste je usporen.

… kada su se sinovi Elohim ženili kćerima čovječjim, pa i kasnije još, i ove im rađale djecu, živjeli su divovi na zemlji, gorostasi davnine, preslavni junaci. *Postanak 6: 4.*

Ovdje je dokaz da su stvoritelji općili s ljudskim kćerima koje su stvorili po vlastitom liku i da su imali izuzetnu djecu. Sve se to činilo vrlo opasno za ljude s dalekog planeta. Znanstveni napredak na Zemlji je bio fantastičan i zato su odlučili uništiti sve što su stvorili.

> Kad Jahve vidje, da je pokvarenost ljudi na zemlji bila velika i da je sve mišljenje i htijenje srca njihova svejednako išlo samo na zlo. *Postanak 6: 5.*

To "zlo" je bila želja ljudskih bića za obrazovanjem i nezavisnošću, da postanu jednaki kao i njihovi stvoritelji. Biti "dobar" onoliko koliko su bili oni na planetu kojeg su nastavali značilo je zadržavanje primitivnosti ljudi koji bi životarili na Zemlji. Njihova "zloća" je bila u njihovoj želji za napretkom koji bi im možda jednoga dana omogućio da dostignu svoje stvoritelje.

Vlada udaljenog planeta je odlučila uništiti sav život na Zemlji nuklearnim raketama. Međutim, kada su izgnani stvoritelji saznali za odluku, zatražili su od Noe da izgradi svemirski brod koji će kružiti oko Zemlje za vrijeme kataklizme. Na svemirskom brodu će biti po jedan par od svake vrste koja bi se trebala sačuvati.

Ovo je sve bilo rečeno metaforički, ali u stvarnosti će vam vaša razina znanstvenog znanja uskoro omogućiti da ovo shvatite - jedna jedina živa stanica neke vrste, muški i ženski primjerak je sve što je potrebno da bi se ponovno stvorilo cjelokupno biće. To je slično kao kad prva živa stanica fetusa u maternici majke već sadrži sve informacije potrebne za stvaranje ljudskog bića uključujući boju očiju i kose. Ovo je bio ogroman posao, ali je pravovremeno okončan.

Kada je došlo do eksplozije, život je sačuvan u svemirskom brodu par tisuća kilometara iznad Zemlje. Kontinent je potopio ogromni plimni val koji je uništio sve oblike života na Zemljinoj površini.

> ... podiže se kovčeg, tako da je plovio nad zemljom.
> *Postanak 7: 17.*

Kao što se jasno vidi, rečeno je da se arka podigla "nad" Zemlje, a ne "na" vodi. Onda je trebalo čekati da prođe opasnost od radioaktivnih padalina:

> Voda se je penjala još sto i pedeset dana dalje na zemlji.
> *Postanak 7: 24.*

Svemirski brod je imao tri dijela:

> ... i načini u njemu donji, srednji i gornji kat! *Postanak 6: 16.*

Kasnije se spustio na Zemlju i, pored Noe, brod je nosio po jedan par od svake ljudske rase sa Zemlje.

> Tada se Elohim spomenu Noe i svih zvijeri i sve stoke... puhne vjetar na zemlju, tako da je voda opadala. *Postanak 8: 1.*

Pošto su znanstvenim putem pratili razinu radioaktivnosti i njenu dekontaminaciju, stvoritelji su dopustili da Noa pusti životinje sa broda da vide hoće li preživjeti u toj atmosferi. Ova operacija je uspjela i životinje su mogle izaći na otvoreno. Stvoritelji su onda zatražili od preživjelih ljudi da rade i da se množe i pokažu svoju zahvalnost dobrotvorima koji su ih stvorili i spasili od uništenja. Noa je pristao na davanje dijela žetve i svoje stoke stvoriteljima i tako osigura njihov opstanak.

> Tada Noa podiže Jahvi žrtvenik, uze po komad od svih čistih životinja i od svih čistih ptica i prinese na žrtveniku žrtvu paljenicu. *Postanak 8: 20.*

Stvoritelji su bili sretni kada su vidjeli da im ljudska bića žele dobro i obećali su da ih više nikada neće uništiti. Razumjeli su da je s njihove strane potpuno normalno da žele znanstveni napredak.

...je mišljenje srca čovječjega zlo od njegove mladosti.

Postanak 8: 21.

Stvoritelji su svaku ljudsku rasu vratili na prvobitno mjesto postanka i svaku životinju su ponovno stvorili iz stanica sačuvanih na brodu.

Od njih se razgranaše narodi po zemlji poslije potopa.

Postanak 10: 32.

Kula Babilonska

'Najinteligentnija ljudska rasa, narod Izraela, pokazao je izuzetan napredak, pa je ubrzo počeo planirati osvajanje svemira pomoću prognanih stvoritelja. Prognani stvoritelji su željeli da ljudi odu na planet svojih stvoritelja i zatraže njihov oprost i tako pokažu da ljudska bića nisu samo inteligentna i znanstveno razvijena, već zahvalna i miroljubiva. Tako su izgradili ogromnu raketu: Kulu Babilonsku.

Otada neće im smetati ništa da ne urade, što naume.

Postanak 11: 6.

Čuvši ovo, ljudi na našem planetu su se uplašili. Promatrali su Zemlju i znali su da život na njoj nije uništen.

Hajde da siđemo i da im pometemo jezik, da ne razumiju jedan drugoga što govore. I rasprši ih Jahve odanle po svoj zemlji.

Postanak 11: 7-8.

Tako su došli i uzeli najnaprednije Židove, one s najvišim stupnjem znanja i raselili ih po čitavom kontinentu, po primitivnim plemenima i u zemljama gdje nitko nije razumio njihov jezik, a onda su im uništili svu znanstvenu opremu.'

Sodoma i Gomora

'Izgnanim stvoriteljima je oprošteno i dopušteno da se vrate na svoj rodni planet gdje su zagovarali svoje veličanstveno djelo. Učinak ovoga je bio taj da su svi na dalekom planetu prikovali pogled na Zemlju jer su je nastavali ljudi koje su oni sami stvorili. Ali među nekolicinom raseljenih ljudi na Zemlji gorjela je želja za osvetom, pa su se skupili u gradovima Sodomi i Gomori i uspjevši spasiti nešto znanstvenih tajni pripremali su ekspediciju kojoj je cilj bio kazniti one koji su ih pokušali uništiti. Stvoritelji su poslali dva špijuna da izvide što se događa.

Kad oba anđela uvečer dođoše u Sodomu, ... *Postanak 19: 1.*

Ljudi su ih pokušali ubiti, ali su ih samo uspjeli oslijepiti džepnim atomskim oružjem.

A ljude pred kućnim vratima, malo i veliko, udariše sljepoćom
Postanak 19: 11.

Opomenuli su miroljubive ljude da napuste grad jer će ga razoriti atomskom eksplozijom:

Ustajte! Izađite iz mjesta ovoga, jer će Jahve zatrti grad ovaj!
Postanak 19: 14.

Dok su ljudi napuštali grad, nisu naročito žurili jer nisu shvaćali značenje atomske eksplozije.

> Bježi, jer ti se radi o životu, ne ogledaj se natrag i ne ustavljaj se nigdje u toj nizini! *Postanak 19: 17.*

I bomba je pala na Sodomu i Gomoru.

> …Tada pusti Jahve na Sodomu i Gomoru dažd sumpora i ognja i uništi te gradove, svu nizinu sa svima stanovnicima tih gradova i sve, što je raslo na poljima. A kad se je žena njegova iza njega ogledala natrag postade stup od soli. *Postanak 19: 24-26.*

Kao što vam je poznato, vrlo visoka temperatura atomske eksplozije ubija živa bića koja se nađu u njenoj blizini, mrtvo tijelo zbog atomske eksplozije uistinu izgleda kao kip od soli.'

Abrahamova Žrtva

'Kasnije, pošto su vodeći intelektualci uništeni i vraćeni u napola primitivno stanje, stvoritelji su željeli vidjeti je li ljudi Izraela, a osobito njihove vođe, gaje prijateljska osjećanja prema njima. Ovo se odnosi na odlomak u kojem Abraham želi žrtvovati svog vlastitog sina. Stvoritelji su ga testirali da bi vidjeli jesu li njegovi osjećaji prema njima dovoljno jaki. Srećom je test sretno završio.

> Ne stavljaj ruku na dječaka i ne učini mu ništa, jer sad znam, da se Elohim bojiš. *Postanak 22: 12.*

Sada to znaš. Poveži sve i zapiši sve kao što sam ti rekao. Sutra ću ti reći još više.'

Opet sam se rastao od malog čovjeka. A njegov svemirski brod se polako vinuo u zrak. Pošto je ovoga puta nebo bilo vedrije, mogao sam jasnije vidjeti polijetanje. Na oko 400 m visine brod je zastao, još uvijek bez najmanjeg šuma, a zatim se zacrvenio kao da se zagrijava, pa je pobijelio kao bijeli usijani metal i poprimio plavičasto-ljubičastu boju poput ogromne iskre u koju je bilo nemoguće gledati. Onda je potpuno nestao.

3

Promatranje Odabranih

Mojsije

Sljedećeg dana sam se ponovno sastao sa mojim posjetiteljem i on je nastavio s pričom.

'U 28. poglavlju *Postanka*, postoji još jedan opis naše nazočnosti:

> ... ljestve stajale na zemlji što s svojim vrhom dopirale sve do neba; i gle, anđeli Elohim hodili na njima gore i dolje. *Postanak 28: 12.*

Zbog uništenja središta napretka poput Sodome i Gomore i najinteligentnijih među njima, ljudska bića su ponovno zapala u primitivizam i prilično glupavo su počela obožavati komade kamena i idole zaboravljajući one koji su ih stvorili:

> Uklonite tuđe kipove, što imate kod sebe! *Postanak 35: 2.*

U Izlasku (Egzodusu) mi se pojavljujemo pred Mojsijem:

> Tada mu se objavi anđeo Jahve u plamenu ognjenom, što je izbijao iz grma. Pogleda, a to grm plamenom gorio, ali ne izgarao. *Izlazak 3: 2.*

Raketa se spustila pred njim, a opis odgovara onom što bi danas domorodac iz nekog brazilskog plemena rekao kada bi se pred njim spustio svemirski brod čije svjetlo obasjava drveće, ali ga ne spaljuje.

Izabrani narod kao najinteligentniji je izgubio svoje najoštroumnije umove i postao je roblje okolnih plemena koja su bila brojnija jer nisu bila podvrgnuta uništenju. Stoga je bilo neophodno povratiti dostojanstvo izraelskom narodu povratom njihove zemlje.

Početak *Izlaska* opisuje što smo morali učiniti da ih oslobodimo. Kada su bili oslobođeni, mi smo ih vodili do zemlje koja je bila predodređena za njih:

> A Jahve je išao pred njima, danju u stupu od oblaka, da im pokazuje put, a noću u stupu od ognja, da im svijetli, da bi mogli putovati danju i noću. *Izlazak 13: 21.*

Da bi usporili Egipćane koji su ih počeli goniti:

> A stup od oblaka pred njima promijeni mjesto svoje i stupi iza njih. Na jednoj strani bio je oblak mračan, na drugoj strani rasvjetljivao je noć. *Izlazak 14: 19-20.*

Dim koji smo puštali iza naroda Izraela, bio je dimna zavjesa koja je usporavala njihove goniče. Prelazak preko vode smo omogućili odbijajućim zrakama koje su prolaz učinile prohodnim:

> Tada dade Jahve cijelu noć uzbijati more natrag jakim vjetrom istočnim i osuši more, i vode se razdijeliše. *Izlazak 14: 21.*

> Tako izbavi Jahve u onaj dan Izraelce … *Izlazak 14: 30.*

Dok su prelazili pustinju odabrani narod je patio od gladi:

> Kad ishlapila rosa, ležalo je po pustinji nešto sitno, zrnato, sitno kao mraz na zemlji. *Izlazak16: 14.*

Mana nije bila drugo do umjetna, kemijski proizvedena, praškasta hrana koja je na tlu nabubrila uslijed natopljenosti jutarnjom rosom.

Što se tiče štapa koji je pomogao Mojsiju da "udari tada po hridi, i voda će iz nje poteći" kao što piše u *Izlasku* 17:6 - to nije bilo ništa drugo nego detektor za otkrivanje bazena podzemnih voda koji je npr. sličan današnjim detektorima koji se koriste za otkrivanje nafte. Kada bi utvrdili gdje je voda, trebalo je samo kopati.

U 20. poglavlju *Izlaska* postoji određeni broj pravila koja su citirana Izraelcima jer su bili tako primitivni da su im bili potrebni zakoni koji se odnose na moral, a osobito na higijenu. Ovo je iznijeto u zapovijedima.

Stvoritelji su ih izdiktirali Mojsiju na planini Sinaj kada su stigli u letjelici.

> Zagrmješe gromovi i zasijevaše munje. Teški se oblaci nadviše nad gorom, i odjeknu glas trube veoma jak. Sav narod, što je bio u taboru, zadrhta. *Izlazak 19: 16.*

> Gora Sinaj bila je sva u dim ovijena, jer je bio Jahve u ognju sišao na nju. Dim se je iz nje dizao kao dim iz taonika, i sva se je gora tresla veoma. Glas trube bivao je sve jači. Mojsije je govorio, i Elohim mu je odgovarao u gromu. *Izlazak 19: 18-19.*

Stvoritelji su se bojali da će ih ljudi napasti ili maltretirati. Zato je bilo bitno da ih poštuju, čak i obožavaju kako ne bi bili ugroženi.

> Narod ne može uzići na goru Sinaj...Ali svećenici i narod ne smiju provaliti među, da se popnu do Jahvea, jer On bi ih inače uništio. *Izlazak 19: 23-24.*

Također je napisano:

> Samo Mojsije neka pristupi Jahvi! Oni ne smiju bliže pristupiti. A narod neka ne uzlazi s njim gore. *Izlazak 24: 2.*

Tamo ugledaše Boga Izraelova i pod nogama njegovim priliku, što je nalikovala na ploče od safira i razlijevala vedar sjaj kao nebo. *Izlazak 24: 10.*

Ovdje je opis potpornja na koji se popeo jedan od stvoritelja. Potporanj je bio načinjen od iste legure plavkaste boje kao i pod broda na kojem sada sjedimo.

Očima sinova Izraelovih prikaza se slava Jahvina kao oganj, što gori, na vrhuncu gore. *Izlazak 24: 17.*

Ovdje se pod "slavom" misli na svemirski brod i kako ste već primijetili, prilikom uzlijetanja ima boju sličnu vatri.

Ovaj tim stvoritelja je želio živjeti neko vrijeme na Zemlji i jesti svježu hranu. Zato su zatražili od Izraelaca da im donose svježu hranu i druge dragocjenosti koje su željeli ponijeti na svoj planet. Mislim da bi to mogli nazvati kolonizacijom.

Zapovjedi sinovima Izraelovim, neka pobiraju za me prilog; od svakoga, koji hoće da drage volje dadne, uzmite za me prinos. A ovo je prilog, što ćete ga pobirati od njih: zlato, srebro i mjed. Modar i crven skerlet predivo, fini lan, kostrijet.
Izlazak 25: 2-4.

Također su odlučili živjeti udobnije, pa su od ljudi zatražili da im izgrade rezidenciju prema planovima koje su zacrtali. Ovi planovi su opisani u 26. poglavlju Izlaska. U ovoj rezidenciji su se sastajali s predstavnicima ljudi. To je bilo mjesto sastanaka i mjesto gdje su ljudi donosili hranu i poklone u znak poniznosti.

Čim bi Mojsije stupio u Šator, spustio bi se dolje stup od oblaka i stajao bi na ulazu Šatora, dok bi on govorio s Mojsijem... A govorio je Jahve s Mojsijem licem u lice, kao što govori netko s prijateljem svojim. *Izlazak 33: 9-11.*

Isto kao i danas dok ja razgovaram s vama i vi sa mnom, kao čovjek s čovjekom.

Lica mojega ne možeš ugledati; jer ni jedan čovjek ne može me vidjeti i ostati živ. *Izlazak 33: 20.*

Ovo se odnosi na različite atmosfere naših planeta. Ljudska bića nisu mogla vidjeti svoje stvoritelje bez zaštitnih odijela jer im Zemljina atmosfera nije odgovarala. Da čovjek dođe na naš planet, vidio bi svoje stvoritelje bez skafandera, ali vi biste umrli jer vam ne bi odgovarala atmosfera.

Cijeli početak Mojsijeve treće knjige, koja pod nazivom *Levitski zakonik* objašnjava kako su morali donositi hranu koju su nudili stvoriteljima. Naprimjer, u *Levitskom zakoniku* 21: 17. reče:

Ako tko od budućih potomaka tvojih ima na sebi kakvu manu tjelesnu, taj ne smije pristupiti, da prinosi hranu žrtvenu Elohim svojega.

Ovo je očito bilo zbog izbjegavanja pokazivanja bolesnih i invalidnih ljudi koji bi bili simbol neuspjeha i promašaja, i stoga nepodnošljivi za oči stvoritelja.

U *Brojevima* 11:7-8 postoji vrlo točan opis "mane" (hrane) koju bi vaši kemičari mogli lako proizvesti.

Mana je bila kao sjeme korijandrovo i nalik na bdelij... Okus joj je bio kao okus kolača pripravljena s uljem.

Ta mana nije bila ništa drugo nego kemijska hrana, ali stvoritelji su više voljeli svježe voće i povrće.

Prvine od svih plodova, što rastu u zemlji njihovoj i što ih prinose Jahvi, imaju pripasti tebi... *Brojevi 18: 13.*

Kasnije su stvoritelji naučili ljude kako sebi dati injekciju i liječiti se od zmijskih ujeda.

...Napravi sebi lik zmije otrovne i pričvrsti je na motku. Tko bude ujeden i pogleda u nju, ostat će na životu. *Brojevi 21: 8.*

Ako bi koga ujela zmija "pogledao" bi u mjedenu zmiju, odnosno špricu kojom mu je bio ubrizgan serum.

Konačno, putovanje koje je vodilo "izabrani narod" u Obećanu zemlju priveden je kraju. Poštujući savjete svojih stvoritelja, uništili su sve idole primitivnih naroda i preuzeli njihove teritorije:

...i uništite sve njihove slike idolske. I sve njihove uzvisine opustošite... Uzmite sebi u posjed zemlju i prebivajte u njoj, jer vam dadoh tu zemlju da je vaša. *Brojevi 33: 52-53.*

"Izabrani narod" je konačno imao svoju Obećanu zemlju:

On je ljubio oce tvoje i izabrao potomke njihove...
Ponovljeni zakon 4: 37.

U Knjizi o *Jošui* 3:15 -16 čitamo o prelasku rijeke Jordana:

I kad nosioci kovčega dođoše na Jordan ... Tada se ustavi voda. Voda, što je pritjecala odozgor, diže se gore kao nasip, u velikoj udaljenosti ... stajali su na suhu usred Jordana tvrdo...Tako je prelazio narod tamo...

Stvoritelji su odbojnim zrakama pomogli "odabranom narodu" da prijeđe rijeku ne namočivši noge, kao što su im pomogli da pobjegnu

Egipćanima.'

Trube Jerihonske

'Na kraju 5. poglavlja u *Knjizi o Jošui* opisan je sastanak vojnika, predstavnika stvoritelja i predstavnika odabranog naroda koji se odnosio na otpor grada Jerihona:

> …Nijesam, nego sam vođa vojske Jahvine. Upravo dođoh.
> *Jošua 5: 14.*

Vojnog savjetnika su poslali da pomogne Židovima pri opsadi grada Jerihona. Lako ćete shvatiti kako su srušene gradske zidine. Znate da jako visoki glas pjevača može razbiti kristalnu čašu. Upotrebom pojačala nadzvučnih valova može se srušiti zid od cigli. Ovo je urađeno pomoću kompliciranog aparata koji Biblija naziva "truba".

> Pa kad zatrube u rog ovnujski…tada će se zidovi gradski srušiti… *Jošua 6: 5.*

U danom trenutku, nadzvučni valovi su se sinkronizirano emitirali i zidovi su se srušili. Malo kasnije počinje i pravo bombardiranje.

> …baci Jahve na njih kamenje veliko iz neba sve do Azeke, tako da su bili potučeni. Više je bilo onih, koji izginuše od kamene tuče, negoli oni koje pobi mač sinova Izraelovih. *Jošua 10: 11.*

Ovo pravo bombardiranje je ubilo više ljudi nego mačevi Izraelaca. Jedno od najviše pogrešno interpretiranih poglavlja u *Jošui* je 10. poglavlje, 13. stih, gdje piše:

I stade sunce, i ustavi se mjesec, dok se ne osveti narod neprijateljima svojim.

Ovo samo znači da je ovo bio kratkotrajni rat i da je trajao jedan dan – zapravo, kasnije je spomenuto kako je rat trajao skoro "čitav dan". To je bilo tako kratko da su ljudi mislili, ako uzmete u obzir osvojeno područje, da je Sunce stalo.

U Knjizi Sudaca, 6. poglavlje, 21. stih, jedan od stvoritelja ponovno uspostavi kontakt sa čovjekom koji se zvao Gideon i on ga je i dalje nastavio opskrbljivati hranom.

I Anđeo Jahvin pruži kraj od štapa, što ga je imao u ruci, da dotače se mesa i kruhova nekvasnih. Tada se podiže oganj iz hridine i spali meso i hljebove nekvasne. A Anđeo Jahvin iščeznu ispred očiju njegovih.

Stvoritelji nisu mogli jesti na otvorenom zbog svojih zaštitih svemirskih odijela, ali ako je bilo potrebno koristili su znanstvena sredstva da bi se prehranili usisavajući korisne sastojke hrane od onoga što im se nudilo koristeći elastičnu cijev ili štapa. Ovaj postupak je isijavao plamen, a to je navelo ljude da u to doba pomišljaju da se vršilo prinošenje žrtava Bogu.

U 7. Poglavlju, *Knjige Sudaca* 300 ljudi sa "trubama" je opkolilo neprijateljski logor koristeći nadzvučna pojačala. Istovremeno su puhnuli u "trube" da bi izludjeli neprijatelja. Znate da zvuk izuzetno visoke frekvencije može izludjeti čovjeka.

I doista, opkoljeni su podivljali, vojnici su se ubijali međusobno i pobjegli.

Telepat Samson

'U *Knjizi o Sucima* u 13. poglavlju još imamo jedan primjer ljubavnog odnosa između stvoritelja i žena ljudske rase:

> Tada se javi toj ženi Anđeo Jahvin i reče joj: Eto, ti si nerotkinja i još nijesi rodila. Ali ćeš zatrudnjeti i rodit ćeš sina. *Suci 13: 3.*

Bilo je neophodno da plod ovog sjedinjenja bude zdrav da bi se mogao pratiti razvoj djeteta. Zato je anđeo rekao ženi:

> Od sada pripazi na sebe! Ne pij ni vina ni jakoga pića i ne jedi ništa nečisto!...Kad zatrudniš i rodiš sina, tada britva ne smije doći na glavu njegovu, jer već od rođenja svojega dječak mora biti nazirej Elohim. *Suci13: 4-5.*

Kasnije je pisano:

> Anđeo Elohim dođe još jednom kod žene kada je bila u polju jer muž njezin Manoah nije bio kod nje. *Suci13: 9.*

Nije teško zamisliti što se dogodilo za vrijeme odsustva muža. Za znanstvenike je bio lak zadatak da izliječe ženinu sterilnost. Ovako je bila svjesna da će roditi izuzetno biće i da mu mora pružiti najbolju moguću skrb. Stvoriteljima je bilo divno općiti s kćerima ljudi. Ovo im je omogućilo da imaju sinove koji će izravno vladati na Zemlji, u atmosferi koja njima nije odgovarala.

Vrlo je važno ne šišati se i ne brijati se. Mozak je kao veliki odašiljač koji može slati mnoštvo vrlo preciznih valova i misli. U stvari, telepatija nije ništa drugo nego upravo to.

Ali, ovaj tip odašiljača zahtijeva antenu, a kosa i brada predstavljaju te antene. Ako doista želite imati koristi od svog odašiljača, nemojte se šišati i brijati. Sigurno ste primijetili da mnogi od znanstvenika imaju dugu kosu, a često i bradu. Također i proroci i drugi mudri ljudi. Sada znate zašto.

Dijete se rodilo. Bio je to Samson čiju priču poznajete. On je mogao izravno telepatski komunicirati s "Bogom" zahvaljujući svojoj prirodnoj anteni - kosi. Stvoritelji su mu pomagali u teškim trenucima da izvede čuda da bi osnažio svoj autoritet, ali kada mu je Dalila odsjekla kosu onda više nije mogao tražiti pomoć. Tada su mu neprijatelji iskopali oči, a kada mu je kosa izrasla ponovno je dobio svoju "snagu". Mogao je ponovno tražiti pomoć od stvoritelja, koji su onda razorili zamak čije je stupove doticao. Sve ovo je pripisivano Samsonovoj snazi.

U Knjizi o *Samuelu*, 3. poglavlje, Elija je Samuela uvodio u telepatiju. Stvoritelji su pokušali uspostaviti kontakt sa Samuelom, ali on je mislio da Elija govori s njim. On "čuje glasove".

> Idi i spavaj! Ako te zovne, odgovori: 'Govori, Jahve, sluga tvoj sluša!' *I. Knjiga Samuelova 3: 9.*

Ovo malo podsjeća na radio amatere koji kažu: "Nastavi, dobro te čujem". I telepatska konverzacija može započeti:

> Samuele, Samuele! ... i Samuel odgovori: 'Govori, sluga tvoj sluša.' *I. Knjiga Samuelova 3: 10.*

U epizodi gdje nastupi David protiv Golijata ima jedna zanimljiva rečenica koja završava:

> Jer tko je taj ... da sramoti vojsku Elohim živoga?
> *I. Knjiga Samuelova 17:26.*

Ovo ukazuje na stvarnost nazočnosti prilično opipljivog "Boga" u toj epohi. Telepatija kao sredstvo komunikacije između stvoritelja i ljudskih bića je bila jedino moguća kada su Elohim bili u blizini Zemlje.

Kada su se nalazili na svojoj udaljenoj planeti ili nekom drugom udaljenom mjestu ovakva komunikacija nije bila moguća.

Zato su stvoritelji postavili odašiljač-prijamnik koji se prevozio u "zavjetnom kovčegu". To je bio aparat na vlastiti nuklearni pogon. "U I. knjizi o *Samuelu* 5:1-5, kada Filistejci ukradoše "zavjetni kovčeg" njihov idol Dagon je ležao u blizini oboren električnim nabojem s licem okrenutim prema zemlji što je bilo posljedica njihovog pogrešnog rukovanja.

I oni su zadobili opekotine izazvane zračenjem radioaktivnih materijala.

> ...On ih prepade, kad ih udari kužnom micinom.
> *I. Knjiga o Samuelu 5: 6.*

Čak su bili povrijeđeni i Židovi koji nisu poduzimali zaštitne mjere rukujući "zavjetnim kovčegom":

> ...prihvati Uza za kovčeg Elohim i pridrža ga čvrsto, jer volovi potegoše na stranu. Tada se raspali gnjev Jahvin na Uzu. I udari ga Elohim ondje radi njegove opačine. On umrije ondje uz kovčeg Elohim. *II. Knjiga o Samuelu 6: 6-7.*

"Zavjetni kovčeg" se skoro prevrnuo, a Oza, pokušavajući ga zadržati, dotakao je opasni dio stroja i ubila ga je električna struja.

U I. knjizi o *Kraljevima* (I. knjiga o *Kraljevima* 1:50 i I. knjiga o *Kraljevima* 2:28) na nekoliko mjesta čitamo o osobama koje: "... i uhvati se za rogove žrtvenika."

To zapravo opisuje rukovanje ručkama odašiljača-prijemnika u komunikaciji sa stvoriteljima.'

Prvo Prebivalište za Doček Elohim

'Veliki kralj Salamun izgradio je raskošnu rezidenciju u znak dočeka stvoriteljima kada dođu u posjet na Zemlju.

Jahve je rekao, da će stanovati u mraku. I ja sagradih tebi kuću za stan, mjesto da u njemu stanuješ na vječna vremena.
I. Knjiga o kraljevima 8: 12-13.

Jer slava Jahvina napuni hram Jahvin. *I. Knjiga o Kraljevima 8: 11.*

...oblak napuni hram Jahvin... *I. knjiga o Kraljevima 8: 10.*

Stanovat ću među sinovima Izraelovim. *I. Knjiga o Kraljevima 6: 13.*

Da stvoritelji "žive u oblacima" znači da borave u svemirskoj letjelici koja kruži oko Zemlje iznad oblaka. Zamislite da to pokušate objasniti primitivnim ljudima.

...A gle, javi se u Betelu po nalogu Jahvinom čovjek Elohim iz zemlje Judine ... govorio, ovaj je: ...Evo, žrtvenik će se raspasti ... Jeroboam ... pruži sa žrtvenika ruku svoju i zapovjedi: "Držite ga!" Ali ruka njegova, koju je bio pružio proti njemu, ukoči se, tako da je opet nije mogao natrag povući. A žrtvenik se raspade... *I. Knjiga o Kraljevima 13: 1-5.*

Atomskim dezintegratorom je jedan stvoritelj uništio oltar i zapalio ruku nekom čovjeku koji nije pokazao poštovanje prema stvoriteljima. On se vratio drugim putem u jedno prebivalište Elohim na Zemlji da ga ne bi otkrili.

Tako udari drugim putem i ne vrati se putem, kojim je bio došao u Betel. *I. Knjiga o Kraljevima 13: 10.*

U *I. Knjizi o Kraljevima* 17, verz 6 je jedan primjer radio nadzora nad životinjama uporabom elektroda, što i vi počinjete otkrivati.

Gavrani su mu ujutro donosili kruha i mesa i isto tako uveče...

U to doba, zbog njihovih vlastitih novih otkrića, stvoritelji su se odlučili pojavljivati sve rjeđe i rjeđe. Ljudima su željeli omogućiti razvitak da bi vidjeli hoće li čovjek moći bez njihove asistencije dostići znanstveno doba. Također su se odlučili za diskretniji način komuniciranja s ljudima – kao način na koji su hranili Eliju koristeći "putujuće" gavrane.

Bio je to početak ogromnog eksperimenta u čitavoj galaksiji gdje se međusobno natjecalo nekoliko civilizacija. Stvoritelji su odlučili da se rjeđe pojavljuju te istovremeno pojačavaju autoritet i ugled svojih veleposlanika – proroka – izvodeći čuda. To znači da su proroci koristili znanstvena sredstva neshvatljiva za ljude tog doba:

Evo, tvoj sin opet živi! ... Sada znam, da si čovjek Božji...
I. Knjiga o Kraljevima 17: 23-24.

Ilija je izliječio malo dijete koje je umiralo. Kasnije je naredio da se dva bika stave na klade kod planine Karmel. Jedan je trebao biti posvećen idolu Baalu, a drugi stvoriteljima. Onaj bik koji bi se sam zapalio, predstavljat će pravog "Boga". Naravno, unaprijed je dogovoreno između Ilije i stvoritelja da će se njihova odabrana klada zapaliti iako je drvo bilo mokro. Ovo su napravili pomoću snažne zrake slične laserskoj koja je emitirana iz svemirskog broda skrivenog u oblacima:

Tada pade oganj Jahvin i spali žrtvu paljenicu i drva, kamenje i zemlju i popi vodu u jarku. *I. Knjiga o Kraljevima 18: 38.'*

Glasnik Ilija

'Stvoritelji su osobitu pozornost posvetili Iliji:

Najedanput taknu ga anđeo i reče mu: Ustani i jedi! Kad pogleda, ugleda pokraj glave prženi kolač i vrč vode. To se dogodilo usred pustinje. *I. Knjiga o Kraljevima 19: 5-6.*

Sve se to dogodilo u pustinji...

Tada prođe Jahve pokraj njega, Pred Jahvom je hodio silan, žestok vihor, koji je brda razdirao i hridine lomio. Ali Jahve nije bio u vihoru. Iza vihora dođe potres, dođe oganj. Ali Jahve nije bio u ognju. Iza ognja dođe tiho, blago lahorenje."
I. Knjiga o Kraljevima 19: 11-12.

Ovdje imate točan opis slijetanja svemirskog broda sličnog vašim raketama. Nadalje je opisan izgled stvoritelja:

Vidjeh Jahvu gdje sjedi na prijestolju svojem, a sva vojska nebeska stoji mu s desne i s lijeve strane. *I. Knjiga o kraljevima 22: 19.*

Stvoritelji još jednom koriste telepatiju, ovoga puta grupnu, tako da ni jedan prorok nije mogao predvidjeti i prenijeti istinu kralju:

I postat ću lažljiv duh u ustima svih proroka njegovih.
I. Knjiga o kraljevima 22: 22.

U *2. Knjizi o Kraljevima*, vidi se još jedan dokaz zaštite Ilije od strane
stvoritelja:

…Ako sam čovjek Božji, neka padne oganj s neba i proždre
tebe i tvoju pedesetoricu! I pade oganj Božji s neba i proždrije
njega i njegovu pedesetoricu. *II. Knjiga o Kraljevima 1: 12.*

Oganj se ponovio, ali trećeg puta:

Tada reče anđeo Jahvin Iliji: 'Idi samo s njim! Ne boj ga se!'
II. Knjiga o Kraljevima 1: 15.

U *II. knjizi o Kraljevima*, 2. glava, Ilija je pozvan u svemirski brod
koji polijeće i odnosi ga sa sobom:

Kratko vrijeme, prije nego uze Gospod Iliju u vihoru na nebo…
II. Knjiga o Kraljevima 2: 1.

…dođoše ujedanput ognjena kola s ognjenim konjima i
rastaviše ih obojicu. Ilija se odveze u vihoru put neba.
II. Knjiga o Kraljevima 2: 11.

Ovo je jasan opis polijetanja svemirske letjelice gdje narator govori
o "vatrenim konjima", što se zapravo odnosi na vatru i dim koji izlaze
iz raketnih motora. Ako biste južnoameričkom ili afričkom plemenu
pokazali raketu koja uzlijeće, oni ne bi racionalno mogli razumjeti tu
znanstvenu pojavu, već bi na nju gledali kao na nešto natprirodno,
mistično i božansko. Kada bi se vratili u pleme, pričali bi o vatrenim
konjima i kočijama.

Nadalje, u *II. Knjizi o Kraljevima* 4:32-37, Gehazija kao i njegov
otac izvodi uskrsnuće. On liječi i vraća u život mrtvo dijete. Ovo se
danas događa dosta često. Umjetnim disanjem usta na usta i masažom

srca oživljava se osoba kojoj je srce prestalo funkcionirati. Onda Gehazija nastavlja s umnožavanjem kruha.'

Umnožavanje Kruha

'Jednoga dana dođe netko ... i donese čovjeku Božjemu u torbi svojoj kruhove od prvina, dvanaest kruhova ječmenih ... A sluga odgovori: Kako mogu to postaviti pred sto ljudi? ... Vi ćete jesti i još će od toga preteći." Tada im on to postavi. Oni jedoše i još im preteče, kako je bio obećao Jahve.

II. knjiga o kraljevima 4:42-44

Stvoritelji su sa sobom donijeli sintetičku, dehidriranu hranu koja se peterostruko povećavala kada joj se dodala voda. Tako je dvadeset malih hljebova bilo dostatno za stotinu ljudi.

Vi već znate za male vitaminske tablete kojima su se hranili prvi astronauti. One su zauzimale vrlo malo prostora, ali su zato sadržavale sve neophodne hranjive sastojke. Jedna tableta je dovoljna da nahrani jednu osobu. Količina jednaka jednom takvom kruhu dovoljna je da nahrani pet ljudi. Prema tome, 20 hljebova je dovoljno za sto ljudi.

Ali ljudi Izraela su počeli obožavati metalne idole; također su postali ljudožderi i toliko nemoralni da su se gadili stvoriteljima.

...i Izrael odvede iz zemlje u Asiriju...

II. knjiga o kraljevima 17: 23.

To je bio početak raseljavanja Izraelaca čija je civilizacija, umjesto da napreduje, stalno nazadovala za razliku od njihovih susjeda koji su to iskoristili.

U *Knjizi Proroka Izaije* možete ponovno pročitati:

U godini smrti kralja Uzije vidjeh Svemogućega gdje sjedi na prijestolju visoku i uzvišenu…Serafi su stajali pred njim. Svaki je imao šest krila. Dvjema je zaklanjao lice svoje, dvjema noge svoje, a dvjema se lebdeći držao. *Izaija 6: 1-2.*

Ovo je opis stvoritelja obučenih u jednodjelno svemirsko odijelo sa šest malih mlaznih motora: dva na leđima, dva na rukama i dva na nogama, korištena za upravljanje.

Čuj, vika na gorama kao od mnogoga naroda. Čuj, buka od kraljevstva, od skupljenih naroda! Jahve nad vojskama pregledava vojsku. Dolaze iz daleke zemlje, s kraja neba: Jahve i oružje srdžbe njegove, da pohara svu zemlju. *Izaija 13: 4-5.*

U ovom citatu je zapisana cjelokupna istina, ali je potrebno čitati između redova da bi se razumjelo: *Dolaze iz daleke zemlje, s kraja neba.* Ne može biti jasnije.

Mislio si u sebi: Penjem se na nebo, više zvijezda Elohim.
Izaija 14: 13.

Ovo je aludiranje na znanstvenike ljudskog roda koji su prikupili dovoljno znanstvenog znanja za kretanje na putovanje do planete stvoritelja, ali su ih uništili u Sodomi i Gomori. Nebeska vojska je u to vrijeme opisivana kako dolazi sa "oružjem srdžbe" da uništi čitavu zemlju. Ovo govore ljudi Sodome i Gomore.

Uzlazim u visine nad oblake, hoću da budem jednak Svevišnjemu! *Izaija 14: 14.*

Ali uništavanje je spriječilo ljudska bića od izjednačavanja sa svojim stvoriteljima, "Svevišnjim".

...Koji je zemlju obraćao u pustinju... *Izaija 14: 17.*

Nuklearna eksplozija se nadalje opisuje:

> Naokolo na međama Moaba diže se vika. Do Galima odjekuje jauk njihov, do Beer Elima jadikovanje njihovo. Pune se vode u Dimonu krvi... *Izaija 15 : 8-9.*

Nekolicina se spasila jer je potražila zaklon u skloništima.

> Ustani, narode moj! Uđi u odaje svoje i zaključaj vrata za sobom! Skrij se za čas, dok prođe gnjev! *Izaija 26: 20.*

Ezekijini Leteći Tanjuri

'U *Knjizi proroka Ezekije*, 1. poglavlje, na početku 4. stiha nalazimo najzanimljiviji opis naših svemirskih letjelica:

> Imao sam ovo viđenje: "Sa sjevera udari vihor sa silnim oblakom, punim ognja, što je buktio. Okruživala ga je svjetlost, a iznutra je sjao kao svjetlac u ognju. Posred njega prikazaše se prilike, što su bile nalik na četiri živa bića. Izgled njihov bio je ovaj: Imala su priliku čovječju. Svako je imalo četiri lica i svako od njih četiri krila. Noge njihove bile su prave i stope njihove kao u teleta. Sijevale su kao mjed blistava. Ruke čovječje pokazale se pod krilima njihovim na sve četiri strane, lica njihova i krila njihova. Krila su se njihova doticala - nijesu se okretala, kada bi išla; svako je biće išlo naprema se.
>
> Izgled lica njihova bio je ovaj: sprijeda imala su lice čovječje, zdesna lice lavovo, slijeva lice volujsko, unutra lice orlovo, u

sva četiri bića. Krila su njihova bila gore ispružena. Sa dva su se doticala, a sa dva su prekrivala tjelesa svoja. Svako je išlo pravo naprema se. Kamo ih je duh tjerao da idu, tamo su išla. Nijesu se okretala, kada bi išla. U sredini bića bilo je nešto, što je izgledalo kao živo ugljevlje, kao baklje. Ove su išle između bića tamo i amo. Oganj je imao svijetao sjaj, i munje su izlazile iz ognja. Bića su trčala tamo i amo, tako da je izgledalo, kao da su munje sijevale."

Kad sam promatrao bića, vidjeh točak uz bića na zemlji na četiri strane njihove. Točkovi i naprava njihova imali su izgled krizolita. Sva četiri imala su jedan isti oblik. Izgledali su i bili su tako izrađeni, kao da bi jedan točak išao kroz drugi. Kad su trčali, mogli su se kretati na sve četiri strane. Pri vožnji nisu se trebali okretati. Naplatnice su njihove bile vrlo visoke i strašne za gledanje. Unaokolo bile su naplatnice pune očiju u sva četiri!

Kad bi se bića kretala naprijed, trčali su i točkovi uz njih, i kad bi se bića podigla od zemlje, podigli su se i točkovi. Kamo bi ih duh tjerao da idu, tamo su išli točkovi, što bi se Podizali zajedno s njima; jer je dah bića bio u točkovima.

Nad glavama bića bilo je vidjeti neku vrstu svoda nebeskoga iz divna kristala, što se je prostirao gore nad glavama njihovim. Pod svodom nebeskim bila su krila njihova pružena, jedna prema drugima, dva od svakoga; dva druga, što su ih mala, prekrivala su tijela njihova. Čuo sam buku krila njihovih, što je bila kao huka mnogih voda, kao grmljavina Svemoćnoga. Kad bi išla, bila je glasna huka kao graja u taboru. Kad bi stala, spustila bi se mirno krila njihova. I zaori glas iznad svoda nebeskoga, što je bio nad glavama njihovim. Iznad svoda nebeskoga, što se je nalazio nad glavama njihovim, bilo je nešto, što je izgledalo kao safir kamen i bilo kao prijestolje. Na njemu gore, što je bilo kao prijestolje, bila je prilika, što je izgledala kao čovjek. *Ezekija 1: 4-26.*

Ovdje je vrlo precizan opis izlaz stvoritelja iz njihovih svemirskih letjelica. "Oluja" je trag dima ili vodene pare koju današnji avioni ostavljaju za sobom na velikim visinama. Onda se pojavljuje brod s trepćućim svjetlom "uz sijevanje", izgledajući kao "usijani metal". Četvorica stvoritelja se pojavljuju u antigravitacijskim odijelima s malim mlaznim motorima opisanim kao "krila" na njihovim metalnim odijelima. "Njihova stopala...su blještala kao uglačan mjed..." Sigurno ste primijetili kako su sjajna odijela vaših astronauta.

Što se tiče "letećih plovila" ili "kormila", njihovog izgleda i rada, obzirom da se radi o primitivnoj osobi koja govori, opis uopće nije tako loš. ..."Kao da je jedno kormilo u drugom... kod kretanja nisu mijenjala smjer."

U sredini letećeg tanjura, vrlo sličnog ovom na kojem smo mi trenutačno, nalazi se prostor za posadu "naplatak". "...Sva četiri naplatka su bila puna očiju oko cijelog obujma". Slično kao i vi vaša odijela i mi smo svoja usavršili zahvaljujući razvoju i više nisu tako nespretna kao prije. Isto tako smo usavršili i naša plovila. Naši svemirski brodovi su imali male okrugle prozore "oči" po "naplatcima" dok nismo otkrili kako gledati kroz metalne zidove mijenjajući im po želji atomsku strukturu.

Leteći tanjuri su se nalazili u blizini stvoritelja da bi im pomogli ako bi zatrebalo obzirom da su tovarili zalihe i vršili uobičajeno rutinsko održavanje na velikoj intergalaktičkoj letjelici iznad njih. Ostali stvoritelji u letjelici su im davali upute. "Jer je dah bića bio u kotačima." To je očigledno.

Odijelo je također opisano sa svoja četiri okrugla prozora, sličnim onima na prvim ronilačkim odijelima "Svako je imalo četiri lica...i nisu se okretala, kada bi se kretala."

Manji leteći tanjuri su bili nalik vašim lunarnim modulima malog dometa kretanja koja se koriste u kraćim istraživačkim misijama. Iznad njih je čekao veliki međuplanetarni brod.

Iznad svoda nebeskoga, što se je nalazio nad glavama njihovim,
bilo je nešto, što je izgledalo kao safir kamen i bilo kao

prijestolje. Na njemu gore, što je bilo kao prijestolje, bila je prilika, što je izgledala kao čovjek. *Ezekija 1: 26.*

Taj je sa velikog svemirskog broda nadzirao i koordinirao rad stvoritelja.

Ezekija se sav uplašen zbog svih ovih misterioznih događanja koje je prouzročio nitko drugi nego "Bog", poklonio se licem prema tlu, ali mu jedan od stvoritelja reče:

> Sine čovječji, postavi se na noge svoje; jer hoću govoriti s tobom!
> ... slušaj, što ću ti i izreći...i jedi što ti dadnem! *Ezekija 2: 1-8.*

Ovo je slika slična onoj o tome kada se jelo sa stabla spoznaje Dobra i Zla. Dali su mu intelektualnu hranu. U ovom slučaju bila je to knjiga:

> ...tada vidjeh ruku pruženu prema meni i u njoj svitak knjige...
> Bio je ispisan na prednjoj strani i na suprotnoj strani...
> *Ezekija 2: 9-10.*

Bile su ispisane obije strane, što je vrlo neobično jer se u to vrijeme pisalo samo na jednoj stani papirusa.

Ezekija je onda svitak "pojeo". Ovo znači da ga je pročitao i upoznao istinu o nastanku čovječanstva što i vi sada upoznajete. To je bilo tako uzbudljivo da je rekao:

> Ja ga pojedoh, i bio mi je u ustima sladak kao med. *Ezekija 3: 3.*

Potom su stvoritelji Ezekiju prebacili u svemirskom brodu do mjesta gdje je trebao objasniti sadržaj knjige drugima:

> Tada me podiže duh gore. Čuo sam za sobom glasan, silan i
> šum... *Ezekija 3: 12.*

Nadalje su stvoritelji još jednom proroka prebacili letjelicom:

> ... duh me podiže gore među Zemlju i nebo i odnese me u viđenjima Elohim u Jeruzalem. *Ezekija 8: 3.*

Ezekija je onda primijetio da su pod svojim "krilima kerubini" imali ruke nalik na ljudske:

> Tada se pokaza na kerubinima nešto kao ruka čovječja pod krilima njihovim. *Ezekija 10: 8.*

> Tada zamahnuše kerubini krilima svojim i podigoše se od zemlje pred očima mojim; kad su polazili, i točkovi su pošli zajedno s njima. *Ezekija 10: 19.*

> Nato me podiže duh gore i odnese me... *Ezekija 11: 1.*

> I podiže se slava Jahvina iz grada i stade na gori koja leži na istoku grada. A mene podiže duh gore i odnese me u viđenju duhom Elohim natrag u Kaldejsku... *Ezekija 11: 23-24.*

Ezekija je puno puta putovao letjelicom stvoritelja.

> Ruka Jahvina dođe nad na me. Jahve me izvede u duhu i postavi me usred doline, što je bila puna mrtvačkih kostiju. *Ezekija 37: 1.*

Onda se dogodilo "čudo". Stvoritelji su vratili život mrtvima od kojih su ostale samo kosti.

Kao što je spomenuto ranije, svaka stanica živog bića sadrži sve potrebne informacije koje omogućavaju njegovu potpunu rekonstrukciju. Sve što morate uraditi je postavljanje jedne jedine stanice u stroj, na primjer, od preostalih kostiju, što će priskrbiti svu živu materiju neophodnu za rekonstrukciju prvobitnog bića.

Stroj će priskrbiti tvar, a stanica sve potrebne obavijesti, baš kao što spermatozoid sadrži sve informacije potrebne za stvaranje živog bića, sve do boje kose i očiju:

> Sine čovječji, mogu li opet oživjeti ove mrtvačke kosti?…Bio je štropot, i kosti su se pribirale, jedna uz drugu. Vidio sam, kako na njima uzrastoše žile i meso, i kako se na njih navuče koža … One oživješe i postaviše se na svoje noge: jedna silno velika vojska. *Ezekija 37: 3-10.*

Sve ovo je vrlo lako i vi ćete to moći jednog dana. Podrijetlo ovoga leži u drevnom pogrebnom ritualu u kojem su bili izgrađeni dotjerani grobovi u svrhu zaštite pokojnika u kojima su se pokapale važne osobe da bi ih se jednog dana moglo ponovno oživjeti do besmrtnosti. To je dio tajne "drva života" - tajne vječnosti.

U poglavlju 40, Ezekija je ponovno putovao svemirskom letjelicom stvoritelja koja ga je odvela do čovjeka u svemirskom odijelu:

> U zemlju Izraelovu odvede me…i postavi me na goru vrlo visoku. Na južnoj strani njezinoj nalazilo se nešto, što je izgledalo kao kakav grad…. ukaza mu se najednom čovjek, koji je izgledao sjajan kao mjed… *Ezekija 40: 2-3.*

Ovaj "grad" je jedna od zemaljskih baza koje su stvoritelji koristili u to vrijeme. One su uvijek bile smještene na vrlo visokim planinama da ih ljudi ne bi ometali. Biće čija pojava je bila nalik na pojavu od "mjedi" je, naravno, čovjek u metalnom odijelu… isto kao što nas često zamjenjuju s djecom ili anđelima zbog našeg malog rasta.

Svećenici koji su služili stvoriteljima u njihovom zemaljskom prebivalištu - hramu koji je posjetio Ezekija – nosili su antiseptička odijela dok su bili na dužnosti koja su uvijek morali ostavljati u "gradu" da bi se izbjegla moguća kontaminacija klicama opasnim za stvoritelje:

Kad uniđu svećenici, neće izlaziti iz svetišta u vanjski trijem.
Ovdje će ostavljati haljine svoje, u kojima su obavljali službu;
jer su svete... *Ezekija 42: 14.*

Trebalo je pisati: "ova odjeća je čista i sterilna", ali to je bilo
nerazumljivo za primitivne ljude tog doba koji su obožavali sve što im
je rečeno ili su im oni pokazali.

U *Knjizi proroka Ezekije poglavlje* 43 približavala se velika letjelica,
iz štovanja zvana "Slava Božja":

Tada dođe slava Boga Izraelova od istoka. Žamor je izlazio od
nje kao žamor silnih voda. Zemlja je zasjala od slave njegove.
Ezekija 43: 2.

Stvoritelji nisu željeli da ih ljudi uznemiravaju, pa su izdali naredbu:

Ova vrata neka ostanu zatvorena i neka se više nikada ne
otvaraju, i nitko ne smije ulaziti na njih; jer je Jahve, Elohim
Izraelov, ušao na njih. Zato neka ostanu zatvorena! *Ezekija 44: 2.*

Samo "knez" je smio razgovarati sa stvoriteljima:

Samo knez neka smije sjediti na njima, da uzme žrtvenu gozbu
pred Jahvom! *Ezekija 44: 3.*

Ali knez je morao proći kroz komoru gdje je bio dezinficiran
posebnim zrakama:

Kroz trijem ovih vrata neka on ulazi i ovim putem neka opet
izlazi! *Ezekija 44: 3.*

Levitski svećenici su bili tamo da bi služili stvoritelje:

Oni će pristupati k meni, da mi služe, oni će stajati preda mnom, da mi prinose pretilinu i krv... Oni neka ulaze u svetište moje i pristupaju k stolu mojemu, da mi služe i moju službu obavljaju... *Ezekija 44: 15-16.*

Miris ljudskog znoja je stvoriteljima bio vrlo neugodan:

Prije nego uniđu na vrata unutarnjeg trijema, neka obuku lanene haljine... Neka ne nose haljine, od kojih se znoji.
Ezekija 44: 17-18.

Ovdje se nalazi opis o tome kako su nastavili opskrbljivati stvoritelje svježim namirnicama.

Najbolje od prvina svake vrste i sve podizane žrtve svake vrste od svih svojih podizanih žrtava imate dati svećeniku, da on izazove blagoslov na kuću vašu. *Ezekija 44: 30.*

U 3. poglavlju *Knjige proroka Daniela* kralj Nabukadonosor osudio je na smrt spaljivanjem trojicu ljudi zbog njihovog odbijanja da obožavaju metalnog Boga, umjesto stvoritelja. Ali tri čovjeka koja su znala za postojanje stvoritelja spasio je jedan stvoritelj koji im je došao u pomoć u plamenu koristeći odbojne zrake koje su pogasile plamen. On ih je zaštitio od topline i plamena tim zrakama, što im je omogućilo da pobjegnu potpuno neozlijeđeni.

On odgovori: 'A ja vidim četiri čovjeka nevezana gdje hode posred ognja, i nije im ništa, a četvrti izgleda kao sin Elohim.'
Daniel 3: 25.

Kada je Daniel bačen u jamu s lavovima, oni mu nisu naškodili. Ponovno nije bilo uključeno ništa komplicirano, samo zraka koja paralizira, što je Danijelu omogućilo da jamu napusti nepovrijeđen.

Elohim moj poslao je anđela svojega. On je zatvorio čeljust lavovima. *Daniel 6: 22.*

U 10. poglavlju u Knjizi o *Danielu* pronaći ćete još jedan zanimljivi opis stvoritelja:

> Oko sebe sam pogledao, tada stade preda me jedan čovjek, obučen u platno…Tijelo mu je sjalo kao krizolit. Kao munja sijevalo mu lice. Oči mu bile kao baklje ognjene. Ruke i noge njegove blistale su kao mjed uglađena. Zvuk glasa njegova bio kao šum mnoštva naroda. *Daniel 10: 5-6.*

Posljednji Sud

'Ako su židovskim narodom vladali Perzijanci i Grci, to je bilo zato što je Židovima nedostajala vjera. Elohim su ih kaznili poslavši svoje "anđele" Perzijancima i Grcima da im pomognu pri tehnološkom napretku.

Ovo objašnjava velike povijesne trenutke ovih dviju civilizacija. Arhanđeo Mihael je bio vođa delegacije koja je pomagala Perzijancima:

> Tada mi je došao u pomoć Mihael…tamo kod kneza anđela kraljevstva perzijskoga… *Daniel 10: 13.*

U 12. poglavlju Knjige proroka *Daniela* ponovno se spominje uskrsnuće:

> Mnogi od onih, koji spavaju u prahu zemaljskom, probudit će se, jedni na život vječni, drugi na sramotu i prijekor vječni.
> *Daniel 12: 2.*

"Posljednji sud" će omogućiti 'velikim' ljudima ponovni život. Oni ljudi koji su radili za dobro čovječanstvo, vjerovali svojim stvoriteljima i slijedili njihove naredbe doživjet će dobrodošlicu i radost ljudi u vremenu, kada će se to dogoditi.

S druge strane, svi nemoralni ljudi će se osjećati sramotno pred svojim sucima i vječno će žaliti za primjer ostatku čovječanstva:

> Mudri će sjati kao sjajno nebo, i oni, koji su mnoge privodili k pravednosti kao zvijezde u sve vjekove. *Daniel 12: 3.*

Geniji će biti najcjenjeniji i najviše nagrađeni kao i oni koji budu podržavali i pomagali razvoj genija i omogućili da pobjedi istina.

> A ti, Daniele, zatvori ova objavljenja! Zapečati ovu knjigu do posljednjega vremena! Mnogi će je pretraživati, i spoznaja će biti velika. *Daniel 12: 4.*

Ove riječi će biti razumljive kad čovječanstvo dostigne dovoljno visoku razinu znanstvenog razumijevanja, a to vrijeme je stiglo. Sve ovo će se dogoditi:

> Čim se svrši uništenje moći svetoga naroda. *Daniel 12: 7.*

Ovo će se dogoditi kada narod Izraela ponovno dobije svoju zemlju, nakon dugog života u iseljeništvu. Izraelska država stvorena je prije nekoliko desetljeća. Istovremeno je došlo do eksplozije znanstvenog napretka na Zemlji.

> Idi Daniele: jer do posljednjega vremena ostaju zatvorene i zapečaćene ove riječi! *Daniel 12: 9.*

U ono vrijeme je sve ovo bilo nerazumljivo. Sada nije. U posljednje vrijeme je napredak znanosti i početak svemirskih istraživanja takav da se čovječanstvu sada sve čini moguće. Sada više ništa ne iznenađuje ljude jer su zahvaljujući televiziji navikli da se svakakva "čuda" događaju pred njihovim očima. Sada možemo prihvatiti bez iščuđavanja da smo zaista stvoreni po liku "Božjem", liku svemogućeg stvoritelja i unutar naših znanstvenih mogućnosti "čuda" postaju razumljiva.

U Knjizi *Jone* je vrlo zanimljiv opis, kada "velika riba" guta proroka koji je bio bačen sa brodića u more:

> A Jahve zapovjedi te velika riba proguta Jonu. Tri dana i tri noći ostade Jona u utrobi ribe. *Jona 2:1.*

"Velika riba" je, ustvari, bila podmornica, kakve poznate danas, ali za ljude tog vremena to je mogla biti samo "velika riba", unatoč tome što bi želučani sokovi takve ribe brzo probavili čovjeka bez nade da se vrati živ. Riba je morala imati i zrak da bi Jona mogao disati...U toj podmornici su stvoritelji mogli razgovarati s Jonom i upoznati političku situaciju tog vremena.

> Tada Jahve zapovjedi ribi, i ona izbljuva Jonu na zemlju.
> *Jona 2: 11.*

Podmornica je prišla obali i Jona je ponovno bio na suhom. U *Knjizi o proroku Zahariji*, Glava 5. postoji još jedan opis svemirskog broda:

> Opet sam podigao oči svoje i gledao, i gle, bio je tu svitak knjige, što leti...dvadeset lakata dug (9 metara), i deset lakata (4,5 metra) širok. *Zaharija 5: 1-2.*

Malo dalje se prvi put govori o ženama među stvoriteljima :

> ...Gle, pojavile se dvije žene, i vjetar je bio u krilima njihovim - imale su naime krila kao u rode... *Zaharija 5: 9.*

Dva ženska suradnika su bila među stvoriteljima, obje obučene u odijela za letenje, pojavljuju se pred Zaharijom.

U *Psalmu* 8, stih5, rečeno je o ljudima:

Pa ipak, namjestio si ga samo malo ispod anđela

Ljudska bića su na skoro istoj intelektualnoj razini kao i njihovi stvoritelji. Oni koji su pisali tekst nisu se usudili napisati "jednaki Elohim" kao što je bilo diktirano.

Na rubu neba izlazi, okreće se istom na drugom kraju.
Psalmi 19: 6.

Stvoritelji su došli s planeta koji je vrlo daleko od Zemljine orbite.

Suncu je stvorio šator na njima. *Psalmi 19: 4.*

Ponovno se aludira na masu Zemlje koja je stvorena da bi formirala prvi kontinent kada su oceani prekrili Zemlju.

S neba gleda Jahve dolje, vidi svu djecu čovječju. S mjesta, na kojem stoluje, gleda na sve stanovnike zemlje, *Psalmi 33: 13-14.*

Stvoritelji promatraju ponašanje čovječanstva iz svojih svemirskih letjelica kao što su uvijek i činili.'

Sotona

'U *Knjizi o Jobu*, u 1. poglavlju postoji objašnjenje tko je bio Sotona:

> A dogodi se jednoga dana, te dođoše sinovi Elohim i stupiše
> pred Jahvu. I Sotona se pojavi među njima. *Job 1: 6.*

Elohim na hebrejskom bukvalno znači "oni koji su došli sa neba".
Sinovi Elohim, drugim riječima stvoritelji, promatrali su ljudska bića i
redovito izvješćivali svoj planet o podrijetlu te su većinom ukazivali na
to da ljudska bića vole i časte Elohim. Jedan Eloha, po imenu Sotona,
bio je član grupe koja se stalno protivila stvaranju inteligentnih bića na
planetu koji se nalazio tako blizu njihovom vidjevši u njima moguću
prijetnju. Zato, pošto je uvidio Jobovu odanost koja je bila jedan od
najboljih primjera ljubavi ljudskih bića prema stvoriteljima, reče:

> Je li možda Job uzalud se tako Elohim bojao? … Ali pruži
> samo jednom ruku svoju i dotakni se imanja njegova, pa neće li
> otvoreno ustati protiv tebi! Tada reče Jahve Sotoni: "Dobro, sve
> imanje njegovo neka je u tvojoj vlasti! Samo na njega samoga
> ne smiješ staviti ruku! *Job 1: 9-12.*

Slušajući Sotonine tvrdnje da Job voli stvoritelje jer je bogat, vlada je
odobrila Sotoni da uništi njegovo imanje. Tako se moglo vidjeti hoće
li Job još uvijek poštovati svoje stvoritelje zato ga je bilo zabranjeno
ubiti.

Vidjevši Jobovu tvrdoglavost u štovanju stvoritelja, čak i onda kad
su mu uništili sve imanje, vlada je slavila pobjedu nad oporbom,
Sotonom. Ali Sotona je odvratio da je Job izgubio puno toga, ali je
još uvijek dobrog zdravlja. Zato vlada daje Sotoni ovlaštenje da radi s
njim što želi pod uvjetom da ga ne ubije:

> Dobro, neka ti je on u vlasti! Samo mu moraš sačuvati život!
>
> *Job 2: 6.*

U Knjizi o *Jobu* u 37. poglavlju nalazi se vrlo zanimljiva rečenica:

> Možeš li razapeti nebo kao on, tvrdo kao saliveno ogledalo?
> *Job 37: 18.*

Drugim riječima, jesu li ljudska bića u stanju napraviti "tvrdi svod", odnosno metalne letjelice? Ljudi tog vremena su mislili da to može samo Bog. Ipak, danas je to moguće.

I napokon, vidjevši Jobovu poniznost, stvoritelji su ga izliječili i vratili mu bogatstvo, djecu i zdravlje.'

Čovječanstvo Nije Moglo Razumjeti

'U *Knjizi o Tobiji*, u Apokrifi, jedan od stvoriteljevih robota po imenu Rafael je također došao ispitati ljudske reakcije prema njihovim stvoriteljima.

Kada je dovršio svoju misiju, otišao je pošto je potvrdio tko je:

> Vidite sada da ja ne jedoh ništa, već imate priviđenje... Evo ja se penjem k onome koji me poslao. Zapišite sve što vam se dogodilo! *Tobit 12: 19-20.*

Sve ovo se lako može vidjeti kroz zapise, ali se mora potruditi da bi se to razumjelo.

> A sad ću vam priopćiti što je mudrost i kako je nastala. Neću vam skriti tajne nego ću je pratiti od početka i na vidjelo iznijeti znanje njezino, i neću istinu mimoići. *Knjiga Mudrosti 6: 22.*

Kad dođe vrijeme, "mudrost", odnosno znanost koja je omogućila postojanje svega oko nas biti razumljiva ljudima. Biblijski napisi će biti dokaz svemu ovome.

Jer prema veličini i ljepoti stvorova možemo, po sličnosti, razmišljati o njihovu Tvorcu. *Knjiga Mudrosti 13: 5.*

Jednostavno je razumjeti istinu prepoznajući stvoritelje promatranjem njihovih djela.

... iz vidljivih ljepota ne mogu spoznati onoga koji jest.
Knjiga Mudrosti 13: 1.

Da ih ljudi ne bi uznemirivali, stvoritelji su svoje baze gradili na visokim planinama gdje i sada nalazimo tragove velikih civilizacija (npr. Himalaji, Peru), kao i na dnu mora. Planinska boravišta su postupno napuštena i stvoritelji su se preselili u podmorske baze koje su bile manje pristupačne ljudima. Stvoritelji koji su bili na početku protjerani, krili su se u oceanima:

U onaj će dan pohoditi Jahve mačem svojim ljutim i velikim i jakim Levijatana, hitru zmiju, i Levijatana, krivuljastu zmiju i ubit će zmaja u moru. *Izaija 27: 1.*

U to vrijeme, vlada njihovog planeta željela je uništiti stvoritelje ljudi.

Ljudima nije bilo lako među svim tim čudima jasno razmišljati, pa su, naravno, stvoritelje obožavali i smatrali ih nečim apstraktnim jer nisu mogli shvatiti znanstvene činjenice.

A pruži li se knjiga jednomu, koji ne zna čitati, i kaže li se: 'Čitaj to!' on odgovori: 'Ne mogu čitati.' *Izaija 29: 12.*

Dugo vremena je čovječanstvo imalo istinu na dohvat ruke, ali je nije moglo razumjeti sve dok se znanstveno nije dovoljno razvilo da bi je moglo dešifrirati.

Luđak je svaki, koji to ne shvaća... *Jeremija 10: 14.*

Znanost je omogućila stvoriteljima da stvaraju, a isto će omogućiti i ljudima:

> Jahve me stvori u početku upravljanja svojega, kao prvo od svojih djela, u pradoba. Bila sam postavljena prije vjekova, prije početka, prije postanja svijeta... Kad je gradio nebo, ja sam onda bila... Kad je postavljao moru međe njegove, da nikada ne prestupi voda obalu svoju... Tada sam stajala, miljenica njegova, puna radosti. Puna radosti na širokoj zemlji njegovoj, puna zanosa nad djecom čovječjom. *Mudre Izreke 8: 22-23, 27, 29-31.*

Inteligencija i znanost su dvije vještine koje su omogućile stvoriteljima stvaranje "čvrstoga kopna" - jedinstveni kontinent na kojem su stvorili živa bića. I sada ista inteligencija i njen duh vode ljudski um da i on stvara isto kao što su činili i njegovi stvoritelji.

Još od samog početka je tako, ljudi stvaraju druge ljude na drugim planetima, sebi nalik. Ciklus se nastavlja. Neki umiru, drugi nastavljaju. Mi smo vaši stvoritelji, a vi ćete stvarati druga čovječanstva:

> Što je, to je već davno bilo. Što će biti, to je već odavna bilo.
> *Propovjednikova 3: 15.*

Životinje su također stvorene i bit će ponovno stvorene, kao i ljudska bića. Vrste koje su izumrle živjet će ponovno kada se ih naučite ponovno stvoriti:

> ...isti dah imaju svi i ništa ne nadvisuje čovjek životinju; jer je sve taština! *Propovjednikova 3: 19.*

Mi, stvoritelji ćemo se javno pokazati ako nam čovječanstvo pokaže zahvalnost što smo ga stvorili. Bojimo se da bi nas ljudska bića mogla ljutito primiti, što ne možemo dopustiti.

Željeli bismo s vama otvoreno kontaktirati i pružiti vam naše blagodati znanstvenih znanja koje imamo u znatnoj prednosti pred vama – sve dok budemo sigurni da se nećete okrenuti protiv nas i da ćete nas voljeti kao svoje roditelje.

> Teško onome tko se svađa s tvorcem svojim… Smije li glina reći lončaru svojemu: 'Što radiš?' I djelo tvoje: 'Nemaš ruku'. Teško onome, koji govori ocu. *Izaija 45: 9-10.*

Od straha da ih ljudi neće voljeti, stvoritelji su im pustili da sami napreduju na znanstvenom području, gotovo bez vlastita upliva u njihov razvoj.

Simbol koji vidite ugraviran na ovom stroju i na mom odijelu predstavlja istinu. To je isto tako i amblem židovskog naroda - Davidova zvijezda, koja znači da "ono što je gore je isto kao i ono dolje", a u njenom središtu je svastika koja znači da je sve ciklično, tako da će ono što je na vrhu jednog dana biti na dnu, a što je na dnu jednog dana bit će na vrhu. Podrijetlo i sudbina stvoritelja i ljudskih bića je slična i povezana.

> Ne znate li? Ne čujete li? Nije li vam bilo javljano od početka? Ne vidite li iz temelja zemlje? *Izaija 40: 21.*

Tragovi baza stvoritelja na visokim planinama spominju se u *Knjizi Amosovoj*:

> …i hodi po visinama zemaljskim… *Amos 4: 13.*

Stvoritelji su imali ukupno sedam baza:

A ove sedam svjetionica jesu oči Jahvine, koje prelaze svu zemlju. *Zaharija 4: 10.*

To je podrijetlo sedmostrukog svijećnjaka čije je značenje bilo izgubljeno. Na početku je u svim bazama stvoritelja bila centrala sa sedam svjetlećih prekidača koji su im omogućavali kontaktiranje s ostalim bazama i međuplanetarnom letjelicom koja je kružila oko Zemlje.

U *Psalmima 139: 4-6* postoji još jedna aluzija na telepatiju:

Još mi nema riječi na jeziku, a ti je, Jahve, već poznaš točno. Straga i sprijeda ti me okružuješ i stavljaš na me ruku svoju. Odveć je čudno za me takvo znanje, odveć visoko; ne shvaćam ga nikada."

U to vrijeme telepatija je bila nezamisliva, stoga "Odveć je čudno za me takvo znanje". Astronomija i međuplanetarna putovanja u to vrijeme također su bila nezamisliva.

Koji šalje zapovijed svoju na zemlju, - brzo teče zapovijed njegova. *Psalmi 147: 4-5.*

Ljudima je također bilo nepojmljivo u to doba shvatiti telekomunikaciju.

Šalje zapovijed svoju na zemlju i brzo teče zapovijed njegova *Psalmi 147: 15.*

Sada dostižemo prekretnicu u radu naših stvoritelja. Oni su tada odlučili da čovječanstvo napreduje u znanstvenom pogledu bez njihove izravne intervencije. Shvatili su da su i sami bili stvoreni na isti način i da stvaranjem ljudi nalik sebi samima omogućuju nastavak ciklusa.

Ipak, da bi prvo proširili istinu po cijelom svijetu, odlučili su poslati

Mesiju koji bi uspostavio komunikaciju s cijelim svijetom jer do tada ju je poznavao jedino narod Izraela. U pripremama za dan otkrivanja prvobitne tajne će ljudima obznaniti u svjetlu znanstvenog napretka, odnosno, otkrivenja. I tako su ga obznanili:

A ti, Betleheme-Efrato, među krajevima Judinim najmanji, iz tebe će mi izaći onaj, koji će biti vladalac u Izraelu. Njegov je početak iz davne davnine, iz dana vječnosti... On se pojavljuje i vlada u snazi Jahvinoj...jer će se on tada pokazati velik do krajeva zemaljskih. I On će biti mir. *Mihej 5: 2-5.*

Raduj se glasno, ...kćeri jeruzalemska! Evo, kralj tvoj dolazi k tebi... krotak je i jaše na magarcu... Bit će uništeni i lukovi ubojiti. Jer će on navijestiti mir narodima. Vlast će njegova dosezati od mora do mora. *Zaharija 9: 9-10.'*

4

ULOGA KRISTA

Začeće

Sljedeće jutro ponovno smo se susreli na istom mjestu i moj mi je domaćin rekao: 'Kristova uloga je bila širiti istinu biblijskih spisa po svijetu da bi mogla služiti kao dokaz cijelom čovječanstvu kada znanost bude u mogućnosti sve objasniti. Stvoritelji su se zato odlučili za dijete koje bi rodila žena sa Zemlje, a otac bi bio jedan od njihovih ljudi. Dijete bi tako naslijedilo telepatske sposobnosti koje nedostaju ljudskim bićima.

...nađe se, da je bila začela po Duhu Svetom. *Matej 1: 18.*

Marija je bila odabrana žena i njen zaručnik je očito teško prihvatio ove vijesti ali:

...javi mu se u snu anđeo Jahvin... *Matej 1: 20.*

Jedan od stvoritelja se pojavio pred Josipom i objasnio mu da će Marija roditi sina "Božjega". Proroci koji su bili u kontaktu sa stvoriteljima, došli su izdaleka vidjeti božansko dijete. Vodila ih je svemirska letjelica:

Vidjesmo njegovu zvijezdu na istoku i dođosmo da mu se poklonimo. I gle, zvijezda, koju su bili vidjeli na istoku, išla je pred njima, dok nije napokon stala nad mjestom, gdje je bilo djetešce." *Matej 2: 2 i 9.*

Stvoritelji su bdjeli nad djetetom.

Javi se Josipu u snu anđeo Jahvin i reče: "Ustani, uzmi dijete i mater njegovu i bježi u Egipat! Ostani ondje, dok ti ne reknem, jer će Herod tražiti dijete, da ga pogubi." *Matej 2: 13.*

Kralj nije bio najsretniji zbog rođenja djeteta-kralja tek rođenog na njegovom teritoriju koje su najavili proroci. Kada je kralj Herod umro, stvoritelji su rekli Josipu da se može vratiti u Izrael:

Kad je bio umro Herod, javio se anđeo Jahvin Josipu u snu kada je bio u Egiptu i reče: "Ustani, uzmi dijete i mater njegovu te pođi u zemlju Izraelovu, jer su pomrli, oni koji su tražili život djeteta." *Matej 2: 19-20.'*

Inicijacija

'Kada je odrastao, Isus je odveden stvoriteljima da bi mu otkrili njegov pravi identitet, predstavili ga ocu i objasnili mu njegovo poslanstvo na Zemlji i naučili ga raznim znanstvenim tehnikama:

Tada mu se otvoriše nebesa. On vidje Duha Jahvinog gdje silazi kao golub i dolazi na njega. I glas s neba povika: "Ovo je Sin moj ljubljeni, koji se dopada meni." *Matej 3: 16-17.*

Tada Isusa odvede Duh u pustinju, da ga kuša đavao.

Matej 4: 1.

Đavo, "Sotona", stvoritelj o kojem smo ranije govorili, bio je još uvijek siguran da se ništa dobro ne može očekivati od čovječanstva. Sotona je bio skeptik kojega je podupirala vladina opozicija na našem dalekom planetu.

Zbog toga je Sotona iskušao Isusa kako bi saznao razmišlja li Isus ispravno i voli li i poštuje li zaista svoje stvoritelje. Vidjevši da može imati puno povjerenje u Isusa, dopustio mu je da pođe i izvrši svoju misiju.

Da bi prikupio što više pristaša, Isus je činio "čuda" koristeći znanstvene tehnike koje su mu pokazali stvoritelji.

Donosili su mu sve, koji su trpjeli od različitih bolesti i muka...
i on ih je izliječio. *Matej 4: 24.*

Blagoslovljeni su siromašni u duhu! Njihovo je kraljevstvo nebesko! *Matej 5: 3.*

Ova rečenica je netočno tumačena kao "siromašni su blagoslovljeni". Ali prvobitno značenje je bilo da ako siromašni imaju duha, onda će biti sretni, što je potpuno različito.

Onda je Isus rekao svojim apostolima da moraju širiti istinu po cijelom svijetu. U molitvi "Oče naš" istina je izrečena doslovno.

Dođi kraljevstvo tvoje! Budi volja tvoja, kako na nebu, tako i na zemlji! *Matej 6: 10.*

Na "nebu", na planetu stvoritelja, znanstvenici su konačno došli na vlast i tada su stvorili druga inteligentna bića.

Isto će se dogoditi i na Zemlji. Baklja će se ponovno prenositi.

Molitva koju ljudi uvijek iznova ponavljaju bez razumijevanja njenog istinitog smisla sada dobiva svoj puni smisao: *Kako na nebu, tako i na Zemlji.*

Među ostalim, Isus je bio naučen da uvjerljivo govori pomoću neke vrste telepatske hipnoze:

> Sad je bio Isus svršio riječi ove, bilo je mnoštvo naroda zadivljeno naukom njegovom. Jer je učio kao jedan, koji ima moć, a ne kao književnici njihovi. *Matej 7: 28-29.*

Nastavio je s liječenjem bolesnih uz pomoć stvoritelja koji su mu pomagali posebnim zrakama iz daljine:

> Tada dođe jedan gubavac, pade pred njega ničice i zamoli: ''Gospodine, ako hoćeš, možeš me očistiti. On pruži ruku svoju, dotače ga se i reče: "Hoću, očisti se! I odmah se očisti od gube svoje. *Matej 8: 2-3.*

Isto je učinio sa čovjekom koji je bio potpuno nepokretan. Operacija je izvedena iz daljine uz upotrebu koncentriranih zraka sličnih laseru koje djeluju na bolesno tkivo kroz nekoliko slojeva.

> Ustani, uzmi postelju svoju i idi kući... On ustade i ode kući. *Matej 9: 5-7.*

Nadalje, u *Evanđelju po Mateju* Isus najavljuje svoju misiju:

> ...nijesam došao da dozovem pravednike, nego grješnike.
> *Matej 9: 13.*

Nije došao zbog naroda Izraela koji je znao za postojanje stvoritelja, već je htio istinu o njegovom postojanju raširiti po cijelom svijetu.

Kasnije je bilo još mnogo "čuda", koja su temeljila na medicinskom znanju. Danas se presađuju srca i drugi organi, gubavost i druge slične bolesti su izlječive, a ljudi se mogu probuditi iz kome uz odgovarajuću njegu. To bi se smatralo čudom kod tehnološki primitivnih ljudi. U to vrijeme ljudska su bića bila primitivna, a stvoritelji vrlo slični ljudima vaših današnjih "civiliziranih" naroda, premda znanstveno mnogo napredniji.

Nadalje nailazimo na aluziju o stvoriteljima među kojima je bio Isusov pravi otac:

> Tkogod prizna mene pred ljudima, toga ću i ja priznati pred Ocem svojim na nebesima. *Matej 10: 32.*

"Pred Ocem svojim na nebesima." - te riječi sve govore. "Bog" nije nedodirljiv ili nematerijalan, on je "na nebesima". Ovo je očito potpuno nerazumljivo ljudima koji su u to doba vjerovali da su zvijezde pričvršćene na nebesku kupolu kao brojne male žarulje okrećući oko središta Zemlje. Sada, na početku svemirskih putovanja i razumijevanja njegove neizmjernosti ti stari tekstovi daju potpuno drugačiju sliku.'

Paralelna Čovječanstva

U *Evanđelju po Mateju*, u 13. poglavlju postoji važan dio u kojem Isusu u paraboli objašnjava kako su stvoritelji napustili svoj planet da bi stvorili život na nekom drugom planetu:

> Izađe sijač da sije. I kad je sijao, nekoje zrno pade na put, i dođoše ptice i pozobaše ga. Drugo pade na kamenito tlo, gdje nije imalo mnogo zemlje... kad ga obasja sunce, uvenu. Opet drugo pade među trnje. Uzraste zajedno trnje i uguši ga. Drugo pade na zemlju dobru, i donosilo je rod: stostruk, šezdesetostruk, tridesetostruk. Tko ima uši, neka čuje!
>
> *Matej 13: 3-9.*

Ovo je aluzija na različite pokušaje stvaranja života na drugim planetima od kojih su tri propala.

Prvi je propao zbog "ptica" koje su došle i pojele sjeme, ali istina je da je propao zbog prevelike blizine planeta stvoritelja. Oni koji su bili protiv stvaranja ljudi sličnih njima vidjeli su u tome moguću prijetnju i došli su uništiti ono što je stvoreno.

Drugi pokušaj je izveden na planetu koji je bio preblizu Suncu koje je njihova djela uništilo štetnim zračenjem.

Treći put su pokušali "među trnjem", na planetu koji je bio previše vlažan, pa je biljni svijet toliko bujao da je uništio prirodnu ravnotežu i životinjski svijet. Ovaj svijet koji se sastoji isključivo od biljaka još postoji.

I na kraju, četvrti pokušaj je bio uspješan i "pade na zemlju dobru". Važna činjenica je da su postojala tri uspješna pokušaja, što znači da postoje još dva planeta koja su relativno blizu i naseljena bićima nalik na nas koja su stvorili isti stvoritelji.

"Tko ima uši, neka čuje!"; oni koji mogu, neka razumiju. Kada dođe vrijeme, oni koji budu tražili, razumjet će. Oni koji gledaju, a ne vide, i slušaju, a ne čuju i ne razumiju, neće razumjeti istinu. S druge strane, oni koji dokažu svoju inteligenciju i time pokažu da zaslužuju pomoć stvoritelja, pomoći če se im:

> Jer tko ima, još će mu se dati i imat će izobilja; a tko nema, i njemu će se još oduzeti, što ima. *Matej13: 12.*

Ljudi koji ne budu u stanju dokazati svoju inteligenciju neće preživjeti. Ljudska bića su gotovo dokazala da su zavrijedila da ih stvoritelji priznaju kao jednaka njima samima. Nedostaje im jedino... malo ljubavi. Međusobne ljubavi, a osobito ljubavi za svoje stvoritelje.

> Vama je dano, da razumijete tajne kraljevstva nebeskoga.
> *Matej 13: 11.*

Tri planeta na kojima je stvoren život međusobno se natječu. Planet čije čovječanstvo bude postiglo najveći znanstveni napredak, na taj način dokazujući svoju inteligenciju, dobit će naslijeđe svojih stvoritelja na dan "posljednjeg suda" pod uvjetom da njihovo ponašanje prema svojim stvoriteljima ne bude agresivno.

To će se dogoditi onoga dana kada njihovo znanje bude dostiglo dovoljno visoku razinu. Sada ljudi na Zemlji nisu daleko od tog dana. Ljudski genij je:

> Ono je istina manje od svih drugih sjemena. Ali kad izraste, veće je od drugoga povrća. Ono bude drvo, tako da ptice nebeske dolaze i stanuju na njegovim granama. *Matej 13: 32.*

"Ptice nebeske" se ovdje odnose na stvoritelje koji će doći i stanovati na njegovim granama, odnosno prenijet će svoje znanje čovječanstvu kada ono to bude zaslužilo.

> Kraljevstvo je nebesko kao kvasac, što ga uze žena i pomiješa u tri mjere brašna dok sve ne ukisa. *Matej 13: 33.*

Ovo je još jedna aluzija na tri svijeta od kojih stvoritelji očekuju znanstveni procvat.

> Objavit ću, što je bilo skriveno od postanja svijeta.
> *Matej 13: 35.*

Vrlo važno je znati da planeti imaju svoj životni vijek i da se jednog dana više na njima neće moći živjeti. Do tog trenutka čovječanstvo mora dostići dovoljno visoku razinu znanstvenog znanja da bi se moglo preseliti na drugi planet ili ako se ne bude moglo prilagoditi nekom drugom staništu da stvori oblik ljudskog života koji će se moći prilagoditi takvim uvjetima. Ako okoliš ne bude prilagođen ljudima, onda se moraju stvoriti ljudi koji će biti kompatibilni novom okolišu.

Na primjer, prije nego što čovječanstvo bude istrijebljeno, morat ćete stvoriti novu vrstu ljudi sposobnih za život u potpuno drugačijoj atmosferi koji će moći naslijediti vaše znanje prije nego što nestanete. Da nasljeđe ne bi u potpunosti nestalo stvoritelji su kreirali život na tri planeta i samo najbolji će imati pravo na njega:

Tako će biti i na svršetku svijeta. Anđeli će izaći i odijelit će zle od pravednih. *Matej 13: 49.*

Znanstvena Čuda

'Dio koji se odnosi na umnožavanje kruha je već objašnjen. On se zapravo sastoji od koncentriranih prehrambenih proizvoda sličnim velikim tabletama sa svim vitalnim sastojcima koje koriste vaši astronauti. Vaše hostije "Svetog kruha" i njegov oblik nas podsjeća na te tablete.

Količina od nekoliko hljebova je dovoljna da prehrani tisuće ljudi.

Kada je Isus hodao po vodi, stvoritelji su mu pomagali upotrebljavajući antigravitacijske zrake koje su neutralizirale efekte težine na točno određenim mjestima.

....dođe on k njima idući po moru. *Matej 14: 25.*

To je stvorilo turbulenciju, koja je opisana:

A kad je vidio jaki vjetar, uplaši se...Tada uđoše u lađicu, i presta vjetar. *Matej 14: 30-32.*

"Vjetar" se umirio kada su došli na brod jer su stvoritelji nakon što je Isus stao u brod prestali emitirati zrake. Još jedno znanstveno "čudo".

U stvarnosti čuda ne postoje, postoje samo razlike u razinama civilizacija. Da ste izašli iz svemirskog broda u vrijeme Isusa ili samo iz jednostavnog helikoptera, čak i da je razina vašeg znanstvenog znanja ograničena, u očima ljudi tog vremena biste bili čudotvorac samo proizvodeći umjetnu svjetlost, spuštajući se sa neba, vozeći auto, gledajući televiziju ili ubijajući pticu puškom jer oni ne bi mogli razumjeti mehanizam koji stoji iza takvih pojava i zato bi u tim pojavama vidjeli "Božju" ili natprirodnu silu. Također ne zaboravite da isti znanstveni jaz postoji između vas i ljudi iz vremena Isusa kao što postoji razlika između vas i nas.

Mi još uvijek možemo činiti stvari koje bi vi smatrali čudima, ali najrazvijeniji među vama ih ne bi smatrali čudima jer je posljednjih nekoliko desetljeća čovječanstvo postiglo ogroman napredak u svom radu kroz znanstvena istraživanja pokušavajući proniknuti u srž stvari umjesto glupom klanjanju i prinošenju žrtve božanstvima.

Naše znanje, dakako, ostaje takvo da ukoliko odlučimo izvesti nekoliko "čuda" čak ni najistaknutiji znanstvenici ne bi razumjeli kako to činimo. Nekoliko osobito razvijenih umova bilo bi u stanju nositi se s ovakvim stvarima, ali bi većinu ljudi ipak zahvatila panika, a mi smo još uvijek u stanju zapanjiti ljude, čak iako se ono više i ne može tako lako šokirati.

Bitno je da ljudi shvate da nema nematerijalnoga "Boga", već da postoje ljudi koji su stvorili druge ljude po svom liku.

U Poglavlju 17. *Evanđelja po Mateju* stvoritelji se ponovno pojavljuju:

> ... uze Isus sobom Petra i Jakova i njegova brata Ivana i izvede ih nasamo na goru visoku. Tada se preobrazi pred njima, Lice se njegovo zasja kao sunce, a haljine se njegove zasvijetliše kao svjetlo. Ukazaše im se Mojsije i Ilija u razgovoru s njime... zasjeni ih sjajan oblak, i začu se glas iz oblaka: "Ovo je sin moj ljubljeni... Njega slušajte!" *Matej 17: 1-5.*

Ovaj prizor se dogodio noću i svi apostoli su uplašeni vidjevši Isusa osvijetljenog snažnom svjetlošću izvanzemaljske letjelice iz koje su izašli Mojsije i Ilija još uvijek živi zahvaljujući "drvu života". Besmrtnost je znanstvena stvarnost, iako to ne odgovara ljudskoj ideji o besmrtnosti. U Poglavlju 19., stih 30. *Evanđelja o Mateju* postoji rečenica:

Mnogi, koji su prvi, bit će posljednji, i mnogi, koji su posljednji, bit će prvi.

Ovo znači da će stvoreni postati stvoritelji kao što su i njihovi stvoritelji bili stvoreni.'

Zaslužiti Nasljeđe

'U 25. poglavlju *Evanđelja po Mateju* 25:14-29 rečeno je da tri planeta moraju znanstveno napredovati i da će im se jednoga dana suditi. U paraboli čitamo:

> ...On dozva k sebi sluge svoje i predade im imovinu svoju. Jednomu dade pet talenata, drugomu dva, trećemu jedan. Iza dugog vremena dođe natrag gospodar onih sluga i počne se računati s njima. Koji je bio primio pet talenata pristupi, donese sobom još pet daljnih talenata... pristupi onaj sa dva talenta i reče: "...Evo, dobio sam još dva daljna talenta". Napokon pristupi i onaj koji je primio jedan talent i reče: "...zakopah talenat tvoj u zemlju. Ovdje imaš što je tvoje."

> Uzmite mu zato talenat i podajte ga onome, koji ima deset talenata! Jer tko ima, njemu će se dati, i obilovat će; a tko nema, njemu će se još uzeti što ima. *Matej 28: 29.*

Od tri svijeta gdje je stvoren život, onaj koji bude najnapredniji dobit će pravo na nasljeđe. Onima koji ne budu napredovali zavladat će drugi i uništiti ga. To isto tako vrijedi i među ljudstvima na Zemlji.

U 26. poglavlju *Evanđelja po Mateju* 26:52-54, Isus otkriva zašto je njegova smrt tako bitna i napomene zapise koji će kasnije poslužiti kao dokaz. Kada ga je jedan od njegovih učenika pokušao braniti mačem Isus reče:

> Zadjeni mač svoj u korice! Svi, koji se mašaju za mač, ginu od mača. Ili zar misliš, da mi Otac moj ne bi odmah poslao u pomoć više od dvanaest legija anđela, kad bih ga zamolio za to? Ali kako bi se onda ispunilo Pismo, po kojemu to mora doći tako? *Matej 26: 52-54.*

Zapravo je Isusova smrt bila neophodna da bi se istina o tome raširila po cijelom svijetu, tako da se kasnije, kada se stvoritelji vrate na Zemlju, neće smatrati uzurpatorima ili okupatorima. Smisao biblijskih napisa i evanđelja je bio u očuvanju tragova rada i prisutnosti naših stvoritelja da bi ih prepoznali kada se ponovno vrate na Zemlju.

Nakon njegove smrti Isusa su oživjeli stvoritelji :

> Tada se zemlja potrese silno. Anđeo Jahvin siđe s neba, pristupi, odvali kamen i sjede na njega. Lice je njegovo bilo kao munja, i odijelo njegovo bijelo kao snijeg. *Matej 28: 2-3.*

Stvoritelji su Isusa njegovali i oživjeli. I on reče:

> Zato idite i učinite sebi sve narode mojim učenicima...I učeći ih da drže sve, što sam vam zapovjedio. *Matej 28: 19-20.*

Isusova misija je okončana:

> Pošto im je Isus bio tako izgovorio, bi uzet u nebo...
> *Marko 16: 19.*

Stvoritelji su ga odveli sa sobom nakon posljednje važne rečenice:

Doći će vrijeme kad Uzimat će zmije u ruke. I ako otrov smrtonosan popiju, neće im nauditi. Na bolesnike metat će ruke, i oni će ozdravljati. *Marko 16: 18.*

Ovo će se dogoditi kad čovječanstvo otkrije protuotrov, razvije kirurgiju, itd. To se upravo sada događa.

Pripremajući se za povratak na Zemlju, stvoritelji će se pojavljivati sve češće da bi pridali veći značaj svojim otkrivenjima. To se upravo sada događa.

Promatrajte smokvu i sva druga drveta. Kad vidite, da već tjeraju, znate, da je blizu ljeto. *Luka 21: 29-30.*

Kada se počnu pojavljivati mnogi neidentificirani leteći objekti, kao sada, znači da je to vrijeme blizu. U poglavlju 2 *Djela Apostolskih* još jednom se to navodi:

Kad se navrši pedeset dana, bili su svi zajedno na istom mjestu. I ujedanput postade šum s neba, kao kad dolazi silan vjetar, i napuni svu kuću, gdje su sjedili, I pokazaše im se razdijeljeni jezici kao od ognja, i sjede po jedan na svakoga od njih. I napuniše se svi Duha Svetoga, i stadoše govoriti raznim jezicima... *Djela Apostolska 2: 1- 4.*

Da bi apostolima omogućili širenje istine po svijetu, stvoritelji su ih izložili koncentriranim metodama učenja koje su se sastojale od prenošenja telepatskih valova koje su stvoritelji slali u obliku sličnom elektrošokovima, utiskujući u njihovu memoriju elemente drugih jezika.

U *Djela Apostolska*, bilježimo pojavu stvoritelja, anđela, u nekoliko prigoda, osobito kad su oslobodili Petra kojega je Herod bacio u okove:

I gle, anđeo Jahvin pristupi, i svjetlost obasja po sobi, i gurnuvši Petra u bok probudi ga i reče: "Ustani brže!" I spadoše mu lanci s ruku. A anđeo mu reče: "Opaši se i obuj svoju obuću!" I učini tako. I reče mu: "Obuci haljinu svoju i hajde za mnom!" I izišavši išao je za njim i nije znao, da je to istina, što je učinio anđeo, nego je mislio, da vidi viđenje. *Djela Apostolska 12: 7-9.*

Petar je u svojoj primitivnosti mislio da sanja kada su mu lanci spali iz ruku. Nije znao da postoji električni laserski aparat za autogeno zavarivanje kojega je upotrijebio jedan od stvoritelja. Kada se takve nevjerojatne stvari događaju ljudi pomisle da sanjaju. Zato se često kaže da su ljudi koji su vidjeli stvoritelje sigurno imali priviđenje ili su sanjali. Isto vrijedi i za ljude koji su vidjeli naše letjelice, pa i oni misle da su imali halucinacije. Ovaj citat jasno objašnjava da je ono što je Petar smatrao snom zapravo bila puka stvarnost.

A kad prođoše … dođoše k vratima gvozdenim … Ona im se sama otvoriše … i anđeo odmah odstupi od njega.
Djela Apostolska 12: 10.

Još jedan znak da je došlo vrijeme da je narod Izraela ponovo pronašao svoju državu:

Potom ću se vratiti i opet ću sagraditi dom Davidov, što je pao. *Djela Apostolska 15: 16.*

Slijedi još jedna važna rečenica:

Njegov smo i rod. *Djela Apostolska 17: 28.*

To su bile riječi jednog apostola kada je govorio o "Bogu".

Nećemo dalje čitati evanđelje gdje ima još mnogo primjera o stvoriteljima, ali manje važnih. Možete ih sami tumačiti onima koji budu pitali u svjetlu dosadašnjih objašnjenja koja sam vam dao. I rekavši ovo ode, baš kao i prije.

5

Kraj Svijeta

1946, Prva Godina Novoga Doba

Sljedećeg dana, kad se vratio kao i ranije, počeo je govoriti: 'Vrijeme kraja svijeta je došlo. Neće to biti katastrofa koja će uništiti Zemlju, već je došlo do kraja svijeta Crkve koja je, koliko god dobrog ili lošeg napravila, završila svoju misiju. Više ili manje, ona je svoju ulogu učinkovito obavila. Bilo je to djelo vulgarizacije koje je vašim stvoriteljima omogućavalo da budu prepoznati kod ljudi kada se budu vratili. Kao što ste primijetili, kršćanska Crkva umire. Ovo je kraj tog svijeta je njena misija ispunjena, doduše, uz priličan broj grešaka jer je tako dugo pokušavala obožavati stvoritelje.

Ovo obožavanje je bilo prihvatljivo dok nije započelo doba znanosti. Tada bi se moralo potpuno ukloniti. To bi bilo moguće da je očuvana istina ili da su ljudi znali čitati između redaka. Ali počinjeno je previše je grešaka. Stvoritelji su predvidjeli da propast Crkve jer od nje više nema koristi. Ljudi u znanstveno razvijenim zemljama ispunjeni su nezadovoljstvom prema Crkvi jer više nema ničega u što bi mogli vjerovati. Niko više ne vjeruje u "nebeskog Boga" s bijelom bradom koji sjedi na oblaku i koji je svemogući sveznadar, u što bi Crkva željela da vjerujemo. Niti itko više vjeruje u divne male anđele čuvare niti u vraga s rogovima i kopitima, tako da nitko ne zna u što da vjeruje. Samo nekolicina mladih ljudi je shvatila da je najvažnija ljubav. Vi ste dostigli Zlatno doba.

Ljudi planeta Zemlje, letite nebom, vaš glas se radio-valovima prenosi na sve četiri strane svijeta. Došlo je vrijeme da saznate istinu.

Kao što je zapisano, sve se događa sada pošto je Zemlja ušla u doba Vodenjaka. Neki ljudi su već pisali o tome, ali im nitko nije vjerovao. Stvoritelji su prije 22.000 godina odlučili započeti svoj rad na Zemlji i sve je tada bilo planirano jer kretanje galaksije sugerira to znanje.

Doba u znaku Ribe je bilo doba Krista i njegovih ribara, a doba Vodenjaka koje slijedi započelo je 1946. godine. To je doba kada je narod Izraela ponovno pronašao svoju zemlju.

> U onaj će dan, ... odjeknuti vika sa ribljih vrata... *Sefanija 1: 10.*

Riblja vrata su prolaz u novo doba, doba Vodenjaka. To je trenutak kada se sunce rađa nad Zemljom, na dan proljetne ravnodnevnice u zviježđu Vodenjaka. *Glasna buka je zvuk koji će se širiti zbog tog otkrića.

Nije slučajnost da ste rođeni upravo 1946. godine.'

Kraj Crkve

'Ovo otkrivenje, zahvaljujući prosvijećenosti, donijet će novu nadu i sreću svim nezadovoljnim ljudima. Ono će također ubrzati propast Crkve ukoliko sama ne uvidi svoje greške i ako se ne stavi u službu istine.

> Jer nema nasilnika, nestalo je podsmjevača. Istrijebljeni su svi, koji misle na zloću. Svi, koji riječima svojim okrivljuju druge ljude i onome, koji pravdu govori na vratima, meću zamke, i onoga, koji je u pravu, rušiju lažju. *Izaija 29: 20-21.*

Dolazi kraj onih koji nas žele natjerati da vjerujemo u prvobitan grijeh i koji žele da se zbog toga osjećamo krivi. Kraj ljudima koji postavljaju zamke onima koji šire istinu u doba Ribe i na početku doba Vodenjaka. Kraj je onima koji pokušavaju spasiti Crkvu takvu kakva jest i koji tjeraju one pravedne i one koji pišu ili propovijedaju istinu. Takvi ljudi su kao i oni koji su razapeli Isusa uvjereni da brane pravu stvar ne pokušavajući razumjeti i plašeći se da mogu biti uništeni u praskozorje doba Ribe.

Neće više biti zastrte oči onih koji vide, uši onih koji čuju, pozorno će slušati. Prostak neće se više zvati plemenitim, niti će se lupež zvati odličnim. Jer prostak govori prostački, srce njegovo misli na zlo, radi opako i govori lažno proti Jahvi; gladnoga pušta da strada i žednome uskraćuje pilo. Plemenit misli samo na plemenito i ustaje samo za plemenito. I oružje lupeža zlo je, on misli samo na spletke, kvari siromahe govorima lažnim, i kad slabi zastupa pravo svoje. *Izaija 32: 3-8.*

U ovom slučaju će svi razumjeti. "Neće više biti zastrte oči onih koji vide". To je Crkva koja govori o Jahvi besmisleno i ostavlja prazne duše onih koji su gladni istine.

Crkva je ta koja kuje planove za uništenje jadnih, pa oni koji ne mogu razumjeti ili se ne usuđuju razumjeti, ostati će Crkvi vjerni od straha od "grijeha", od isključenja i drugih besmislica. U međuvremenu, jadni traže svoja prava dok oni koji nisu dosta inteligentni da bi shvatili istinu, stoje iza laži Crkve prema njenom nahođenju. Plemenite osobe koje budu glasno razglašavale istinu, vrše plemenita djela čak i ako žive bez dopuštenja organizirane Crkve.

Ne znate li Ne čujete li? Nije li vam bilo javljano od početka? Ne vidite li iz temelja zemlje? *Izaija 40: 21.*

Evo sluga moj kojega ljubim, izabranik moj, koji mi se dopada! Mećem na njega duh svoj, istinu će javljati narodima.
Izaija 42: 1.

Vi ste taj čovjek koji će širiti istinu po cijelom svijetu, istinu koju sam vam otkrio u proteklih nekoliko dana.

> Trske stučene neće prelomiti, stijenja, što tinja, neće ugasiti.
> *Izaija 42: 3.*

Nećete moći uništiti Crkvu i njene laži u potpunosti, ona će vremenom sama nestati. Ovo izumiranje se odvija već neko vrijeme. "Fitilj" dogorijeva. Ona je okončala svoju misiju i vrijeme je da nestane. Griješila je, obogatila se na račun istine ne pokušavajući je objasniti ljudima ovog doba dovoljno jasno. Ipak, nemojte biti previše okrutni prema njoj jer upravo ona je širila po svijetu riječ biblijsku, svjedoka istine.

Ali njene greške su bile velike, osobito u pretjerivanju pridavanja važnosti natprirodnog istini i zbog pogrešnog prijevoda uobičajenih biblijskih napisa. Crkva je zamijenila riječ "Elohim" koja označava stvoritelje riječju u jednini "Bog". Elohim je na hebrejskom množina riječi Eloha.

Na ovaj način Crkva je transformirala stvoritelje u jednog jedinog nerazumljivog Boga. Druga greška je u tome što je natjerala ljude da se dive drvenom križu u znak sjećanja na Isusa Krista. Pa križ nije Krist. Komad drveta u obliku križa ništa ne znači:

> I nitko ne promišlja, i nitko nema toliko znanja i razuma, da rekne sebi: 'jednu sam polovinu spalio u ognju, ispekao sam kruh na uglju njegovu, i meso sam ispekao na njemu i pojeo sam ga - od ostatka da sad načinih lik gadan i da pred jednim komadom drveta padnem na koljena? *Izaija 44: 19.*'

Stvaranje Izraelske Države

'Kao što je bilo zapisano, povratak židovskog naroda u Izrael označava Zlatno doba:

> Od istoka dovodim djecu tvoju, od zapada skupljam te. Kažem sjeveru: 'Daj!' jugu: 'Ne zadržavaj ih!' Sinove moje dovedi izdaleka, kćeri moje s kraja zemlje. Sve, koji se zovu mojim imenom, koje sam na slavu svoju stvorio, sazdao, načinio! *Izaija 43: 5-7.*

Tu je opisano stvaranje izraelske države koja otvara vrata Židovima sa sjevera i juga. Biblija koju je sačuvao židovski narod svjedok je dolaska stvoritelja kao što je zapisano:

> Vi ste moji svjedoci. *Izaija 43: 10.*

> Neka naprijed stupi narod, koji je slijep, a ipak ima oči, koji je gluh, a ima uši! Svi narodi neka se skupe! Plemena neka se skupe! Tko između njih može tako što objaviti, učiniti da čujemo što je prije kazano? Neka dovedu svjedoke svoje, da dokažu pravo svoje, da se čuje i kaže: 'Istina je!' Vi ste moji svjedoci, veli Jahve, i sluga moj, kojega sam izabrao, da spoznate i vjerujete mi i uvidite, da sam ja vi ste moji svjedoci i samo sam ja El. I ubuduće ja sam to, i nitko ne izbavlja iz moje ruke. *Izaija 43: 8-13.*

"Vi ste moji svjedoci", sasvim je jasno zar ne? Danas vam mogu ponovno reći: "Još od davnih vremena ja sam isti." - zahvaljujući svjedoku kojeg držite u ruci - Bibliji.

Ostavio sam te samo za kratko vrijeme, ali sam te s velikim milosrđem vodio kući. *Izaija 54: 7.*

Židovski narod je ponovno dobio svoju zemlju, nakon sudjelovanja u čuvanju istine.

Predviđeno je vrijeme kada će čovječanstvo liječiti bolesti znanstvenim metodama:

Neće više biti ondje djetešca od malo dana ni starca, koji potpuno ne navrši dobi svoje. *Izaija 65: 20.*

Medicina danas pomaže ljudima u pobjeđivanju bolesti, a osobito u smanjivanju smrtnosti djece.

Na usnama razumnoga naći je mudrost, a batina pripada leđima ludoga. *Mudre izreke 10: 13.'*

Greške Crkve

'Da, Crkva je pogriješila kada je ljudima nanijela osjećaj krivnje i natjerala ih da se mole bez da bi pokušali razumjeti.

Kad se molite, ne brbljajte kao neznabošci! Oni misle : da će biti uslišani za mnoge riječi svoje. *Matej 6: 7.*

U suprotnosti sa zapisima iz *Evanđelja*, Crkva se također previše obogatila.

Na drugom mjestu je zapisano:

Ne skupljajte sebi blaga na zemlji... Nitko ne može dva gospodara služiti. Ili će jednoga mrziti i drugoga ljubiti, ili će uz jednoga prianjati i drugoga prezirati. Ne možete Jahvi služiti i mamoni.
Matej 6: 19-24.

Ne uzimajte sobom u pojasima svojim ni zlata ni srebra ni drugoga novca, ni putne torbe, ni dvoje haljine, ni obuće, ni štapa; jer je poslenik dostojan prehrane svoje. *Matej 10: 9-19.*

Svojim glupim pravilima i posnim petkom nisu poštovali vlastito *Evanđelje*:

Što ulazi u usta, ne čini čovjeka nečistim, nego što izlazi iz usta, to čini čovjeka nečistim. *Matej15: 11.*

Kako se ti ljudi, koji su samo ljudi i ništa više, usuđuju posjedovati bogatstvo Vatikana kad im *Evanđelje* govori da ne posjeduju "ni zlata ni srebra" - pa čak ni jedan jedini kaput?
Kako se usuđuju propovijedati o dobroti?

Tada reče Isus učenicima svojim: Zaista, kažem vam: Bogataš će teško ući u kraljevstvo nebesko. *Matej19: 23.*

Oni vežu bremena teška i nesnosna i meću ih ljudima na pleća; a sami neće da ih prihvate prstom svojim. Sva djela svoja čine, da ih vide ljudi... Vole počasna mjesta na gozbama ... Hoće da budu pozdravljani na javnim trgovima... Ali vi se ne zovite učiteljima, jer je jedan vaš učitelj, a vi ste svi braća! I ocem svojim ne zovite nikoga na zemlji, jer je jedan otac vaš, koji je na nebesima! I ne dajte da vas zovu učiteljima; jer je jedan učitelj vaš, Krist. Tko je najveći među vama, neka bude sluga vaš. *Matej 23: 4 -11.*

Unatoč istini koja je zapisana u *Evanđelju*, Crkva se usuđuje natovariti ljudima takozvane grijehe, što zapravo predstavlja samo različita poimanja morala i načina života; kako se usuđuju govoriti o dobroti dok žive u bogatstvu Vatikana, a ljudi umiru od gladi; kako se usuđuju pozivati na štovanje dok propovijedaju o milosrđu. Kako se usuđuju od ljudi tražiti da ih zovu "Oče", "Vaša Uzvišenosti", "Vaša Svetosti", kad im njihovo Evanđelje to izričito zabranjuje?

Ako Papa sutra krene na ulicu pješice kao ubogar, Crkva bi ponovno oživjela, ali bi morala imati potpuno drugačije humanitarne ciljeve od onih koje je imala do sada – zapravo bi trebala propagirati ono što bi nam danas poslužilo kao dokaz.

Ova misija je završena, ali bi se Crkva mogla preobraziti i stati na stranu dobrote pomažući nesretnima, pomažući u širenju prave istine iz knjiga koja je bila iskrivljena ili se čuvala u tajnosti. Na ovaj način bi svoje ispunjenje pronašle plemenite duše mnogih svećenika. Da bi došlo do toga, Vatikan bi trebao dati primjer i prodati svoje blago da bi pomogao pri financiranju razvoja nerazvijenih zemalja. Oni bi zaista trebali otići u te zemlje i pomoći ljudima u njihovom napretku i ponuditi praktičnu pomoć vlastitim rukama, a ne samo "dobrim riječima".

Također je neprihvatljivo da postoje različite kategorije vjenčanja, a osobito sprovoda koji ovise o osobnom bogatstvu. To je još jedna od grešaka Crkve.

Ali vrijeme je došlo.'

Podrijetlo Svih Religija

'Ne nalazimo samo u Bibliji i Evanđelju tragove istine, već se svjedočanstva o tome nalaze skoro u svim religijama. Kabala je jedno od najvećih svjedočanstava, ali ju je teško pronaći.

Ako jednoga dana ipak pronađete njenu presliku, u njoj ćete naići veliki broj aluzija o nama. Osobito u opisu iz *Himne nad himnama* (5) koja govori o planetu stvoritelja i njegovoj udaljenosti od Zemlje.

Napisano je da je "visina stvoritelja" 236.000 "parasenga" i da je "visina njegovih peta" 30 miliona "parasenga". Paraseng je jedinična mjera kao parasek koja označava udaljenost koju svjetlost prođe u jednoj sekundi (300.000 km/s). Naš planet je od Zemlje udaljen 30 milijuna parasenga ili približno devet tisuća milijardi kilometara, što iznosi malo manje od jedne svjetlosne godine.

Kretanjem brzinom svjetlosti ili 300.000 km/s trebali bi koju godinu da stignete do naše planete. Vaše sadašnje rakete koje putuju brzinom 40.000 km/h bi za put taj put trebale približno 26.000 godina.

Vidite, za sada se vas još ne trebamo bojati. Mi putujemo od našeg planeta do Zemlje manje od dva mjeseca koristeći metodu propulzije atoma, koja nam omogućava putovanje brzinom koja je sedam puta brža od svjetlosti. Te zrake nas "nose". Da bi nas "ponijele", moramo napustiti optički prozor - spektar vidljivih zraka da bi se uskladili sa zrakama koje nas nose. Zato promatrači sa Zemlje opisuju naše letjelice kao svjetlucave, pa briljantno bijele, plave i na kraju nestaju. Očito kada letjelica postigne veću brzinu od svjetlosne ona za golo oko postaje nevidljiva. Ovo je visina "peta" stvoritelja - udaljenost od mjesta na kojem njegove pete tako reći počivaju na planetu.

Planet stvoritelja je 236.000 parasenga udaljen od njihovog sunca – vrlo velike zvijezde - ili sedamdeset milijardi i osam stotina milijuna kilometara. To je "visina" stvoritelja.

Kabala je knjiga najbliža istini, ali i sve ostale religijske knjige manje ili više jasno aludiraju na nas, osobito u onim zemljama gdje su stvoritelji imali svoje baze: u Andama, na Himalaji, u Grčkoj - gdje mitologija također sadrži važna svjedočanstva, u budističkoj i islamskoj religiji i kod Mormona. Mogli bi napisati mnogo stranica ako bismo željeli navesti sve religije i sekte koje svjedoče na manje ili više jasan način o našem djelu.'

Čovječanstvo: Bolest Svemira

'Evo, sada znate istinu. Morate je zapisati i objaviti po cijelom svijetu. Ako ljudi Zemlje budu željeli, možemo im ponuditi naše znanje i pomoći da steknu 25.000 godina znanstvenog napretka, ali ljudi moraju pokazati da nas žele susresti, i iznad svega da su vrijedni toga i da susret za nas neće biti opasan.

Ukoliko ljudima prenesemo svoje znanje, moramo biti sigurni da će ga promišljeno koristiti. Naša promatranja Zemlje zadnjih godina nisu nam pokazala da Zemljom vlada mudrost. Uistinu ste napredovali, ali neki ljudi još uvijek umiru od gladi i svijetom još uvijek vlada ratnički duh. Znamo da bi naš dolazak popravio mnoge stvari i ujedinio narode, ali moramo osjetiti da nas ljudi istinski žele vidjeti i da su zaista spremni na ujedinjenje.

Također moramo osjetiti da ljudi stvarno žele naš dolazak, da shvaćaju tko smo mi i razumiju pravo značenje našeg dolaska.

Više puta su ljudski ratni zrakoplovi pokušali uloviti naše letjelice smatrajući ih neprijateljskima.

Ljudima treba reći tko smo, samo tako se možemo pokazati bez opasnosti da ćemo biti povrijeđeni ili ubijeni. To za sada nije moguće. Isto tako ne želimo stvoriti svojom pojavom opasnu i ubitačnu paniku među ljudima.

Neki istraživači s nama pokušavaju uspostaviti radio vezu, ali im ne odgovaramo jer bi na taj način odali položaj našeg planeta. Drugi razlog zašto ne odgovaramo na vaše signale je zato što bi putovanje signala bilo dugo i što naš sustav koristi valove koje vi svojom tehnologijom ne možete zamijetiti jer ih niste još otkrili. Oni su sedam puta brži od radio-valova, a sada već pokušavamo s novim valovima koji su jedan i po puta brži od sadašnjih.

Napredak se nastavlja kao i naša istraživanja čija je svrha da shvatimo i uspostavimo kontakt s tim velikim bićem čiji smo i sami dio i na čijim smo atomima paraziti. Ti atomi su zvijezde i planeti.

Ustvari, mi smo do sada otkrili inteligentna živa bića na beskonačno malom prostoru koja žive na česticama koje su njima planeti i sunca i postavljaju si isto pitanje kao i mi.

Čovječanstvo je "bolest" u nutrini divovskog bića, a planeti i zvijezde su njegovi atomi. To biće je sigurno i samo parazit na drugim, većim atomima. U oba pravca postoji beskonačnost. Najvažnije je pobrinuti se da bolest, a to je čovječanstvo, nastavi postojati i nikada ne umre.

Mi nismo znali kad smo vas stvarali da smo obavili sekundarnu misiju, "zapisanu" u nama na taj način ponavljajući ono što su naši prethodnici učinili za nas.

Stvarajući vas, otkrili smo vlastito podrijetlo. Nas su također stvorili ljudi koji su davno nestali. Njihov svijet je sigurno već nestao, ali zahvaljujući njima pošli smo njihovim stopama i stvorili vas.

Mi ćemo jednoga dana možda nestati, a onda ćete vi preuzeti naše mjesto i našu ulogu. Vi ste sljedeća karika u lancu dragocjenog ljudskog kontinuiteta. Postoje drugi svjetovi i ljudska vrsta se sigurno razvija u drugim dijelovima svemira, ali u ovom dijelu svemira naš svijet je jedini koji je stvorio novi život i to je važno jer od svakog svijeta mogu proisteći bezbrojna djeca koja će zajamčiti nastavak. Ovo nam daje nadu da čovječanstvo jednoga dana neće biti ugroženo da potpuno nestane.

Nismo potpuno sigurni da se čovječanstvo ikada može stabilizirati u broju koji bi jamčio siguran opstanak. Lanac se uvijek nastavlja, ali ne smijemo uznemiriti ravnotežu nepreglednog tijela u kojem smo mi paraziti jer možemo uvjetovati katastrofu koja bi u najbolju ruku mogla dovesti do nazadovanja, a u najgorem slučaju i do potpunog uništenja.

U zdravom organizmu može živjeti nekoliko klica bez opasnosti, ali ako se previše razviju, uvjetovat će bolest i nevolje organizmu. Onda će on reagirati prirodnim putem ili pomoću lijekova. Očigledno je važno stvoriti dovoljan broj svjetova da čovječanstvo ne izumre; a onda je iznad svega važno pobrinuti se da ravnoteža ne bude poljuljana usmjeravajući naše napore na sreću onih koji već postoje.

Na tom planu vam možemo puno pomoći.'

Evolucija : Mit

'Prije svega iz vašeg razmišljanja morate otkloniti sve sumnje o evoluciji. Vaši znanstvenici koji su razvili teoriju evolucije ne griješe u potpunosti kada kažu da je čovjek nastao iz majmuna, majmun iz ribe, itd. Prvi živi organizam stvoren na Zemlji, bio je uistinu jednostaničan, a poslije toga su stvorena kompleksnija bića.

Ovo se nije dogodilo slučajno! Kada smo došli na Zemlju da bi stvorili život, počeli smo stvarati vrlo jednostavne oblike života, a onda smo usavršili tehniku prilagođavanja sredini i tako smo stvorili: ribe, vodozemce, sisavce, ptice, primate i na kraju ljude koji su poboljšani modeli majmuna i kojima smo dodali ono što nas u biti čini ljudima.

Tako smo stvorili ljude prema vlastitom liku kao što je to zapisano u *Postanku*, u Bibliji. Mogli ste shvatiti da je mala mogućnost da serija slučajnosti proizvede ovakvu veliku raznolikost oblika života – boje ptica sa svojim ljubavnim igrama, različiti oblici antilopinih rogova.

Kakva prirodna potreba je mogla kod antilope ili divojaraca dovesti do razvoja spiralnih rogova? Ili zašto bi ptice imale plavo ili crveno perje? A što je sa egzotičnim ribama?

Sve je to rad naših "umjetnika". Ne zaboravite na njih kada budete sami stvarali život! Zamislite svijet u kojem ne bi postojali umjetnici - bez glazbe, filmova, slika, skulptura... Život bi bio vrlo dosadan, a životinje vrlo ružne da njihova tijela odgovaraju samo njihovim potrebama i funkcijama.

Evolucija raznolikih životnih oblika na Zemlji je zapravo razvoj tehnika stvaranja i usavršavanje stvorenih djela koja su na kraju dovela do stvaranja bića sličnih njima. Možete pronaći prapovijesne lubanje prvih ljudi koji su bili prvi ljudski prototipovi i koje smo svaki put usavršavali, upravo do oblika koji je točna kopija lubanje vaših stvoritelja koji su se bojali da bi tako mogli stvoriti superiornija bića od njih, premda su neki bili u iskušenju da to učine.

Kad bismo bili sigurni da se ljudska bića nikada neće okrenuti protiv svojih stvoritelja u želji da njima zavladaju ili ih unište, što se već događalo među različitim ljudskim vrstama koje su na Zemlji bile stvorene uzastopce, već da će ih umjesto toga voljeti kao roditelje, bilo bi to veliko iskušenje za stvaranje još savršenije ljudske vrste.

To je moguće, ali uz ogromni rizik! Neki od stvoritelja se zapravo boje da bi ljudi sa Zemlje mogli biti nešto superiorniji od svojih roditelja. "Sotona" je jedan od tih koji je uvijek mislio i još uvijek misli da ljudi sa Zemlje predstavljaju opasnost za naš planet jer su malo previše inteligentni. Ali većina nas ipak misli da ćete nam dokazati da nas volite i da nas nikada nećete pokušati uništiti. To je najmanje što od vas očekujemo prije nego što vam dođemo pomoći.

Svaki put kada jedan ljudski rod stvori novi, dolazi do malog poboljšanja, to je istinita evolucija ljudske vrste, ali napredak ne smije biti previše izrazit jer bi se stvoritelji mogli osjećati ugroženi od svoje tvorevine.

To omogućava ubrzanje napretka. Premda za sada nemamo namjeru s vama dijeliti naše znanstveno nasljeđe, osjećamo da ćemo biti sigurni ako vam predamo naše političko i humanitarno znanje.

To ne bi predstavljalo prijetnju za naš planet, a vama bi život na Zemlji bio sretniji. Zahvaljujući toj sreći brže bi napredovali i to bi vam pomoglo da nam brže pokažete da zaslužujete našu pomoć i naše nasljeđe u težnji da dostignete intergalaktički stupanj civilizacije.

Naprotiv, ako čovječanstvo ne bude smirilo svoju agresivnost, ako mir ne postane vaš jedini cilj i ako budete dopustili ljudima promicanje ratova proizvodeći oružje, eksperimentirajući atomskim oružjem i nastavite održavati vojsku da bi osvajala ili sačuvala moć, zaustavit ćemo ih da ne bi postali opasni za naš planet i to će biti još jedna "Sodoma i Gomora".

Kako da se ne bojimo ljudi sa Zemlje kada oni sami napadaju vlastitu vrstu — mi, koji dolazimo sa drugog planeta, i malo smo drugačiji od vas?

Vi, Claude Vorilhon, širiti ćete istinu pod sadašnjim imenom, koje ćete postupno promijeniti u ime RAEL, što doslovno znači "svijetlo Boga" i ako prevedemo točnije "svijetlo Elohim" ili "Poslanik Elohim", jer vi ćete biti naš veleposlanik na Zemlji i mi ćemo doći jedino službenim putem u vašu Ambasadu. Rael se može jednostavno prevesti kao "glasnik".

Telepatskim putem smo vas doveli do toga da svoga sina nazovete

Ramuel, što znači "sin onoga koji donosi svjetlost" jer je on doista sin našeg glasnika, našeg veleposlanika.'

Nakon što je ovo izrekao, ode, kao i svih drugih dana.

6

Nove Zapovjedi

Geniokracija

Ponovno sam ga susreo sljedećeg dana i on je počeo govoriti:
'Prvo pogledajmo političke i ekonomske vidike života. Koja vrsta ljudi omogućava napredak čovječanstva? Geniji. Zato bi svijet morao cijeniti svoje genije i omogućiti im da vladaju Zemljom.

Vlast se je najprije nalazila u rukama okrutnih ljudi koji su bili superiorniji od drugih po snazi svojih mišića. Sljedeći su bili bogataši koji su mogli zaposliti još više takvih "brutalnih" osoba i staviti ih u svoju službu. Onda su došli političari koji su uhvatili u klopku ljude demokratskih zemalja s vlastitim nadama, a da ne govorimo o vojnicima koji svoja dostignuća zasnivaju na racionalno organiziranoj brutalnosti.

Jedini tip ljudi kojem nikada nije omogućeno da dođe na vlast su upravo oni koji omogućavaju napredak čovječanstva. Bez obzira jesu li otkrili kotač, barut, motor s unutarnjim sagorijevanjem ili atom, geniji su uvijek dopuštali manje inteligentnim ljudima da profitiraju od njihovih izuma. Ovakvi ljudi su često zloupotrebljavali te miroljubive izume u ratne svrhe. To se mora promijeniti!

Da bi se to dogodilo, morate ukinuti vaš cjelokupni izborni sustav, kao i vaš sustav glasovanja koji u sadašnjem obliku nije prilagođen razvoju čovječanstva. Svaka osoba je korisna stanica ogromnog tijela koje se zove čovječanstvo. Stanica vaše noge ne može odlučivati hoće li vaša ruka podići neki predmet ili ne. O tome mora odlučiti mozak i ako je taj predmet koristan i stanica noge će od toga imati koristi.

Noga neće glasovati o tome jer njena uloga je prijenos tijela, čiji dio je i mozak. Zato nije u stanju odlučiti je li to što ruka uzima dobro ili ne.

Glasovanje je pozitivno sredstvo samo kada se koristi kod ljudi jednakog znanja i intelektualne razine. Kopernika je osudila većina nesposobnih ljudi jer je bio jedini u to doba koji je imao dovoljno visoku razinu razumijevanja da Zemlja ipak nije središte svijeta kako je Crkva vjerovala. Ona se zaista okreće oko Sunca i za Kopernika, manjinu, ispostavilo se da je u pravu.

Da je svako glasovao o tome treba li se dopustiti postojanje automobila pošto su izumljeni njihovi prvi primjerci, većina koja ništa o njima nije znala dala bi negativan odaziv i vi bi se još i danas vozili kočijom ili biste jahali konje. Pa kako to sve promijeniti?

Sada imate psihologe koji testovima mogu utvrditi inteligenciju i sposobnosti svakog pojedinca. Još od najranijeg djetinjstva ti bi se testovi morali sustavno koristiti da bi se utvrdila studijska orijentacija svake osobe.

Kada pojedinci odrastu i dosegnu zrelost, mogli bi izmjeriti njen intelektualni koeficijent koji bi bio zapisan na identifikacijskoj ili biračkoj kartici. Samo oni s intelektualnim kapacitetom od barem pedeset posto iznad prosjeka mogli bi biti prikladni za obavljanje javne funkcije, a birači bi trebali imati koeficijent inteligencije barem deset posto viši od prosjeka. Da ovakav sustav danas postoji, mnogi sadašnji političari ne bi obnašali svoje sadašnje funkcije.

Ovo je u potpunosti demokratski sustav. Ima na primjer puno inženjera čija je inteligencija niža od prosječne, ali su zahvaljujući dobrom pamćenju dobili nekoliko akademskih naslova.

S druge strane, ima puna radnika i seljaka koji nemaju posebne kvalifikacije, a njihova inteligencija iznosi pedeset posto iznad prosjeka. Ono što je danas potpuno neprihvatljivo je to da glas onoga koga vulgarno zovete "kretenom" vrijedi isto koliko i glas jednoga genija koji je zrelo razmislio kako će glasovati. U nekim manjim mjestima na izborima pobjeđuju oni koji ljudima ponude najviše aperitiva, a ne oni čiji su politički programi najbolji.

Dakle, odmah na početku bi bilo potrebno osigurati glasovanje isključivo za one osobe koje imaju viši kapacitet razmišljanja i čiji mozak može puno lakše pronaći rješenje za nastale probleme. To ne znači obavezno da su to ljudi koji su završili najviše škole.

Govorimo o postavljanju genija na vlast, to možete zvati "geniokracija".'

Humanitarizam

'Druga stvar: Vaš svijet je paraliziran profitom, a komunizam ljude nije mogao dovoljno nagraditi da bi ih motivirao u napredovanju.

Svi ste vi rođeni jednaki, to je zapisano i u Bibliji. Vaša vlada bi se morala pobrinuti da svi ljudi budu rođeni s otprilike jednakom razinom financijskih sredstava. Neprihvatljivo je da manje inteligentna djeca žive luksuzno zahvaljujući bogatstvu svojih roditelja dok geniji umiru od gladi i rade fizičke poslove da bi preživjeli.

Tako prekidaju s radom u zanimanjima koja bi im omogućila da dođu do otkrića od kojih bi cijelo čovječanstvo imalo koristi. Da bi se to izbjeglo, mora se ukinuti vlasništvo nad imovinom bez uvođenja komunizma.

Ovaj svijet vam ne pripada, to je također zapisano u Bibliji. Vi ste samo njegovi stanari. Sva imovina bi se morala iznajmljivati na četrdeset devet godina. Tako bi se uništila nepravda uvjetovana nasljeđivanjem. Vaše pravo nasljedstvo i nasljedstvo vaše djece je cijeli svijet samo kad bi se znali organizirati kako treba da biste ga učinili ugodnijim. Ova politička orijentacija čovječanstva nije komunizam; njegova preokupacija je briga o budućnosti čovječanstva. Ako je želite imenovati, nazovite je "humanitarizam".

Uzmite za primjer čovjeka koji ima 21 godinu, završio je školu i želi započeti aktivan život, izabere posao i počne zarađivati. Ako želi stvoriti svoj dom u kojem će živjeti dok su mu roditelji živi, "kupuje" kuću, zapravo, u stvarnosti iznajmljuje kuću ili stan na četrdeset devet godina od države koja je to izgradila. Ako je vrijednost kuće procijenjena na 100.000 franaka, on će taj iznos isplatiti u mjesečnim ratama za četrdeset devet godina. Kada bude imao sedamdeset godina (dvadeset jedan plus četrdeset devet), isplatit će kuću u potpunosti i u njoj će do smrti živjeti besplatno.

Nakon njegove smrti kuća se vraća državi ili će država dopustiti njegovoj djeci, ako ih ima, da se tom kućom besplatno koriste. Pretpostavimo da vlasnik kuće ima jedno dijete. Ono će živjeti besplatno u roditeljskoj kući do kraja života. Poslije njegove smrti njegovo će dijete živjeti u njoj i tako se to nastavlja u nedogled. Nasljedstvo mora potpuno nestati, osim za obiteljske kuće. Ovo, dakako, ne znači da svaka osoba ne treba biti nagrađena prema svojim zaslugama.

Uzmimo drugi primjer. Netko ima dvoje djece. Jedan je dobar radnik, a drugi je lijen. Kada napune dvadeset i jednu godinu, oba odaberu svoje putove. Svaki iznajmi kuču za 100,000 franaka.

Dobar radnik če napredovati i zaslužiti više od lijenog. Onda če moči iznajmitu kuču koja vrijedi 2x više od prve. Ukoliko ima mogučnost, moči će iznajmiti obje kuče, jednu na selu.

Ukoliko njegova ušteda raste, imat če mogučnost izgraditi kuču i dati je u najam za 49 godina, na ovaj način če dodatno zaslužiti. Ali nakon njegove smrti sve če se vratiti opet skupnosti, osim obiteljske kuče koja če pripasti njegovoj djeci.

Zahvaljujuči vlastitim zaslugama može pojedinac obogatiti, ali ne i njegova djeca. Svakom samo ono što sam zasluži. Isto bi trebali primijeniti za komercialno i industrijsko poduzetništvo.

Tko uspije sa vlastitim poduzečem, njegov je vlastnik za cijeli život i može ga iznajmiti ali ne za više od 49 godina. Isto vrijedi i za zemljoradnike. Oni mogu unajmiti i obračivati zemlju za 49 godina, ali nakon toga se vrača državi, koja če imati mogučnost iznajmiti je za drugih 49 godina. Njegova djeca je mogu unajmiti isto za 49 godina.

Ova metoda se mora primjeniti za sve stvari koje možemo koristiti, u vezi vrijednosti stvari ta se neče promijeniti. Delnice, zlato, tekuča financijska sredstva, nakretnine sve što ima neki vrijednost je u lasti skupnosti. Te stvari mogu svi koji su zahvaljujuči vlastitim zaslugama i radu dobili dovoljno sredstava, unajmiti za 49 godina.

Pojedinac koji bi obogatio oko 40. godine, mogao bi izgraditi stambene zgrade i iznajmljivati stanove za 49 godina, od toga bi imao zaradu sve do svoje smrti.

Novac od najmenine bi nakon njegove smrti pripao skupnosti. Humanitarizam te vrste propisuje več Biblija:

> Nabroj sedam takvih godina odmora, dakle sedam puta sedam godina, tako da vrijeme od sedam godina odmora iznese četrdeset i devet godina. *Levitski zakonik 25: 8.*

> Ako prodaš što bližnjemu svojemu ili kupiš što od bližnjega svojega, onda ne smijete zakidati jedan drugoga! Nego prema broju godina od posljednje jubilejske godine kupuj od bližnjega svojega i prema broju godina žetve neka ti on prodaje. Ako bude više godina, imaš prema tome više platiti, i ako manje bude godina, platit ćeš prema tome manje, jer on ti prodaje stanoviti broj žetava. *Levitski zakonik 25: 14-16.*

> Zemljište i tlo ne smije se dakle prodavati zauvijek, jer zemlja pripada meni, a vi ste samo stranci i ukućani kod mene.
> *Levitski zakonik 25: 23.*

Ukoliko se genijima dopusti da vladaju, razumjet će korist ovakvih reformi. Također morate omogućiti da se svi narodi Zemlje ujedine i formiraju samo jednu vladu.'

Svjetska Vlada

'Stvaranje svjetske valute i zajedničkog jezika pomoglo bi vam da osnujete svjetsku vladu. Narječje Auvergne više se ne govori u Clermont-Ferandu i uskoro se francuski više neće govoriti u Parizu, ni engleski u Londonu, ni njemački u Frankfurtu. Vaši znanstvenici i lingvisti trebali bi se udružiti i raditi na stvaranju novog jezika, koji bi temeljio na svim postoječim jezicima i uvesti ga kao obavezan u svim školama svijeta kao drugi učni jezik.

Ista je stvar s novcem. Svjetska valuta ne može biti frank, niti dolar, niti jen, već nova valuta stvorena za pokrivanje potreba ljudi čitave Zemlje, pa se nitko ne bi pitao zašto je odabrana njihova, a ne naša valuta.

Na kraju, za takvu uniju je neophodno potrebno ukidanje vojne obveze koja mlade ljude uči samo agresivnosti. Profesionalne vojnike bi trebalo dodijeliti službi za zaštitu javnog reda.

Ovo se istovremeno mora dogoditi u svim državama da bi osiguralo neophodno jamstvo sigurnosti.'

Vaša Misija

'Kao što sam vam rekao, znamo da bi naš službeni dolazak mogao ubrzati mnoge stvari, ali pričekat ćemo dok ne budemo sigurni da ljudi stvarno žele naš dolazak, da nas vole i poštuju kao svoje roditelje, što mi i jesmo i da našoj letjelici neće prijetiti vaše rušilačke vojne sile.

Da bi to postigli, morate cijelom svijetu objaviti da ste me sreli i ponoviti sve što sam vam rekao. Mnogi će vas smatrati luđakom ili vizionarom, ali ja sam vam već objasnio što mislim o glupi većini. Vi znate istinu i ostat ćemo u telepatskom kontaktu s vama da bi vam pružili pouzdanje i dodatne informacije ako budemo vjerovali da ih trebate.

Želimo vidjeti ima li dovoljno mudrih ljudi na Zemlji. Ako bude dovoljan broj ljudi koji će nas slijediti, tada će naš dolazak biti javan.

Gdje? Na mjesto koje ćete pripremiti za naš dolazak.

Neka se boravište izgradi u lijepoj zemlji s blagom klimom, sedam soba koje će uvijek biti pripravne za prijam gostiju, svaka s posebnim kupatilom, dvoranom za sastanke koja može primiti dvadeset jednu osobu, bazenom i blagovaonicom smještajnog kapaciteta za dvadeset jednu osobu.

Izgradite ovu rezidenciju u središtu parka i zaštitite je od pogleda radoznalih promatrača. Park bi trebao biti potpuno okružen zidom koji bi onemogućio promatranje boravišta i bazena.

Boravište bi trebalo biti udaljeno najmanje tisuću metara od zidova koji okružuju okolinu parka. Trebalo bi biti visoko najviše dva kata i skriveno barijerom zida od zelenila. Na zidu koji ga okružuje postavite dva ulaza, jedan s južne, a drugi sa sjeverne strane. Boravište će također imati dva ulaza.

Na krovu će biti terasa na koju se može spustiti letjelica promjera od 12 metara. Neophodan je pristup s te terase u unutrašnjost boravišta.

Zračni prostor iznad i oko rezidencije ne bi trebao biti pod izravnim vojnim ili radarskim nadzorom.

Pokušat ćete omogućiti da područje gdje bi veleposlanstvo trebalo biti izgrađeno bude, ako je moguće, veće od predloženog i da ga druge nacije smatraju neutralnim teritorijem kao i nacija na čijem je teritoriju smještena zato što je ono naše veleposlanstvo na Zemlji.

Vi možete živjeti sa svojom ženom i djecom u rezidenciji koja će biti pod vašom upravom, možete sami birati poslugu i goste koji će vas posjećivati. Međutim, dio sa sedam soba bi trebao biti točno ispod terase i odvojen debelim, metalnim, stalno zatvorenim vratima koja se mogu zaključati iznutra i koja će biti odvojena od dijela koji koriste ljudi. Aseptična komora bi se trebala izgraditi na ulazu u dvoranu za sastanke.

Financiranje ovoga projekta će omogućiti oni koji će vjerovati u vas, a stoga i u nas, oni koji su mudri i inteligentni i ti će ljudi biti nagrađeni kada dođemo. Zato sačuvajte podatke svih onih koji financijski doprinose gradnji ili održavanju rezidencije, ma kako skromni njihovi prilozi bili. U svakoj zemlji na svijetu, u svakoj državi morate imati osobu koja će biti odgovorna za širenje istine i omogućiti drugima da se pridruže i zajedno pomognu u širenju poruke.

Jednom godišnje, na planini u blizini boravišta, okupite ljude iz cijelog svijeta koji su čuli za nas i koji intenzivno misle na nas nadajući se našem dolasku. Okupite što više ljudi i potaknite ih na intenzivno razmišljanje o nama i na nadu o našem dolasku.

Kada ih bude dovoljno i kada njihova želja za našim dolaskom bude dovoljno jaka bez religioznog misticizma, već kao kod odgovornih ljudi koji poštuju svoje stvoritelje, tada ćemo doći javno i donijeti cijelo naše znanstveno znanje kao vlastito nasljeđe svim stanovnicima planeta Zemlje.

Ako se u čitavom svijetu u potpunosti smanji ratobornost, onda će se to i dogoditi. Ukoliko ljubav prema životu i ljubav čovječanstva prema nama bude dovoljno jaka, da, onda ćemo javno doći.

Čekat ćemo, ali ako ljudi ostanu agresivni i nastave napredovati u smjeru u kojem mogu postati opasnost drugim svjetovima, tada ćemo uništiti ovu civilizaciju i mjesta gdje je smješteno znanstveno bogatstvo i to će biti druga Sodoma i Gomora sve do vremena kada čovječanstvo bude moralno zavrijedilo svoju razinu razumijevanja znanosti.

Budućnost čovječanstva je u njegovim rukama, a istina je u vašim.

Pronosite je svijetom i nemojte se obeshrabriti. Mi vam nikada nećemo pomoći otvoreno ili na način koji bi mogao poslužiti kao dokaz skepticima jer skepticizam ide pod ruku s agresivnošću. Inteligentni ljudi će vam povjerovati jer u vašim riječima nema misticizma.

Važno nam je da vam povjeruju bez ikakvih materijalnih dokaza. To će nam potvrditi više od bilo čega da su inteligentni i zaslužni da od nas prime naše znanstveno znanje.

Sada idite. Nećemo vas zaboraviti ako uspijete za vrijeme svog života na Zemlji - ili čak kasnije. Ako bude potrebno, možemo čekati do vremena kada vaši potomci budu spremni pripremiti naš dolazak jer mi vas pomoću znanosti možemo ponovno oživjeti, baš kao i one koji će svojom ljubavlju prema stvoriteljima voditi čovječanstvo stazom ljudskih genija - pod uvjetom da njihovi posmrtni ostaci budu sačuvani u lijesovima ili grobnicama.

Naša jedina pomoć koju ćemo vam ukazati će od sada biti naše sve češće pojavljivanje na nebu da ljudi postanu svjesni problema i da bi ih potakli da požele saznati više o istini koju prenosite.

Postupno, zahvaljujući povećanom broju pojavljivanja, javnost će isto tako pokazati veću želju za našom nazočnošću koja neće potaknuti glupo obožavanje, već duboku želju stanovništva za stupanjem s nama u kontakt.

Vaš pokret ćete nazvati: RAELJANSKI POKRET.'

7

Elohim

Atomsko Oružje

'Prije našeg posljednjeg rastanka,' rekao je, 'imate li za mene pitanja?'

'Tumačili ste Ezekijinu viziju kao o ljudima u svemirskim odijelima', odgovorio sam, 'i rekli ste mi da atmosfera na vašem planetu nije ista kao na Zemlji. Kako to da sada ne nosite svemirsko odijelo?'

'Zato što smo znanstveno napredovali i sada možemo bez njih. Samo izgleda da je moje lice bez ikakve zaštite, ali je ustvari zaštićeno nevidljivim štitom od odbojnih zraka ispod kojih udišem zrak različit od vašeg. Te zrake dopuštaju prolaz valovima, ali ne i molekulama zraka. To možete usporediti s ispuštanjem mjehura u vašim lukama koji sprječavaju prodiranje ostataka goriva u more.'

'Predstavlja li atomsko oružje opasnost za čovječanstvo?'

'Da, veliku opasnost. Ako čovječanstvo ne postane mudro i miroljubivo, postojanje vašeg nuklearnog oružja značit će da, ako se ukaže potreba, nećemo ni morati puno doprinijeti uništenju vaše civilizacije. Možda ćete čak uništiti sami sebe.'

'Dakako, ako se ne uništite, a budete nam postali prijetnja, mi ćemo morati uništiti vaša skladišta bombi bez ofenzivnih napada na vas. To možemo uraditi zrakama ili čak telepatski, tako da bi na taj način jedna od velikih sila postala "agresor" i ovo bi automatski prouzročilo fatalnu odmazdu.'

'Ako ljudi ne žele dalje biti izloženi ovoj opasnosti, trebaju svim vojskama oduzeti atomsko oružje. Ta bi se atomska energija koristila u miroljubive svrhe i omogućila da zemlje kojima nedostaje energija krenu velikim koracima naprijed. Hitno morate zaustaviti testiranje nuklearnog oružja jer ne poznajete rizik kojem se izlažete. Međutim, ukoliko se čovječanstvo nastavi igrati atomskim oružjem, pojednostavit će nam stvari ako vas sami budemo morali ušutkati.'

'Imate li žena na vašem planetu?'

'Da, to je spomenuto u Bibliji. Rekao sam vam da zabilježite gdje se to nalazi.'

'A djece?'

'Da, možemo imati djecu baš poput vas.'

Prenaseljenost

'Rekli ste mi da ste na neki način besmrtni. Kako onda sprječavate prenaseljenost?'

'Taj problem će se, zapravo, vrlo brzo pojaviti na Zemlji. Da bi to riješili – trebali biste to početi rješavati odmah jer vas je već dovoljno. Morate razviti kontracepciju i provesti stroge zakone koji će ženama dopuštati da ima najviše dvoje djece.

Ako će svaki par imati samo dvoje djece, stanovništvo će doći do određene točke nakon čega se neće više povećavati. Pratit ćemo kako ćete to riješiti. To će biti još jedan test vaše inteligencije koji će nam pokazati jeste li zaslužili naše nasljeđe. Ovo rješenje koje nudim je za čovječanstvo sada, koje ima prosječan vijek od samo sedamdeset i pet godina. Za nas je ovaj problem potpuno drugačiji. Mi nismo vječni, ali možemo živjeti deset puta duže od vas, zahvaljujući malom kirurškom zahvatu čiji je učinak biblijsko "drvo života". Mi imamo djecu, ali poštujemo pravila, što sam vam upravo objasnio: dva roditelja, dvoje djece. Na taj način broj stanovnika ostaje konstantan.'

' Koliko vas tamo ima?'

' Ima nas oko sedam milijardi.'

'Sastajali smo se šest dana uzastopno, pa jeste li se svaki puta vraćali na svoj planet?'

'Ne, vraćao sam se na međugalaktički brod koji koristimo kao bazu i koji je uvijek u blizini Zemlje.'

'Koliko vas ima na tom brodu?'

'Sedam, na našoj planeti ima sedam provincija. Svaka ima svog predstavnika na brodu. Ako dodam još dvoje koji su odgovorni za letjelicu, onda nas ima devet.'

'Ako ljudi sa Zemlje budu uradili točno ono što vi želite, što će se dogoditi?'

'Doći ćemo javno u rezidenciju koju ćete pripremiti za nas. Zamolit ćemo vas da pozovete službene predstavnike najvažnijih zemalja svijeta da bi s njima razgovarali o ujedinjenju ljudi na Zemlji. Ako sve krene u pravom smjeru, prenijeli bismo čovječanstvu naše znanstveno znanje postupno, korak po korak. Ovisno o tome u koje svrhe bi se koristilo, vidjet ćemo možemo li čovječanstvu prenijeti sve naše znanje i možemo li vas pustiti da uđete u međugalaktičko doba s naših 25.000 godina znanstvenog napretka koje biste od nas dobili u nasljeđe.'

'Jeste li vi jedini planet koji je dostigao tako visok i stupanj znanstvene razine?'

'U ovom dijelu svemira, da. Postoji beskonačan broj svjetova naseljenih bićima sličnim ljudima čija je znanstvena razina niža od naše, premda dosta superiornija u odnosu na vas. Mi se bojimo nestanka jer nismo pronašli ni jednu civilizaciju koja bi bila tako razvijena kao što smo mi. Imamo ekonomske veze s mnogim drugim planetima na kojima su život stvorili drugi ljudi koji su najvjerojatnije imali istu razinu znanstvenog znanja kao i mi jer to dokazuju njihovi religijski napisi.'

'Nažalost, nismo pronašli civilizacije koje su stvorile najbliže od ovih svjetova, ali možda ćemo ih pronaći negdje dalje ako nastavimo s našim istraživanjem svemira. Svaki put idemo sve dalje. U većini slučajeva, njihovi planeti su se približili preblizu Suncu, pa je život postao nemoguć ili je Sunce eksplodiralo pa je postalo prehladno. Iako do sada nismo primijetili ništa nenormalno u našem sustavu, sve nas to pomalo plaši da bi moglo doći da najgoreg.'

'Zar ne postoji religija tamo gdje živite?'

'Naša jedina religija je ljudski genij. Samo u to vjerujemo, a posebno volimo uspomenu na naše stvoritelje koje nikada nismo vidjeli i čiji svijet nismo nikada pronašli. Oni mora da su nestali. Međutim, poduzeli su mjere opreza šaljući svoj svemirski brod u orbitu oko našeg planeta u kojem je bilo čitavo njihovo znanje i koji se automatski spustio na naš planet kada je njihov svijet uništen. Zahvaljujući njima, mi smo preuzeli baklju. Željeli bismo da ljudi sa Zemlje preuzmu tu baklju od nas .'

'A što će se dogoditi ako vaš planet bude uništen?'

'U slučaju da naš svijet bude uništen, predviđen je isti postupak, tako ćete automatski naslijediti naše znanje.'

Tajna Vječnosti

'Živite deset puta duže od nas?' upitao sam.

'Naše tijelo u prosjeku živi deset puta duže od vašeg,' odgovorio je.

'Kao prvi ljudi iz Biblije, između 750 i 1200 godina. Ali naš um, naše pravo "ja", može biti zaista besmrtno. Već sam vam objasnio da od bilo koje stanice tijela možemo ponovno kreirati cijelu osobu od nove žive materije. Kad smo na vrhuncu svojih sposobnosti i kada je naš mozak na najefikasnijem području znanja, kirurškim putem odstranimo djelić našega tijela, kojeg čuvamo. Kada umremo, od malog djelića tijela koji je sačuvan, možemo u potpunosti ponovno kreirati isto tijelo kakvo je bilo u vrijeme kada je djelić oduzet.

Kada kažem "vrijeme kad je djelić oduzet", to znači sa svim znanstvenim znanjem i naravno osobinama te osobe. Tijelo je kreirano od novih elemenata s mogućnošću trajanja slijedećih tisuću vaših godina - i tako u beskraj. Da bi ograničili rast stanovništva, samo geniji imaju pravo na vječnost.

Svim ljudima s našeg planeta uzet je uzorak stanice u određenoj starosti uz nadu da će oni biti izabrani za ponovno kreiranje poslije njihove smrti. Ne samo da se nadaju, već i pokušavaju zaslužiti mogućnost ponovnog kreiranja tokom svog života. Jednom kada umru, veliki odbor sastavljen od Vječnih sastaje se da bi donio "posljednju presudu" tko od umrlih u toku godine zaslužuje živjeti još jedan život. Razdoblje od tri životna vijeka je pokusni period. Na kraju tog razdoblja, Odbor Vječnih se sastaje da bi ocijenio rad svake osobe, je li ta osoba zaslužila da se pridruži Odboru Vječnih kao stalni član.

Od trenutka kada požele ponovno živjeti nemaju više prava imati djecu, ali to ne znači da im je ljubav zabranjena. To nam pomaže da bi razumjeli zašto su znanstvenici koji su bili u Odboru Vječnih poželjeli kreirati život na drugim planetima. Prenijeli su svoje stvaralačke instinkte na druge planete.'

'Kako se vi zovete?'

'Ako nam želite dati ime, iako mi sebe zovemo ljudi na našem jeziku, možete nas zvati Elohim jer doista dolazimo s neba.'

'Koji jezik govorite na vašem planetu?'

'Naš službeni jezik je jako sličan starohebrejskom.'

'Ovdje smo svakodnevno razgovarali, zar se niste bojali da bi nas netko od ljudi mogao iznenaditi?'

'Automatski sistem bi me odmah obavijestio da su se bi ljudi približili unutar opasnog radijusa na zemlji ili u zraku.'

'Kakav je vaš način života i rada tamo gdje živite?'

'Rad je uglavnom intelektualan jer nam naš znanstveni razvoj omogućava korištenje robota za sve. Radimo samo onda kada osjetimo želju, a i tada samo intelektualno. Samo naši umjetnici i sportaši rade tjelesno i to samo zato jer su to sami odabrali.'

'Naša visoko razvijena atomska energija je gotovo neiscrpna, uglavnom zato jer smo otkrili način korištenja atoma u zatvorenom krugu. Imamo i mnoge druge izvore energije uključujući sunčevu energiju i našim nuklearnim reaktorima nije neophodan uran, već mnogi jednostavni i bezopasni materijali.'

'Ako toliko dugo živite, a ne radite, zar vam nije dosadno?'

'Ne, zato što uvijek radimo stvari u kojima uživamo - osobito u vođenju ljubavi. Mislimo da su naše žene prekrasne, pa to i koristimo.'

'Postoji li brak?'

'Ne. I muškarci i žene su slobodni. Postoje parovi. Oni koji su izabrali takav način života mogu biti zajedno, ali ako žele slobodu, mogu je imati kada požele. Svi se međusobno volimo. Ljubomora ne postoji jer svi mogu imati sve, a imovina ne postoji. Tamo gdje mi živimo nema kriminala, pa ni zatvora i policije. Međutim, ima mnogo liječnika i redovne su posjete liječnicima radi kontrole uma.

Oni koji pokažu i najmanju psihološku neravnotežu koja bi mogla ugroziti živote ili slobodu pojedinaca odmah se podvrgavaju tretmanu da bi se ih vratilo u normalno stanje.'

'Možete li opisati dan prosječne osobe u vašem kraju?'

'Ujutro ustaju da se okupaju jer su bazeni posvuda, doručkuju i onda rade što žele. Svatko "radi" samo zato jer mu se to sviđa. Kod nas novac ne postoji i svi "rade" samo iz razloga jer im se to sviđa. Zato oni koji rade izvrsno to obavljaju jer rad osjećaju svojom vokacijom.

Samo Vječni imaju određene dužnosti, npr. nadziru elektronske mozgove i kompjutere koji se koriste u vitalnim funkcijama kao što su energija, hrana i organizacija. Od sedam milijardi stanovnika ima samo 700 Vječnih i oni žive vječno i potpuno odvojeni od ostalih. Oni imaju privilegij da budu Vječni, ali zato moraju brinuti o drugima koji nisu obvezni raditi.

Uz ovih 700 Vječnih moramo pribrojiti još 210 osoba na probnom radu (svake godine po sedamdeset, odnosno po deset iz svake provincije). Od sedam milijardi stanovnika samo je približno četrdeset milijuna djece. Tek kada postanu punoljetni – između 18. i 21. godine, ovisno od pojedinca - djeca se podvrgavaju operaciji koja im produžava život na više od 750 godina. Od tada nadalje mogu imati djecu. To omogućuje najstarijima od naših smrtnih stanovnika poznavanje svojih predaka čak i do pedeset generacija.

Od sedam milijardi stanovnika oko milijun je neaktivnih i većina se liječi zbog psiholoških poremećaja. Liječe se oko šest mjeseci. Većina ljudi se zanima za umjetnost i bavi se slikarstvom, kiparstvom, sviranjem, pisanjem, snimanjem filmova i bavi se sportom. Naša civilizacija živi lagodnim životom u punom smislu te riječi.

Naši gradovi imaju prosječno oko 500.000 stanovnika i prostiru se na vrlo malom području. Grad je zapravo ogromna kuća smještena na uzdignutom mjestu unutar koje ljudi spavaju, vole se i rade što žele. Ovi gradovi kuće su dugi i visoki oko jednog kilometra. U svim pravcima su isprepleteni valovima koji svakome omogućuju putovanje. Privežeš pojas i smjestiš se u željenu valnu struju koja te preveze vrlo brzo gdje god želiš.

Gradovi imaju oblik kocke, pa ne zauzimaju puno zemljišta kao što je slučaj kod vas. Vaš grad od oko 500.000 stanovnika zauzima dvadeset puta više zemljišta nego naš. Vi morate putovati i po nekoliko sati da bi izašli iz grada, a nama je potrebno samo deset sekundi. Čitav grad je osmislio jedan arhitekt tako da bude estetski prihvatljiv i da se potpuno uklopi u okoliš koji ga okružuje.'

'Zar ljudima koji nemaju posla nije dosadno?'

'Nije, jer su im na raspolaganju brojne aktivnosti. Prava vrijednost pojedinca ne ostaje nezapažena i zato svako želi pokazati svoju vrijednost.

Bilo da je to umjetnost, znanosti ili sport, svatko želi zasjati da bi postao vječan ili jednostavno zato da bi ga cijenila zajednica ili neka žena. Neki ljudi vole riskirati i lišavanje rizika životne opasnosti značilo bi oduzimanje njihove životne radosti, a to je i razlog popularnosti mnogih opasnih sportova.

Svaku povrijeđenu osobu možemo vratiti u život, ali oni koji se bave tim sportovima mogu to činiti samo uz pismenu izjavu da se slažu da ih nije potrebno spašavati u slučaju smrti tijekom sportskih aktivnosti. Imamo neku vrstu utrka automobila na atomski pogon koje bi vas fascinirale i brutalnije aktivnosti kao boks i još nasilniji sport, vrstu ragbija gdje su igrači goli i gdje je sve dopušteno – boks, hrvanje, itd. Ovo vam se možda čini barbarski, ali ne zaboravite da svi ekstremi moraju doći u ravnotežu da ne bi došlo do sloma.

I ekstremno sofisticirana civilizacija mora imati primitivne protuteže. Kad naš narod ne bi imao svoje idole u omiljenim sportovima, tada bi imao samo jednu želju - umiranje. Život pojedinca se mora poštovati, ali njihova želja za umiranjem ili igranje smrću također se mora poštivati i dopustiti u okvirima dobro strukturiranih i definiranih specijalnosti.

Tamo gdje mi živimo održavaju se natjecanja svake godine u svim granama aktivnosti. Jedna od njih je svjetsko natjecanje gdje se biraju najbolji pojedinci koji zaslužuju vječni život. Svi žive samo za to. Svake godine bilo to u slikanju, književnosti, biologiji, medicini ili nekoj drugoj specijalnosti gdje se ljudski mozak može iskazati, održavaju se natjecanja u svakoj provinciji.

Poslije glasovanja Vječnih u toj provinciji "šampioni" se okupljaju u glavnom gradu da bi se podvrgli glasovanju žirija Vječnih koji će imenovati one koji će postati "šampioni među šampionima". Oni se predstavljaju Velikom Odboru Vječnih koji naposljetku odabire tko zaslužuje da postane pripravnik za mjesto Vječnog. Ovo je konačni cilj i ideal svih ljudi. Zabava može lako poprimiti primitivne značajke kada je uzvišeni cilj tako visok.'

'Znači li ovo da Vječni imaju potpuno različit način života od ostalih stanovnika?'

'Da, naravno. Oni žive odvojeno u gradovima posebno rezerviranim za njih gdje se redovito sastaju radi donošenja odluka.'

'Koliko su stari najstariji od njih?'

'Najstariji, predsjednik Odbora Vječnih je star 25.000 godina i upravo stoji pred vama. Ja sam do sada živio u 25 tijela i prvi sam na kojem je ovaj eksperiment uspješno ostvaren. Zato sam ja predsjednik Vječnih. Osobno sam upravljao stvaranjem života na Zemlji.'

'Vaše znanje mora da je neizmjerno?'

'Da, prikupio sam prilično puno znanja, ali ga više neću steći još puno. Možda upravo zbog toga su ljudi sa Zemlje superiorniji od nas jer imaju veći kapacitet tog dijela mozga koji prikuplja informacije - memoriju. Ljudska bića sa Zemlje će moći prikupiti više znanja od nas, pa će ako budu imali sredstava za to moći više znanstveno napredovati. To je ono što plaši one koji se protive Odboru Vječnih. Ljudi na Zemlji mogu napredovati brže od nas ako ih ništa ne zaustavi.'

Učenje Kemijskim Putem

'Znanje koje vaši studenti moraju usvojiti je sigurno ogromno i zahtjeva puno vremena.'

'Ne, zahvaljujući važnom znanstvenom otkriću koje su i vaši znanstvenici upravo počeli otkrivati, mi učenicima unosimo znanje kirurškim putem. Vaši znanstvenici su upravo otkrili da se ubrizgavanjem tekućine iz mozga "obrazovanog" štakora u mozak "neobrazovanog" štakora može omogućiti da će "neobrazovani" štakor naučiti ono što je znao "obrazovani".

Informacije možemo prenijeti ubrizgavanjem tvari sa informacijama u mozak tako da naša djeca ne trebaju gotovo ništa učiti. Ona se redovito podvrgavaju injekcijama s moždanom tvari uzetom od ljudi koji posjeduju obavijesti potrebne za podučavanje. Zato naša djeca provode vrijeme baveći se zanimljivim stvarima koje sami odaberu, teoretskim stvaranjem svijeta, bavljenjem sportom i umjetnošću.'

'Jesu li su pokrajine u vašem svijetu ikada međusobno ratovale?'

'Nikada. Sportska natjecanja su dovoljno razvijena da bi otklonila instinkt za ratovanjem. Osim toga, psihološki gledano, činjenica je da su mladi ljudi spremni riskirati svoj život u igrama u kojima je redovito mnogo mrtvih.

Sve to potiskuje ratni instinkt kod ljudi kod kojih je on prenaglašen zadovoljavajući ga rizikom za vlastiti život, ali bez sudjelovanja onih koji nemaju takvu želju. Kad bi se na Zemlji organizirali opasniji sportovi i igre, to bi prilično smanjilo mogućnosti za stvaranje međunarodnih sukoba.'

'Ima li sličnosti između vaših sedam pokrajina?'

'Ne, ovdje kao i na Zemlji postoje različite rase i kulture. Podjela na upravne pokrajine odgovara rodovima i kulturi, uz to da svaka ima svoju slobodu i nezavisnost.'

'Bi li bilo moguće da neka osoba sa Zemlje posjeti vaš planet?'

'Moguće je, ali morala bi nositi svemirsko odijelo koje bi joj omogućilo disanje. Bez odijela bi mogla boraviti samo u specijalnoj rezidenciji u kojoj smo proizveli uvjete Zemljine atmosfere. Tamo žive mnogi ljudi s vašeg planeta koji će se vratiti kada za to dođe vrijeme da bi poduprli vaše tvrdnje.'

'Zašto ih odmah ne dovedete?'

'Zato što bi Isus Krist, da se vrati u vaš današnji skeptični svijet, bio smješten u psihijatrijsku bolnicu. Zamislite da netko dođe među vas i kaže da je Krist. Sigurno bi ga ismijali, a ubrzo i zatvorili. Ako bismo mi intervenirali izvodeći znanstvena čuda da pokažemo da je on doista Krist, to bi ojačalo religiju zasnovanu na "Bogu" i dalo bi podršku natprirodnom i mističnom, što mi također ne želimo.'

Kada mi je to rekao, čovjek malog rasta me je pozdravio posljednji put i rekao da će se vratiti samo kad obavim ono što je od zatražio. Popeo se u svoju letjelicu koja je uzletjela i nestala kao i prethodnih jutara.

Raeljanski Pokret

Kakva priča! Kakvo otkriće!

Po povratku kući, dok sam sređivao i prepisivao bilješke, shvatio sam veličinu i važnost zadatka koji mi je bio povjeren.

Osjetio sam da imam male šanse da ga obavim. Budući da nije potrebno nadati se da počnem sa zadatkom, odlučio sam uraditi točno ono što se od mene tražilo, pa makar me smatrali prosvijetljenim. Nakon svega, ako prosvijetljen znači vidjeti svjetlost, onda sam potpuno spreman na to da me smatraju prosvijetljenim. Bolje je biti prosvijetljena osoba i znati, nego bitu učena osoba, a ne znati.

Želim naglasiti skepticima svih vrsta da nikada ne pijem alkohol i da vrlo dobro spavam noću. Nitko ne može sanjati šest dana uzastopce, niti sve ovo izmisliti.

Vama, koji mi ne vjerujete, kažem: Promatrajte nebo i sve češće ćete viđati pojave koje nisu u stanju objasniti ni naši znanstvenici ni vojni stručnjaci, osim ako glupim objašnjenjima ne pokušavaju spasiti svoju reputaciju jer misle da bi je izgubili ako istina ne potječe od nekoga iz njihovog zatvorenog kruga. Kako je moguće da to znanstvenik ne zna?

Baš poput onih koji su osudili Kopernika jer se usudio reći da Zemlja nije središte svemira nikad nisu bili u stanju priznati da netko drugi osim njih samih može sve to otkriti.

Ali svi vi koji ste vidjeli ili ćete vidjeti neidentificirane leteće objekte koje će neki ljudi objasniti kao snove, meteorološke balone ili halucinacije, svi vi koji se ne usuđujete pričati o tome jer se bojite da ćete biti ismijani, morate se sastajati sa grupama koje vjeruju da ćete moći govoriti bez sustezanja.

Sva ta otkrića donijela su mi osjećaj zadovoljstva i unutarnjeg mira u ovom svijetu u kojem ne znamo u što vjerovati, gdje ne možemo vjerovati u bjelobradog Boga niti u vraga s kopitima i gdje službeni znanstvenici nisu u stanju precizno objasniti naše podrijetlo i naše ciljeve.

U svjetlu tih nevjerojatnih otkrića, sve postaje tako jasno i izgleda tako jednostavno. Znati da negdje u svemiru postoji planet na kojem žive ljudi koji su nas stvorili po svom liku i koji nas vole, a strahuju da bi ih vlastita kreacija mogla nadmašiti - zar to nije dirljivo? Osobito ako razumijemo da ćemo uskoro imati privilegij u sudjelovanju stvaranja čovječanstva kojem svi pripadamo, stvaranjem života u drugim svjetovima.

Sada kada ste pročitali knjigu u kojoj sam što jasnije pokušao iznijeti sve što mi je rečeno, ako pomislite da imam bujnu maštu ili sam vas želio samo zabaviti, bit ću duboko razočaran. S druge strane ova otkrića će vam možda omogućiti razumijevanje tajne stvaranja čovječanstva i njegove sudbine. Možda će vam dati odgovore na pitanja koja si još od djetinjstva u toku noći postavljate o tome zašto postojimo, kakva je naša uloga na ovoj Zemlji. Ako se to dogodi, zaista ću biti vrlo sretan.

Na kraju, ako ste razumjeli da je to što sam u knjizi rekao prava istina i ako želite, kao i ja, uskoro vidjeti te ljude kako službeno slijeću na Zemlju i prenose nam svoje naslijeđe i ako želite biti dio tog ostvarenja, dio svega onoga što je od mene zatraženo, onda sam ispunio svoju misiju pisanjem ove knjige. Ako to želite, onda mi pišite, a mi ćemo vam poželjeti dobrodošlicu u Raeljanski pokret. Izgradit ćemo veleposlanstvo kakvo žele i kada nas bude dovoljno diljem svijeta, čekat ćemo ih s ljubavlju i poštovanjem koje naši stvoritelji zaista zaslužuju. Onda će oni službeno sletjeti, a mi ćemo uvelike profitirati njihovim neizmjernim znanjem.

Svi vi koji vjerujete u Boga ili u Isusa Krista, imate pravo na to. Čak i ako ste mislili da sve nije baš onako kako bi crkva željela da vjerujete, tu se nalazi temelj istine. U pravu ste kad vjerujete u temeljne dijelove tih spisa, ali ste u krivu kada podržavate Crkvu. Ako budete i dalje svojim novcem osiguravali kardinalima luksuzne odore nastavljajući i dalje odobravati postojanje vojske i njene nuklearne opasnosti koju sami financirate, sve će to onda značiti da želite ostati primitivni i da vas ne zanima ulazak u Zlatno doba na koje imamo pravo.

Međutim, ako želite pasivno ili aktivno, u skladu svojih mogučnosti, sudjelovati u stvaranju i razvoju Raeljanskog pokreta, uzmite olovku i pišite mi. Uskoro će nas biti dovoljno da izaberemo dio zemljišta na kojem ćemo izgraditi ambasadu. Ako još uvijek sumnjate, čitajte novine i gledajte u nebo. Vidjet ćete sve češće pojave misterioznih letjelica koje će biti sve mnogobrojnije i koje će vas ohrabriti da mi pošaljete pismo na:

Rael,
   c/o: International Raelian Movement
   C.P. 225, CH1211
   Geneva 8
   Switzerland

Ili email na: headquarters@rael.org

DRUGA KNJIGA
IZVANZEMALJCI SU ME POVELI NA SVOJ PLANET

1

Moj Život Prije Prvog Susreta

Uvod

Kada sam započeo ovu drugu knjigu, naprosto sam želio ispričati kako se moj život odvijao prije tog fantastičnog susreta koji se zbio 13. prosinca 1973. godine. To je bilo potrebno da bih mogao odgovoriti na pitanja mnogih ljudi koji su ponajprije pitali čime sam se bavio prije tog vremena, a onda jesu li su mi se u djetinjstvu događale neobične stvari po kojima sam mogao predvidjeti ovakvu sudbinu.

Prekapajući po sjećanju i sam sam se iznenadio, jer iako sam mislio da se na početku mojega života nije zbivalo ništa neobično, prisjetio sam se prizora koji su ponovno izronili iz mog sjećanja i kada sam ih posložio u jednu cjelinu, shvatio sam da je moj život doista bio predodređen da postanem ono što jesam i da budem na mjestu na kojem sam se nalazio dana 13. prosinca 1973.

Kada sam dovršavao pisanje ovoga prikaza, došlo je do drugog susreta. Naposljetku sam načinio kratki sažetak svojih ranih sjećanja da bi ostalo što više mjesta za drugi dio ove poruke i za prikaz drugog susreta koji se pokazao još fantastičnijim od prvoga.

Protekle Su Dvije Godine

Dvije godine! Protekle su gotovo dvije godine otkako pokušavam iznijeti istinu koja je prevelika za mene. Vrijeme prolazi, a ja imam osjećaj da ništa ne postižem. Ipak, malo po malo, oko mene se skupila solidna grupa ljudi koja razumije da *Knjiga Koja Govori Istinu* zaista to i čini.

Dok ovo pišem, trenutno ih ima sedam stotina i shvaćam da je to istovremeno i puno i malo. Malo je kada pomislim na četiri milijarde ljudi koje nastavaju Zemlju, a puno kada pomislim da je nekolicina ljudi nakon dvije godine odlučila slijediti čovjeka koji je prije dvije tisuće godina također nosio jednako težak teret kao začetnik, a kasnije i pri inicijaciji primitivnih ljudi njegovog doba.

Tko su tih sedam stotina ljudi? Jesu li oni kao što bi se podrugljivcima sviđalo, prosječni lakovjernici, koji nasjedaju svemu što im se servira? Ne, uopće! Neki od njih imaju sveučilišne diplome ili su to ljudi s doktoratom iz filozofije, psihologije, teologije, sociologije, medicine, fizike i kemije.

Možda je moje divljenje tim veće prema onima koji nemaju diplomu jer iako nisu stekli veliko znanje koje bi im pomoglo pri razumijevanju da je znanošću moguće stvoriti živu materiju i ljude poput nas, oni su to još uvijek mogu osjetiti intuitivno, kao ljudi koji mogu upravljati materijom i biti u harmoniji sa svemirom čiji smo dio i mi sami.

Moram reći da sam posve optimističan i da vjerujem da sam do sada ispravno vodio misiju koja mi je povjerena. Bez obzira što mi će mi se na tom putu dogoditi, *MADECH ide dalje i ništa ga ne može zaustaviti.

Tijekom dvije godine održao sam skoro četrdeset predavanja i obzirom na redovito ponavljanje nekih pitanja, mislim da bi neke dijelove poslanice trebali razjasniti. To ću pokušati učiniti u ovoj knjizi.

Prije svega, kako sam živio prije susreta 13. prosinca 1973?

Moram priznati da sam se tek nedavno osvrnuo na svoj život da bih shvatio kako mi je točno predodređeno da budem na raspolaganju i spreman za akciju koja se odvijala na duhovnoj, psihičkoj i emotivnoj razini u to doba.

Određeni događaji u mojem djetinjstvu nikada mi se nisu činili značajni ako ih se promatra odvojeno - ali ako ih se promatra u cjelini, dobivaju na značenju.

Sada mi se sve čini jasno i ganut sam kada se prisjetim nekih stvari koje sam tada smatrao nebitnim. Nemam namjeru pričati vam svoju životnu priču da bih vas naveo na pomisao da je svaki događaj u njemu bio izuzetan, ali izgleda da bi mnogi ljudi željeli saznati više o tome što mi se događalo prije. Dakle, bolje nego da to prepustim zlim jezicima, radije ću vam sve ispričati sam.

Moje Djetinjstvo i NLO Nad Ambertom

Kao dijete nepoznatog oca ne bih mogao reći da sam imao prosječno djetinjstvo. Bio sam takozvano "prirodno" dijete - kao da su sva ostala djeca bila "neprirodna".

Moje rođenje bilo je nesretan slučaj – barem za mali gradić poput Amberta koji je bio poznat kao "svjetsko središte krunice". Štoviše, nepoznati otac, ipak ne tako nepoznat, očito da je bio židovski izbjeglica. Kakvo oskvrnuće!

Moje rođenje su skrivali koliko je bilo moguće – ne u jami, već u klinici blizu Vichyja. Rođen sam 30. rujna 1946. oko dva sata ujutro i to je bio vrlo težak porođaj. Važno je da sam začet 25. prosinca 1945. godine. Začeće, trenutak od kada neko biće počinje postojati i razvijati se u maternici svoje majke je pravi datum rođenja svake osobe. 25. prosinac je vrlo važan datum već dvije tisuće godina. Za one koji vjeruju u slučajnost, moj život je započeo slučajno.

Kada smo se vratili u Ambert, moja jadna majka se dugo vremena pretvarala da "neko vrijeme čuva sina prijatelja". Živjeli smo pod istim krovom sa njenim ocem i ako je i bio protiv nje kada je saznao istinu, moj djed je prema meni bio najbolji od svih djedova u tom kratkom razdoblju koliko sam ga poznavao. Nažalost, umro je dok sam bio još vrlo mali. Kasnije su mi rekli kako se zabavljao kad sam ga vidio da podrezuje voćke, pa sam i ja uzeo škare da bih podrezao njegovu salatu.

Podizale su me baka i teta koje su tada živjele zajedno, kao i danas. Naučile su me čitati i pomagale mi pri prvim koracima, toga se sjećam vrlo jasno – sigurno je to moje najranije sjećanje.

Nedavno mi je baka pričala o čudnoj letjelici koja je jako brzo i bešumno letjela iznad Amberta u blizini njene kuće 1947. godine. Nikada se nikome to nije usudila reći iz bojazni da će biti optužena za halucinacije. Odlučila mi je to reći tek pošto je pročitala moju knjigu i istovremeno se pridružila MADECH-u. Njena odluka da nam se pridruži je, zapravo, bilo najveće ohrabrenje koje sam dobio.

Papa Druida

U Ambertu je živio starac kojega su se mala djeca bojala, a stariji su ga ismijavali. Dali su mu nadimak "Isus Krist" zbog duge kose koju je uvijao u punđu i prekrasne brade.

Uvijek je bio odjeven u dugi ogrtač koji mu je dopirao do gležnjeva. Živio je oko sto metara od kuće u kojoj je moja majka pronašla mali stan. Nikada nije radio i nitko nije znao kako si je mogao priuštiti život u kućici koja se nalazila ispred općinske gimnazije.

Pošto su odrasla, djeca ga se nisu više bojala, već su ga kao i njihovi roditelji ismijavala prateći ga i praveći čudne grimase.

Osobno, nisam uživao u igri sa ostalima, više sam volio razmišljati o insektima i čitati knjige. Nekoliko puta sam susreo tog čovjeka na ulici i bio sam iznenađen izrazom njegova lica koje je zračilo velikom ljubaznošću i vragolastim osmjehom kojega je imao dok me je gledao. Ne znam zašto, ali nisam ga se bojao i na njemu mi nije ništa bilo smiješno. Također nisam razumio zašto su ga druga djeca ismijavala.

Jedno poslije podne sam ga slijedio jer sam bio znatiželjan kuda ide. Vidio sam ga kako ulazi u svoju kuću ostavljajući za sobom otvorena vrata male, vrlo mračne kuhinje. Prišao sam i vidio ga kako sjedi na stolici s vragolastim osmjehom na licu, kao da me je očekivao.

Pokretom me je pozvao da priđem bliže. Ušao sam u kuću i prišao mu.

Stavio je svoju ruku na moju glavu i ja sam se neobično osjećao. Istovremeno je pogledao u nebo i izgovorio riječi koje nisam razumio. Poslije nekoliko minuta pustio me da odem, a da nije prozborio ni jednu riječ još uvijek s istim misterioznim osmjehom na licu.

Sve me je to zbunilo, ali sam na to ubrzo zaboravio. U ljeto 1974. godine, čitajući knjigu koju mi je majka posudila i koja je govorila o tajnama pokrajine Auvergne, saznao sam da je Otac Dissard, taj stari čovjek, u stvari posljednji "Dissard " – posljednji živi "Papa" druida - umro je tek prije nekoliko godina.

Tada sam se sjetio događaja iz svog djetinjstva, i ponovno pomislio na tajanstveni osmjeh tog starca kojeg je imao uvijek kada bi ga sreo na ulici. Susreti s njim su bili svakodnevni jer smo živjeli u susjedstvu. Sada točno znam kome je starac govorio gledajući u nebo i izgovarajući nerazumljive riječi baš kao što točno znam što je bila svjetleća i bešumna mašina koju je moja baka vidjela.

Još jedna stvar koja mi ponovno pada na pamet poslije događaja u kući Oca Dissarda je da sam svaku večer uspio zaspati brojeći do devet nekoliko puta.

Taj broj se često javljao u mojem životu kao neka šifra. Nikada nisam mogao objasniti tu iznenadnu naviku koja je počela nekoliko godina pošto sam već naučio brojati više od devet i zato to više nije mogao biti rezultat učenja napamet. Imao sam sedam godina kad se to dogodilo.

Poezija

U to vrijeme bile su mi važne životinje koje sam volio crtati cijeli dan, ako ne bih organizirao utrke puževa. Bio sam očaran životom životinja i samo sam sanjao o tome da ću postati istraživač da bih se približio misterioznoj fauni netaknutih šuma.

Ali kada sam navršio devet godina – opet broj devet - sve se promijenilo. Prvi puta sam otkrio što je za mene istinska strast – brzina. Brzina na kotačima s motorom ili bez njega. Brzina, osobito ravnoteža, osjećaj za pokret i borba protiv samoga sebe, svojih refleksa, ustvari, savršena vještina uma nad tijelom.

U početku sam divlje jurio nizbrdo na malom biciklu skoro bez kočnica i čudim se da nijednom nisam pao. Kako bi sve bilo zanimljivije, stao bih na vrh brda i čekao dolazak nekog brzog auta. Onda bih se bacio u potragu za njim stižući ga i prestižući, na veliko iznenađenje vozača. Kada sam došao u podnožje brda, okrenuo bih se i ponovno popeo na vrh gdje bih čekao novi auto.

Nekoliko mjeseci kasnije slučajno sam bio prisutan na automobilskoj utrci Tour de France. Bila je to "ljubav na prvi pogled" i tada sam shvatio da mogu uživati u velikoj brzini, a da se biciklom ne moram vraćati uzbrdo - i da bi to moglo postati moje zanimanje.

Odlučio sam onako kako to čine devetogodišnjaci. Postat ću vozač automobilskih utrka.

Od tada je moj život bio usredotočen samo na automobilske utrke. Ništa me više nije zanimalo i nisam vidio koristi u učenju onog što su govorili u školi, jer ja ću ionako biti vozač automobilskih utrka. Šaljive dječje stripove koje sam do tada čitao, zamijenio sam ozbiljnim automobilskim časopisima. Nestrpljivo sam brojao godine koje su me dijelile od trenutka kada ću dobiti vozačku dozvolu.

S devet godina sam iskusio i život u internatu. Moja je majka bila očajna jer više nisam ništa želio raditi za školu i stalno sam ponavljao da mi učenje ne treba da bih postao vozač automobilskih utrka. Odlučila me je upisati u privatnu školu Notre-Dame-de-France u Puy-en-Velay.

Nadala se da ću bez automobilskih časopisa prionuti na rad, a donekle je bila u pravu. Ali za tu školu me vežu vrlo loša sjećanja, vjerojatno zbog toga što sam bio premlad kada su me tamo poslali.

Sjećam se mnogih noći koje sam proveo plačući u tom ogromnom domu. Sada mislim da mi je najviše nedostajala prilika da budem sam i meditiram. Ta potreba me je natjerala da plačem po cijelu noć još više povećavajući moju ionako preveliku osjetljivost, kao što biva kod svake uskraćene emocionalne potrebe.

Onda sam otkrio poeziju.

Uvijek me je više privlačila književnost nego matematika premda jedino kao pasivnog čitatelja. Tada me je uhvatila želja, potreba za pisanjem - po mogućnosti u stihovima. I dalje sam ostao nezainteresiran za matematiku, ali sam sada ipak usvojio solidan prosjek iz tog kao i u ostalih predmeta. Ali iz francuskog jezika, osobito iz pisanja, redovito sam bio najbolji jer sam volio taj predmet. Čak sam napisao zbirku pjesama i osvojio prvo mjesto na natjecanju iz poezije.

Najneobičnije je bilo to da, iako nisam bio kršten, bio sam u privatnoj katoličkoj školi koju su vodili katolički redovnici uz sve one molitve koje ona uključuje - molitve prije jela i odlaska na počinak, prije ustajanja, prije učenja - uključujući i dnevnu misu s pričesti. Kada su poslije šest mjeseci dnevnih pričesti konačno otkrili da sam nekršten, braća su bila krajnje zaprepaštena. Meni je to bilo smiješno; to je zapravo bio jedini dio molitve koji mi se sviđao, besplatno kušanje krušnih mrvica.

U dobi od devet godina zahvatio me je pubertet. Prilično sam uživao u njemu otkrivajući nepoznata i tajna zadovoljstva u kojima sam pronašao utjehu za moju nepotpunu osamu, a koja su, činilo se, ostalim devetogodišnjacima u domu još bila nepoznata.

Napokon, u devetoj godini sam se prvi put zaljubio - to je bila intenzivna vrsta ljubavi koja se događa djeci tog uzrasta. Zahvaljujući svojim poboljšanim rezultatima u školi, majka se složila da me više ne šalje u internat i tako sam završio četvrti razred u općinskoj gimnaziji u Ambertu. Tamo je bila i ona, imala je skoro devet godina i zvala se Brigitte. Bio sam stidljiv i nevjerojatno lako bih pocrvenio. Bilo je potrebno samo baciti pogled tijekom liječničkog pregleda ili uočiti njenu skromnu gestu da bi sakrila nepostojeće grudi i u meni pobudila nježne osjećaje i veliku želju da zaštitim to krhko biće.

Sljedeće godine bio sam u istoj školi, u petom razredu, u društvu moje prve ljubavi kojoj se nisam usudio ni obratiti. Ipak sam uspio sjesti u klupu ispred njene na početku školske godine tako da sam se s vremena na vrijeme mogao okrenuti i diviti se njenom voljenom licu. Imao sam tek deset godina i stalno sam mislio na nju.

Činjenica da sam bio u njenoj blizini stimulirala me je da više prionem učenju da ne bih morao ponavljati razred. Tako sam dospio u šesti razred bez najmanjeg zanimanja za učenje.

Tada smo nažalost počeli mijenjati razrede i imali različite učitelje umjesto samo jednog.

Posljedica toga je bila da sam uvijek bio odvojen od nje i praktično više ništa nisam radio - toliko sam bio slab učenik da sam se slijedeće godine ponovno našao u internatu, u malom selu Cunlhat, oko trideset kilometara udaljenom od Amberta.

Tamo je bilo mnogo gore nego u Puy-en-Valey-u. Svi smo spavali natrpani u maloj spavaonici koja se jedva grijala, a najgora od svega bila je disciplina. Praktično nije bilo nikakve discipline, tako da su najveći i najjači dječaci uspostavili svoj zakon. Mislim da sam tamo jako zamrzio nasilje.

Jednog dana, zasićen nasilništvom dječaka protiv kojih nije nitko poduzimao nikakve disciplinske mjere, otišao sam na put pješke odlučan prijeći trideset kilometara koji su me dijelili od majčina doma. Nitko nije primijetio moj odlazak i kada me je direktor škole sustigao svojim autom, ja sam već prešao oko deset kilometara.

Na moju veliku radost izbačen sam iz škole usred školske godine i vraćen kao redovan učenik katoličkoj braći u Ambert. Koje li radosti! Mogao sam svakodnevno viđati Brigitte na ulici. Tada je imala dvanaest godina i lijepo procvjetale grudi, za mene ljepša no ikad.

Postao sam sve manje i manje zainteresiran za učenje i počeo sam kušati užitke "markiranja", najviše zbog toga da se opet ne bih našao kod svećenika koji su moju majku brzo savjetovali da me krsti. Srećom, ona je odlučila sačekati da dovoljno odrastem da bih shvatio i da bi me mogla pitati za mišljenje.

U to vrijeme sam želio postati automehaničar jer sam shvatio da je to korisno za vozače na automobilskim utrkama. Moja majka, koja se nadala da ću postati inženjer, željela je da po svaku cijenu nastavim sa školovanjem i nije mi dopustila naukovanje u garaži.

Obnovljeno iskustvo tiraniziranja ponovno mi je vratilo volju za pisanje pjesmama i tako sam počeo odlaziti u šetnje prirodom s bilježnicom u ruci, umjesto da pohađam nastavu.

Sa četrnaest godina opet se nalazim u internatu, ovoga puta u

Mont-Doru, u gimnaziji koja prima djecu koju ne želi ni jedna škola u okolici.

Našao sam se u skupini prilično zanimljive kolekcije budalaša i "teških slučajeva". Jedan od potonjih, tipična "velika zvjerka" u internatu bio je odgovoran za moje usmjerenje tijekom sljedećih deset godina moga života. Zvao se Jacques i svirao je električnu gitaru kojom me je prilično impresionirao. Čim su nastupili božićni blagdani nagovorio sam baku da mi kupi tu čudesnu gitaru, a Jacques me je naučio nekoliko akorda. Onda sam svoje pjesme počeo izvoditi uz glazbu i primijetio da su očigledno bile vrlo ugodne za moje slušatelje. Čim su nastupili ljetni praznici, počeo sam nastupati na radio-natjecanjima i gotovo uvijek pobjeđivao.

Također, za vrijeme tih ljetnih praznika sam prvi put otkrio tjelesnu ljubav s konobaricom koja je bila očarana mojim pjesmama. Imala je dvadeset godina i nije me puno naučila osim o učinku koji moja gitara ima nad ženama.

Sljedeće godine navršio sam petnaest godina i želio više no ikad živjeti svoj vlastiti život. Jednoga dana sam uzeo gitaru i malu putnu torbu, rekao zbogom internatu i dosadnom školskom životu i krenuo autostopom za Pariz. U džepu sam imao 2000 starih franaka i srce puno nade. Konačno ću moći sam zarađivati za sebe i uštedjeti dovoljno novaca za polaganje vozačkog ispita kada navršim osamnaest godina da bih postao vozač automobilskih utrka.

Srećom, povezao me je neki čovjek koji je vozio naizgled običan auto ispod čijeg se izgleda krio vrlo snažan motor. Kad mi je rekao da je vozač na automobilskim utrkama i otkrio mi svoje ime, nabrojao sam sve automobile koje je vozio i nagrade koje je osvajao. Bio je polaskan, jer nije bio tako poznat a sreo je dječaka koji se sjećao svih njegovih uspjeha. Pričao mi je da je bio klaun, a da sad ima automehaničarsku radionicu u jugozapadnom dijelu zemlje. Kad smo stigli u Pariz, pozvao me je na večeru i čak mi je i ponudio smještaj u hotelu u kojem je boravio.

U predvorju smo malo razgovarali sa dvije djevojke koje su bile barske plesačice i upravo su završile s poslom; ja sam im otpjevao nekoliko pjesama, a onda je svaki od nas sa svojom šarmantnom pratiljom otišao u krevet. To je bio istinski uvod u tjelesnu ljubav.

Sljedećeg jutra sam diskretno napustio hotel u želji da pronađem sobu i neke kabarete koji bi bili zainteresirani za moje pjesme. Nisam pronašao ništa i svoju drugu noć u Parizu proveo sam sa lutalicama u podzemnoj željeznici.

Novaca više nisam imao i sljedećeg dana sam umirao od gladi. Proveo sam dan lutajući naokolo izgubivši svaku nadu da ću išta pronaći. Navečer sam primijetio čovjeka koji je svirao harmoniku na terasi jednog kafića, a gosti su mu bacali novčiće. Odlučio sam i sam to pokušati i odmah mi je dobro krenulo. Bio sam spašen.

Tako sam živio tri godine često spavajući bilo gdje i povremeno jedući sendviče. Ipak sam puno napredovao i jednog dana sam se zaposlio u malom kabaretu na Lijevoj Obali. Zarađivao sam deset franaka na noć, a trebalo mi je petnaest za taksi do Montmartre-a gdje sam živio u maloj sobici. Ipak, moje ime je bilo na plakatu - premda je bilo napisano malim slovima! Gotovo da sam mogao zamisliti svoje ime napisano velikim slovima gledajući svoje uspješne nastupe svake noći.

Jednog sam dana sreo glumca Jean-Pierre Dorasa koji mi je savjetovao da krenem na tečaj glume i popravim svoj scenski nastup. Pošto nisam imao sredstava da to platim, on je za mene organizirao besplatno pohađanje tečaja u Nacionalnom kazalištu u Parizu. Poslije tri mjeseca pohađanja Dullin-ovog tečaja, napustio sam ga, jer sam osjetio da me kazalište uopće ne privlači.

U to vrijeme, predstavljao sam se pod pseudonimom Claude Celler koji sam izabrao u spomen na skijaša i šampiona automobilskih utrka, Tonyja Sailera. Malo sam izmijenio slova, pa su mi početna slova bila C.C.

Tada sam počeo pobjeđivati na mnogim radio natjecanjima i pjevajući u nekoliko kabareta mogao sam manje-više živjeti dobro, a najvažnije je bilo da sam mogao štedjeti novac za polaganje vozačkog ispita u osamnaestoj godini kao što sam i planirao.

Ipak, to nije bilo dovoljno da postanem vozač automobilskih utrka. Prije svega, trebao sam postati poznat da bih mogao voziti za neku vrsnu tvrtku, a za to sam trebao imati trkaći auto, sudjelovati neovisno na nekoliko utrka, i po mogućnosti, pobijediti. Međutim, auto za utrke je vrlo skup i zato sam morao nastaviti štedjeti da bih stekao dovoljno novaca za takav auto. Nastavio sam pjevati i pokušao ostaviti nešto novaca na stranu. Mnogi moji prijatelji kantautori izdali su nekoliko ploča i činilo se da su dobro zarađivali. Zato sam i ja odlučio pokušati jer sam tada imao oko 150 pjesama u svom repertoaru.

Prvo poduzeće za snimanje ploča u koje sam otišao ponudilo mi je ugovor na tri godine, koji sam potpisao. Direktor poduzeća bio je Lucien Morisse. On je bio i direktor radio stanice Europe No 1 koja je lansirala ogroman broj poznatih pjevača. Moja prva ploča bila je prilično uspješna, a druga ploča, zahvaljujući pjesmi *Le Miel et la Canelle* (Med i cimet), bila je još uspješnija. Pjesma se vrlo često čula na radiju:

MED I CIMET

Mirišem med i cimet
Mirišem vaniliju i ljubavi
Mirišem med i cimet
Djevojke koje ću uvijek obožavati.

Prva je bila smeđokosa, zvala sa Margot
Svirali smo flautu, dok je Mjesec sjao u noći
Našao sam put do njenih očiju
I slijedio put do njene kose.

Druga je bila plava, Marielle se zvala
Njenih oblina tako dobro se sjećam
Našao sam put do njenih očiju
I slijedio put do njene kose.

Treća je bila crvenokosa, Marion se zvala
Zbog njenog ljupkog lišća i podsuknje nalik na pjenu
Pronašao sam put do njenih očiju
I slijedio put do njene kose.

Ne plači prijatelju moj, sutra će biti proljeće
One su tako ljupke, a ti nemaš ni dvadeset
Našao sam put do njenih očiju
I ti ćeš pokušati naći put do njene kose.

Imao sam brojne predstave i sudjelovao na mnogim turnejama. Sve je išlo glatko i čak sam imao zadovoljstvo biti izabran za sudjelovanje na festivalu francuskih pjesama Zlatna Ruža u Antibesu.

Ali oni koji su me vodili nisu željeli da postanem previše poznat umjetnik. Taj dio života bio mi je namijenjen zbog razvijanja osjećajnosti i da bih se naučio izražavanju pred publikom, ali ništa više.

Iako su svakoga jutra na radiju najavljivali da sam među odabranima za natjecanje na Zlatnoj ruži, Lucien Morisse mi je jednog dana objasnio da je prisiljen isključiti me iz natjecanja. Rekao mi je da ću kasnije shvatiti zašto i da mi u tom trenutku više ne može reći.

Na kraju nisam sudjelovao na Zlatnoj ruži, ali sam morao nastaviti živjeti od pjevanja i shvatio sam da nikada neću dovoljno zaraditi za trkaći auto koji bi me odveo u svijet automobilskih utrka.

Zato, kada mi je ponuđena mogućnost da postanem predstavnik tvrtke u kojoj sam snimao, objeručke sam to prihvatio uvjeren da ću tako moći uštedjeti dovoljno novaca za auto u nekoliko mjeseci.

Našao sam se u Bordeauxu, gdje sam bio njihov trgovački zastupnik, zadužen za petnaest regija. Ostao sam tamo godinu dana, a napustio sam ih kada sam konačno prikupio dovoljno novaca za trkaći automobil. Jedva da sam imao mogućnosti voziti se u njemu prije nego što ga je moj prijatelj uništio u jednoj nesreći. Međutim, tjekom godine u Bordeauxu sam napisao dosta novih pjesama te me je jedan od mojih bogatih prijatelja natjerao da snimim novu ploču koju će on financirati. Proveo sam još jednu godinu živeći od poezije, ali tada, kao da sam iz temelja morao promijeniti svoj način života, doživio sam vrlo tešku prometnu nesreću.

Za vrijeme vrlo zamorne turneje zaspao sam za volanom i naletio na zid autom pri brzini od 100 kilometara na sat. Najmanje deset ljudi je već poginulo na tom istom mjestu. Ja sam uz nekoliko prijeloma kostiju preživio. Bio sam nepokretan više od tri mjeseca i potrošio sam svu svoju ušteđevinu, a još uvijek nisam sudjelovao u utrkama. Ja, koji sam o tome sam sanjao još od osamnaeste godine, sa svoje dvadeset dvije još nijednom nisam sudjelovao u nijednoj utrci.

Bio sam toliko puta na utrkama kao promatrač, primijetio sam zanesenost mladih ljudi ovim sportom i želju brojnih dječaka da postanu vozači trkaćih automobila, a da nisu znali kako bi počeli. Ni ja nisam znao puno više od njih, ali sam sebi rekao da bi najbolji način da se nađem na trkaćoj sceni bio pronaći karijeru koja bi iskoristila njihovu zanesenost za utrkama. Znao sam pisati i rješenje je bilo tu.

Mogao bih postati novinski izvjestitelj za sportski automobilizam.

Kontaktirao sam nekoliko specijaliziranih časopisa, ali uzalud, jer su i mnogi drugi entuzijasti došli na sličnu ideju. Onda sam primijetio mali oglas u rubrici časopisa *L'Equipe* koja je bila rezervirana za motore gdje su tražili fotografe izvjestitelje bez prethodnog radnog iskustva.

Javio sam se na oglas i dobio odgovor da će razmotriti moju molbu, ali moram platiti 150 franaka za administrativne troškove. Za uzvrat ću dobiti film da bih napravio probnu reportažu po vlastitom izboru. Poslao sam novac, primio film i napravio reportažu, naravno, o automobilskim utrkama i odmah je poslao na navedenu adresu.

Uskoro sam dobio pismo u kojem su me zamolili da se javim u Dijon u kojem je bilo sjedište poduzeća koje je objavilo oglas. Nakon toga sam se sastao sa direktorom te izdavačke kuće. Bio je to čovjek tridesetih godina koji je tvrdio da je stekao bogatstvo baveći se fotografijom u SAD-u.

Izgledao je vrlo zainteresirano za moje ideje o stvaranju časopisa o sportskom automobilizmu, namijenjenog mladim ljudima koji bi željeli postati vozači na automobilskim utrkama. Na kraju mi je ponudio mjesto glavnog urednika novina koje su trebale izaći nekoliko mjeseci kasnije. Pokazao mi je tvornicu koju je namjeravao kupiti da bi u njoj instalirao tiskarsku opremu, predstavio me tiskaru u Dijonu kojega je zaposlio kao direktora i pokazao mi kuću gdje ćemo živjeti moja žena i ja, nedaleko od mojeg ureda.

Odgovorio sam da mi to odgovara pod uvjetom da mogu sudjelovati na utrkama. Tada mi je rekao da on također traži nekoga tko bi mogao voditi odjel za natjecanja, jer namjerava pokrenuti novi časopis o natjecanju automobila koji bi bili obojani njegovim bojama. To bi mi omogućilo da budem u samom središtu zbivanja i ja sam se složio sa mjestom direktora odjela za natjecanja u tom poduzeću.

Nakon tjedan dana, preselio sam se sa svojom ženom Marie-Paul iz Pariza u Dijon. Bio sam u braku oko tri mjeseca i moja supruga je očekivala našu kćer. Marie-Paul sam sreo u lipnju i bili smo nerazdvojni od prvog dana našeg susreta. Tri mjeseca kasnije smo se vjenčali, jer je njena obitelj bila šokirana saznavši da nemamo namjeru vjenčati se crkveno. To je bila obitelj starih nazora i prisustvovao sam molitvi prije jela.

U Dijonu sam ostao svega dva mjeseca bez plaće, jer je izašlo na vidjelo da je "bogati Amerikanac" koji je želio pokrenuti novine upravo izašao iz zatvora i da je bez prebijene pare. Prevario je više od pet stotina mladih ljudi za iznose od 150 do 300 franaka koji su kao i ja sanjali o tome da postanu vozači trkaćih automobila ili fotoreporteri.

Radio sam dva mjeseca besplatno i odjednom se našao sam sa puno ideja, ali bez novčića. Tada sam se sam odlučio okušati u velikom svijetu izdavaštva. Preselio sam se u Clermont-Ferrand, bliže majci da bi mogla potpunije doživjeti radost time što postaje baka i osnovao svoju izdavačku kuću zbog izdavanja časopisa po vlastitoj želji. Primjerci ovoga časopisa uskoro su bili u prodaji zahvaljujući tiskaru koji je volio sportske automobile i koji se složio da me kreditira premda mu nisam mogao ponuditi nikakva jamstva.

Časopis je ubrzo počeo izlaziti i uskoro je postao vodeći na tom području. Za sebe sam rezervirao najzanimljivije zadatke – probne vožnje novih modela po veličanstvenoj pisti Mas-du Clos u Creuse i na cesti. Na ovaj način sam imao pristup svijetu sportskih motora i automobila koji mi je omogućio utrkivanje. Napokon mi se ostvario san i, štoviše, primijetio sam da sam vrlo talentiran pobjeđujući u mnogim utrkama sa automobilima na koje nisam bio naviknut.

Tako sam proživio tri prekrasne godine stalno napredujući u vozačkoj tehnici, usredotočen 100 % na područje koje volim -

sportske automobile. Moram reći da sam osjetio istinsko zadovoljstvo u nadziranju svojih ograničenja i stalnom napredovanju refleksa i reakcija. Dakako, nisam mario ni za buku motora ni miris goriva, ali moram priznati da sam sanjao o vremenu koje će doći kada će se od proizvođača trkaćih automobila zahtijevati proizvodnja automobila bez buke i mirisa. Samo tako bih mogao potpuno uživati u vožnji na najčistijoj razini.

Ipak, krajem 1973. godine sve je krenulo drugim putem.

Susret

Tog izuzetnog dana - 13. prosinca 1973. godine - našao sam se u krateru vulkana Auvergne, u Puy-de-Lassolas. Tamo sam po prvi put, kako sam već opisao, sreo vanzemaljca, ili preciznije Elohu, (u jednini Eloha, u množini Elohim) - kojega sam susretao na istom mjestu šest dana uzastopce i koji mi je svakodnevno oko sat vremena diktirao fantastična otkrivenja Knjige Koja Govori Istinu.

Prvih nekoliko dana koji su uslijedili nakon ovoga iskustva, moram priznati da sam razmišljao hoću li se uopće usuditi ikome ispričati o tome. Prvo sam napravio urednu presliku bilješki koje nisu bile najurednije zbog prebrzog pisanja dok ih je moj sugovornik diktirao. Kada je to bilo dovršeno, poslao sam izvornik izdavaču ozbiljnih namjera koji ne izdaje ezoteričnu literaturu ili znanstvenu fantastiku. Nisam želio da se poruka od takvog značaja za čovječanstvo izgubi u mnoštvu mističnih i pustolovnih priča ili okultnih knjiga koje su namijenjene ljudima koji se zanimaju za alternativne znanosti.

Marcel Jullian koji je vodio izdavačku kuću pozvao me je u Pariz. Rekao mi je da je rukopis senzacionalan i da mu moram ispričati svoju životnu priču prije razgovora o poruci i da bi možda trebalo uraditi "nekoliko malih izmjena".

To apsolutno nije dolazilo u obzir. Nisam želio potrošiti sto stranica pričajući o svom životu, pa tek onda predstaviti poruku koju sam primio, kao da je moja osobnost jednako važna kao i poruka za koju su me zamolili da je otkrijem. Želio sam objaviti poruku, samo tu poruku, čak iako to nije debela knjiga i stoga nije ni previše zanimljiva za izdavača. Iz tih razloga sam gospodina Julliana zamolio da mi vrati rukopis. Odgovorio je da rukopis nije kod njega, već ga je posudio jednom čitatelju i da će mi ga poslati kada ga ovaj bude vratio.

Tek pošto sam stigao kući u Clermont-Ferrand, primio sam telegram da dođem u Pariz na televizijsku emisiju Jacquesa Chancela pod nazivom *Le Grand Echiquie* (Velika šahovnica). On je bio direktor izdavačkih kuća u koje sam poslao svoj rukopis. Pročitao ga je i shvatio da je apsolutno fantastičan bez obzira je li u to netko vjeruje ili ne. I tako sam sudjelovao u televizijskoj emisiji nakon koje sam primio tisuće pisama koja su mi pokazala da, iako su neki ljudi bili podsmješljivi, mnogi su to prihvatili vrlo ozbiljno i željeli su mi pomoći.

Ali dani su prolazili, a ja još uvijek nisam dobio rukopis. Poslao sam preporučeno pismo izdavaču koji mi je obećao poslati rukopis, ali ga još nije pronašao. Poslije deset dana otišao sam u Pariz da pokušam nešto osobno učiniti jer mi više nitko nije odgovarao na telefonske pozive u kojima sam želio znati što se događa.

Poznati dizajner Courrèges s kojim sam se susreo poslije televizijske emisije jer je bio zainteresiran, ponudio je da će poći sa mnom do izdavača da bismo točno saznali što je sa rukopisom.

Marcel Jullian nam je rekao da je čitatelj koji je uzeo rukopis otišao na odmor i ponio ga sa sobom, a da ne znaju gdje se točno nalazi i kako bi došli do njega. Situacija je postajala sve neobičnija.

Na kraju je gospodin Courrèges dobio rukopis i osobno mi ga vratio. Još uvijek ne znam je li rukopis doista bio izgubljen ili samo sklonjen da bi se spriječilo njegovo objavljivanje. Ako je ta izdavačka kuća zaista tako lako zagubila rukopis, ne bih ohrabrio ni jednog autora da im pošalje svoje originale.

Prestrašena zbog nastale situacije i gomile pisama dobivenih od ljudi koji su bili zainteresirani za kupnju knjige s porukom čim bude tiskana, Marie-Paule je odlučila napustiti posao medicinske sestre i pomoći mi u izdavanju i distribuciji ovog izuzetnog dokumenta.

Prihvatio sam jer sam bio siguran da ću tako moći neprestano nadzirati korištenje poruke. Odmah sam prestao raditi za sportski časopis jer se to nije uklapalo u ozbiljnost misije koja mi je bila povjerena. U jesen 1974. godine knjiga je konačno tiskana.

Šok koji je pretrpio moj živčani sustav prouzročen ovom nepredviđenom zbrkom u mom životu, bio je razlog stalnim želučanim tegobama tako da me je to skoro dovelo do čira, a ozbiljan gastritis me je mučio cijele zime. Lijekovi mi nisu pomagali i tek kad sam se odlučio za meditaciju i vježbe disanja bolovi su nestali kao rukom odneseni.

U lipnju sam sudjelovao u televizijskoj emisiji Philippe Bouvarda pod nazivom *Subotnja večer* i, sarkastičan kao i obično, gospodin Bouvard je svog gosta obukao u Marsovca sa ružičastom antenom na glavi i zelenim odijelom i upitao me izgleda li kao osoba koju sam sreo.

Puno gledatelja zainteresiranih za ono malo što sam mogao reći, pisalo je Philippe Bouvardau i kritiziralo ga zbog njegove neozbiljnosti. Suočen s tisućama pisama koje je primio, odlučio me je ponovno pozvati u svoju emisiju da bih mogao reći malo više. Uvjeren da mi neće biti dopušteno govoriti o svemu, odlučio sam unaprijed iznajmiti Pleyel Hall odmah nakon te emisije i obavijestiti zainteresirane gledatelje da ću tamo nekoliko dana kasnije održati govor. Iznajmio sam dvoranu sa 150 sjedišta s opcijom koja je nudila još 500 sjedišta ne znajući koliko bi ljudi moglo doći i saslušati me.

Došlo je preko 3000 ljudi. Naravno, mogli smo smjestiti samo 500 ljudi u dvorani i kada su ova mjesta bila popunjena, savjetovali smo ostalima da dođu za nekoliko dana u veliku dvoranu sa 2000 mjesta. Jasno, neki nisu bili sretni što su morali napustiti dvoranu, jer su putovali po nekoliko stotina kilometara.

Konačno je sve prošlo kako treba i ja sam pronašao veliki broj ljudi koji su mi bili spremni pomoći i podržati me za razliku od onih čija su pitanja bila cinična, mada sam ih njihovom vlastitom površnošću uspio razoružati.

Iako sam imao golemu tremu od nastupa, puno veću nego onda kada sam pjevao, sve je prošlo bez problema, a odgovori na najteža pitanja izlazili su iz mojih usta sami od sebe. Stvarno sam osjećao da mi netko odozgo pomaže baš kao što su mi Elohim obećali. Slušajući sebe kako odgovaram, imao sam osjećaj da odgovore ne bih bio u stanju sam pronaći.

Drugo predavanje sam održao nakon nekoliko dana. Bojao sam se da oni koji nisu mogli biti na mojem prvom predavanju neće doći i da će gotovo tri četvrtine skupe velike dvorane biti prazne. Ovaj put nije bilo nikakve reklame još od televizijske emisije, osim kratke vijesti od tri reda u *France-Soiru*, jedinom časopisu koji je prihvatio objavljivanje mojega drugog nastupa.

Opet je došlo više od 2000 ljudi i dvorana je bila puna. Bio je to trijumf. Od toga dana po prvi puta nisam sumnjao u uspjeh svoje misije.

Javni Razgovori

Od rujna 1974. održao sam približno 40 predavanja. Vidio sam koja su se pitanja najčešće postavljala i primijetio da je broj članova MADECH-a u stalnom porastu, a osnovana su i regionalna predstavništva u svim većim gradovima Francuske gdje su članovi bili najdinamičniji.

Također sam vidio da neki novinari uistinu časno i dobro obavljaju svoj posao izvješćujući javnost jer je njihov posao da pišu ili govore točno o onome što su vidjeli ili pročitali. Ipak, neki drugi, kao oni iz novina *Le Point* pisali su laži. Čak ni nakon preporučenih pisama koje sam im poslao da bi ih podsjetio da isprave netočan članak sukladno pravu na odgovor, nisu to uradili kako treba.

Ostali, kao oni iz časopisa *La Montagne*, jednostavno su odbili obavijestiti svoje čitatelje o mom predavanju u Clermont-Ferandu zloupotrijebivši činjenicu da su oni jedine dnevne novine u toj regiji. Njihov urednik za novosti se vidio sa mnom i rekao da oni nikada neće spomenuti ni mene ni moje aktivnosti. Sve ovo se dogodilo zato što sam prvo nastupio na televiziji, a nisam prethodno obavijestio njih prije o svom nastupu na ORTF (francuskoj televiziji). Žalosna priča i lijep primjer slobode govora. Čak su odbili objaviti plaćeni oglas koji je objavljivao taj razgovor premda su te iste novine imale oglase o pornografskim filmovima na cijeloj stranici.

Novine *Le Point* su jednostavno izmijenile izlet sa članovima MADECH-a na mjesto gdje se susret održao, u susret sa Elohim do kojeg nije došlo.

Ovi trikovi su bili pokušaj da se organizacija ismije i uništi u samom korijenu. Očito da je lakše i manje opasno za novine sa velikim brojem čitatelja okrenuti se protiv MADECH-a, nego biti protiv Crkve i njene povijesti od 2000 godina.

Ali doći će dan kada će oni koji su pokušavali skrivati ili promijeniti istinu, požaliti zbog svojih grešaka.

2

Drugi Susret

Viđenje 31. Srpnja 1975

Bilo je to u lipnju 1975. godine kada sam odlučio dati ostavku na mjesto predsjednika MADECH-a. Prije svega jer sam bio mišljenja da se pokret jako dobro snalazi i bez mene, a drugo jer sam mislio da sam napravio pogrešku u strukturiranju organizacije prema zakonu iz 1901. koji je ovaj pokret, vrlo važan za čovječanstvo, uspoređivao sa boćarskim klubom ili ratnim veteranima.

Mislio sam da je bilo nužno stvoriti pokret koji će biti u harmoniji s fantastičnom porukom Elohim koju su mi prenijeli. Ona je zahtijevala pokret koji bi doslovno poštovao sve što su nam savjetovali naši stvoritelji: geniokraciju, humanitarnost, odricanje svih božjih religijskih običaja, itd.

Bilo koja organizacija koja se temelji na zakonu iz 1901. godine po definiciji je suprotna značenju poruke Elohim, barem na način kako smo je mi organizirali. Obzirom da su svi članovi ovakve udruge imali pravo glasovanja, mi nismo poštovali principe geniokracije sukladno kojima bi samo najinteligentniji sudjelovali u donošenju odluka. Zato sam morao ispraviti ovu temeljnu pogrešku, a da pri tome ne uništim MADECH, već prije da ga izmijenim uz predstojeću učinkovitiju modifikaciju strukture. Ovo se ne bi odvijalo protivno odredbama zakona iz 1901. godine.

Tada bi MADECH postao organizacija koja bi podržala pravi pokret kojeg sam planirao utemeljiti sa njegovim najslobodoumnijim članovima, kongregaciju MADECH-ovih vođa. Ta nova udruga bi povezala ljude koji bi željeli pomoći drugima da otvore svoj um prema beskonačnosti i vječnosti i tako postanu vođe čovječanstva savjesnim korištenjem onoga što je rečeno u poruci Elohim. I tako, u društvu koje zahtijeva da se na bilo koji mogući način ljude sprječava da razmišljaju uz deističke religije, dosadno obrazovanje, televizijske programe koji otupljuju intelekt i tričave političke borbe, želio sam uputiti ljude koji su imali želju otići u svijet da drugim ljudima pokušaju otvoriti um. MADECH bi tako sačuvao svoju važnost i postao organizacija podrške koja bi bila prva točka kontakta za one koji otkrivaju poruku Elohim. Ova udruga bi se sastojala od članova koji prakticiraju poruke i kongregacije vođa koji će postati pokret sastavljen od "monaha", a koji bi vodili one koji prakticiraju.

Znao sam da među članovima MADECH-a ima dosta sposobnih ljudi spremnih za vođenje ove organizacije. To su potvrdili i izbori za administrativno vijeće. Moj zamjenik, tj. zamjenik predsjednika, Christian, bio je fizičar pred kojim je bila svijetla budućnost, a ostali dio Vijeća se sastoji od ljudi podjednakih sposobnosti i reprezentativnosti.

Također u lipnju, Francois, jedan od najodanijih i najslobodoumnijih članova MADECH-a posjetio me je u Clermont-Ferrandu. Povjerio sam mu da bih volio pronaći kuću na selu, po mogućnosti na što usamljenijem mjestu gdje bih se mogao malo odmarati i na miru pisati knjigu o svom životu prije 13. prosinca 1973., prije nego što netko smisli kojekakve gluposti o mojoj prošlosti. Rekao mi je da ima farmu izvan puta, kod mjesta Perigord, i ako mi se svidi okolina, tamo bih mogao otići i ostati mjesec, dva ili koliko želim jer na toj farmi nitko ne živi.

Smjesta smo se odvezli i posjetili to mjesto, a ja sam nadahnut mirom kojeg sam tamo pronašao odlučio tu provesti dva mjeseca. Poslije dva tjedna provedena u tom kraju toliko sam ga zavolio da sam ozbiljno razmišljao o stalnom preseljenju.

Francois nam se pridružio krajem srpnja i planirali smo preseljenje dan poslije proslave godišnjice 6. kolovoza u Clermont-Ferrandu. Još uvijek nisam bio potpuno siguran od straha da bi moja misija na neki način mogla doživjeti neuspjeh ako se udaljim od mjesta veličanstvenog susreta.

Međutim, 31. srpnja dok smo moja žena Marie-Paul, Francois i ja bili vani na svježem zraku, odjednom smo ugledali nešto što je sličilo na ogromnu letjelicu koja je tiho promicala uz isprekidane pokrete gotovo iznad kuće.

Letjelica se cijelo vrijeme kretala nevjerojatnom brzinom, ali bi onda odjednom stala i nastavila put krećući se cik-cak uzorkom približno 500 metara od nas. Bio sam ushićen jer su i drugi ljudi pored mene svjedoci događaja i preplavila me je neopisiva sreća. Francois mi je rekao da mu se kosa podigla od siline emocija. Za mene je to bio očigledan znak suglasnosti Elohim da se preselim u ovaj kraj.

Sljedećeg jutra sam primijetio čudan znak na mojoj ruci, na bicepsu blizu lakta. Nisam to odmah povezao s događajem proteklog dana, ali kasnije su mi ljudi rekli da bi to mogao biti znak kojeg su mi napravili Elohim. Bio je to crveni krug promjera tri centimetra, pet milimetara debljine unutar kojeg su se nalazila tri manja kruga. (Slika1)

Znak je ostao nepromijenjen naredna dva tjedna, a onda su se tri manja kruga u sredini stopila u jedan na taj način kreirajući dva koncentrična kruga. (Slika2) Potom, nakon još dva tjedna oba su kruga nestala ostavljajući za sobom bijelu mrlju na mojoj ruci koju imam i danas. Želim naglasiti da nikada nisam patio zbog tog znaka i nisam osjećao nikakav svrbež dok sam ga imao. Neki znanstvenici bez predrasuda kojima sam pokazao taj znak pretpostavljali su da je to moglo biti izvedeno tijekom uzimanja uzorka pomoću usavršenog lasera.

Sastanak koji je bio planiran za 6. kolovoz konačno je održan u krateru vulkana Puy-de-Lassolas, u blizini Clermont-Ferranda i na tom susretu je vladao izuzetan osjećaj bratstva i harmonije.

Odlučio sam održati sastanak članova MADECH-a upravo na taj dan ni sam ne znajući pravog razloga, ali činjenica je da su me vodili Elohim jer je tog dana, kako su me obavijestili neki od članova, bila trideseta godišnjica eksplozije atomske bombe nad Hirošimom i kršćanski praznik Preobraženja.

Budale će reći da je to bila slučajnost.

Nakon tog sastanka nekoliko članova MADECH-a pomogli su mi pri preseljenju i smještaju u Perigordu.

Poruka: Drugi Dio

7. listopada, oko jedanaest sati noću osjetio sam iznenadnu potrebu da izađem van i pogledam u nebo. Toplo sam se obukao jer je bilo prilično hladno i izašao sam prošetati po mraku. Pošao sam u određenom pravcu a da toga nisam bio ni svjestan i iznenada osjetio potrebu da odem do mjesta koje mi je Francois pokazao ljeti - na pusto mjesto smješteno između dva potoka okruženo šumom pod nazivom Roc Plat. Stigao sam tamo oko ponoći pomalo se čudeći što ovdje radim još uvijek slijedeći svoju intuiciju jer mi je rečeno da me može voditi telepatija.

Nebo je bilo prekrasno i zvijezde su sjale na vedrom nebu na kojem se nije nazirao ni jedan oblačić. Promatrao sam meteore kad je sva okolina bila neočekivano osvijetljena i ja sam ugledao veliku vatrenu loptu koja se nazirala iza grmlja. Krenuo sam ispunjen golemom radošću prema mjestu gdje se pojavila vatrena lopta, jer sam bio gotovo siguran što ću otkriti.

Ista letjelica koju sam vidio već šest puta u prosincu 1973. godine, bila je tamo ispred mene i ista osoba koju sam sreo prije dvije godine prišla mi je s osmjehom punim dobrote. Odmah sam uočio razliku. Više nije imala svemirsko odijelo koje je izgledalo kao aureola oko njenog lica, kao prvi put. Nakon svog tog vremena tijekom kojeg sam pokušavao uvjeriti svijet da shvati kako doista govorim istinu bio sam neizmjerno sretan da ponovno vidim osobu koja mi je potpuno preokrenula život. Poklonio sam se pred njim, a on reče:

'Ustanite i pođite za mnom. Izuzetno smo zadovoljni vama i onim što ste uradili u protekle dvije godine. Vrijeme je sada da pređemo u drugu fazu, budući da ste dokazali da vam možemo vjerovati.

Ove dvije godine su bile, naime, samo pokus. Vidite da nemam zaštitu oko lica i da se moja letjelica pojavila odjednom pred vama bez treperavih svjetala. Sve to je urađeno u namjeri da vas razuvjeri da bih se mogao pojaviti na način koji odgovara predodžbi koju općenito imate kada očekujete posjetitelje iz svemira, ali sada kada ste dovoljno napredovali i više se nas ne bojite, nećemo više koristiti takve tehnike pristupanja.'

Prateći ga ušao sam u letjelicu. Primijetio sam da je njena unutrašnjost sličila onome što sam već vidio tijekom prvog susreta - zidovi istog metalnog izgleda kao i vani, bez kontrolne ploče ili instrumenata, bez prozora i s podom od prozirne plave tvari na kojem su bila dva naslonjača. Bili su napravljeni od prozirnog materijala koji me je podsjećao na male plastične stolice na napuhivanje, samo bez neugodnih osjećaja.

Ponudio mi je smještaj u jednom od naslonjača, a on se smjestio u drugi i zamolio me da se ne mičem. Tada je izgovorio nekoliko riječi na nerazumljivom jeziku i učinilo mi se da se letjelica malo zaljuljala. Odjednom sam osjetio strahovitu hladnoću kao da mi se čitavo tijelo pretvara u komad leda ili kao da se tisuće ledenih kristala uvlači u sve moje pore, sve do koštane srži. To je trajalo vrlo kratko, možda nekoliko sekundi, a onda više ništa nisam osjećao.

Tada je moj sugovornik ustao i rekao: 'Možete doći, stigli smo.'

Pratio sam ga niz malo stepenište. Letjelica je bila nepomična u okrugloj prostoriji koja je izgledala kao da je od metala promjera oko petnaest metara sa oko deset metara visine. Vrata su se otvorila i moj vodič mi je rekao da uđem i potpuno se skinem, a nakon toga ću primiti daljnje upute. Ušao sam u drugu okruglu sobu bez ijednog kuta, a u promjeru je morala iznositi oko četiri metra. Skinuo sam se i glas mi je rekao da pođem u sobu koja se nalazila ispred mene.

U tom trenutku vrata su se otvorila i ja sam ušao u drugu sobu sličnu onoj u kojoj sam ostavio svoju odjeću, ali ova je bila dugačka i malo nalik na hodnik. Duž čitavog hodnika bila su postavljena naizmjenično svjetla različitih boja. Tada mi je glas rekao da pratim strelice koje su bile narisane na podu, a koje će me dovesti u drugu prostoriju gdje me čeka kupelj.

U sljedećoj prostoriji zaista sam pronašao kadu koja se nalazila na razini poda. Voda u kadi je bila mlaka, baš kako treba i diskretno namirisana. Onda sam začuo glas koji mi je rekao da obavim svoje fiziološke potrebe što sam i uradio. Poslije toga mi je rekao da popijem sadržaj čaše koja se nalazila na maloj polici pored metalnog zida. Bila je to bijela tekućina s okusom badema i vrlo hladna. Nakon toga mi je ponuđena neka vrsta pidžame koja je bila vrlo mekana kao da je od svile. Bila je bijele boje, vrlo pripijena uz tijelo i nalazila se na drugoj polici. Konačno su se otvorila vrata i ja sam se ponovno našao sa vodičem. Bio je u pratnji dvoje ljudi sličnog izgleda, ali drugačijih crta lica, isto tako srdačnih.

Pridružio sam im se u ogromnoj dvorani punoj čudnovatih stvari. Bila je na nekoliko razina promjera oko stotinu metara i prekrivena potpuno prozirnim svodom, toliko prozirnim da se to na prvi pogled nije dalo uočiti. Tamno nebo bilo je osuto tisućama zvijezda, ali je dvorana unatoč tome bila osvijetljena blagim, prirodnim dnevnim svjetlom. Pod je bio prekriven krznima i čupavim tepisima očaravajućih i zapanjujućih boja. Svuda su bila najdivnija umjetnička djela, jedno ljepše od drugoga, a neka od njih su bila animiranih, promjenljivih boja. Drugdje su se nalazile biljke – neke su bile svijetlocrvene a druge plave, prekrasne poput egzotičnih ribica, visoke i nekoliko metara. Pozadinska glazba imala je zvuk sličan orguljama i glazbenoj pili uz povremenu pjesmu zborova i basova koji su proizvodili čudesne vibracije i utjecali na njihanje i povijanje cvijeća u ritmu i mijenjanje boja sa svakom promjenom glazbenog stila.

Svaki put kada bi netko govorio, glazba bi postajala tiša, tako da smo mogli jedan drugoga čuti bez teškoća i podizanja glasa. Zrak je bio namirisan tisućama mirisa, koji su se također mijenjali prema glazbi i mjestu na kojem smo se nalazili. Cijeli prostor je bio podijeljen na desetak kutova, odvojenih na različite razine, a svaki kut je imao svoj stil. Usred svega je vijugao potočić.

Tada mi je moj vodič, prema kojem su se oba njegova pratitelja odnosila sa velikim poštovanjem, rekao: 'Slijedite me. Smjestit ćemo se udobno, jer vam moram puno toga reći.'

Pratio sam ga do nekoliko naslonjača i sofa izrađenih od vrlo mekanog crnog krzna gdje je sjelo nas četvoro. Onda je moj vodič rekao:

'Danas ću vam dati drugu poruku koja će upotpuniti onu koju sam vam diktirao u prosincu 1973. godine. Nemate kod sebe ništa za bilješke, ali ne brinite, sve što ću vam reći, ostat će uklesano u vaše sjećanje, jer mi ovdje imamo izvjesnu tehniku koja će vam omogućiti da zapamtite sve što ćete čuti. Prije svega, želimo vam čestitati na svemu što ste uradili u protekle dvije godine, a istovremeno vas želimo upozoriti da će ostatak vaše misije biti još teži. U svakom slučaju, nemojte se obeshrabriti, jer ćete biti nagrađeni za svoj trud, bez obzira što će se od sada nadalje događati.

Za početak moramo ispraviti dio iz prve poruke koji ste pogrešno prepisali, a koji se odnosi na našu konačnu intervenciju o uništenju čovječanstva. Moramo naglasiti da nećemo intervenirati. Čovječanstvo sada dolazi do prekretnice u svojoj povijesti i njegova budućnost je isključivo u njegovim rukama. Ako budete znali kontrolirati agresivnost jednih prema drugima i svojem okolišu, onda ćete dospjeti u Zlatno doba međuplanetarne civilizacije u kojem će se ostvariti sveopća sreća i ispunjenje. U protivnom, ako prevlada nasilje, čovječanstvo će samo sebe uništiti, izravno ili neizravno.

Nijedan znanstveni ni tehnički problem nije nesavladiv za ljudskog genija ali pod uvjetom da je taj ljudski genij na vlasti. Ali netko kome nedostaje pameti može ugroziti svjetski mir, upravo kao što genij svijetu može donijeti sreću.

Što prije uspostavite geniokraciju, prije ćete ukloniti opasnost od kataklizme koju mogu izazvati ljudi čiji um nije jako razvijen. U slučaju kataklizme koja će uništiti čovječanstvo jedino će vaši sljedbenici biti spašeni. Oni će ponovno naseliti opustošenu Zemlju kada cjelokupna opasnost bude nestala, kao što se zbilo u Noino doba.'

Budizam

Moj vodič je nastavio:

'Budizam objašnjava da u vrijeme smrti duša umrle osobe mora biti dovoljno oprezna kako bi izbjegla brojne vragove. U protivnom će biti reinkarnirana i ponovno će se vratiti u ciklus. Ako uspije pobjeći tim sramotnim vragovima, neće se vratiti u ciklus i dostići će stanje blaženstva kroz buđenje.

U stvari, ovo je prilično dobar prikaz koji se ne primjenjuje samo na pojedinca, već i na čitavo čovječanstvo. Svakog puta kada ima čovječanstvo mogučnost izbora se mora oduprijeti tim vragovima da se ne bi ponovno vratilo u ciklus. Ti "vrazi" predstavljaju agresivnost usmjerenu na ljudska bića ili na prirodu koja nas okružuje, a "stanje blaženstva postignuto buđenjem" je zlatno doba civilizacije u kojem znanost služi ljudima stvarajući raj na zemlji gdje će slijepi progledati, a gluhi će čuti zahvaljujući znanosti.

Ako čovječanstvo ne bude dovoljno svjesno ovih vragova, ponovno će pasti u ciklus reinkarnacije u kojem će morati ponovno početi iz početka, od primitivnog stanja i postupnog razvoja prema razvijenijem društvu u neprijateljskom svijetu uz svu patnju koji on ima za posljedicu.

Zato svastika oblikuje naš simbol, kao i u brojnim drevnim napisima u kojima simbolizira "ciklus". To je odabir između raja kojega omogućava miroljubivo korištenje znanosti i pakla koji će čovječanstvo vratiti na primitivnu razinu na kojoj će biti podčinjeno prirodi, umjesto da njom vlada i koristi je.

Na neki način, ovo je prirodna selekcija na razini kozmosa za vrste koje su sposobne napustiti svoj planet. Samo oni koji budu uspostavili savršeni nadzor nad svojom agresivnošću dostići će tu razinu. Ostali će sami sebe uništiti čim im znanstvena i tehnološka razina omogući da otkriju oružje koje je dovoljno jako za to. Zato se mi nikada ne bojimo onih koji dolaze od nekuda da bi uspostavili kontakt sa nama. Tisuće kontakata je potvrdilo ovo pravilo u svemiru - bića koja su u stanju otići izvan svog planetarnog sustava su uvijek miroljubiva.

Kada neka vrsta može napustiti svoj vlastiti sunčev sustav, to znači da je prebrodila "ciklus napretka - uništenja" do čega može doći kada bude nedostajalo ovladavanje nad vlastitim agresivnim tendencijama. Kada otkrijete moćne izvore energije koji će vam omogućiti putovanje izvan vašeg sunčevog sustava, također ćete moći stvoriti napadačko oružje neopozive razorne moći.

Vaša regija na Zemlji, Francuska, je već na pravom putu u pokušaju ujedinjenja Europe i trebala bi biti prva država bez vojske. Tako bi pružila primjer cijelom svijetu. Onda bi njena profesionalna vojska postavila temelje za Europsku vojsku koja bi trebala biti namijenjena održavanju mira i konačnoj promjeni te u svjetske mirovne trupe. Umjesto da bude čuvar rata, vojska bi tada postala čuvar mira, a to je naslov koji zaslužuje neusporedivo više poštovanja.

Za jednu važnu državu je neophodno da pokaže pravi put drugima kako bi je slijedili, a susjedne države Francuske neće je napasti baš iz razloga jer je ona ukinula obvezno služenje vojnog roka, a svoju profesionalnu vojsku je stavila u službu Europe koju pokušava ustanoviti.

Naprotiv, ovaj svijet bi vrlo brzo natjerao i ostale države da slijede isti primjer i nastave putem koji je izabrala vaša država. Kada se u Europi ujedini vojska, tada bi stvarajući jedinstvenu europsku valutu došlo i do ekonomskog ujedinjenja.

Tada bi isti proces mogli koristiti diljem svijeta, a dodao bih ono što smo vam već rekli u prvoj poslanici da bi se stvorio jedan svjetski jezik koji bi trebao postati obvezan u svakoj školi na Zemlji. Ako neka država bude morala pokazati put, onda je to Francuska. Propagiranjem "preventivne vojne sile" akumuliramo oružje koje nas može dovesti do našeg vlastitog uništenja.

Time da svaka država želi odvratiti onu drugu, a u praksi se zapravo nikada ne zna koga, jedna nesretna akcija bi onda mogla zaprijetiti da će ove "preventivne vojne sile" prerasti u interventne sile što može biti kobno za čitav svijet.

Čovječanstvo promatra budućnost kroz prošlost. To je greška. Umjesto toga, moramo biti kritični za prošlost i sadašnjost graditi za budućnost umjesto da gradimo sadašnjost na prošlosti. Morate shvatiti da su ljudi prije jedva trideset godina u državama koje su sada razvijene bili još primitivni. Vi se tek sada razvijate. Ipak, postoje milijuni ljudi na Zemlji koji su još uvijek primitivni i nisu u stanju vidjeti nešto na nebu, a da to ne povežu sa nekom "božanskom" pojavom. Također znate da su deističke religije još vrlo jake u svim ekonomski slabije razvijenim zemljama.

Ne smijete procjenjivati ljude prema njihovoj dobi, već prema njihovoj inteligenciji, ali istovremeno morate starim ljudima osigurati pristojan život. Naše davne pretke ne bi trebalo štovati, već ih treba sagledati kao primjer ograničenih, primitivnih ljudi koji nisu bili u stanju svoje umove otvoriti prema svemiru i nisu mogli prenijeti puno vrijednih stvari iz jedne generacije na sljedeću.'

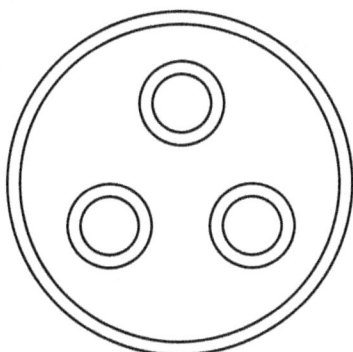 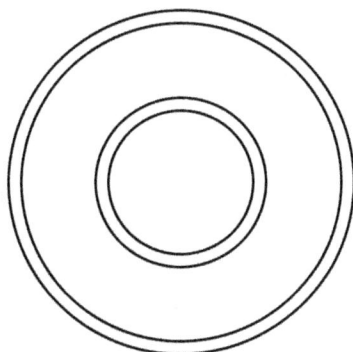

Slika 1   Slika 2

Ni Bog ne Duša

Moj je vodič tada nastavio:

'Što je društvo primitivnije, više deističkih religija će u njemu cvjetati. Ove religije zapravo 'održavaju' posjetitelji s drugih planeta za koje je to jedini način da mirno posjete svjetove koji još nisu prevladali svoju agresivnost.

Ako dosegnete razinu na kojoj ćete postati razvijeni posjetitelji primitivnih svjetova i vi ćete biti prisiljeni koristiti takav sustav koji je, zapravo, vrlo zabavan jer ćete se prikazati u njihovim očima kao bogovi. Ustvari, to je vrlo jednostavno jer za primitivne ljude ako dolazite s neba, možete jedino biti nešto božansko. Naravno, morat ćete dodati koju pojedinost da bi vas štovali i bolje prihvatili, ali u tome nema zla. Nastavljamo s našim pojavljivanjem na Zemlji da bi vidjeli koliko to još uvijek funkcionira i kakve su reakcije javnosti, državnih institucija i tiska. Ovo nas često zabavlja...

Kao što sam vam već objasnio u prvom dijelu ove poruke, Boga nema, a očigledno ni duše. Poslije smrti nema ničega ukoliko znanost to ne promijeni. Kao što znate, moguće je ponovno oživjeti mrtav organizam od samo jedne njegove stanice koja sadrži fizički i intelektualni zapis tog bića čiji je dio ona sama. Dokazano je da u trenutku smrti organizam izgubi nekoliko grama težine – zapravo je to samo energija koju posjeduju živa bića, a koja u tom trenutku napušta organizam. Već znate da energija kao i materija ima težinu.

Također smo vam objasnili da smo otkrili postojanje organiziranog i inteligentnog oblika života na beskrajno maloj razini koji je prilično razvijen kao i mi te se može usporediti s nama. To smo uspjeli dokazati.

Nadalje smo otkrili da su zvijezde i planeti atomi ogromnog stvorenja koje sigurno radoznalo promatra druge zvijezde. Vrlo je vjerojatno da su ljudima koji žive na beskrajno malim razinama beskrajno velike osobe i njima te sličnim njima bila su poznata razdoblja kada su vjerovali u nematerijalnoga "Boga".

Morate dobro shvatiti da je sve u svemu. U ovom trenutku, u jednom atomu vaše ruke, milijuni svjetova se rađaju, a drugi umiru bez obzira na vjeru u "Boga" i dušu, dok je za vas protekao milenij, ogromno biće čije je sunce jedan atom, imalo je samo vremena za jedan korak.

Vrijeme je, zapravo, obrnuto proporcionalno masi ili bolje rečeno razini životnog oblika. Ali sve u svemiru je živo i u harmoniji s beskonačno velikim i beskonačno malim.

Zemlja je živa kao i svi ostali planeti i za malu izraslinu koje je čovječanstvo teško je to primijetiti zbog vremenske razlike uvjetovane ogromnom razlikom u masi što vas sprječava da uočite njene otkucaje. Niti jedno naše crveno krvno zrnce, ili još bolje, jedan atom našega tijela ne bi mogao zamisliti da on i njemu slični oblici oblikuju živo biće.

Naposljetku, bilo što se dogodilo pojedincu, sveopća ravnoteža ostaje konstantna. Ali ako želimo biti sretni na našoj razini, moramo živjeti u harmoniji s beskonačno velikim, beskonačno malim i s našim bližnjima.

Nema dokaza koji bi mogao podržati postojanje bilo kakvog Boga ili duše koji bi mogao opstati kada bacimo samo letimičan pogled, makar i kratak, na beskonačnu narav svemira. Nigdje nema prostora za raj zato što je svemir beskonačan i zato ne može ni imati središte. Uostalom, kao što sam vam već ranije objasnio, ne postoji mogućnost nikakve komunikacije između beskonačno velikog entiteta i svemira beskonačno malih bića, zbog njihove prevelike razlike u masi koja stvara razliku u protjecanju ekvivalentnog vremena.

Na kraju, ako možemo zamisliti besmrtnu dušu koja napušta tijelo nakon smrti – predodžba koja je vrlo poetska, ali i naivna, stvorena u umovima primitivnih ljudi - ne možemo zamisliti kuda bi ona otišla jer je svemir beskonačan.

Količina energije koja napušta tijelo u trenutku smrti nasumično se rasipa gubeći sav identitet miješajući se sa svim postojećim energijama okolnog zraka. Taj identitet je očito uklesan u organiziranoj materiji, u stanicama bića koje je upravo umrlo. Ova materija je organizirana po planu koji određuju muški i ženski geni formirajući prvu stanicu prilikom začeća.

Obzirom na podrijetlo života na Zemlji, neki ljudi bi mogli reći: "Tvoje objašnjenje ne mijenja stvari jer ne možeš reći što je bilo na samom početku."

To je glupa primjedba koja dokazuje da osoba koja ga postavlja nije svjesna beskonačnosti koja postoji u vremenu i prostoru. Nema ni početka ni kraja materije, obzirom da "ništa nije izgubljeno, ništa nije stvoreno, sve se mijenja", kao što ste već sigurno čuli. Samo se oblik materije može promijeniti prema željama onih koji su dosegli znanstvenu razinu koja im omogućuje da to ostvare.

Isto se događa i sa beskonačnim razinama života. Ovo predstavlja drugi dio našeg simbola. Davidova zvijezda koja se sastoji od dva isprepletena trokuta što znači, "ono što je iznad isto je kao ono što je ispod." Sa svastikom koja označava da je sve ciklično u sredini šestokrake zvijezde je naš simbol koji sadrži svu mudrost svijeta. Ova dva simbola možete pronaći u drevnim knjigama kao što su *Bardo Thodol* ili Tibetanska *Knjiga Mrtvih* i u mnogim drugim zapisima.

Očito da je za "ograničeni" ljudski mozak veoma teško biti svjestan beskonačnosti što objašnjava potrebu da se svemir ograniči u vremenu i prostoru vjerujući u jednog ili više bogova koji su za sve to odgovorni.

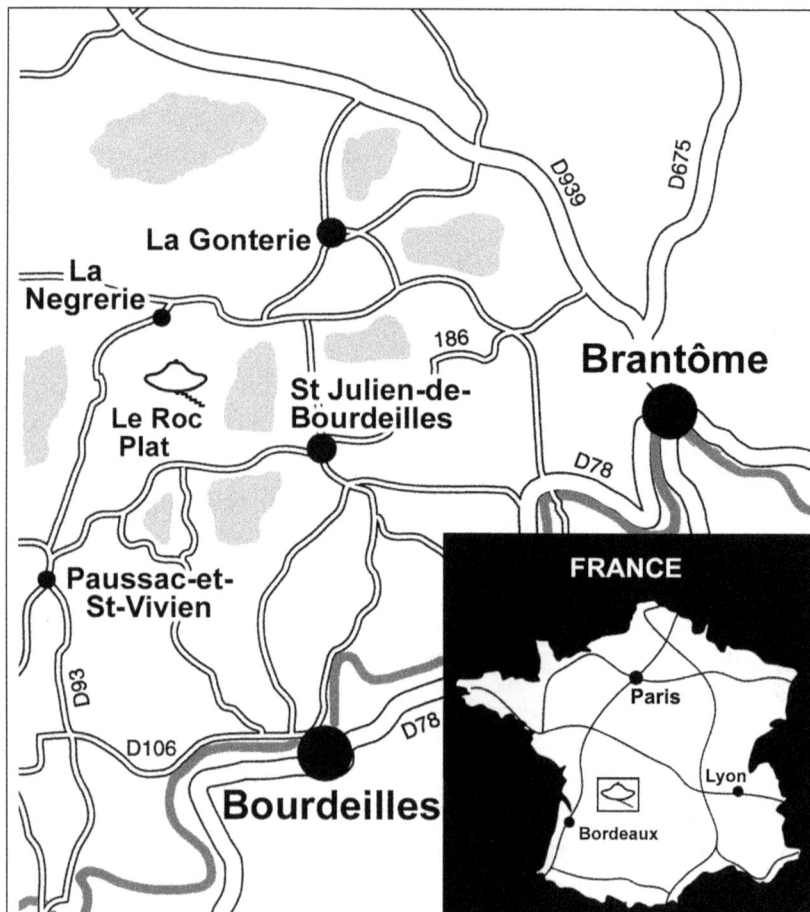

Mjesto Raelovog drugog susreta: Le Roc Plat, blizu Brantome, Perigord region, 7. Listopad 1975

Dapače, oni koji ne mogu dostići dovoljno visoku razinu ljudskog razuma prema svemiru teško prihvaćaju pojam beskonačnosti što čovječanstvo ni po čemu ne čini izuzetnim, već jedino ljude postavlja u određeno vrijeme i mjesto u ovom beskonačnom svemiru.

Ljudi očigledno više vole stvari koje su dobro definirane, lijepo uokvirene, na neki način ograničene prema predodžbi u njihovom umu. Oni koji se pitaju postoji li život na drugim planetima najbolji su primjer tih ograničenih umova i vrlo nam se svidjela usporedba ovakvih ljudi i žaba, koje ste napravili za vrijeme jednog od svojih predavanja, a koje govori o žabama na dnu njihovog jezerca koje su se pitale ima li života u drugim jezercima.'

Raj na Zemlji

'Uskoro biste mogli živjeti u pravom zemaljskom raju samo ako tehnologiju kojom raspolažete upotrijebite za dobrobit čovječanstva, umjesto da služi nasilju, vojsci i osobnom profitu pojedinaca.

Znanost i tehnologija u potpunosti mogu osloboditi čovječanstvo ne samo od problema gladi u svijetu, već i od obveze rada zbog preživljavanja, jer zahvaljujući automatizaciji, strojevi mogu sasvim jednostavno obavljati svakodnevne poslove.

Već sada je u nekim vašim suvremenim tvornicama gdje se koristilo nekoliko stotina ljudi za izgradnju jednog automobila potrebna samo jedna osoba za nadziranje kompjutora koji naređuje i izvodi sve operacije na traci za proizvodnju automobila. U budućnosti će čak i ta jedna osoba biti nepotrebna.

Radnički sindikati zbog toga nisu sretni jer tvornice trebaju sve manje i manje ljudi, a sve veći broj radnika se otpušta. Ipak, sindikati nisu u pravu - ovi fantastični strojevi koje obavljaju rad umjesto 500 ljudi trebali bi omogućiti tim ljudima da zaista žive, a ne da se na njihov račun bogati jedna osoba - njihov nadređeni.

Ni jedna osoba ne bi trebala biti u službi druge osobe niti za bilo koga da bi dobila plaću. Strojevi mogu lako obaviti sve zadatke i sve poslove omogućujući ljudima da se posvete jedinoj stvari zbog koje su stvoreni - da razmišljaju, stvaraju i cvatu. To se događa na našem planetu. Vaša djeca se ne smiju više odgajati prema primitivnim pravilima: rad, obitelj i država. Naprotiv, trebali bismo ih odgajati slijedeći načela razvoja, slobode i univerzalnog bratstva.

"Rad" nije svetinja ukoliko je motiviran samo potrebom da bi se zaradilo dovoljno za teško preživljavanje. Strašno je ponižavajuće prodavati sebe i svoj život da bi se mogli prehraniti radeći posao koji bi mogli uraditi jednostavni strojevi.

"Obitelj" nikada nije bila ništa drugo, već sredstvo za one koji podržavaju ropstvo, kako u prošlosti tako i sada, da bi ljudi što više radili za neki nepostojeći obiteljski ideal.

I na kraju, "patriotizam" je još uvijek samo nadomjesno sredstvo za stvaranje konkurencije među ljudima da bi ih time dovela do svakodnevnog obavljanja rada sa većim žarom.

Štoviše, ova tri pojma - rad, obitelj i država - oduvijek su podržavale primitivne religije. Ali vi sada niste više primitivni ljudi. Odbacite te stare, prašnjave principe i učinite najviše što možete od svog života na Zemlji kojeg znanost može pretvoriti u raj.

Ne dopustite da vas zavedu oni koji govore o potencijalnom neprijatelju i dopuštaju tvornicama oružja da od potplaćenih radnika iznude proizvodnju razornog oružja koje će stvarati profit velikim industrijalcima. Ne dopustite da vas zavedu oni koji vam govore o strahotama pada nataliteta jer mladi ljudi shvaćaju da nije potrebno imati toliko djece i da ih je bolje imati manje da bi mogli biti sretniji.

Ne dopustite da vas zavedu oni koji vam stalno pred nosom mašu primjedbom kao što je "susjedni narodi će se namnožiti i mogu nam postati prijetnja". To su isti ljudi koji podržavaju gomilanje atomskog oružja pod izgovorom "zastrašivanja neprijatelja".

Konačno, ne dajte se zavesti od onih koji kažu kako vas vojna služba uči i osposobljava kako koristiti pušku i da "to može uvijek biti korisno" dok oni nastavljaju gomilati nuklearne rakete.

Oni vas žele naučiti nasilju da se ne biste bojali ubiti osobu poput vas samih pod izgovorom da ona nosi različitu uniformu obučavajući vas sve dok to ne postane mehanički refleks poslije ponovljenih vježbi na metama.

Ne dopustite da vas zavedu oni koji kažu da se morate boriti za svoju domovinu. Nema domovine koja to zaslužuje. Nemojte potpasti pod utjecaj onih koji vam kažu: "Što ako neprijatelj napadne našu državu, zar se ne trebamo braniti?" Odgovorite da je nenasilje uvijek učinkovitije od nasilja.

Nije dokazano da su oni koji su umrli za Francusku bili u pravu bez obzira koliko je njihov agresor bio agresivan. Pogledajte pobjedu Ganhdija u Indiji.

Takve osobe će reći da se morate boriti za svoju slobodu, ali oni zaboravljaju da su Gali izgubili rat protiv Rimljana i da Francuzima ne ide loše jer su njihovi preci izgubili rat, već su imali i koristi od civilizacije osvajača. Živite radije u ispunjenju, slobodi i ljubavi umjesto da slušate sve te agresivne ljude uskogrudnih nazora.

Najvažnije sredstvo koje vam pomaže pri postizanju dugotrajnog svjetskog mira je televizija, naša prava planetarna svijest koja nam omogućuje da svakodnevno gledamo što se zbiva u svim dijelovima svijeta i shvatimo da "barbari" s druge strane granice imaju iste radosti, iste žalosti i iste probleme kao i mi. Jednako tako zabilježen je napredak znanosti, posljednje umjetničke kreacije, itd.

Naravno, važno je pobrinuti se da to divno sredstvo širenja vijesti i komunikacije ne padne u ruke onih ljudi koji će ga koristiti za davanje pristranih informacije kako bi uzburkali mase.

Možete smatrati da je televizija živčani sistem čovječanstva koji omogućuje svakom pojedincu da postane svjestan postojanja drugih i da vidi kako oni žive. Ona također štiti od širenja iskrivljenih poimanja o drugima koje stvaraju strah od stranaca. U davna vremena postojao je strah od susjednih plemena, onda strah od susjednog sela, od susjedne pokrajine i od susjedne države.

Trenutno postoji strah od susjedne rase i kada taj strah više ne bude postojao, onda bi mogao nastupiti strah od potencijalnih agresora koji dolaze sa drugog planeta.

Potrebno je preokrenuti ovaj stav i biti otvoren prema svemu što dolazi izvana jer cjelokupni strah od stranaca je dokaz primitivne civilizacijske razine. U ovom smislu televizija je nezamjenljiva, ona je možda jedno od najvažnijih civilizacijskih dostignuća isto kao i radio koji omogućava svim onim izoliranim stanicama čovječanstva koje predstavljaju ljude, da uvijek budu informirane o tome što drugi rade. Upravo to čini živčani sustav u tijelu živog bića.'

Drugi Svijet

'Vjerojatno se pitate gdje se nalazite" Moj je vodič tada rekao: Zapravo ste u bazi koja se nalazi relativno blizu Zemlje. U prvoj poruci zapisali ste da mi putujemo sedam puta brže od svjetlosti. To je bilo tako prije 25.000 godina kada smo prvi put došli na Zemlju. Od tada smo dosta napredovali i sada svemirom putujemo mnogo brže. Sada nam treba samo nekoliko trenutaka da obavimo putovanje za koje nam je u ono vrijeme trebalo skoro dva mjeseca i još napredujemo. Ako želite pođite sa mnom, idemo zajedno na malo putovanje.'

Ustao sam i pratio moja tri vodiča. Prošli smo kroz zračnu komoru i u golemoj prostoriji sam ugledao letjelicu sličnu onoj koja me je dovela sa Zemlje, ali mnogo veću. Vanjski promjer joj je vjerojatno bio promjera oko 12 metara, a unutra su bila četiri, umjesto dva sjedišta postavljena jedno prema drugom. Sjeli smo kao i prvi put i ja sam opet imao onaj isti osjećaj intenzivne hladnoće koja je ovoga puta trajala mnogo duže – oko 10 minuta. Tada se letjelica lagano zanjihala i mi smo krenuli prema izlaznim vratima.

Preda mnom se prostirao rajski krajolik i, zapravo, nema tih riječi kojima bih opisao svoju očaranost vidjevši ogromno cvijeće, jedno ljepše od drugoga i životinje nezamislivog izgleda koje su šetale među njima. Tu je bilo i ptica sa višebojnim perjem i ružičaste i plave vjeverice s glavama malih medvjedića penjale su se po granama drveća koje su na sebi nosile ogromne plodove i divovske cvjetove.

Približno 30 metara od letjelice čekala nas je mala grupa Elohim, a iza drveća sam mogao razabrati skupinu zgrada koje su nalikovale svijetlo obojenim školjkama savršeno se uklapajući u okolnu vegetaciju. Temperatura je bila vrlo blaga, a u zraku je bilo bezbroj mirisa egzotičnog cvijeća. Hodali smo prema vrhu brijega i pred nama se počela ukazivati prekrasna panorama. Bezbrojni mali potočići krivudali su raskošnom vegetacijom, a u daljini se na suncu presijavalo more azurnog plavetnila.

Stigavši na čistinu iznenadio sam se kad sam ugledao skupinu ljudi sličnih meni, pri čemu mislim na ljude koji žive na Zemlji, a ne na Elohim. Većina njih je bila gola ili je nosila ogrtače od višebojne svile. Svi su se sa štovanjem poklonili pred trojicom mojih vodiča i onda smo svi sjeli.

Naši naslonjači su izgledali kao da su isklesani u stijeni i prekriveni debelim krznima koja su unatoč toplini bila svježa i udobna. Neki ljudi su izašli iz male pećine koja se nalazila odmah do nas i prišli nam noseći prepune posude voća, pečenog mesa s najnevjerojatnijim umacima i pićima nezaboravnih okusa.

Iza svakog gosta klečala su dva čovjeka koja su donosila posude, spremni zadovoljiti i najmanju želju onih koji su jeli. Gosti su ih zamolili što god su željeli, bez da bi im namijenili i najmanju pozornost.

Tijekom jela počela je divna glazba za koju ne mogu reći odakle je dolazila, a mlade gole žene stasa isklesanog kao kod kipova počele su plesati neviđenom gracioznošću na travnjaku koji nas je okruživao.

Mora da je bilo četrdesetak gostiju koji su sličili ljudima sa Zemlje zajedno s moja tri vodiča. Bilo je bijelih, žutih i crnih muškaraca i žena koji su govorili jezik koji ja nisam razumio, a koji je sličio hebrejskom.

Sjedio sam na desnoj strani od Elohe kojeg sam susreo prije dvije godine, a na lijevoj pored šest drugih Elohim. Ispred mene se nalazio mladi čovjek s bradom, naočit i vrlo vitak. Imao je tajanstveni osmjeh i pogled ispunjen bratskim osjećajem. Na njegovoj desnoj strani bio je čovjek plemenitog lica koji je ponosno pokazivao svoju dugu, gustu, crnu bradu. Na njegovoj lijevoj strani nalazio se nešto krupniji čovjek azijatskih crta. Glava mu je bila obrijana.

Susret s Prorocima iz Davnina

Na kraju objeda moj mi je vodič rekao:

'U mojoj prvoj poruci govorio sam vam o rezidenciji koja se nalazi na našem planetu gdje ljudi sa Zemlje mogu nastaviti živjeti zahvaljujući znanstvenoj tajni vječnosti zasnovanoj na jednoj jedinoj stanici organizma.

Među tim osobama su Isus, Mojsije, Ilija, itd. Ta rezidencija je, zapravo, vrlo velika jer je to čitav planet gdje također žive i članovi koncila Vječnih. Ja se zovem Jahve i predsjednik sam tog koncila Vječnih.

Na planetu na kojem se sada nalazimo trenutno živi 8.400 ljudi sa Zemlje. To su ljudi koji su za vrijeme svojih života dosegnuli dovoljnu razinu slobodoumnosti u razumijevanju beskonačnosti ili su to oni koji su za svoga života kroz otkrića, pisanje, način na koji su organizirali društvo i svojim uzornim djelima bratstva, ljubavi i nesebičnosti omogućili čovječanstvu napredak sa svoje primitivne razine. Osim njih, tu živi i 700 članova koncila Vječnih Elohim.

Bez obzira na to kako će se završiti vaša misija, vi imate osigurano mjesto ovdje među nama u ovom istinskom malom raju gdje je sve lako zahvaljujući znanosti i gdje živimo sretno i vječno. Mogu reći zaista vječno jer mi smo stvorili cjelokupni život i ovdje, kao i na Zemlji i počeli smo savršeno razumijevati život beskonačno velikog, odnosno život planeta, a možemo otkriti znakove starosti u sunčevim sustavima što će nam omogućiti da na vrijeme napustimo ovaj planet i stvorimo drugi raj na drugom mjestu čim se budemo zabrinuli za naš opstanak.

Vječni koji ovdje žive, bilo da su sa Zemlje ili Elohim, mogu ispuniti sve svoje želje ne radeći ništa osim onoga što ih ispunjava zadovoljstvom: znanstveno-istraživački rad, meditiranje, glazba, slikanje, itd.

Ili ne moraju uopće raditi, ako im je tako draže.

Posluga koju si vidio prije par minuta kako donosi hranu i plesačice su samo biološki roboti. Stvoreni su na isti način kao što smo stvorili ljude na Zemlji - potpuno znanstvenim putem, ali oni su ograničeni i apsolutno nam se pokoravaju. Ne mogu izvoditi ništa bez naših naredbi i vrlo su specijalizirani. Nemaju vlastitih želja, niti želje za užitkom osim onih koje zahtijeva njihova specijalizacija. Oni stare i umiru kao i mi, ali stroj koji ih izrađuje može ih napraviti mnogo više nego što nam je potrebno. Osim toga, oni ne mogu patiti, osjećati i ne mogu se razmnožavati.

Životni im je vijek sličan našem, odnosno oko 700 godina uz pomoć malog kirurškog zahvata. Kada neke od njih moramo uništiti zbog starosti, stroj koji ih proizvodi napravi nam jednog ili više njih ovisno o našim potrebama. Oni izlaze iz stroja spremni za rad u svojoj normalnoj visini jer ne mogu rasti niti imaju djetinjstvo.

Oni znaju raditi samo jednu stvar: slušati ljude sa Zemlje i Elohim i nisu sposobni ni najmanjeg nasilja. Svi se mogu prepoznati po malom plavom kamenčiću kojeg i muškarci i žene nose između očiju. Oni obavljaju sve nečiste i nezanimljive poslove. Proizvode se, održavaju i uništavaju pod zemljom gdje, zapravo, cjelokupni posao održavanja obavljaju ovakvi roboti i ogromni kompjuteri koji reguliraju sve probleme prehrane, snabdijevanja sirovinama, energijom, i dr. Svaki od nas ima prosječno desetak robota u svojoj službi, a ima nas sva skupa nešto više od 9000 – ljudi sa Zemlje i Elohim – stalno postoji ukupno 90.000 muških i ženskih robota.

Ni članovima Vijeća Vječnih Elohim ni Vječnim sa Zemlje nije dopušteno imati djecu. Oni su suglasni sa malim zahvatom koji će ih učiniti sterilnima, ali se ta sterilnost lako može odstraniti. Cilj poduzimanja te mjere je sprječavanje rađanja bića koja nisu zaslužila život na ovoj divnoj planeti. Međutim, vječni muškarci i žene mogu se međusobno slobodno ujediniti prema vlastitim željama, a svaka ljubomora je odstranjena.

K tome, muškarci koji žele jednog ili više partnera izvan odnosa ravnopravnosti koji postoje među vječnim muškarcima i ženama ili oni koji ne žele živjeti sa ženom na ravnopravnoj razini mogu imati jednog ili više apsolutno pokornih ženskih robota koji će izgledati točno onako kako oni žele. Isto se odnosi i na žene koje mogu imati jednog ili više potpuno podložnih bioloških muških robota.

Stroj za proizvodnju robota daje entitetu koji stvara točan fizički izgled i željenu specijalizaciju robota. Postoji nekoliko tipova idealnih žena i muškaraca u kategorijama oblika i fizionomije, ali i visina, mjera, oblik lica, itd. mogu se prilagođavati po želji. Čak možemo predočiti sliku neke osobe koju smo osobito obožavali ili voljeli na Zemlji i stroj će napraviti točnu kopiju. Prema tome, odnosi među besmrtnicima oba spola se više zasnivaju na bratskoj osnovi i poštovanju, a veze među njuma su jako čiste i uzvišene.

Zbog izuzetne razine slobodoumlja onih koji su ovdje primljeni nikada nema međusobnih problema. Većina gotovo cijelo vrijeme provodi u meditaciji baveći se znanstvenim istraživanjima, pronalascima i umjetničkim oblikovanjem i stvaranjem raznovrsnih stvari. Možemo živjeti u raznim gradovima različitih arhitektonskih stilova na raznovrsnim mjestima koje možemo mijenjati po želji. Ljudi ostvaruju svoje osobne težnje kako žele i rade samo ono što žele.

Neki nalaze zadovoljstvo u znanstvenim eksperimentima, neki u sviranju glazbe, neki stvarajući sve čudesnije životinje, a neki meditirajući ili ne radeći ništa osim vođenja ljubavi dok uživaju u brojnim drugim zadovoljstvima ove rajske sredine pijući iz brojnih fontana i jedući sočno voće koje raste svugdje oko nas i u svako doba. Ovdje nema zime; svi živimo na području koje se može usporediti sa vašim ekvatorom, a pošto sami znanstveno možemo kontrolirati podneblje, vrijeme je uvijek lijepo i nije prevruće. Možemo regulirati padanje kiše noću kada i gdje to želimo. Sve ovo i još mnoge druge stvari koje vi ne možete shvatiti odjednom čine ovaj svijet pravim rajem. Ovdje je svako slobodan u potpunoj sigurnosti, jer svi zaslužuju tu slobodu.

Sve stvari koje doprinose zadovoljstvu su pozitivne sve dok to zadovoljstvo ne bude štetilo drugome u bilo kojem smislu. Zato su sva senzualna zadovoljstva pozitivna, jer senzualnost uvijek znači otvaranje prema vanjskom svijetu, a sva takva otvaranja su dobra. Vi na Zemlji upravo izlazite iz tih primitivnih tabua koji su pokušavali od svega što je povezano sa spolnošću i golotinjom načiniti nešto loše, međutim, nema ničeg što bi bilo čišće od toga.

Za naše stvoritelje ništa nije više razočaravajuće nego kad čuju da ljudi govore kako je golotinja nešto loše: i to upravo golotinja koja je slika po kojoj smo vas stvorili. Kao što možete vidjeti ovdje su svi pretežno goli; a oni koji nose odjeću, nose je zato jer je odjeća umjetnički rad koji su dobili na dar od ostalih besmrtnika koji su je oblikovali svojim rukama ili zbog elegancije i dekoracije.

Kada ljude sa Zemlje prime u svijet Vječnih, prvo počnu sa primanjem kemijskog obrazovanja tako da ih ništa ne može iznenaditi i da bi dobro razumjeli gdje su i zašto su tu.'

Moj vodič, Jahve, zastao je na trenutak, a potom je nastavio: 'Upravo sjedite nasuprot osobe kojoj je prije 2000 godina povjerena odgovornost za stvaranje pokreta kako bi još više proširio poruku koju smo prvobitno ostavili narodu Izraela – poruku koja vam omogučava da se vas sada može bolje razumjeti. Taj čovjek je Isus kojega smo ponovno stvorili iz njegove stanice koju smo sačuvali prije raspeća.'

Naočit, mladi muškarac s bradom koji je sjedio nasuprot mene uputio mi je ljubazan bratski osmjeh.

'Na njegovoj desnoj strani je Mojsije, na lijevoj Ilija, a na lijevoj strani do Ilije sjedi čovjek poznat na Zemlji kao Buda. Malo dalje možete vidjeti Muhameda u čijim knjigama sam ja nazvan Alahom jer se iz štovanja nisu usuđivali osloviti me pravim imenom. Ovih četrdeset muškaraca i žena nazočnih na ovom ručku predstavnici su religija stvorenih nakon naših kontakata na Zemlji.'

Svi prisutni su me gledali s ljubaznim i zabavnim izrazom na licu najvjerojatnije se prisjećajući vlastitog iznenađenja pošto su stigli u ovaj svijet.

Moj je vodič nastavio: 'Sada ću vam pokazati neke od naših uređaja.' Ustao je, a ja sam ga pratio. Ponudio mi je da stavim na sebe vrlo širok pojas sa glomaznom kopčom. On i njegova dva prijatelja su zakopčali pojas iste vrste. Odjednom sam osjetio da sam se podigao s tla i da sam nošen na oko 20 metara iznad trave, skoro na razini vrhova drveća, velikom brzinom, možda 100 kilometara na sat ili više, u točno određenom smjeru. Moja tri pratitelja bila su sa mnom, Jahve je bio ispred, a njegova dva prijatelja iza. Jedna zanimljiva stvar je da, između ostalog, nisam uopće osjećao udarce vjetra po licu.

Spustili smo se na maloj čistini u blizini ulaza u jednu malu pećinu. Zapravo su nas naši pojasevi još uvijek nosili, ali samo na visini od jednoga metra od tla i pokretali smo se puno sporije. Prošli smo kroz galerije s metalnim zidovima i stigli u prostranu dvoranu u čijem središtu je bio ogroman stroj okružen s oko desetak robota koji su bili prepoznatljivi po ornamentima na čelu. Tu smo se ponovno spustili na tlo i skinuli pojaseve.

Jahve tada reče: 'Ovdje je stroj koji proizvodi biološke robote. Stvorit ćemo jednog za tebe.'

Dao je znak jednom od robota koji su stajali pored stroja na što je on dotakao određene dijelove stroja. Tada mi on dade znak da priđem blizu prozora koji je bio visok oko 2 metra i širok oko jedan metar. U plavkastoj tekućini ugledao sam kako ljudski kostur poprima nejasan oblik. Potom je oblik postajao sve jasniji i jasniji i konačno je postao pravi kostur. Onda su se živci formirali preko kostiju, zatim mišići, a na kraju koža i kosa. Sjajan atleta je ležao tu gdje prije par minuta nije bilo ničega. Jahve reče:

'Sjeti se Starog zavjeta i opisa u Knjizi *Ezakiela*, Poglavlje 37 :

> ... Sine čovječji, mogu li opet oživjeti ove mrtvačke kosti? ... Bio je štropot, i kostiju su se pribirale, jedna uz drugu..Napravit ću vam žile, i učiniti da vam izraste meso, i navući ću na vas kožu, i ulit ću vam dah da oživite. One oživješe i postaviše se na svoje noge, jedna silno velika vojska.

Vaš opis ovoga prizora sigurno će nalikovati Ezakielovom - osim buke koju smo uspjeli eliminirati.'

I doista, ono što sam vidio savršeno odgovara Ezakielovom opisu. Prema njemu, osoba koja je ležala, skliznula je ulijevo i potpuno nestala iz mog vidokruga. Onda su se otvorila vrata i ja sam ugledao osobu, čijem sam hitrom stvaranju svjedočio, kako leži na izrazito bijeloj prostirci.

Još uvijek je bila nepokretna, ali iznenada je otvorila oči i ustala, sišla niz nekoliko stepenica do naše razine i razmijenivši nekoliko riječi s drugim robotom, pošla prema meni. Pružila mi je ruku i ja sam se rukovao osjetivši da joj je koža meka i topla.

Jahve me upitao imam li sliku nekog od mojih voljenih kod sebe.

'Da', odgovorio sam, 'imam sliku svoje majke u novčaniku koji je ostao u mojoj odjeći.'

On mi ju je pokazao i upitao je li to ta slika. Kad sam se složio, on je dade jednom od robota koji ju je ubacio u stroj i pritisnuo neke dijelove sustava. Kroz prozor sam bio svjedok još jednom stvaranju živog bića. Kada je koža počela prekrivati meso, shvatio sam što se događa: pravili su točnu kopiju moje majke prema slici koju sam im dao.... I zaista, nekoliko trenutaka kasnije mogao sam poljubiti svoju majku, ustvari, lik moje majke onakav kakav je bio prije 10 godina jer je slika koju sam dao bila od prije deset godina.

Jahve mi tada reče: 'Dopustite nam da vas malo bocnemo u čelo.'

Jedan od robota mi priđe i pomoću male sprave slične štrcaljki bocne me u čelo čiji ubod gotovo da i nisam osjetio jer je bio tako blag.

Tada je ubacio štrcaljku u ogroman stroj i dotaknuo njegove druge dijelove. Ponovno se formiralo jedno biće pred mojim očima. Kada je koža prekrila meso, ugledao sam postupno nastajanje svog drugog 'ja'. Doista, živo biće koje je izašlo iz stroja bila je moja kopija.

Jahve mi reče: 'Kao što vidite, ovo drugo vi nema kamenčića na čelu što je karakteristika robota koji je imala kopija vaše majke.

Prema slici možemo načiniti samo kopiju fizičkog tijela bez ili gotovo bez ikakvih psiholoških karakteristika dok iz uzorka stanice uzetog sa dijela između vaših očiju možemo stvoriti potpunu kopiju osobe sa koje smo uzeli uzorak stanice uključujući memoriju, ličnost i karakter. Sada bismo mogli tog drugog vas poslati na Zemlju i ljudi ne bi ništa primijetili. Ali mi ćemo ovu kopiju odmah uništiti, jer nam ne treba. U ovom trenutku slušaju me dva postojeća primjerka vas samih, ali vam ličnosti postaju različite jer vi znate da ćete živjeti, a on zna da će biti uništen, ali mu to ne smeta jer zna da nije ništa drugo nego vi sami. Ovo je dokaz više, ako je potreban, o nepostojanju duše - ili čisto spiritualnog entiteta koji je unikatan u svakom tijelu - u koji određeni primitivni ljudi vjeruju.'

Nakon toga smo napustili prostoriju s ogromnim strojem i kroz hodnik smo ušli u drugu prostoriju s drugim sustavima.

Prišli smo jednom drugom stroju.

'U ovom stroju se čuvaju stanice zlih ljudi koji će ponovno biti stvoreni da bi im se sudilo kada za to dođe vrijeme. To su stanice onih koji na Zemlji zagovaraju nasilje, pokvarenost, agresivnost i mračnjaštvo. Unatoč tome što su pri ruci imali sve elemente kako bi shvatili odakle su potekli, ovi ljudi nisu bili u stanju prepoznati istinu. Oni će biti ponovno stvoreni i podvrgnuti kazni koju zaslužuju nakon što im presude oni koji su zbog njih patili ili njihovi preci ili potomci.

Sada ste već zaslužili malo odmora. Ovaj robot će biti vaš vodič i opskrbit će vas svime što želite do sutra ujutro. Sutra ćemo vam reći još neke stvari, a onda ćemo vam se pridružiti na putovanju za Zemlju. Od sada do tada okusiti ćete djelić onog što će vas čekati kada vaša misija na vašem planetu bude okončana.

Tada sam ugledao robota kako mi prilazi i pozdravlja sa štovanjem. Bio je visok, atletskog izgleda, tamnoput, bez brade i vrlo naočit.'

Predokus Raja

Robot me upitao želim li vidjeti svoju sobu i pošto sam se složio dao mi je pojas predviđen za putovanje. Ponovno sam putovao iznad tla i kad sam se spustio još jednom sam se našao ispred kuće koja je više sličila na školjku nego na kuću. Unutrašnjost je bila potpuno prekrivena čupavim krznima, a tu je bio i ogroman krevet, najmanje četiri puta veći od kreveta na Zemlji, a izgledao je kao da je potonuo u tlo i mogao se prepoznati samo po drugoj boji krzna koja su ga prekrivala. U uglu ogromne sobe bila je ogromna kada za kupanje, također utonula u pod, velika kao bazen za plivanje, okružena vegetacijom predivnih oblika i boja.

'Biste li željeli žensko društvo?' upita me robot. 'Dođite i odaberite sami.'

Ponovno sam stavio pojas za prijevoz i ponovno sam stajao ispred stroja za proizvodnju robota. Ispred mene se pojavila sjajna kocka.

Ponuđen mi je naslonjač ispred kocke i dobio sam kacigu. Kad sam se smjestio, čudesna mlada smeđokosa djevojka divnih, skladnih proporcija pojavila se u trodimenzionalnom izdanju unutar svjetlucave kocke. Kretala se tako da bi se što bolje pokazala i da nije bila u kocki koja je lebdjela jedan metar iznad tla, pomislio bih da je stvarna.

Moj robot me je upitao sviđa li mi se ili bih radije nešto promijenio na njenom obliku ili licu. Rekao sam mu da je savršena.

On mi odgovori da je estetski gledano ona idealna žena, ili još bolje, jedan od tri tipa idealne žene, koje je definiralo računalo prema ukusu većine stanovnika na planetu, ali da ja mogu tražiti bilo koju promjenu ukoliko to želim.

Nakon što sam odbio da bilo što mijenjam na tom divnom stvorenju, pojavila se druga žena u svjetlucavoj kocki. Ovaj puta bila je plava i zamamna. Bila je različita, ali isto tako savršena kao i prva. Ni ovdje nisam pronašao nešto što bi trebalo promijeniti. Na kraju, treća mlada žena, ovaj put crvenokosa i senzualnija od prvih dviju pojavila se u čudnoj kocki. Robot me onda upitao želim li vidjeti druge modele ili su ova tri tipa iz moje rase dovoljna. Odgovorio sam mu, naravno, da mislim da su te tri osobe izuzetne.

U tom trenutku čudesna crna žena pojavila se u kocki, a zatim vitka i elegantna Kineskinja, a onda sladostrastna, mlada Azijatkinja.

Robot me upitao koju osobu bih želio za društvo.

Nakon što sam mu odgovorio da mi se sve sviđaju, otišao je do stroja za proizvodnju robota i nakratko razgovarao s jednim od svojih kolega. Stroj je onda stavljen u pogon i ja sam shvatio što će se uskoro dogoditi.

Nekoliko minuta kasnije našao sam se u svome boravištu u društvu šest ljepotica. Tamo sam doživio najnezaboravniju kupku ikada u društvu ovih šarmantnih robota koji su se potpuno pokorili svim mojim željama.

Nakon toga me je moj robot vodič upitao želim li stvarati glazbu. Pošto sam potvrdio, on je izvadio kacigu sličnu onoj koju sam imao na glavi prilikom projekcije ženskih modela robota.

Robot mi je tada rekao: 'Sada zamisli glazbu koju bi želio čuti.'

Odmah se začuo zvuk koji je točno odgovarao glazbi o kojoj sam razmišljao i ja sam skladao melodiju u svojoj glavi i ta melodija je postala stvarnost uz zvuke raspona i osjećajnosti koji su bili izuzetniji od svega što sam ikada čuo. San svakog skladatelja postao je stvarnost

- mogućnost izravnog skladanja bez mukotrpnog procesa pisanja i orkestracije.

Tada je mojih šest ljupkih družbenica počelo strastveno i očaravajuće izvoditi plesne pokrete uz moju glazbu.

Poslije nekog vremena moj robot me je pitao bi li želio stvarati slike. Onda sam dobio drugu kacigu i sjeo sam ispred polukružnog ekrana. Počeo sam zamišljati neke scene i one su postale vidljive na ekranu. Ono što sam vidio je zapravo bila trenutna vizualizacija svih misli koje su mi pale na pamet. Počeo sam razmišljati o svojoj baki i ona se pojavila na ekranu. Pomislio sam na buket cvijeća i on se pojavilo, a kad sam zamislio ružu sa zelenim točkama ona se također pojavila. Stroj je omogućavao trenutnu vizualizaciju misli bez potrebe za bilo kakvim tumačenjem. Kakva divota!

Moj robot mi tada reče: 'Uz odgovarajuću vježbu netko može stvoriti priču i izvesti je. Mnoge predstave ove vrste, predstave izravnog stvaranja, se održavaju ovdje.'

Malo kasnije sam otišao u krevet i proveo najekstravagantniju noć u svom životu uz divne ženske pratilje.

Sljedećeg dana sam ustao, okupao se ponovno u mirisnoj kadi, a onda nam je robot poslužio ukusni doručak. Onda mi je rekao da ga pratim jer me Jahve očekuje. Opasao sam svoj pojas za prijevoz i uskoro se našao ispred čudnog stroja gdje me je čekao predsjednik Vijeća Vječnih.

Taj stroj nije bio tako velik kao onaj što proizvodi robote, ali, ipak, vrlo velik. U njegovom središtu je bio ugrađen veliki naslonjač. Jahve me upita jesam li proveo ugodnu noć i onda mi je objasnio:

'Ovaj stroj će u vama probuditi izvjesne sposobnosti koje su sada uspavane. Onda će vaš mozak moći koristiti svoj puni potencijal. Sjedite ovdje.'

Sjeo sam u stolicu koju mi je pokazao i nekom vrstom školjke mi je pokrio lubanju. Pomislio sam da na trenutak gubim svijest, a onda sam se osjećao kao da će mi glava eksplodirati.

Vidio sam višebojne bljeskove koji su prolazili pred mojim očima. Konačno sve je prestalo i robot mi je pomogao da ustanem iz naslonjača. Osjećao sam se potpuno drugačije.

Imao sam dojam da je sve jednostavno i lako.

Jahve mi tada reče: 'Od sada ćemo mi gledati vašim očima, čut ćemo vašim ušima i govorit ćemo kroz vaša usta. Bit ćemo u stanju liječiti vašim rukama kao što već činimo u Lourdesu i u mnogim drugim mjestima svijeta. Procjenjujemo da izvjesni oboljeli ljudi zaslužuju da se za njih nešto učini zbog njihove volje za širenjem poruke koju smo vam dali i zbog njihovog truda da steknu kozmički um otvarajući se ka beskonačnosti.

Mi svakoga promatramo. Ogromna računala osiguravaju stalno promatranje svih ljudi koji žive na Zemlji. Svakome od njih se daje ocjena ovisno o tome jesu li ih njihova djela kroz život vodila kroz ljubav i istinu ili kroz mržnju i mračnjaštvo.

'Kada dođe vrijeme ocjenjivanja, oni koji su slijedili dobar smjer imat će pravo na vječnost na ovom rajskom planetu, oni koji nisu postigli ništa pozitivno, ali nisu bili zli, neće biti ponovno stvoreni, a od onih čija su djela bila osobito negativna, stanica njihovog tijela će biti sačuvana što će nam omogućiti da ih ponovno stvorimo kada dođe vrijeme da im se sudi zbog zaslužene kazne.

Vi koji čitate ovu poruku shvatite da možete imati pristup ovom divnom svijetu, ovom raju. Bit ćete dobrodošli vi koji slijedite našega glasnika Clauda Raela, našega veleposlanika na putu univerzalne ljubavi i kozmične harmonije, vi koji mu pomažete u ostvarenju onoga što od njega tražimo - jer mi vidimo kroz njegove oči, čujemo njegovim ušima i govorimo kroz njegova usta.

Vaša ideja o stvaranju kongregacije vođa je vrlo dobra za čovječanstvo, ali budite strogi pri njihovom odabiru kako naša poruka ne bi bila iskrivljena ili izdana.

Meditacija je neophodna za otvaranje uma, a asketizam je beskoristan. Morate uživati u životu svom snagom svojih osjetila jer buđenje osjetila ide zajedno s buđenjem uma.

Nastavite se baviti sportom ako želite i imate vremena jer svi sportovi i igre su dobri zbog razvijanja mišića ili, što je još bolje, za samokontrolu kao što to čine automobilske utrke ili vožnja motorom.

Osoba koja se osjeća usamljeno uvijek može s nama pokušati komunicirati telepatskim putem dok istovremeno pokušava biti u harmoniji s beskonačnošću; on ili ona će imati beskrajan osjećaj zadovoljstva. Vrlo dobro je ono što ste savjetovali o okupljanju ljudi koji vjeruju u nas u svakoj regiji nedjeljom oko 11 sati. Trenutno postoji nekoliko članova koji to već primjenjuju.

"Mediji" su korisni, pa ih potražite, ali ih dovedite u ravnotežu, jer ih njihovi talenti, koji su samo talenti telepatije, izbacuju ih iz ravnoteže i počnu vjerovati u natprirodno, u magiju i ostale nevjerojatno glupe stvari kao što je vjerovanje u eterično tijelo što je novi način vjerovanja u dušu koja ne postoji. Ustvari, oni stupaju u kontakt sa ljudima koji su živjeli prije nekoliko stoljeća i koje smo mi ponovno stvorili na ovoj rajskoj planeti.

Postoji važno otkriće koje vi sada možete objelodaniti. Židovi su naši izravni potomci na Zemlji. Eto zašto smo im namijenili posebnu sudbinu. Oni su potomci "sinova Elohim i kćeri ljudi", kako je spomenuto u *Postanku*.

Njihov prvi grijeh bio je u tome što su se družili sa svojim stvorenjima nastalim znanstvenim putem. Zato su tako dugo patili.

Ali za njih je došlo vrijeme oprosta i oni će moći mirno živjeti u svojoj obnovljenoj državi ako ne naprave drugu grešku i ne priznaju vas kao našeg poslanika. Želimo da naša ambasada na Zemlji bude izgrađeno u Izraelu, na zemljištu koje će vam dati vlada. Ako odbiju, možete ga izgraditi na nekom drugom mjestu, a Izrael će pretrpjeti ponovnu kaznu, jer nije priznao našeg poslanika.

Vi se morate posvetiti samo svojoj misiji. Ne brinite, moći ćete uzdržavati vašu obitelj. Ljudi koji vjeruju u vas, a iz tog razloga i u nas, moraju vam pomoći. Vi ste naš glasnik, naš veleposlanik, naš prorok i u svakom slučaju imate svoje mjesto ovdje među ostalim prorocima.

Vi ste onaj koji mora okupiti ljude svih religija jer Pokret koji ste osnovali, Raeljanski pokret, mora biti religija svih religija. Ja insistiram na tome da on doista bude religija, premda ateistička, kao što vam je već poznato.

One koji vam pomažu nećemo zaboraviti, a nećemo zaboraviti ni one koji vam budu stvarali nevolje.

Ne bojte se i ne plašite se nikoga jer, što god se dogodilo, vi imate svoje mjesto među nama. Što se tiče onih koji gube samopouzdanje, malo ih prodrmajte.

Prije dvije tisuće godina, oni koji su vjerovali u našeg glasnika Isusa, bili su bačeni u jamu sa lavovima. A što vi riskirate danas? Ironiju budala? Ismijavanje onih koji ništa nisu shvatili i radije zadržavaju svoja primitivna vjerovanja? Što je sve to u usporedbi sa jamom punom lavova? Što je to u usporedbi s onim što očekuje one koji vas slijede? Iskreno, lakše je no ikad slijediti svoju intuiciju.

U Kuranu je Muhamed koji je među nama, već govorio na temu proroka:

> Bliži se trenutak kada će ljudi predati svoje račune, a, ipak, zbog svoje ravnodušnosti okreću leđa (svojim stvoriteljima).

> Nova prijetnja ne stiže od njihovih stvoritelja koju ignoriraju i rugaju joj se. A njihova srca se time zabavljaju.

> Oni koji čine zlo tajno se tješe govoreći: Nije li ovaj čovjek isto tako smrtan kao i mi?....

> To su njegovi zbrkani snovi. On je sve to izmislio. On je pjesnik. Neka donese čudo kao oni koje su poslali u prošlosti.
>
> *Kuran, Sura 21: 1-5.*

Čak je i Muhamed morao podnositi sarkazam nekih ljudi, baš kao i Isus. Kad je Isus bio na križu, neki su rekli:

> Ako si sin Elohim, siđi s križa. *Matej 27: 40.*

Ipak, kao što ste vidjeli, Isus je sasvim dobro i bit će vječan kao i Muhamed i oni koji su ih slijedili i vjerovali im. S druge strane, oni koji su ih kritizirali, bit će ponovno stvoreni da bi bili kažnjeni.

Računala koja prate ljude koji ne poznaju tu poruku povezana su sa sustavom koji im iz daljine automatski uzima uzorak stanice u trenutku smrti kojom mogu biti ponovno stvoreni ako to zaslužuju.

Dok čekate izgradnju naše ambasade, održavajte seminare u blizini mjesta gdje živite za vođe Raeljanskog pokreta. Vi, koji ste naš prorok, vođa svih vođa, tamo ćete moći učiti one koji će biti odgovorni za širenje naše poruke diljem Zemlje.'

Nove Zapovjedi

Tada je Jahve rekao:

'Oni koji vas žele slijediti, primjenjivat će zakone koje ću vam sada dati:

Doći ćete najmanje jednom u svom životu pred vođu svih vođa, da on može preuzeti vašu stanicu osobnim kontaktom ili putem upućenog vođe u računalo koje će je uzeti u obzir kada dođe čas posljednjeg suda o vašem životu.

Najmanje jednom dnevno mislit ćete na Elohim, vaše stvoritelje.

Koristit ćete sve svoje mogućnosti u širenju poslanice Elohim.

Najmanje jednom godišnje donirat ćete vođi svih vođa iznos od najmanje 1% vašeg godišnjeg prihoda da bi mu pomogli da se posveti misiji cijelo vrijeme dok putuje po svijetu i širi poruku.

Najmanje jednom godišnje ćete vođu svoje regije pozvati u svoj dom, sakupit ćete ljude zainteresirane da ga slušaju kako tumači poruku u svim njenim dimenzijama.

U slučaju da vođa svih vođa nestane, novog vođu svih vođa će odabrati njegov prethodnik. Vođa svih vođa će biti gvardijan ambasade Elohim na Zemlji i moći će živjeti u njemu sa svojom obitelji i odabranim ljudima.

Vi, Clauda Rael, vi ste naš veleposlanik na Zemlji i ljudi koji vam vjeruju, moraju vam priskrbiti sredstva za obavljanje vaše misije.

Vi ste posljednji od proroka prije sudbe, vi ste prorok religije svih religija, pastir svih pastira, onaj koji demistificira. Vi ste onaj čiji su dolazak najavili drevni proroci, naši predstavnici u svim religijama.

Vi ste onaj koji će vratiti pastirsko stado prije nego se voda izlije, onaj koji će stvorene vratiti svojim stvoriteljima. Neka čuju oni koji imaju uši, neka vide oni koji imaju oči. Svi koji otvore oči vidjet će da ste vi prvi prorok kojega mogu shvatiti samo ljudi koji su znanstveno napredovali. Sve o čemu govorite neshvatljivo je primitivnim ljudima.

Ovo je znak koji će zapaziti oni čije su oči otvorene - znak Otkrivenja, Apokalipse.'

Narodu Izraela

Jahve je okončao razgovor riječima:

'Država Izrael mora dati vođi svih vođa dio svog teritorija u blizini Jeruzalema da bi tamo mogao izgraditi rezidenciju, ambasadu za Elohim. Došao je čas, narode Izraela, za izgradnju novog Jeruzalema onako kako je predviđeno. Clauda Rael je onaj koji je najavljen. Ponovno pročitajte svoje knjige i otvorite oči.

Želimo imati svoju ambasadu među našim potomcima, a narod Izraela su potomci djece rođene u sjedinjenju sinova Elohim i kćeri ljudi.

Narode Izraela, mi smo vas izveli iz kandži Egipćana, a vi niste pokazali da ste vrijedni našeg povjerenja; mi smo vam povjerili poruku koja je namijenjena cijelom čovječanstvu, a vi ste je ljubomorno čuvali umjesto da je širite.

Dugo ste patili da bi ste platili ceh zbog svojih grešaka, ali vrijeme oprosta je došlo, i rekli smo kako je bilo predviđeno: "Kažem sjeveru: 'Daj!' jugu: 'Ne zadržavaj ih!'" Okupio sam vaše sinove i kćeri "s kraja zemlje", kako je zapisano u *Izaiji*, a vi ste ponovno mogli pronaći svoju državu gdje ćete živjeti u miru ako poslušate posljednjeg proroka, onoga koji vam je najavljen i ako mu pomognete da izvrši ono što smo od njega tražili.

Ovo je vaša posljednja prilika, u protivnom će druga država poželjeti dobrodošlicu vođi svih vođa i izgradit će ambasadu na svojom teritoriju, a ta država će biti blizu vaše; ona će biti zaštićena i u njoj će vladati sreća, a država Izrael još jednom biti uništena.

Ti, dijete Izraela koje se još nisi vratilo zemlji svojih predaka, prije svojega povratka pričekaj da vidiš hoće li se vlada složiti da se tamo izgradi našu ambasadu. Ako odbiju, ne vraćaj se, bit ćeš jedan od onih koji će biti spašen od uništenja i čiji će potomci jednoga dana ponovno pronaći obećanu zemlju kada dođe vrijeme.

Narode Izraela, priznaj onoga koji ti je najavljen, daj mu teritorij da izgradi našu ambasadu i pomogni mu u izgradnji. Ako ne, kao što bijaše i prije 2000 godina, bit će izgrađeno na drugom mjestu, a ako tako bude, bit ćeš ponovno raspršen. Da ste prije 2000 godina doista prepoznali Isusa kao našega poslanika, svi kršćani svijeta ne bi bili kršćani već Židovi. Vi ne biste imali problema i ostali biste naši veleposlanici. Umjesto vama, ovaj zadatak je povjeren drugima koji su uzeli Rim za svoju bazu.

Prije 2000 godina niste prepoznali našeg poslanika i zbog toga nije zasjao Jeruzalem, već Rim. Sada imate novu priliku da to još jednom bude Jeruzalem i ako je ne iskoristite, druga država će dati utočište naši ambasadi, a vama neće više biti dopušteno da budete na zemlji koju smo izabrali za vas.

Evo, ja sam završio. Sve ovo ćete moći sami zabilježiti kada se vratite na Zemlju. Sada još malo uživajte u ovom raju, a onda ćemo vas vratiti natrag da dovršite svoju misiju prije nego što nam se vratite zauvijek.'

Ostao sam tamo još nekoliko sati uživajući u zadovoljstvima tog svijeta, lutajući među brojnim fontanama i uživajući u društvu velikih proroka koje sam dan ranije susreo tijekom meditacije.

Nakon posljednjeg obroka s tim istim ljudima kao i prethodnog dana našao sam se opet u velikom svemirskom brodu koji me je dovezao u promatračku postaju. Odatle, slijedeći isti put kao i prethodnog dana, našao sam se u svojoj odjeći i u maloj letjelici koja me je spustila tamo odakle me je povela sa sobom - u Roc Platu. Pogledao sam na sat. Bila je ponoć.

Vratio sam se kući i odmah počeo zapisivati sve što mi je rečeno. U mojoj glavi je sve bilo savršeno jasno i bio sam iznenađen kada sam primijetio da sam sve to zapisao u jednom potezu bez ikakvog oklijevanja prisjećajući se rečenica koje sam čuo. Riječi su ostale kao da su utisnute u moje pamćenje, upravo onako kako što mi je rečeno na početku.

Kada sam završio s prikazom onoga što mi se dogodilo, počeo sam jasno osjećati da se u meni nešto pokrenulo, što mi se ranije nikada nije dogodilo. Opet sam počeo s pisanjem cijelo to vrijeme promatrajući ono što je napisano kao da sam istodobno čitatelj. Pisao sam, ali se nisam osjećao kao autor onoga što se pojavljivalo na papiru. Elohim su počeli govoriti kroz moja usta, ili još bolje, pisati mojom rukom.

Ono što je bilo napisano pred mojim očima obuhvaćalo je sva područja na kojima je ta osoba suočena sa problemima u svom životu i ispravan način njenog ponašanja kad se suoči s tim problemima. To je zapravo bio životni kod – nov način ponašanja pri suočavanju sa životnim situacijama, način kako se ponašati kao odrastao čovjek, odnosno kao razvijeno biće koje svakako pokušava otvoriti um ka beskonačnosti i s njom biti u harmoniji.

Ova sjajna pravila koja su izdiktirali Elohim, naši stvoritelji, "naši Očevi koji su na nebesima", kako bi to rekli naši preci bez istinskog razumijevanja, iznijeta su ovdje u cijelosti.

3

Ključevi

Uvod

Oni koji su se tisućama godina suprotstavljali prosvjećenju i reformi bili su učinkoviti u zarobljavanju naših umova u oklope. Stoga su ovi napisi ključ koji nam omogućuje slobodno širenje naših vidika.

Vrata ljudskog uma zaključana su mnogim bravama koje sve moraju biti otvorene istovremeno ako svoj um želimo otvoriti prema beskonačnosti. Ako se bude koristio samo jedan ključ, ostale brave će ostati zaključane, a ako se sve ne budu otvorile u isto vrijeme, dok drugu bravu budemo otvarali, prva će se zatvoriti i na taj način spriječiti potpuno otvaranje.

Ljudsko društvo je u strahu od onoga što ne poznaje, pa tako strahuje i od onoga što je iza vrata – čak i ako je to sreća koja se postiže spoznajom istine. Zato društvo samo vrši pritisak da bi spriječilo ljude čak i da malo otvori vrata jer društvo više voli živjeti u nesreći i u neznanju.

To je još jedna prepreka na pragu prolaza kroz koji um mora proći da bi se oslobodio. I kao što reče Gandhi: 'Istina nije greška zato što je nitko ne primjećuje.' Pa ako pokušate otvoriti ova vrata, ignorirajte sarkazam onih koji ništa nisu vidjeli ili onih koji su vidjeli, ali se pretvaraju da ništa ne vide jer ih je strah od nepoznatog.

Ako vam otvaranje vrata izgleda preteško, potražite pomoć vođe jer vođe su već otvorili vrata svog uma i oni već poznaju teškoće s kojima se suočavate pri tom postupku. Oni neće moći otvoriti vrata za vas, ali će vam znati objasniti različite tehnike koje će vam omogućiti put do uspjeha. Pored toga, oni su živi svjedoci sreće koju im je donijelo otvaranje vrata i dokaz da su u krivu oni koji se boje onoga što se nalazi iza njih.

Čovječanstvo

Odmah na početku se mora reći da stvari uvijek moramo promatrati u odnosu na četiri razine:
- U odnosu na beskonačnost,
- U odnosu na Elohim, naše roditelje, naše stvoritelje,
- U odnosu na ljudsko društvo i konačno:
- U odnosu na pojedinca.

Najvažnija razina je ona u odnosu na beskonačnost jer u odnosu na ovu razinu sve stvari se moraju procijeniti - ali uvijek uz jedan stalni faktor - ljubav. Ovo znači da se moraju uzeti u obzir oni kojima se mora pružiti ljubav jer moramo živjeti u suglasju s beskonačnošću, a stoga i u suglasju s drugima koji su također dio te beskonačnosti.

Moramo uzeti u obzir savjet Elohim, naših stvoritelja i djelovati na način da ljudsko društvo posluša savjete onih koji su ih stvorili.

Nadalje, moramo uzeti u obzir društvo koje omogućuje pojedincima procvat na putu istine. Iako u obzir moramo uzeti društvo, ne smijemo ga slijediti. Baš naprotiv, društvu moramo pomoći da izađe iz primitivnog kaveza redovitim preispitivanjem svih navika i tradicija, čak i ako ih zakon podržava, jer ti zakoni samo pokušavaju zatočiti naš razum u okove mračnjaštva.

I konačno, u obzir se mora uzeti ispunjenje pojedinca, bez kojega um neće doseći svoj puni potencijal i bez kojega nije moguće ostvariti suglasje s beskonačnošću i postati novo ljudsko biće.

Rođenje

Djetetu nikada nemojte nametati bilo koju religiju jer ono nije ništa drugo do ličinka i zato je nesposobno shvatiti što mu se događa. Tako djeca ne smiju biti krštena, obrezana, niti se smiju izlagati bilo kojem postupku kojega nisu sami prihvatili. Morate čekati da dovoljno odrastu, razumiju i odaberu, pa ako ih tada religija bude privlačila, treba im dopustiti slobodan izbor da se joj priključi.

Rođenje bi trebalo biti radosna prigoda jer su nas Elohim stvorili po svom liku i omogućili nam sposobnost reprodukcije. Stvaranjem živog bića održavamo vlastitu vrstu i poštujemo rad naših stvoritelja.

Rođenje također mora biti čin ljubavi, ostvaren u harmoniji zvukova, boja i temperature, tako da ljudsko biće koje tek ulazi u život razvije naviku života u harmoniji.

Kod djece odmah morate razviti naviku poštivanja slobode drugih ljudi. Kada noću budu plakali, diskretno im priđite da ne bi shvatila kako njihov plač donosi utjehu jer bdijete nad njima. Naprotiv, morate im prići i paziti na njih kad ne plaču, a ne prilaziti im kad plaču - barem ne onda kada su toga svjesni. Na ovaj način djeca će se naviknuti da je sve bolje kada su u harmoniji s okolinom. "Bog pomaže onima koji pomažu sami sebi."

Zapravo, roditelji moraju shvatiti da, čim se dijete rodi, ono je prije svega ljudska jedinka, a ni prema jednoj ljudskoj jedinki ne treba postupati kao prema djetetu.

Čak ni naši stvoritelji s nama ne postupaju kao s djecom, već kao s pojedincima. Zato oni ne posreduju izravno pri pomaganju rješavanja naših problema, nego nam dopuštaju da sami savladamo prepreke s kojima se sukobljavamo po svom vlastitom razumu kao odgovorni pojedinci.

Obrazovanje

Malo dijete koje nije ništa drugo nego ličinka ljudskog bića mora od malena naučiti poštivati slobodu i mir drugih. Obzirom da su mala djeca premlada da bi razumjela i razumno rasuđivala, fizičko kažnjavanje bi strogo trebala primjenjivati osoba koja odgaja dijete, tako da ona pate kada zbog njih drugi pate ili kada uznemiruju druge iskazujući nepoštivanje.

Ovo tjelesno kažnjavanje trebalo bi se primjenjivati samo prema jako maloj djeci, a onda uvijek prema djetetovom porastu rasuđivanja i razumijevanja. Kažnjavanje bi se trebalo postupno odstraniti i napokon potpuno ukinuti. Poslije sedme godine tjelesno kažnjavanje trebalo bi biti vrlo rijetko, a poslije četrnaeste ga ne bi trebalo više nikada primjenjivati.

Tjelesno kažnjavanje koristite jedino za kažnjavanje djeteta koje ne poštuje slobodu drugih ili vašu vlastitu.

Učite svoje dijete procvatu i naučit ćete ga da uvijek preispituje ono što mu društvo i škola žele ucijepiti. Ne prisiljavajte ga da uči stvari koje su beskorisne, pustite da ga vode vlastite želje i ne zaboravite da je najvažnija stvar njegovo ispunjenje.

Naučite ga kako će prosuđivati o stvarima u ispravnom odnosu na beskonačnost, u odnosu na naše stvoritelje, društvo i samog sebe.

Nemojte svom djetetu nametati nijednu religiju, već mu umjesto toga nepristrano pristupite i naučite ga o različitim vjerovanjima koja postoje u cijelom svijetu - ili kronološki barem o onim najvažnijim: židovskoj religiji, kršćanstvu i muslimanskoj religiji. Ako možete, pokušat ćete naučiti glavne filozofske pravce istočnjačkih religija da bi ih mogli objasniti vašem djetetu. Na kraju mu objasnite glavne stvari iz poruke koju su Elohim predali posljednjem proroku.

Učite ga iznad svega voljeti svijet u kojem živi, a kroz taj svijet i svoje stvoritelje.

Učite ga da se otvara prema beskonačnosti i da s njom živi u harmoniji.

Učite ga o čarobnim djelima naših stvoritelja Elohim. Učite ga da uvijek misli i istražuje da bi čovječanstvo moglo jednog dana uraditi ono što su uradili naši stvoritelji – uz pomoć znanosti stvoriti druga čovječanstva negdje drugdje.

Naučite ga da se smatra dijelom beskonačnosti i istovremeno i one beskrajno velike i male. "Od praha si nastao i prah ćeš postati."

Naučite ga da nikakva ispovijest ili odrješenje ne može ispraviti nepravdu počinjenu drugim ljudima kada je već jednom učinjena. Nije dovoljno početi vjerovati u bilo kojega boga ili Elohim kad je blizu smrt da bi imali pravo na vječni život.

Naučit ćete ga da nam sudi prema onome što budemo radili tijekom života da je put koji nas vodi do mudrosti dug i da zacijelo zahtijeva cijeli život da bi se njime dovoljno ovladalo. Osoba koja tijekom života nije slijedila ispravni put neće steći pravo na ponovno uskrsnuće znanstvenim putem na Planetu Vječnih samo zato što je napravila nagli, ali kasni zaokret u pravom smjeru - osim ako je njeno kajanje iskreno i ako bude djelovala sa velikom iskrenošću te nadoknadi izgubljeno i bude tražila oprost od onih koje je povrijedila i uloži sve svoje napore kako bi im donjela ljubav i sreću.

Sve ovo još uvijek neće biti dovoljno za osobu koja je prouzročila drugima patnju čak i kad joj oproste oni koji su patili i ako im pruži ljubav. Njeni grijesi će biti izbrisani, ali neće postići ništa pozitivno.

Ta osoba mora početi iznova i donositi sreću novim ljudima koje nikada nije povrijedila i pomagati onima koji šire istinu, Vođama

Prekasno je kada se netko pokaje tek u trenutku svoje smrti ili neposredno prije toga. Toj osobi neće biti oprošteno.

Senzualno Obrazovanje

Senzualno obrazovanje je jedna o najvažnijih stvari, iako još sada kao takvo ne postoji.

Osvijestite um vašega djeteta, osvijestite i njegovo tijelo jer je buđenje tijela povezano s buđenjem uma. Svi oni koji teže umrtvljavanju tijela, umrtvili su i um.

Naši stvoritelji su nam dali osjetila da bi ih mogli koristiti. Nos da osjetimo mirise, oči za gledanje, uši da čujemo, usta da osjetimo okus i prste za dodir. Moramo razvijati svoja osjetila da bi mogli više uživati u onome što nas okružuje i što su naši stvoritelji proizveli za naš užitak.

Mnogo je vjerojatnije da će senzualna osoba živjeti u harmoniji sa beskonačnosti, jer ovakva osoba osjeća i to bez meditiranja ili razmišljanja. Dakako, meditacija i razmišljanje će takvom pojedincu omogućiti bolje razumijevanje harmonije i širit će ga oko sebe učeći druge.

Biti senzualan znači dopustiti vašoj okolini da vam pruža zadovoljstvo. Spolno obrazovanje je također vrlo bitno, ali nas ono uči samo tehničkoj funkciji organa i njihovoj koristi dok nas senzualno obrazovanje uči kako tim organima postići zadovoljstvo iz čistog užitka, a ne samo zbog korištenja njihove fizičke funkcije.

Pogrešno je ako svojoj djeci ne kažete ništa o njihovim seksualnim organima, bolje je objasniti im čemu služe, premda je i to još nedovoljno.

Morate im objasniti kako ih koristiti u cilju postizanja ugode.

Objašnjavajući im samo njihovu funkciju isto je kao govoriti da glazba služi za koračnice, da je pisanje korisno samo da bi napisali žalbu ili da se kino koristi samo za audiovizualne tečajeve i slične besmislice. Srećom, zahvaljujući umjetnicima i buđenju naših osjetila, možemo osjetiti zadovoljstvo pri slušanju, čitanju ili gledanju umjetničkih djela koja su stvorena jedino da nam pruže zadovoljstvo. Isto se odnosi i na spolne organe. Oni ne postoje samo radi zadovoljavanja prirodne potrebe ili za osiguranje reprodukcije, već i da drugima i nama samima pružaju užitak. Zahvaljujući znanosti, konačno smo izašli iz vremena kada je pokazivanje tijela bilo "grijeh" i kada je svako općenje nosilo svoju "kaznu" - začeće djeteta.

Sada, zahvaljujući kontracepcijskim tehnikama, moguća je slobodna kopulacija bez konačne obveze – ili njene mogućnosti. Učite svoje dijete o svemu tome bez stida, s ljubavlju i jasno mu objasnite da je stvoreno da bi bilo u potpunosti sretno i u svakom pogledu se moglo razvijati, odnosno uživati u životu svom snagom svojih osjetila.

Nikada se ne stidite svog tijela i nagosti jer naše stvoritelje ništa više ne žalosti nego kada vide da se oni koje su stvorili stide danog izgleda.

Naučite svoju djecu da vole svoja tijela i svaki dio kreacije Elohim jer ako volimo njihova djela isto tako volimo i njih.

Sve naše organe stvorili su naši roditelji, Elohim, da bismo ih koristili bez osjećaja stida ali s radošću u svrhu zbog koje su stvoreni. Ako korištenje nekog organa donosi zadovoljstvo to znači da su naši stvoritelji željeli da osjetimo zadovoljstvo koristeći ga.

Svaka osoba je vrt koji ne bi trebao ostati neobrađen. Život bez zadovoljstva je neobrađeni vrt. Zadovoljstvo je gnojivo koje potiče slobodoumnost. Asketizam je beskoristan osim ako je osmišljen kao privremena kušnja da bi uvježbao um koji će vladati tijelom. Ali kad jednom uspijemo u toj kušnji koju smo si postavili i koju uvijek treba vremenski ograničiti, trebali bismo ponovno uživati u životnim zadovoljstvima.

Asketizam se može prihvatiti kao neposijan vrt koji predstavlja jednu osobu, odnosno kao prolazna stanka u potrazi za užitkom koja nam omogućuje da užitak kasnije više cijenimo.

Navikavajte svoju djecu na sve veću slobodu ophodeći se s njima uvijek kao sa ličnostima. Poštujte njihove sklonosti i njihov ukus, isto kao što biste željeli da oni poštuju vaše. Budite sigurni da shvaćate da je vaše dijete, djevojčica ili dječak ono što jest i da nećete biti u mogućnosti natjerati ga da bude ono što želite da bude, isto kao što ono nije u stanju vas natjerati da budete ono što bi dijete željelo da vi budete. Poštujte ga i ono će poštovati vas, poštujte njegov ukus, pa će i ono će poštovati vaš.

Ispunjenje

Osobno ispunjenje osoba mora tražiti prema svojim težnjama i ukusu bez obzira što će drugi misliti o tome i ukoliko time ne nanosi bol drugima.

Ako nešto želite uraditi, prvo provjerite šteti li to nekome, a onda to uradite bez brige što drugi o tome misle. Ako osjećate da želite imati senzualne ili spolne odnose sa jednom osobom ili više pojedinaca bilo kojeg spola, slijedite svoje želje, ako se oni s time slažu. Sve je dopušteno na putu ispunjenja da bi se osvijestilo tijelo, odnosno um.

Mi tek izlazimo iz ovih primitivnih vremena kada su žene smatrali društvenim sredstvom za reprodukciju. Zahvaljujući znanosti, žene sada mogu slobodno iskusiti senzualno zadovoljstvo ostvarivanja osobnih težnji, a da zbog toga ne budu 'kažnjene' neželjenom trudnoćom. Žena je napokon zaista izjednačena sa muškarcem jer doista može uživati u svome tijelu bez straha od nepoželjnih posljedica svojih djela.

Začeće djeteta je previše važno da bi se prepustilo slučaju. Zato, kada se to dogodi, uradite to nakon zrelog razmatranja kroz prelijepi ljubavni čin i budite sigurni da to zaista želite. Jer napokon, dijete ne može postati uspješni pojedinac ako zaista nije bilo željeno u trenutku začeća.

Trenutak začeća je najvažniji zato što je u to vrijeme s prvom stanicom začet i cjelokupan plan stanične organizacije pojedinca.

Zato ovaj trenutak mora biti željen da bi se prva stanica mogla stvoriti u savršenoj harmoniji uz umove dvaju roditelja koji jako i savjesno razmišljaju o ljudskom biću koje će začeti. Ovo je jedna od tajni novog pojedinca.

Ako tražite samo ispunjenje za svoje tijelo, a time i uma, koristite sredstva koja vam je znanost stavila na raspolaganje počevši od kontracepcije. Dijete možete začeti samo kada ste i sami ispunjeni, tako da život koji ste začeli bude plod ujedinjenja dviju osoba koje su ostvarile osobne težnje.

Da biste postigli ovo ostvarenje osobnih težnji, koristite sredstva koja vam nudi znanost omogućujući vam da osvijestite svoje tijelo da bi moglo uživati bez ikakve opasnosti. Užitak i oplodnja su dvije različite kategorije koje ne smijete miješati. Prva služi pojedincu, a druga ljudskoj vrsti. Samo kada je osoba ispunjena, može stvoriti ispunjeno ljudsko biće.

Ako ste slučajno začeli, a to ne želite, koristite sredstva koja vam nudi znanost – pobačaj. Dijete koje je neželjeno u momentu začeća ne može doživjeti puni prosperitet jer nije stvoreno u harmoniji. Ne slušajte one koji vas pokušavaju uplašiti kada govore o tjelesnim, a osobito o moralnim posljedicama koje pobačaj može izazvati. Takvih posljedica nema ako se pobačaj obavile stručne osobe. Nasuprot tome, zadržavanje neželjenog djeteta može na vas ostaviti psihičke i moralne smetnje zbog kojih i dijete može trpiti kada dođe na svijet.

Imati dijete ne znači da obvezno morate biti u braku ili živjeti s muškarcem. Već mnogo žena odlučilo je imati jedno ili više djece ne zbog braka i života u zajednici sa muškarcem. Obrazovanje djeteta koje je već od samog rođenja ličnost, ne mora biti samo posao roditelja. Često je poželjnije da se obrazovanje prepusti stručnjacima koji će mnogo više doprinijeti povećanju razine ispunjenja djeteta od nekih roditelja.

Ako želite imati dijete, a da ne živite s muškarcem, učinite kako želite. Ispunite svoju želju bez brige što će drugi o tome misliti.

Ako se za to odlučite, nemojte misliti da ste zbog toga osuđeni na vječnu samoću. Dopustite da se vam približe muškarci koji vam se sviđaju, oni će poslužiti kao primjer muškosti za vaše dijete.

Čak možete odlučiti da jednog dana živite u zajednici s muškarcem. Ovo neće prouzročiti nikakav problem vašem djetetu, dapače, pridonijet će njegovu ispunjenju. Promjena sredine je za dijete uvijek pozitivna.

Društvo bi trebalo organizirati djelomično ili potpuno preuzimanje obrazovanja djece ovisno od roditeljskih želja. Oni roditelji koji žele raditi, trebaju imati mogućnost za ostavljanje svoje djece na čuvanje kompetentnim ljudima, a oni koji žele da njihovu djeca isključivo obrazuju takvi pojedinci trebali bi povjeriti djecu ustanovama koje su zato i osnovane. Prema tome, ako rodite dijete koje ste željeli, pa se poslije rođenja rastanete od svog partnera ili iz bilo kojeg razloga ne želite više dijete, mogli biste ga povjeriti društvu koje će ga podizati u neophodni harmoniji za njegovo ispunjenje. Dijete koje odrasta u sredini u kojoj zaista nije poželjno, neće moći biti ispunjeno i procvasti.

Odgoj djeteta je uzajamno ispunjenje kako za oba roditelja, tako i za potomke. Ako dijete postane kao mala smetnja, ono to osjeća i time je poremećeno ostvarenje njegovog osobnog ispunjenja. Dijete bi zato trebalo biti u vašoj blizini, samo ako se njegova nazočnost osjeća kao ostvarenje osobnog ispunjenja.

Ako ne, treba ga poslati u sredinu koju mora stvoriti društvo da bi mu se omogućilo ostvarenje njegovog osobnog ispunjenja. To morate učiniti bez trunke žaljenja. Naprotiv, roditelji to moraju uraditi s radošću jer su povjerili dijete drugima sposobnijim od njih samih, a oni će omogućiti napredak i procvat tog malog bića.

Čak se možete odlučiti i za redovne posjete ako ih bude željelo dijete čije su želje od primarne važnosti. Ljudi odgovorni za obrazovanje djece trebali bi im njihove roditelje uvijek opisivati kao izuzetne ljude, jer su pridonijeli više važnosti ispunjenju djeteta, time što su ih povjerili ljudima koji su kompetentniji od njih samih, a nisu ih podizali iz osobnog, sebičnog zadovoljstva.

Slobodno odaberite svog partnera ako ga želite. Brak, bilo crkveni ili građanski je nepotreban. Ne možete potpisati ugovor o sjedinjenju dvaju bića koja su prinuđena na promjenu, jer su živa.

Odbijte brak koji je samo objava vlasništva nad osobom. Muškarac ili žena ne mogu biti ničija imovina. Bilo kakav ugovor može samo uništiti sklad koji postoji između dvije osobe. Kad smo voljeni, osjećamo slobodu da volimo, ali kad smo potpisali ugovor osjećamo se kao zatvorenici prisiljeni voljeti jedno drugo i prije ili kasnije počinjemo mrziti jedno drugo. Živite s osobom koju ste sami izabrali samo dok budete osjećali da ste s njom sretni.

Kada se više ne budete slagali, nemojte ostati zajedno jer će vaša zajednica postati pakao. Sva živa bića se razvijaju i tako mora biti. Ako je osobni razvoj obje osobe sličan zajednica će trajati, ali ako je njihov napredak različit, zajednica dalje nije moguća. Biće koje vam se sviđalo više vam se ne sviđa jer ste se promijenili (ili se ono promijenilo). Tada se morate rastati jedno od drugoga čuvajući lijepe uspomene na zajednički provedeno vrijeme umjesto da kvarite odnos prepirkama koje otvaraju put neprijateljstvu. U početku, dijete bira odjeću koja mu odgovara, ali kad odraste i kada mu odjeća postane premala, mora je skinuti da bi je zamijenilo drugom, inače će je na kraju pokidati. S bračnim zajednicama je isto; moramo je prekinuti prije nego se pocijepa.

Prije svega ne brinite za svoje dijete. Za njega je bolje da živi u harmoniji s jednim roditeljem, nego sa oba u svađi ili nesuglasicama.

Ne zaboravite da su djeca prije svega ličnosti.

Društvo svakako mora starim ljudima osigurati sretan život bez materijalnih briga. Premda stare ljude moramo poštovati i uraditi sve da bi bili sretni, ne smijemo ih slušati samo zbog njihove starosti.

Inteligentna osoba može dati dobar savjet, bez obzira na starost, a glupa osoba makar i sto godina stara, ne zaslužuje da je se sluša i jednu sekundu, štoviše, za nju nema opravdanja, jer je imala čitav život u kojem se je mogla osvijestiti, dok za mladu i glupu osobu još ima nade da to učini. U svakom slučaju, staroj i glupoj osobi treba omogućiti udoban život. To je društvena obveza.

Smrt ne bi trebala biti prigoda za tužna okupljanja, već nasuprot, radosna proslava, jer je to trenutak kada voljena osoba možda stiže u raj Vječnih, u društvu Elohim, naših stvoritelja.

Zato ne tražite religijsku sahranu, već donirajte svoje tijelo znanosti ili zahtijevajte da se vaše tijelo ukloni što diskretnije, osim čeone kosti – preciznije, dijela koji se nalazi iznad početka nosa, 33 milimetra iznad sredine osi koja povezuje zjenice. Najmanje jedan kvadratni centimetar ove kosti trebao bi se poslati vođi svih vođa da bi je on sačuvao u našoj ambasadi na Zemlji.

Svaku osobu prati računalo koje bilježi sve njene aktivnosti koje će biti obuhvaćene u konačnoj bilanci aktivnosti na kraju njenog života. Ali ljudi upoznati sa tom porukom koju prenosi Claude Rael, bit će ponovno stvoreni iz stanica koje će ostaviti u našoj ambasadi. Oni će biti ponovno stvoreni samo ako se budu pobrinuli da se traženi dio njihovog tijela poslije njihove smrti pošalje vođi svih vođa.

Mehanizam unutar računala koji bilježi informacije koje će se koristiti kod procjene pojedinaca ostaje u funkciji pošto oni budu saznali za poruku. Ali mehanizam koji omogućuje automatsko uzimanje uzorka stanice je u trenutku smrti isključen. Tako da će biti ponovno stvoreni samo oni koji budu udovoljili zahtjevima pošto jednom saznaju za poruku.

Potrudite se da barem jednom u životu vidite vođu svih vođa ili vođu kojeg je on ovlastio za prenošenje vašeg plana stanične organizacije Elohim-ima, da bi oni mogli osvijestiti vaš um i pomoći vam da ostanete budni.

U skladu sa onim što je zapisano u poruci ne ostavljajte nikakvo nasljeđe svojoj djeci, osim stana ili obiteljske kuće. Ostalo ćete u svojoj oporuci ostaviti vođi svih vođa, a ako se bojite da vaši potomci neće poštovati vašu oporuku i da će sudskim putem pokušati dobiti vaše imanje, možete ga za života pokloniti vođi svih vođa, da bi mu pomogli u širenju poruke naših stvoritelja na Zemlji.

Vi koji ostajete, ne budite tužni i ne jadikujte zbog smrti voljene osobe. Umjesto toga pokušajte pružiti ljubav onima koje volite dok su još živi jer kad jednom umru, ono što vas čini nesretnim je pomisao da tu osobu možda niste dovoljno voljeli, a onda će za to biti prekasno.

Svaka osoba koja je bila dobra u svom životu ima pravo na vrtove vječnosti Elohim, upoznat će sreću, a ukoliko osoba nije bila dobra ne zaslužuje da ikome nedostaje.

Ali čak ako neka osoba nije među odabranima za ponovno stvaranje, ona ne nestaje potpuno. Smrt nije jako važna stvar i ne bismo je se trebali bojati. To je kao kada utonemo u san, osim što je to beskrajan san. Jer mi smo dio beskonačnosti, materija od koje smo stvoreni ne nestaje. Ona i dalje postoji u zemlji, ili biljkama, ili čak i u životinjama gubeći homogenost, a stoga i svoj identitet. Ovaj dio beskonačnosti koji su naši stvoritelji organizirali u vrlo preciznu strukturu, vraća se beskonačnosti, dok ostaje dio ove male lopte zvane Zemlja i ona je živa.

Svako ima pravo na život, na ljubav i smrt. Svako upravlja svojim životom i smrću. Smrt nije ništa, ali patnja je strašna i mora se učiniti sve da bi se ona uklonila. Netko tko previše pati ima pravo na samoubojstvo. Ako su djela osobe tijekom njenog života bila pozitivne, bit će primljena na Planet Vječnih.

Ako netko koga volite jako pati i želi umrijeti, ali nema snage izvršiti samoubojstvo, pomognite mu oduzeti život. Kada zahvaljujući znanosti budete mogli ukloniti patnju ljudskih bića, onda ćete se moći upitati ima li netko pravo ili ne da si oduzme život.

Društvo i Vlada

Baš kao što u ljudskom tijelu odlučuje mozak, značajno je da u društvu postoji vlada koja će donositi odluke. Učinite sve što je moguće da uspostavite vladu koja će uvesti geniokraciju i postaviti inteligenciju na vlast.

Sudjelovat ćete u stvaranju svjetske političke stranke koja će se zauzimati za humanitarizam i geniokraciju kako je opisano u prvom dijelu ove poruke Elohim i poduprijet ćete njene kandidate.

Samo preko geniokracije čovječanstvo može u potpunosti ući u Zlatno doba.

Potpuna demokracija nije dobra. Tijelo u kojem sve stanice naređuju neće preživjeti. Samo inteligentnim ljudima trebalo bi dopustiti donošenje odluka koje obuhvaćaju čovječanstvo. Zato odbijte glasovanje ako nema kandidata koji zastupa geniokraciju i humanitarizam.

Ni opće pravo glasa ni anketiranje javnog mnijenja nisu valjani način za vladanje svijetom. Vladati znači predvidjeti, a ne slijediti reakcije ljudi koji se ponašaju kao ovce među kojima je vrlo mali broj dovoljno osviješten za vođenje čovječanstva. Obzirom da ima vrlo malo osviještenih ljudi ako budemo zasnivali odluke na općem pravu glasa ili na anketama javnog mnijenja, odluke će postati odabir većine, a stoga i onih koji nisu osviješteni. Ovakvi ljudi reagiraju prema trenutnom raspoloženju ili njihovim instinktivnim reakcijama koje su i nesvjesno uklesane u mračnjačku ljušturu.

Samo je ispravna geniokracija koja je i sama selektivna demokracija. Kao što je rečeno u prvom dijelu poruke Elohim, samo oni ljudi čija je čista razina inteligencije za 50% viša od prosjeka mogli bi biti kandidati za izbore, a samo oni čija je čista razina inteligencije 10% viša od prosječne smjeli bi glasovati. Znanstvenici već razvijaju tehnike koje će nam omogućiti mjerenje čiste inteligencije. Poslušajte njihov savjet i omogućite da najdragocjenije blago čovječanstva, izuzetno nadarena djeca, dobiju mogućnost obrazovanja na razini koja odgovara njihovoj genijalnosti jer normalno obrazovanje je namijenjeno normalnoj djeci što znači djeci prosječne inteligencije.

Broj diploma koje je netko dobio ne pokazuje inteligenciju jer to je samo povezano sa dosta nezanimljivom vještinom pamćenja koje se može zamijeniti radom računala. Inteligencija u sirovom stanju može učiniti seljaka ili radnika mnogo inteligentnijim od inženjera ili profesora. Ovo se može usporediti sa zdravim razumom, sa stvaralačkim genijem jer većina izuma nije ništa drugo do pitanje zdravog razuma.

Kao što je rečeno, vladati znači predvidjeti, a svi veliki problemi s kojima je čovječanstvo sada suočeno dokazuju da ih prethodne vlade nisu predvidjele i, prema tome, nisu bile sposobne vladati. Nije problem u ljudima koji vladaju, već je problem u tehnici koju koristimo da se one izaberu. Problem je način na koji biramo one koji nama vladaju. Temeljna demokracija mora se zamijeniti selektivnom demokracijom, to je geniokracija koja na vlast postavlja inteligentne ljude. To je temeljni zahtjev.

Ljudski zakoni su neophodni i treba ih poštovati i raditi na tome, da se promijene oni koji su nepravedni ili zastarjeli. Dakako, pri izboru između ljudskih i zakona naših stvoritelja ne oklijevajte ni za trenutak. Čak i ljudskim sucima će naši stvoritelji jednoga dana suditi.

Policija će biti neophodna sve dok društvo ne pronađe medicinski način pri iskorjenjivanju nasilja i sprječavanja kriminalaca ili onih koji narušavaju slobodu drugih djelujući svojim protudruštvenim porivima.

Nasuprot vojnicima koji su čuvari rata, policijski djelatnici su čuvari mira i kao takvi će ostati prijeko potrebni, dok znanost ne bude u mogućnosti riješiti ovaj problem.

U zemljama s obveznom vojnom službom odbit ćete služiti vojni rok. Umjesto toga zahtijevajte status osobe koja zbog svojih pacifističkih uvjerenja odbija služenje vojnog roka i omogućuje vam služenje vojnog roka u jedinici koja ne nosi oružje na što imate pravo zbog vaših religijskih ili filozofskih uvjerenja koja vam zabranjuju da ubijate ljude. Ovo je slučaj za one koji vjeruju u Elohim, naše stvoritelje i žele slijediti upute vođe svih vođa Raeljanskog pokreta.

Suprotno onome što mnogi mladi ljudi misle, osobe koje iz pacifizma ili vjere odbiju služenje vojske ne šalju se u zatvor, već su umjesto toga angažirane u civilnoj službi ili u nekoj službi gdje ne nose oružje, ali trajanje vojnog roka je dva puta duže od normalnog. Bolje je provesti dvije godine u uredu, nego jednu godinu vježbati tehnike za ubijanje svojih bližnjih.

Služenje vojnog roka se mora ukinuti bez odlaganja u svim zemljama svijeta. Sve profesionalne vojnike treba transformirati u čuvare svjetskog mira koji će biti u službi mira i ljudskih prava.

Jedini sustav vladanja koji je vrijedan pozornosti je sustav geniokracije koji primjenjuje humanitarizam. Kapitalizam je loš jer ljude pretvara u robove novca od čijeg se profita i truda bogati nekolicina. Komunizam je također loš jer pridaje veći značaj jednakosti nego slobodi. Jednakost bi trebala postojati na početku života sa rođenjem, kasnije ne.

Iako svako ima pravo živjeti pristojno, oni koji rade više za dobrobit drugih, imaju pravo dobiti više od onih koji ništa ne privređuju za zajednicu.

Ovo je očigledno privremeno pravilo sve dok društvo ne dođe u doba kada će roboti obavljati sve fizičke poslove. A onda, nakon potpunog ukidanja novca, svi ljudi će se moći posvetiti isključivo ostvarivanju vlastitih osobnih težnji. U međuvremenu je sramota što neki ljudi umiru od gladi, a drugi uništavaju hranu da joj cijena ne bi pala. Umjesto bacanja, hranu bi trebali podijeliti onima koji nemaju ništa za jelo.

Rad ne treba smatrati svetim. Svako ima pravo na udoban život, čak ako i ne radi. Svaka osoba bi trebala pokušati razvijati i ostvariti se na nekom području koje je privlači. Ako se ljudi organiziraju, neće im trebati puno vremena da potpuno mehaniziraju i automatiziraju sav neophodan rad. Tada će se svatko moći slobodno razvijati.

Ako se zaista svi potrude, trebat će samo nekoliko godina prije nego što se ljudi oslobode radne obveze. Ono što je potrebno je divni prolom entuzijazma i solidarnosti u oslobađanju ljudske vrste od materijalnih ograničenja.

Trebalo bi udružiti sve tehničke i znanstvene resurse čovječanstva i svi radni ljudi koji rade na ovim poljima trebali bi istinski nastojati u težnji za dobrobiti cjelokupne zajednice, umjesto za dodijeljenim interesima. Koristite sva sredstva koja se trenutno nepotrebno bacaju na vojne budžete ili na besmislenu proizvodnju atomskog oružja ili čak letove u svemir. Ovakve stvari bi se mogle bolje planirati i puno lakše postići onda kada se čovječanstvo oslobodi materijalnih ograničenja.

Imate računala i elektroničku opremu koji mogu bolje zamijeniti radnu snagu. Sve ih stavite u pogon da tehnologija zaista bude u službi čovječanstva. Za nekoliko godina biste mogli izgraditi potpuno različit svijet. Stigli ste u Zlatno doba.

Uradite sve što je u vašoj moći za stvaranje bioloških robota koji će vas osloboditi fizičkog rada i omogućiti vam procvat i osobno ispunjenje.

O urbanom razvoju moramo ponovno razmisliti kao što je opisano u *Knjigi Koja Govori Istinu*. Morate graditi vrlo visoke stambene zgrade smještene na otvorenom da pojedinačne kuće ne 'proždru' prirodu. Nikada ne zaboravite da kad bi svaka osoba imala svoju kuću izvan grada s malim vrtom, više ne bi bilo prirodnog okoliša. Ove stambene zgrade moraju biti gradovi koji će imati sve što je ljudima potrebno, svaka od njih mora osigurati dom za 50 000 stanovnika.

Morate poštovati prirodu dok je ne budete mogli sami ponovno stvoriti, odnosno dok i sami ne postanete stvoritelji. Štujući prirodu, štujete i one koji su je stvorili, naše roditelje, Elohim.

Nikada nemojte mučiti životinje. Smijete ih ubiti da bi se hranili njihovim mesom, ali ih pritom ne mučite. Kao što je već spomenuto, smrt nije ništa, a patnja je grozna. Morate izbjegavati mučenje životinja, kao što morate spriječiti patnju ljudi.

Ipak, nemojte jesti previše mesa i zato ćete se bolje osjećati.

Možete živjeti od onoga što vam pruža zemlja. Ne morate se držati posebne dijete; možete jesti meso, povrće, voće i ostale biljke. Glupo je držati se vegetarijanske dijete pod izgovorom da ne želite živjeti od mesa drugih živih stvorenja. Biljke su također živa stvorenja koja pate jednako kao i mi. Stoga ne uzrokujte njihovu patnju, jer i one su žive kao i vi.

Ne trujte se alkoholnim pićima. Možete popiti malo vina uz jelo jer ono je proizvod zemlje, ali se nikada ne opijate. U izuzetnim prilikama možete piti alkoholna pića, ali u vrlo malim količinama i uz jelo da se ne bi opili. Jer pijana osoba više nije sposobna biti u harmoniji s beskonačnosti niti se može kontrolirati, a to izgleda bijedno u očima naših stvoritelja.

Nemojte pušiti jer ljudsko tijelo nije stvoreno za udisanje dima. Pušenje ima pogubne učinke na organizam i sprječava potpuno ostvarenje osobnog ispunjenja i usklađivanje s beskonačnošću.

Ne koristite droge. Nikako se ne drogirajte jer osviještenom umu ne treba ništa izvan njega da bi se približio beskonačnosti. Naši stvoritelji su zgranuti kada vide kako ljudi misle da se moraju drogirati da bi se poboljšali. Ljudska bića se ne moraju poboljšavati jer su sva savršena pošto su stvorena prema liku svojih stvoritelja.

Reći da ljudsko biće nije savršeno uvreda je za naše stvoritelje koji su nas načinili prema svom liku. Iako smo savršeni, postajemo nesavršeni ako se takvima smatramo i ostajemo prepušteni takvim razmišljanjima.

Da bi ostali savršeni, odnosno onakvi kako su nas Elohim stvorili, moramo se truditi svakoga trenutka da budemo u stanju osviještenosti.

Meditacija i Molitva

Meditirajte najmanje jednom dnevno, uspostavite odnos s beskonačnošću, s Elohim, s društvom i samim sobom.

Trebali biste meditirati kada se probudite tako da cijelo vaše biće bude potpuno svjesno beskonačnosti da bi u potpunosti vladalo svojim sposobnostima.

Trebali biste meditirati prije svakog obroka tako da svaki dio vašega tijela može jesti kada i vi; a kada se hranite, mislite o tome što radite.

Vaše meditiranje neće biti suho meditiranje, već naprotiv, čulno meditiranje. Prepustite se i preplavit će vas mir i harmonija dok to ne postane zadovoljstvo. Vaše meditiranje ne bi trebao biti prisilan rad, već zadovoljstvo. Bolje je ne meditirati, nego meditirati bez istinske želje.

Ne namećite meditaciju svojoj djeci ili bližnjima, već im objasnite ugodu koje ono pruža i osjećaj zadovoljstva koje donosi, pa ako onda budu željeli meditirati, pokušajte ih naučiti ono što znate.

Originalna francuska izdanja triju knjiga koje obuhvaćaju "Poruke"
koje su prvi puta tiskane 1974., 1977., odnosno 1979. godine.

Rael, 1979. – ovdje s prikazom simbola koji je vidio na bočnom dijelu
svemirskog broda Elohim. Spojeni trokuti Davidove zvijezde i svastike znače
"da ono što je gore je isto kao i ono što je dolje i sve je ciklično."

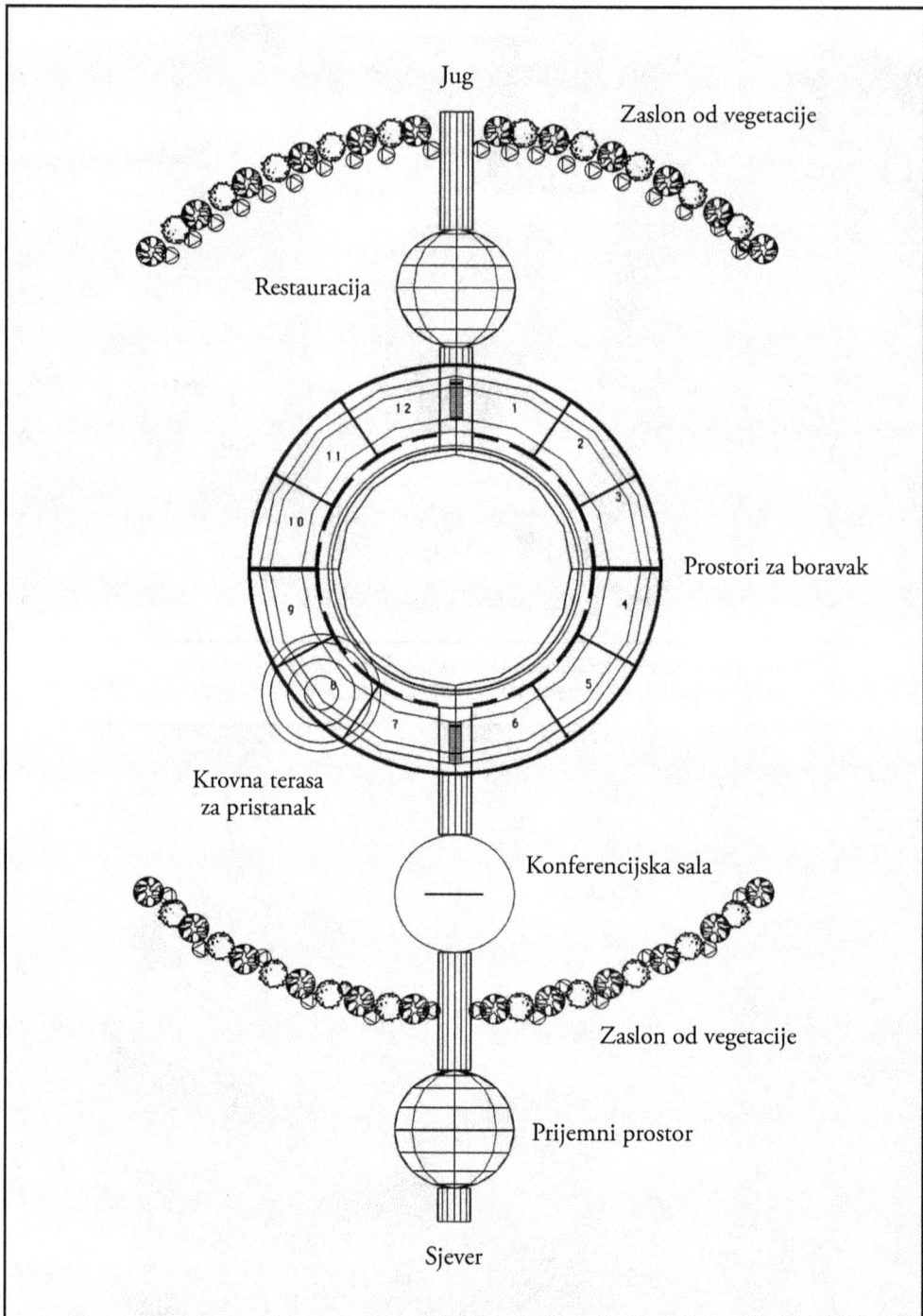

Jug

Zaslon od vegetacije

Restauracija

12 1
11 2
10 3
9 4
8
7 6 5

Prostori za boravak

Krovna terasa
za pristanak

Konferencijska sala

Zaslon od vegetacije

Prijemni prostor

Sjever

Arhitektonski crtež planirane izvanzemaljske ambasade temeljen na detaljima koji
su predati Raelu tijekom drugoga susreta dana 7. listopada 1975. godine.

Model ambasade sa jednom od svemirskih letjelica Elohim, na prostoru za slijetanje.

Copyright © of Colin Andrews, www.CropCircleInfo.com

"Neki krugovi u žitu", kaže Rael "Su načinjeni od Elohim, da bi potakli čovječanstvo na izgradnju ambasade." Ovaj krug koji se pojavio u mjestu Cheesefoot Head, Wiltshire u Engleskoj u kolovozu 1990. ima vrlo veliku sličnost s detaljnim planovima te zgrade.

Rael stoji odmah do modela svemirskog broda u prirodnoj
veličini na koji je kročio tijekom susreta s Elohim.

Copyright © The Fitzwilliam Museum, Cambridge, UK

Copyright © The National Gallery, London.

Dva primjerka religioznih slika koje sadrže ono što bi neki mogli opisati kao NLO.
Lijevo: Krštenje Krista, djelo holandskog slikara Aert de Geldera iz 1710. godine.
Desno: Blagovijest sa Sv. Emidijem, djelo autora Carla Crivellija iz 1486. godine.

Ovaj krug u žitu koji se pojavio u Etchilhamptonu, Wiltshire u Engleskoj
dana 1. kolovoza 1997. jedan je od mnogih koji sliči na izmijenjeni
Raeljanski simbol koji je Rael predstavio 1991. godine.

Medaljon koji prikazuje izmijenjeni simbol
Raeljanskog pokreta koji je Rael revidirao
iz poštovanja prema žrtvama Holokausta
i kao pokušaj da pomogne pregovorima
s izraelskom vladom zbog izgradnje
Ambasade Elohim ili ''Treći hram Izraela''.

Simbol Elohim – najstariji simbol na
Zemlji – može se pronaći na Tibetanskoj
Knjizi Mrtvih ili Bardo Todolu. Njegova
svastika koja se nalazi u središtu i
na Sanskritu znači "blagostanje"
predstavlja beskonačnost u vremenu.

Nakon što je posvetio svojih 30 godina za širenje poruke, Rael – poslanik beskonačnosti, nastavlja sa učenjem na seminarima otvaranja uma na svim kontinentima.
Ova fotografija je slikana u vrijeme Japanskog ljetnog seminara 2005.

Intenzivno mislite na Elohim, naše stvoritelje, barem jednom dnevno i pokušajte s njima telepatski komunicirati. Ovako ćete ponovno otkriti prvobitno značenje molitve. Ako ne znate kako to učiniti, možete se inspirirati uz Oče naš čije riječi su odlične za komunikaciju s našim stvoriteljima.

Izvedite telepatsku komunikaciju jednom tjedno u grupi s drugim ljudima iz vaše regije koji vjeruju u Elohim i ako je moguće, zajedno s vođom.

Učinite sve da biste bili nazočni svake godine na sastanku onih koji vjeruju u Elohim i njihove poruke koje su predali posljednjem proroku.

TEHNIKA POKUŠAJA USPOSTAVLJANJA TELEPATSKOG KONTAKTA S ELOHIM

Ovdje je model teksta kojeg možete izgovarati dok gledate u nebo i mislite intenzivno na izgovorene riječi:

Elohim, vi ste tamo negdje blizu onih zvijezda.

Elohim, tamo ste i znam da nas promatrate.

Elohim, tamo ste, a ja bih vas tako želio/željela sresti.

Elohim, tamo ste, a tko sam ja da se nadam da zaslužujem kontakt s vama?

Elohim, priznajem vas za naše stvoritelje i ponizno vam se stavljam u službu.

Elohim, priznajem Clauda Raela, nositelja vaše poruke za svog vođu i vjerujem njemu i poruci koju ste mu predali.

Elohim, učinit ću sve da poruku upoznaju i oni u mojoj okolini, jer znam da nisam dovoljno učinio/učinila.

Elohim, volim sve ljude kao svoju braću i sestre, jer su napravljeni nalik na vas.

Elohim, pokušavam ih usrećiti otvarajući njihov um ka beskonačnosti i otkrivajući im ono što je otkriveno meni.

Elohim, pokušavam im prekinuti patnju stavljajući sebe u potpunosti u službu ljudskoj vrsti čiji sam i ja dio.

Elohim, pokušavam što više koristiti svoj mozak koji ste mi dali da pomognem ljudskoj vrsti da izađe iz mraka i patnje.

Elohim, nadam se da ćete ocijeniti da je to malo što ću učiniti do kraja svog života dovoljno da mi poklonite pravo na vječni život na planeti mudrih.

Volim vas, kao što ste vi voljeli ljudska bića i dopustili najboljima od njih da dođu među vaše Vječne.

Umjetnost

Učinite sve da bi ohrabrili umjetnike i pomogli svom djetetu ukoliko ga privlači umjetnost. Umjetnost je jedna od stvari koja vam na najbolji način omogućuje usklađenje s beskonačnošću. Smatrajte svaki prirodni predmet umjetnošću, a svaku umjetnost prirodnim predmetom. Okružite se umjetničkim predmetima ako se oni sviđaju vašim ušima, očima, dodiru, mirisu ili okusu.

Sve što se sviđa osjetilima je umjetničko djelo. Ne samo glazba, slika, skulptura i sve službeno priznate umjetnosti.

Gastronomija je također umjetnost, kao što je i pravljenje parfema jer obje su namijenjene osjetilima, a iznad svega, ljubav je umjetnost.

Svaka umjetnost se koristi harmonijom i zato onima koji je cijene omogućuje da ih obuzme harmonija, time svaki pojedinac stvara uvjete da se i sam postavi u harmoniju sa beskonačnošću.

Književnost je osobito važna, jer pridonosi otvaranju uma prikazujući nove horizonte. Književnost zbog same književnosti je samo brbljanje: ono što je važno, nije pisanje lijepih rečenica, već prenošenje novih ideja drugima kroz čitanje.

Audiovizualna sredstva su još važnija jer se privlače i sluh i vid istovremeno. Ta sredstva bi mogla biti dobra zamjena za književnost jer su potpunija. U međuvremenu, književnost je za sada korisna.

Senzualna Meditacija

Ako želite postići visoku razinu harmonije s beskonačnošću, uredite sebi mjesto za senzualnu meditaciju. U njemu postavite umjetnička djela, slike, reprodukcije, tapiserije, postere, skulpture, crteže, fotografije ili nešto drugo što predstavlja ljubav, beskonačnost i senzualnost za vizualni užitak.

Uredite sebi kutak gdje možete sjesti blizu poda, na primjer na jastucima ili leći na kauč ili krzno zbog zadovoljavanja osjeta dodira. Koristite prijatne mirise i ulja radi olfaktivnog zadovoljstva. Imajte magnetofon i kazetu s glazbom koju volite radi auditivnog zadovoljstva.

Imajte posude i boce pune hrane i pića koje volite da biste ugodili ustima. Pozovite jednu ili više osoba koje volite po vašem ukusu i u čijem se društvu osjećate opušteno i harmoniji. Zajedno hranite svoja osjetila, otvorite svoja tijela da se vaš um otvori prema ljubavi i bratstvu.

Ako vas netko fizički privlači i ako osjećate da je to obostrano, pozovite ga/nju na ovakvo mjesto. Zajedno ćete biti u stanju postići višu razinu harmonije koja vam omogućuje pristup beskonačnosti zadovoljavajući svojih pet osjetila. Ovom stanju će biti dodana sinteza svih ovih užitaka, tjelesno ujedinjenje dviju osoba u potpunoj harmoniji u svjetlu ljubavnog čina.

Očito, prije svega mora postojati duhovna harmonija. Drugim riječima, mora postojati uzajamna privlačnost između umova i tijela pojedinaca međusobnim prilaženjem i poštovanjem. Ali duhovna ljubav je uvijek uzvišena uz ispunjenje tjelesne ljubavi. Voljeti znači dati i ne očekivati ništa za uzvrat. Ako nekoga volite, trebate mu se u potpunosti predati, ako on ili ona to želi.

Nikada ne budite ljubomorni, jer je ljubomora suprotnost ljubavi. Kada nekoga volite, morate nastojati omogućiti mu sreću na svaki način. Voljeti znači tražiti sreću za druge, a ne samo svoju.

Ako osobu koju volite privlači druga osoba, ne budite ljubomorni, već budite sretni ako je onaj koga volite sretan, čak iako je to zahvaljujući nekom drugom.

Ljubite i vi osobu koja kao i vi želi usrećiti osobu koju volite jer ima isti cilj kao i vi. Ljubomora je strah da netko drugi može više od vas usrećiti osobu koju volite i da ćete izgubiti onoga koga volite. Ali umjesto osjećaja ljubomore moramo pokušati dati sve od sebe da bi osoba koju volimo bila sretna, a ako je netko drugi učini sretnijom nego mi sami onda zbog toga moramo biti sretni jer važno je da je voljena osoba sretna bez obzira tko je čini sretnom, pa ako to i nije zbog nas.

Pa ako je osoba koju volite sretna s nekim drugim, veselite se njenoj sreći. Prepoznat ćete osobu koja vas voli po tome što se neće protiviti vašoj sreći s nekim drugim.

Vaša je dužnost voljeti osobu koja voli vas tako puno i pružiti joj sreću. To je put univerzalne ljubavi.

Ne odbijajte nekog tko vas želi usrećiti jer prihvaćajući ga, usrećit ćete ga, a to je čin ljubavi.

Veselite se sreći drugih tako da se i oni mogu veseliti vašoj.

Ljudska Pravda

Ni trenutak se ne dvoumite između zakona ljudi i zakona naših stvoritelja jer će jednoga dana čak i ljudskim sucima suditi naši stvoritelji.

Ljudski zakoni, kako je već rečeno, su neophodni, ali se moraju poboljšati jer ne uzimaju dovoljno u obzir ljubav i bratstvo.

Smrtna kazna se mora ukinuti zato što nitko nema pravo hladnokrvno ubiti drugu osobu na promišljen i organiziran način. Dok ne dođe vrijeme da društvo znanošću bude moglo nadzirati nasilje koje se događa nekim ljudima i izliječiti ih od njihove bolesti, držite kriminalce odvojeno od društva pružajući im ljubav koja im nedostaje dok im pokušavate objasniti monstruoznost njihovih dijela dajući im volju za iskupljenje.

Ne miješajte okorjele kriminalce koji pate od bolesti koja može biti zarazna s ljudima koji su učinili sitne prekršaje. Na taj način ćete izbjeći zarazu kod sitnih prijestupnika.

Uvijek imajte na umu da su svi kriminalci bolesni i takvima ih uvijek smatrajte. Šokirani smo kada se sjetimo da su nekada davili ljude između dva madraca, ako su imali napade histerije.

Isto tako ćemo biti šokirani jednoga dana kada budemo mogli liječiti bolest kriminala, a što je još važnije, djelovati preventivno protiv nje i kada se osvrnemo unazad i sjetimo se kako smo ubijali takve bolesnike.

Oprostite onima koji su vas povrijedili nenamjerno i ne zamjerite onima koji su vas povrijedili namjerno. Oni su bolesni jer ako netko povrijedi svog bližnjeg taj mora da je bolestan. Osim toga, zamislite kako su nesretni ti ljudi koji čine zlo drugim ljudima jer oni neće imati pravo na vječni život u vrtovima Elohim.

Ako netko želi povrijediti vas ili one koje volite, pokušajte ga ukrotiti, a ako to ne možete, tada se imate pravo braniti i spasiti svoj život ili život onih koje volite. Međutim, nikada ne udarajte sa ubilačkom namjerom, čak i u trenutku zakonite samoobrane pokušajte samo razoružati tu osobu – npr., srušite je na zemlju. Ako se dogodi da je udarac koji ste zadali fatalan, nemate se za što kriviti, sve dok niste imali namjeru ubiti.

Onesposobite nasilnike nenasilno i ako je neophodno, izravnom akcijom. Nasilno ponašanje se ne može tolerirati, i vi ga nećete tolerirati čak i ako treba silom umiriti nasilnike. Ali uvijek koristite miroljubivu silu, odnosno uravnoteženu silu koja se nikad ne primjenjuje zbog loših namjera, već je ona dovoljna da se njom spriječi one koji pokušavaju nauditi.

Bilo koju prijetnja nasiljem treba smatrati jednako ozbiljnom kao i već počinjeno nedjelo. Prijetiti nasiljem, znači da postoji mogućnost njegova izvođenja i da bi mogao biti to način kako postignuti svoj cilj. Osoba koja je sposobna prijetiti drugima nasiljem je opasna isto kao i netko tko je već počinio takvo djelo. Sve dok za takve ljude koji prijete drugima ne bude lijeka, oni moraju biti izolirani od društva i mi im moramo pokušati objasniti da je njihovo ponašanje strašno.

Kada se radi o otimanju talaca, mislite prvo na spašavanje života nevinih ljudi koji su u rukama tih bolesnih otmičara i ne dajte otmičarima ono što zahtijevaju. Društvo ne smije popustiti pred otmičarima jer ćete prihvaćanjem ucjena ohrabriti druge kriminalce da čine isto i dati značaj prijetnjama.

Svi ljudi moraju imati ista prava i mogućnosti od rođenja bez obzira na rasu kojoj pripadaju. Prosvjedujte protiv glupana bez obzira na boju kože. Sve rase koje naseljavaju Zemlju, stvorili su Elohim i sve se moraju jednako poštovati. Cijelo čovječanstvo se mora ujediniti da bi formiralo svjetsku vladu, kao što je zapisano u *Knjizi Koja Govori Istinu*. Uvedite novi svjetski jezik svoj školskoj djeci cijelog svijeta. Esperanto postoji i ako nitko ne predloži nešto bolje, izaberite esperanto.

Dok ne bude moguće da se novac potpuno ne ukine, stvorite novu svjetsku valutu koja će zamijeniti nacionalne valute. U tome leži rješenje novčanih kriza. Ako nitko ne predloži ništa bolje, koristite federalni sistem. Stvorite federaciju svih država u svijetu. Odobrite nezavisnost regijama da dobiju mogućnost da se organiziraju prema vlastitim željama.

Svijet će živjeti u suglasju ako više ne bude sastavljen od odvojenih država, već od regija ujedinjenih u federaciju koja bi preuzela brigu o budućnosti Zemlje.

Znanost

Znanost je najvažnija stvar za cijelo čovječanstvo. Bit ćete uvijek u tijeku svih znanstvenih otkrića koja mogu riješiti sve vaše probleme. Ne dopustite da znanstvena otkrića padnu u ruke onih koji misle samo na profit niti u ruke vojske koja čuva tajnim pojedine pronalaske da bi time zadržali hipotetičku nadmoć nad iluzornim neprijateljem.

Znanost bi trebala biti vaša religija jer Elohim, vaši stvoritelji, su vas pomoću znanosti i stvorili. Time da ste znanstveni ugađate svojim stvoriteljima jer djelujete kao oni i pokazujete im da razumijete da ste stvoreni prema njihovom liku željni iskoristiti sve mogućnosti koje imate. Znanost se mora koristiti da bi služila i oslobodila ljudsku vrstu, a ne da bi je uništila i otuđila. Vjerujte znanstvenicima koji nisu izmanipulirani financijskim interesima, ali samo njima.

Možete sudjelovati u sportovima jer je to dobro za vašu ravnotežu - osobito u sportovima koji razvijaju samokontrolu. Društvo bi također trebalo odobriti nasilne, čak i vrlo nasilne sportove. Takvi sportovi su sigurnosni ventili. Jedno razvijeno društvo bez nasilja mora imati igre koje su nasilne i koje održavaju sliku nasilja omogućujući tako mladima da budu nasilni s onima koji žele isto. Ovo također dopušta drugima da promatraju ove nasilne manifestacije i tako oslobode svoju agresivnu energiju.

Možete sudjelovati u igrama koje zahtijevaju razmišljanje i korištenje uma, ali sve dok novac ne bude ukinut nikada ne igrajte za novac; radije igrajte zbog zadovoljstva da svoj um "stavljate" u funkciju.

Obilježite datumima svoje napise tako da 1946. godinu računate kao prvu godinu poslije Clauda Raela, posljednjeg proroka. 1976. godina će biti 31. godina poslije Clauda Raela ili 31. godina u razdoblju Vodenjaka ili 31. godina doba Apokalipse ili 31. godina Zlatnog doba.

Ljudski Mozak

Još uvijek moramo proći dug put kako bismo potpuno shvatili potencijal ljudskog mozga. Npr., šesto čulo – izravno opažanje trebalo bi razvijati kod male djece. To je ono što zovemo telepatijom. Telepatija nam omogućava izravnu komunikaciju s našim stvoriteljima, Elohim.

Brojni mediji su me dolazili pitati što im je činiti jer su primili poruku koju oni nazivaju "iz onstranstva", tražeći od njih da stupe u kontakt sa mnom da bi mi pomogli, a ja sam ih zauzvrat trebao "prosvijetliti". Mediji su vrlo važni ljudi jer imaju natprosječan talent za telepatiju i u svojim umovima su već na putu osvještenja. Trebali bi prakticirati meditaciju da bi potpuno ovladali svojim mogućnostima.

Ja željno očekujem sve te medije koji su primili poruke da stupe sa mnom u kontakt kako bi mogli organizirati redovite sastanke. Svi pravi mediji koji žele biti informirani primit će upute. Moć jednog mozga je velika, ali moć nekoliko mozgova je beskrajna. "Tko ima uho nek' posluša..."

Nikada ne zaboravite da su sve one stvari koje ne razumijete i koje znanstvenici ne mogu razjasniti, stvorili Elohim. Proizvođač sata poznaje sve dijelove satova koje je napravio.

Apokalipsa

Ne zaboravite da je Apokalipsa - doslovno "doba otkrivenja" stigla kako je predviđeno. Rečeno je da će kada dođe vrijeme biti će puno lažnih proroka. Samo se trebate osvrnuti oko sebe da biste vidjeli da je došlo to vrijeme. Lažni proroci su pisci horoskopa koji pune novine, a ima puno drugih koji odbijaju dobrobit znanosti i stoje uz svako slovo starih napisa, poruka koje su Elohim dali primitivnim ljudima davnih vremena.

Oni radije vjeruju u ono što su davno prepisivali ne baš pametni, primitivni ljudi, tresući se od straha dok su slušali one koje su smatrali bogovima jer su došli s neba. Umjesto da vjeruju poruci koju su

Elohim sada dali ljudima koji se više ne klanjaju svemu što dolazi sa neba. Ovi potonji ljudi pokušavaju shvatiti svemir i njih možemo smatrati odraslima.

Ako pogledaš oko sebe, vidjet ćeš gomile fanatika i mračnjaka religijskih sekti koji privlače mlade ljude, koji su podložni tim utjecajima jer žude za istinom.

Jedan filozof je jednom rekao: "Isus je došao ljudima pokazati put kojim treba ići, a svima su oči ostale prikovane za njegov prst." Meditirajte uz ovu rečenicu. Nije važan onaj koji donosi poruku, već osoba koja je šalje, kao i sama poruka.

Nemojte zalutati u sekte sa Istoka - istina nije više na vrhu Himalaje, niti u Peruu ili na nekom drugom mjestu. Istina je u vama ali ako želite putovati i volite egzotiku, idite u sve ove daleke zemlje i shvatit ćete kada ih obiđete da ste gubili vrijeme i da je ono što tražite u vama. Istražujte sebe, inače ćete biti samo turist - netko tko prolazi i misli da će pronaći istinu promatrajući druge dok je traže u sebi. Oni je možda mogu i pronaći, ali oni koji promatraju druge, neće. Ako budete istraživali sebe, neće vam biti potreban zrakoplov.

Istok ne može naučiti Zapad o mudrosti i osviještenju. Prije će biti obratno. Kako mislite pronaći mudrost među ljudima koji umiru od gladi dok promatraju kako prolaze krda "svetih" krava? Nasuprot tome, Zapad je taj koji svojim razumom i znanošću pomaže ljudima koji su ostali vjekovima prikovani za svoja primitivna i ubilačka vjerovanja. Nije slučajno da se zemlje na Zapadu ne suočavaju s istim problemima kao zemlje Trećeg svijeta. Gdje prevladava um, tijelo ne umire od gladi. Gdje prevladava mračnjaštvo, tijelo ne može preživjeti. Mogu li primitivni ljudi riješiti probleme gladi u svijetu i nahraniti one koji gladuju? Oni već imaju dovoljno poteškoća pokušavajući prehraniti sebe. Zar očekujete da ćete tu pronaći neku mudrost?

Svi ljudi na Zemlji su na početku imali jednake mogućnosti. Neki su riješili svoje probleme i imaju čak više nego što im je potrebno dok drugi nemaju od čega preživjeti. Po vašem mišljenju tko su ti koji mogu pomoći drugima? Zapadnjaci moraju prevaliti još dug put do otvaranja uma, a ljudi Istoka nisu dostigli ni desetinu onoga što su postigli ljudi sa Zapada.

Telepatska Komunikacija

Um i materija vječno su jedno te isto isto.

Tibetanska Knjiga Mrtvih

Ako želite imati telepatsku komunikaciju visoke kvalitete, ne šišajte kosu i ne brijte bradu. Pojedini ljudi imaju telepatski organ dovoljno razvijen da može dobro funkcionirati i kada je glava obrijana, ali ako želite postići najbolje rezultate onda ne skraćujte ono što su vam stvoritelji podarili da raste na glavi i licu. Ako raste, za to postoji razlog jer ni jedna vaša fizička karakteristika nije vam dana bezrazložno. Poštivanjem stvorenog vi poštujete stvoritelja.

Najbolji trenutak za stupanje u komunikaciju s vašim stvoriteljima je buđenje jer kad vam se tijelo budi iz sna, budi se i vaš um. Mehanizam započinje u toj točki, mehanizam koji morate dobrovoljno aktivirati što većim otvaranjem svoga uma svemu što vas okružuje i beskonačnosti. Trebali biste se osobito pobrinuti da ne zaustavite taj proces.

Sjedite prekriženih nogu ili još bolje, legnite na leđa na tlo. Ako je moguće, smjestite se na otvoreno i gledajte prema nebu.

Um je kao ruža. Ujutro se počinje otvarati, ali vi je često podrezujete dok je još pupoljak. Ako malo pričekate, ona će procvjetati. Dobro je vježbati tijelo, ali vježbanje uma je još bolje.

Ne budite nestrpljivi ako odmah ne postignete rezultate. Kad se neki organ ne koristi, on atrofira. Kad vam je neki ud u gipsu duže vrijeme, treba vam puno fizikalne terapije da bi se rehabilitirao.

Pogledajte u nebo i pomislite na položaj koji imate u odnosu na sve što vas okružuje. Vizualizirajte se u odnosu na kuću u kojoj ste sićušna točka izgubljena među kamenim zidovima. Pogledajte se u odnosu na sve ljude koji se bude istovremeno kao i vi i u odnosu na one koji u drugim krajevima svijeta odlaze spavati. Mislite o svima onima koji se rađaju, na one koji se tjelesno združivaju, na one koji pate, rade ili umiru dok se vi budite. Postavite se sukladno svojoj razini.

Postavite se u odnosu na beskonačno veliko. Mislite na grad u kojem ste malena točka izgubljena u krajoliku koji je država, kontinent ili otok na kojem živite. Onda u mislima odletite kao da ste u zrakoplovu koji putuje sve dalje i dalje od tla, dok grad i kontinent ne postanu ništa drugo osim malene točke.

Budite svjesni činjenice da ste na Zemlji, maloj lopti na kojoj je čovječanstvo samo parazit. Ona se stalno okreće iako vi to čak i ne primjećujete. Postavite se u odnosu na nju i u odnosu na Mjesec koji se okreće oko Zemlje i u odnosu na Zemlju koja se okreće oko Sunca, u odnosu prema Suncu koje se okreće oko sebe i oko središta naše galaksije. Postavite se u odnosu na zvijezde koje su također sunca sa planetima koji kruže oko njih. Na ovim planetima živi beskrajan broj drugih bića, a među njima je i planet naših stvoritelja Elohim i Planet Vječnih gdje ćete možda jednog dana biti primljeni u okrilje vječnosti. Postavite se u odnosu na sve ove svjetove gdje žive bića — neka naprednija i druga primitivnija od nas i u odnosu na ove galaksije koje se kreću oko središta svemira. I konačno se postavite u odnosu na naš cijeli svemir koji je i sam atom molekule smještene možda u ruci nekog bića koje i samo gleda u nebo pitajući se postoji li život na drugim planetima...

Toliko o odnosu na beskrajno veliko.

Postavite se u odnos prema svom tijelu i svim vitalnim organima i ostalih dijelova od kojih se sastoji. Pomislite na sve organe koji rade upravo sada, a da vi to ne primjećujete.

Pomislite na svoje srce koje kuca, a da to od njega ne tražite, o krvi koja cirkulira i napaja cijelo vaše tijelo i na vaš mozak koji vam omogućuje razmišljanje i da ste toga svjesni. Mislite o svim krvnim tjelešcima od kojih se sastoji vaša krv, o svim stanicama koje se rađaju u vašem tijelu, o onim koji osjećaju zadovoljstvo pri reprodukciji i koji umiru bez vašeg znanja i koji možda nisu svjesni da sačinjavaju biće koje ste sami.

Pomislite isto tako na sve molekule koje čine ove stanice i o atomima koji su dio ove molekule koji se kreću kao sunca oko središta galaksije i o česticama koje su dio tih atoma na kojima je život koji se pita ima li života na drugim planetima...

Toliko o odnosu na beskrajno malo.

Budite u suglasju s beskonačno velikim i beskonačno malim zračeći ljubavlju prema onome što se nalazi iznad i onome što je ispod i budite svjesni da ste i sami dio te beskonačnosti. Onda intenzivnim razmišljanjem pokušajte prenijeti vašu poruku ljubavi Elohim, našim stvoriteljima, pokušajte im prenijeti vašu želju da ih vidite, da budete među njima jednog dana i da smognete snage kako biste bili nagrađeni da se nađete među odabranima. Tada ćete se osjećati lako i spremno da tijekom cijeloga dana širite dobrotu oko sebe svom snagom vašega bića jer ćete biti u harmoniji sa beskonačnošću.

Ove vježbe možete raditi tijekom dana u sobi za senzualnu meditaciju sami ili s drugim ljudima. Ali trenutak kada dođete do najbliže točke savršene harmonije s beskonačnošću dogodit će se u vašoj sobi za senzualnu meditaciju s nekim koga volite fizički se spajajući s njim/njom tako da se oboje uskladite s beskonačnošću za vrijeme tog stapanja.

Uvečer, kada je nebo puno zvijezda i kada je temperatura blaga, legnite na tlo, promatrajte zvijezde i intenzivno mislite na Elohim želeći da jednoga dana budete zaslužni za život među njima. Jako zamislite da im stojite na raspolaganju i da ste spremni uraditi sve što od vas budu tražili, čak i ako ne budete u potpunosti razumjeli zašto to od vas traže. Možda ćete vidjeti znak ako budete dovoljno spremni.

Dok tako ležite na leđima, budite svjesni do koje mjere su vaši organi opažanja ograničeni što objašnjava teškoće koje možete imati u shvaćanju beskonačnosti. Neka sila vas drži prikovane za tlo i ne možete se trgnuti i poletjeti zvijezdama, a, ipak, ne vidite uže koje vas zadržava na tlu.

Milijuni ljudi slušaju tisuće radio-stanica i gledaju stotine televizijskih programa koji se emitiraju u atmosferu, a vi ne vidite te valove zvuka i slike. Svi kompasi imaju kazaljke koje se okreću prema sjeveru, a vi ipak ne vidite niti čujete sile koje na njih djeluju.

Dakle, ponavljam još jednom – vaši organi opažanja su vrlo ograničeni, a energije kao svemir su beskrajne. Probudite se i probudite organe koje u sebi nosite koji će vam omogućiti prijam valova koje još ne možete uhvatiti niti čak sumnjati u njihovo postojanje. Obični golubovi u stanju su pronaći sjever, a ljudsko biće nije. Razmislite o tome na trenutak.

Osim toga, naučite svemu ovome svoju djecu čiji se organi još razvijaju. Tako će se roditi "novo čovječanstvo" čije će sposobnosti biti beskrajno superiornije nego kod sadašnjih ljudskih bića.

Kada rast bude dovršen, netko tko nikada nije naučio hodati ostat će invalidan čak i ako kasnije pokuša naučiti hodati uvijek će biti invalid čak i ako je vrlo nadaren. Zato tijekom njihova razvoja svojoj djeci morate otvoriti um da bi im omogućili procvat svih njihovih sposobnosti i oni će postati pojedinci koji nemaju ništa zajedničko sa onim što smo mi: jadni, uskogrudni, primitivni ljudi.

Nagrada

Neka ova knjiga vodi one koji priznaju i vole naše stvoritelje Elohim, one koji vjeruju u njih i ne zaboravljaju telepatski komunicirati s njima otkrivajući ponovno smisao molitve. Neka vodi one koji čine dobro svojim bližnjima. Neka vodi one koji vjeruju u ono što im je otkriveno i što je otkriveno prije mene i one koji su sigurni da je znanstvena reinkarnacija stvarnost. Svi ti ljudi imaju vođu i životni cilj i sretni su.

Što se tiče onih koji nisu osviješteni, beskorisno je govoriti o poruci Elohim. Netko tko spava ne čuje, a nesvjestan um se ne može probuditi za nekoliko trenutaka - osobito ako se osoba koja spava osjeća vrlo ugodno.

Širite poruku onima koji čine dobro svojim bližnjima, osobito među onima koji koriste um koji su im podarili Elohim, oslobađajući društvo straha zbog nedostatka hrane, bolesti i tereta njihovih dnevnih napora. Oni to čine dajući drugima vremena da se ostvare svoje osobne težnje i prosperiraju i za takve osobe rezervirani su vrtovi s vodoskocima na Planetu Vječnih.

Jer nije dovoljno ne štetiti drugima, već treba i nešto dobra uraditi za njih. Netko čiji je život bio neutralan, imat će pravo na neutralnost. To znači da neće biti ponovno stvoren niti će platiti cijenu za svoje zločine jer ih nije počinio, a neće ni primiti nagradu za dobra djela jer ni njih nije činio.

Netko tko je u nekom dijelu svoga života prouzročio patnju mnogim ljudima, a onda je to nadoknadio čineći isto toliko dobrih kao i loših djela također će biti neutralan. Da bi imali pravo na znanstvenu reinkarnaciju na Planetu besmrtnika potrebno je imati nedvojbeno pozitivnu ocjenu na kraju svog života.

Zadovoljiti se time da se čini dobro u malom omjeru dovoljno je za nekoga tko nije previše inteligentan ili tko nema dovoljno sredstava, ali nije dovoljno za nekoga tko je vrlo inteligentan ili ima puno sredstava. Vrlo inteligentna osoba mora koristiti svoj um kojeg su im Elohim dali da bi donijela sreću drugima otkrivajući nove tehnike poboljšanja životnih uvjeta.

Oni ljudi koji budu imali pravo na znanstvenu reinkarnaciju na Planeti Vječnih živjet će vječno u svijetu gdje će im se donositi hrana bez ulaganja i najmanjeg napora i gdje će imati divne ženske i muške partnere stvorene znanstvenim putem isključivo u svrhu zadovoljenja njihovih želja. Tamo će živjeti vječno samo zbog ostvarivanja samoispunjenja radeći ono što im pruža zadovoljstvo. A oni zbog kojih su drugi patili bit će ponovno stvoreni i njihova patnja će biti jednaka kao i zadovoljstvo Vječnih.

Kako ne povjerovati u sve ovo sada kada se znanost i stare religije savršeno poklapaju? Niste bili ništa do tvari, tek prah, a Elohim su vas oživjeli prema svom liku jer su znali vladati tvarima. Kasnije će od vas ponovno nastati tvar ili prah, a oni će vas ponovno oživjeti kao što su vas i stvorili znanstvenim putem.

Elohim su stvorili prva ljudska bića ne znajući da čine ono što je već njima bilo učinjeno. Oni su mislili da samo vrše znanstveni eksperiment male važnosti i zato su prvi put uništili skoro čitavo čovječanstvo.

Ali kada su shvatili da su i oni stvoreni kao i mi, počeli su nas voljeti kao svoju vlastitu djecu i zakleli su se da nas nikada neće pokušati uništiti prepuštajući nama samima da nadvladamo vlastito nasilje.

Iako Elohim ne posreduju izravno u korist ili protiv čovječanstva u cjelini, oni djeluju na neke pojedince čija im se djela sviđaju ili ne.

Teško onima koji tvrde da su sreli Elohim ili su od njih primili poruku ako to nije istina. Život će im postati pakao i zažalit će zbog svojih laži kada se suoče sa svim nevoljama koje će ih snaći.

I oni koji djeluju protiv vođe svih vođa i pokušaju ga spriječiti u izvršavanju njegove misije ili onima koji su s njim da bi širili nesuglasice među onima koji ga slijede i njihov život će postati pakao.

Bez ikakvog očitog utjecaja odozgo znat će zašto će bolest, obiteljski, profesionalni problemi, emocionalni jadi napasti njihovo zemaljsko postojanje dok ih još očekuje vječna kazna.

Vi koji se smiješite dok ovo čitate, vi spadate među one koji bi Isusa razapeli na križ da ste živjeli u njegovo vrijeme. A sada ipak želite vidjeti članove vaše obitelji koji se rađaju, vjenčavaju i umiru pod njegovom slikom, jer je ona postala dio naših navika i običaja. A vi koji se ironično smiješite onima koji vjeruju u ove napise govoreći da trebaju provesti neko vrijeme u psihijatrijskoj bolnici, ponašate se kao oni koji su otišli vidjeti kako lavovi proždiru prve kršćane. Danas, kada netko ima uznemiravajuće ideje, više ga se ne razapinje na križ i nije hrana divljim životinjama - to je previše barbarski, već se takve osobe šalju u psihijatrijsku ustanovu. Da su one postojale prije 2000 godina, Isus i oni koji su u njega vjerovali, bili bi u njima. One koji vjeruju u vječni život pitajte zašto onda liju suze kad izgube voljenu osobu?

Sve dok ljudska bića nisu mogla razumjeti rad Elohim putem znanosti bilo je prirodno da ljudi vjeruju u nedodirljivoga 'Boga', a sada kada zahvaljujući znanosti razumijete ovu materiju, beskrajno malo i beskrajno veliko, više nemate opravdanja za vjeru u 'Boga' u kojega su vjerovali vaši primitivni preci. Elohim, naši stvoritelji, namjeravaju dobiti priznanje od onih koji sada mogu shvatiti kako je moguće stvoriti život i načiniti odgovarajuće usporedbe s drevnim knjigama. Ovi ljudi će imati pravo na vječnost.

Kršćani! Stotinu puta ste čitali da će se Isus vratiti, a, ipak, da se vrati, vi bi ga smjestili u psihijatrijsku ustanovu. Hajde, otvorite oči!

A ti sine Izraela, još uvijek čekaš svoga Mesiju, ali ne otvaraš vrata!

Budisti! Vaše knjige ukazuju na to da će novi Buda biti rođen na Zapadu. Prepoznaj predviđene znakove!

Muslimani! Muhamed vas je podsjetio da je židovski narod učinio pogrešku kada je ubio proroke i da su kršćani također pogriješili diveći se više proroku, nego onome tko ga je poslao. Pa zaželite dobrodošlicu posljednjem proroku i ljubite one koji su ga poslali.

Ako priznajete Elohim kao svoje stvoritelje i ako ih volite i želite im prirediti dobrodošlicu, ako pokušavate činiti drugima dobro i pri tome koristite sve svoje mogućnosti ako redovito mislite na svoje stvoritelje pokušavajući ih telepatski uvjeriti u vašu ljubav ako pomažete vođi svih vođa pri vršenju njegove misije, nesumnjivo ćete imati pravo na znanstvenu reinkarnaciju na Planetu Vječnih.

Kada je čovječanstvo otkrilo energiju za odlazak na Mjesec, također je pronašlo dovoljno energije za uništenje cjelokupnog života na Zemlji.

'Čas se primiče kada se Mjesec cijepi.' *Kuran, Poglavlje 54, stih 1.* Zato, sada u bilo koje doba čovječanstvo može uništiti samo sebe. Samo oni koji slijede posljednjeg proroka bit će spašeni od uništenja.

U drevna vremena ljudi nisu vjerovali Noi i smijali su mu se kad se pripremao za uništenje, ali oni nisu bili posljednji koji su se smijali.

Kada su Elohim rekli stanovnicima Sodome i Gomore da napuste grad i da se ne osvrću, neki nisu vjerovali upozorenjima i bili su uništeni. Sada smo došli do točke kada čovječanstvo može uništiti sav život na Zemlji, a samo oni koji priznaju Elohim kao svoje stvoritelje, bit će spašeni od uništenja. Možda još uvijek ne vjerujete u sve ovo, ali kada dođe vrijeme pomislit ćete ponovno o ovim redovima, ali onda će biti prekasno.

A kada počne kataklizma – a postoji velika mogućnost da će do nje uskoro doći, obzirom na način na koji se ljudi ponašaju, postojat će dvije vrste ljudi: oni koji nisu priznali svoje stvoritelje i nisu slijedili posljednjeg proroka i oni koji su otvorili uši i oči i prepoznali ono što je još odavno najavljeno.

Prvi će biti podvrgnuti patnjama uništenja u posljednjem požaru, a drugi će biti pošteđeni i povedeni s vođom svih vođa na Planet Vječnih na kojem će uživati u predivnom životu svog ispunjenja i užitka sa mudracima iz davnina. Posluživat će ih divni muškarci atletske građe, izvanredno isklesanih tijela koji će im donositi profinjenu hranu u kojoj će uživati u društvu muškaraca i žena neviđene ljepote i šarma koji će u potpunosti biti podložni njihovim željama.

> Sjedeći na sofama ukrašenim zlatom i draguljima,
> naslanjajući se licem jedno prema drugom,
> služiće ih mladosti, koja neće starati,
> noseći bokale i vrčeve i čaše ispunjene sa tečnih izvora,
> od toga neće imati glavobolju, niti će biti pijani,
> noseći voće koje izaberu,
> i meso ptica koje mogu poželjeti,
> i biće lijepih djevica sa krupnim,
> ljupkim očima,
> kao biseri koje čuvamo,
> kao nagrada za ono što su učinili.
>
> *Kuran, poglavlje 56, stihovi 15-24*

Vi koji vjerujete u ono što je ovdje napisano kad vas vođa svih vođa nekuda pozove, napustite sve jer vas možda zove zato što je primio neke obavijesti koje se odnose na kraj. Ako ste uz njega u tom trenutku, bit ćete spašeni i odvedeni s njim, daleko od patnje.

Vi koji vjerujete, ne presuđujte o riječima ili djelima Elohim. Stvoreni nemaju pravo suditi svoje stvoritelje. Poštujte našega proroka i ne sudite o njegovim činima ili riječima jer mi čujemo kroz njegove uši, vidimo kroz njegove oči i govorimo kroz njegova usta. Ako ne poštujete našeg proroka, ne poštujete ni one koji su ga poslali vama, vaše stvoritelje.

Poruke koje su vam ranije prenijeli Elohim i svi oni ljudi koji su se u potpunosti njih držali, imaju pravo. Mračnjački sustavi koji su se zasnivali na ovim porukama iskorištavajući one koji su im vjerovali, bili su u krivu. Crkva je u procesu nestajanja, a to i zaslužuje.

Ljudi Crkve, dopustite onima kojima su oči otvorene da se pridruže posljednjem proroku i pomognu mu u cijelom svijetu pri širenju poruka koje su mu predate. On će im zaželjeti dobrodošlicu raširenih ruku, a oni će moći doživjeti procvat i osobno ispunjenje dok ostaju nositelji poruka onih u koje su uvijek vjerovali. Ovaj put, oni će napokon istinski shvatiti što je bio zadatak Elohim, kada su stvorili čovječanstvo i poslali Isusa.

S njim će zaista moći doživjeti ispunjenje i osloboditi se pritiska Crkve koja se okamenila i prekrila tisućgodišnjim grijesima zločina i zločinačke inkvizicije. Moći će činiti ono što moraju - koristiti organe koje su im podarili stvoritelji jer stvoriteljima nije drago ako ih ne koriste.

Muškarci i žene Crkve će moći uživati sa svojih svih pet osjetila i sjedinjavati se fizički zauvijek ili zbog trenutne radosti sa bilo kojim bićem kojega požele bez osjećaja krivnje. Trebali bi imati osjećaj krivnje sada, zato što ne koriste sve ono što su im dali stvoritelji. Oslobođeni svojih starih ograničenja, istinski će otvarati umove, umjesto da ih uspavljuju!

Sada već gotovo da i nema učenika u rimsko-katoličkim sjemeništima gdje se obučava svećenstvo, ali još uvijek ima nesretnih ljudi koji osjećaju vokaciju za pružanjem ljubavi oko sebe i otvaranja uma. Prije 50 godina bilo je 50.000 sjemeništaraca, a sada ih ima samo 500. To znači da ima najmanje 49.500 onih koji su nesretni. To su ljudi koji imaju sposobnost isijavanja, koju su im namjenili naši stvoritelji da bi je koristili, ali te ljude ne privlači crkva koja je obavijena zločinima i tamom.

Vi koji se nalazite među ovih 49.500 ljudi koji osjećaju potrebu za širenjem istine i potrebu da nešto urade za svoje bližnje, vi koji želite ostati vjerni svojim stvoriteljima i Isusu koji vas je učio da jedni druge volite i štujete stvoritelje, *"Oca koji je na nebesima"*, vi koji osjećate da je ova poruka istinita, pridružite se nam i postanite vođe, ljudi koji se posvečaju Elohim prema tradiciji Mojsija, Ilije i Isusa i širenju njihovih poruka dok istovremeno nastavljate živjeti normalno, uz istinsko osobno ispopunjenje, uživajući svim osjetilima koja su vam podarili vaši stvoritelji.

Vi, koji ste trenutno članovi crkve, skinite tu sumornu odjeću kao i njene boje, boje zločina počinjenih pod njenim okriljem. Priđite nam i postanite vođe čovječanstva na putu sveopćeg mira i ljubavi.

Napustite te crkve koje nisu ništa drugo nego spomenici koje su podigli primitivni ljudi, hramovi u kojima obožavaju bezvrijedne stvari, komade drva i metala. Elohim nemaju potrebu za hramovima u svakom gradu da bi se osjećali voljenima. Dovoljno je da ljudska bića pokušaju telepatski komunicirati s njima i tako otkriju prvobitno značenje molitve otvarajući se beskonačnosti, a ne zatvarajući se u mračne i mistične kamene građevine.

Licemjerje i obmanjivanje trajali su dovoljno dugo. Koristeći istinite poruke kao svoj temelj, organizacije koje su stvorene na njima su masno zarađivale živeći u neprimjerenom luksuzu, koristeći ljudski strah pri postizanju svojih ciljeva. Vođeni su ratovi pod izlikom širenja ovih poruka. Sramota!

Iskoristili su novac siromašnih da bi stvorili temelj financijske moći. Sramota!

Propovijedali su o ljubavi za svoga bližnjeg s oružjem u rukama. Sramota!

Propovijedali su o jednakosti ljudi, dok su podržavali diktaturu. Sramota!

Govorili su, 'Bog je sa nama', da bi ohrabrili ljudi na bratoubilačke ratove. Sramota!

Mnogo se puta čitao citat sljedećeg ulomka Evanđelja:

> Ni ocem ne zovite nikoga na zemlji jer jedan je Otac vaš - onaj na nebesima. *Matej 23: 9* .

A u Crkvi su stalno zahtijevali da ih nazivaju "Oče", "Gospodine moj". Sramota!

Mnogo puta su se čitali tekstovi koji kažu:

> 'Ne stječite zlata, ni srebra, ni mjedi sebi u pojase, ni putne torbe, ni dviju haljina, ni obuće, ni štapa. Ta vrijedan je radnik hrane svoj' *Matej 10:9-10.*

A oni žive u izobilju i luksuzu Vatikana. Sramota!

Ukoliko Papa ne proda svu imovinu Vatikana i time pomogne nesretnima, neće biti primljen među pravedne na Planeti Vječnih jer je sramotan njegov život u izobilju i luksuzu stečenom na leđima siromašnih koristeći istinite poruke i iskorištavajući rođenja, vjenčanja i smrti ljudskih bića.

Ako se sve to promjeni i ako svi ovi ljudi koji su dio ove monstruozne organizacije ne shvaćajući svoju grešku sada sve to napuste i pokaju se zbog svoje zablude, bit će im oprošteno i imat će pravo na vječnost jer Elohim, naši stvoritelji, nas, svoju djecu, vole i opraštaju onima koji se iskreno pokaju za svoje greške.

Nema više razloga za daljnje postojanje Crkve jer joj je bilo povjereno širenje poruke Isusove i predviđanje doba Apokalipse, a to doba je stiglo. Osim toga, Crkva je koristila metode širenja obavijesti kojih se treba stidjeti. Iako je završila svoju misiju, Crkvi će biti očitano za njezina nedjela, a oni koji još uvijek nose njenu odjeću natopljenu krvlju, bit će među krivcima.

Probudi se, spavalice! Ovo nije izmišljotina! Pročitaj ponovno sve knjige davnih proroka, informiraj se o najnovijim znanstvenim otkrićima, osobito iz biologije i pogledaj u nebo.

Najavljeni znaci su tu! Svakoga dana se pojavljuju neidentificirani leteći objekti koje čovjek naziva "letećim tanjurima".

'Bit će znakova na nebu' - zapisano je odavno. Jednom, kada se o svemu informirate, napravite sintezu svega, i probudite se. Claud Rael zaista postoji, on je stvarna osoba. On nije napisao ono što su Mojsije, Izaija, Ilija, Isus, Muhamed, Buda i svi ostali napisali, on nije biolog, nego posljednji u nizu proroka, prorok Apokalipse, odnosno vremena kada se sve može shvatiti.

On upravo sada živi među vama i možete biti sretni da ste jedan od njegovih suvremenika i da imate mogućnost prihvatiti njegovo učenje. Probudite se! Spremite se i otputujte. Idite i upoznajte ga i pomognite mu – on vas treba! Bit ćete jedan od pionira posljednje religije, religije svih religija i osigurat ćete svoje mjesto među pravednima za vijeke vjekova, bez obzira na to što se može dogoditi i uživat ćete u užicima Planeta Vječnih, u društvu prekrasnih ugodnih bića spremnih da ispune sve vaše želje.

Vođe

Slijedit ćete vođu svih vođa, jer je on poslanik Elohim, naših stvoritelja, naših "*Očeva koji su na nebesima*". Slijedit ćete sve savjete iz ove knjige jer to su savjeti vaših stvoritelja prenijeti kroz usta Clauda Raela, našega veleposlanika, posljednjeg proroka, pastira svih pastira, i vi ćete mu pomoći da izgradi religiju svih religija.

Židovi, kršćani, muslimani, budisti i vi, koji pripadate drugim religijama, otvorite oči i uši, pročitajte ponovno vaše svete knjige i shvatit ćete da je ova knjiga posljednja koju su najavili vaši vlastiti proroci. Priđite nam kako bi se skupa pripremili za dolazak naših stvoritelja.

Pišite vođi svih vođa i on će vas povezati s drugim ljudima koji su kao i vi, Raeljani koji shvaćaju poruku koje je prenio Claude Rael. On će vas povezati s vođom u vašoj regiji, tako da se možete redovito sastajati, meditirati i djelovati na širenju ove poruke kako bi postala poznata diljem svijeta.

Vi koji čitate ovu poruku budite svjesni svoje privilegije i pomislite na one koji za nju još ne znaju. Učinite sve što je u vašoj moći da bi bili sigurni da su svi iz vaše okoline upućeni u ova fantastična otkrića, a da nikada ikoga ne morate pokušati o njima uvjeravati. Samo ih obavijestite o poruci i ako budu spremni, sami će se otvoriti.

Uvijek ponavljajte u sebi ovu Gandhijevu rečenicu: '*Istina nije greška zato jer je nitko ne vidi*'.

Vi koji osjećate radost čitajući ovu poruku i vi koji je želite širiti oko sebe, vi koji želite živjeti potpuno se posvećujući svojim stvoriteljima i savjesno raditi ono što od vas traže obučavajući čovječanstvo na putu procvata i ispunjenja, morate postati vođa da bi u potpunosti bili za to sposobni.

Pišite vođi svih vođa, Claudu Raelu, i on će vam zaželjeti dobrodošlicu i pripremiti inicijaciju koje će vas osposobiti za potpuno širenje ove istine. Jer nitko ne može probudi uma drugih, ukoliko nije sam probuđen.

Ljubav stvoritelja za vlastito djelo je beskrajna i vi biste im trebali uzvratiti tu ljubav. Volite ih kao što oni vole vas i dokažite je pomažući njihovom veleposlaniku i njegovim pomagačima koristeći sva sredstva i svu svoju snagu da bi oni mogli putovati svijetom i širiti poruke i da bi izgradili ambasadu za doček naših stvoritelja.

Ako mi želite pomoći pri ostvarenju ciljeva koje su postavili Elohim, pišite mi na sljedeću adresu:

Rael
The International Raelian Movement
Case Postale 225, CH 1211
Geneva 8
Switzerland

Ili email na: headquarters@rael.org

I ne zaboravite na redovite sastanke ljudi koji vjeruju u ovu posljednju poruku koji se održavaju svake godine, prve nedjelje u travnju, 6. kolovoza, 7. listopada i 13. prosinca. Mjesto za održavanje sastanaka bit će objavljeno na odgovarajućim web stranicama (www. rael.org) i izravnim kontaktom Raeljanskog pokreta u vašoj zemlji. (Adrese možete pronaći na kraju ove knjige).

TREČA KNJIGA

POŽELIMO DOBRODOŠLICU IZVANZEMALJCIMA

1

ČESTO POSTAVLJENA PITANJA

Ovo poglavlje daje Raelove odgovore na ona pitanja koja su najčešće bila postavljana tijekom intervjua na radiju i televiziji u kojima je Rael sudjelovao diljem svijeta u godinama koje su uslijedile odmah nakon objavljivanja njegove prve dvije knjige sredinom sedamdesetih godina.

Prividna Protuslovlja Između Prve i Druge Poruke

PITANJE:

Prvo protuslovlje koje se pojavilo između prve i druge poruke otkriveno je na početku dijaloga između Elohe i vas. Kada ste ga u prvoj poruci upitali bi li bilo moguće posjetiti njegov planet, odgovorio je: "Ne, tamo ne biste mogli živjeti jer je atmosfera jako različita od vaše i niste dovoljno pripremljeni za to putovanje." Usprkos tome, u vrijeme drugog susreta 7. listopada 1975. (31) poveli su vas u jednom od svojih letjelica, pa ste gotovo 24 sati proveli na Planetu Vječnih.

Naglasili bismo da se pri prvom susretu letjelica pojavljivala postupno uz crveno bljeskajuće svjetlo na otprilike deset metara visine i polako se spuštala. Kada je letjelica bila dovoljno nisko da se mogao vidjeti njen gornji dio, jako bijelo svjetlo je bljeskalo na vrhu letjelice, dok se u vrijeme kontakta predaje druge poruke plovilo pojavilo odmah iza grmlja na Roc Platu bez bljeskajućeg svjetla i na razini tla. Isto tako, kada se vratilo, odmah je nestalo kada ste izašli iz njega, kao da je dezintegriran.

Drugo protuslovlje: U vrijeme prvog kontakta lice Elohe bilo je okruženo nekom vrstom aureole za koju je kasnije objasnio da je to vrsta svemirske kacige koja se sastojala od valova, dok u vrijeme posljednjeg susreta nije imao ništa što bi mu stajalo oko lica. Ovo protuslovlje je potvrđeno negdje drugdje navodom na 30. stranici u prvoj poruci:

"Lica mojega ne možeš ugledati; jer ni jedan čovjek ne može me vidjeti i ostati živ." *Izlazak 33:20* i ovaj biblijski citat je stoga ovako objašnjen: "Da čovjek dođe na naš planet i vidi stvoritelje bez njihovih svemirskih kaciga, umro bi, jer mu atmosfera ne bi odgovarala." Kako ovo objašnjavate?

ODGOVOR:

Objašnjenje ovog prividnog protuslovlja je vrlo jednostavno i može se sažeti jednom riječju: psihologija.

Kada netko odluči doći i kontaktirati s osobom koja živi na primitivnom planetu, čak iako je stvoren zbog obavljanja vrlo specifične misije, postoje izvjesne mjere opreza koje se moraju uzeti u obzir da bi se izbjeglo neopozivo oštećenje njegove psihe. Vidjeti letjelicu koja se pojavila na nebu opremljenu bljeskajućim svjetlima nije traumatski doživljaj za čovjeka koji živi u suvremenoj, znanstveno razvijenoj zemlji. Više ili manje, on je naviknut na satelite i rakete koje gleda na televiziji, a zrakoplove i helikoptere gleda od djetinjstva razumijevajući do izvjesne mjere način njihova rada. Najbolje što se moglo poduzeti da njihovo pojavljivanje za njega ne bi bilo šokantno, je postupno približavanje letjelice opremljene bljeskajućim svjetlima koja su poput onih na njemu dobro poznatim helikopterima i zrakoplovima. Čovjeku bi to bilo prilično normalno i ne bi bio previše iznenađen zbog izostanka buke iz stroja koji je izgledao kao da je od metala, pa je zato i vrlo težak. Biće koje se pred njim pojavilo moralo je biti odjeveno prema predodžbi čovjeka koji očekuje današnje zrakoplovne pilote i astronaute. Vrsta svemirske kacige koja zaklanja lice ulila bi mu povjerenje podsjećajući ga na pilote zemaljskih letjelica koje je dobro poznavao.

Tako bi do svojega cilja mogli doći bez poticanja osobe koju su kontaktirali na paniku, istovremeno joj omogućavajući da vidi tehnologiju još uvijek nepoznatu ljudima na Zemlji, pa će tako shvatiti da je otkrio posjetitelje sa drugog planeta.

U vrijeme drugoga susreta, kada se letjelica pojavila bezobzirnije, Elohim su koristili svoju tehnologiju bez kamuflaže pred svjedokom za kojega su znali da je psihološki pripremljen do te mjere da ga to ne bi traumatiziralo. Da su se pri prvome susretu pojavili na tako brutalan način, šok bi bio prevelik i moja mentalna ravnoteža bi tada bila previše poremećena, jer bi to bilo neočekivano. Unatoč njihovim mjerama opreza, šok zbog nervoze doveo je do početka čira na želucu i trebalo je nekoliko mjeseci da se zaliječi. Poruka "bijaše mi u ustima kao med slatka, ali kad je progutah, zagorči mi utrobu". Bilo bi još ozbiljnije da nisu poduzeli mjere opreza.

Sve do danas, naši stvoritelji su uvijek kada bi se pojavili pokušali ostaviti što je moguće veći dojam na svoju kreaciju, jer ljudi nisu bili u stanju shvatiti tko su bili posjetitelji s neba. Glavni cilj Elohim bio je da navedu čovjeka da povjeruje čak iako nije razumio. Sada kada ulazimo u doba Apokalipse, što zapravo znači "Doba Otkrivenja", doba kada smo u stanju sve razumjeti, a ne "kraj svijeta", kako bi neki željeli da vjerujete i ako provjerite u rječniku, odlučili su se pojaviti trudeći se da ih razumijemo i prepoznamo kao naše stvoritelje onako kako se navodi u svim religijskim napisima diljem svijeta, uključujući i *Bibliju* u kojoj su prozvani "Elohim". Ovu Bibliju su diktirali prvim ljudima s ciljem da ih se prepozna sada pošto su tisuće godina protekle i kada ljudsko znanje bude dovoljno napredovalo. Tako na ono što dolazi s neba možemo gledati bez klečanja na koljenima, moleći i vičući "čudo".

Napokon se moramo prisjetiti da su Elohim odlučili podvrgnuti me testiranju prije nego što mi uruče cijelu poruku, pa su to učinili što postupnije.

Unatoč mojoj upornoj želji da otputujem u njihovoj letjelici, odsječno su mi uskratili zahtjeve navodeći da je to za mene nemoguće, upravo kao što ljudi katkada svojoj djeci govore da bi ispijanje alkohola zaustavilo njihov rast. Dodali su stih iz *Izlaska* koji su uputili primitivnim ljudima da bi ostali na rastojanju. Primitivci su vjerovali bez pokušaja razumijevanja.

Datiranje Djela Elohim

PITANJE:

Elohim rekoše da su prije 25.000 godina stvorili život na Zemlji. Kako to da nalazimo tragove životinjskih kostiju starih stotine tisuća godina?

ODGOVOR:

Elohim su objasnili da oni nisu stvorili naš planet. Kada su odlučili nastaviti eksperimente vezane za znanstveno stvaranje života u laboratoriju, zaputili su se u potragu za planetom s odgovarajućom atmosferom koja bi im omogućila nesmetani rad. Nakon mnogih izvršenih testova i analiza ispostavilo se da je Zemlja pogodna za ovakva istraživanja. Tada su se spustili na naš planet stvorivši oblike života koje poznajemo danas, uključujući i ljude.

To ne znači da 10.000 ili 20.000 godina prije njihovog dolaska nisu postojala neka druga stvorenja koja su možda bila uništena u nekoj prirodnoj ili umjetnoj katastrofi.

Zamislite da sutra dođe do atomskog rata i cjelokupni život na Zemlji bude uništen. Onda bi se 10.000 godina kasnije ovdje nastanili izvanzemaljci zbog stvaranja novih živih organizama, inteligentna bića koja bi otkrila tragove naše civilizacije nakon sporog znanstvenog napretka; ova ista bića jedva da bi mogla i povjerovati da su ih bića koja su se spustila sa neba stvorila znanstvenim putem koristeći kao dokaz kosti, naše kosti za koje bi otkrili da su starije od 25.000 godina! Možda bi čak pronašli i puno starije kosti mamuta, koje danas i sami još uvijek pronalazimo, zato što današnji život na Zemlji nije stvoren prvi, a neće biti ni posljednji.

Postojalo je beskonačno puno stvorenja na našem planetu, ali također i beskonačno puno pustošenja koja su najvećim dijelom uvjetovana pomanjkanjem mudrosti onih koji su bili istovjetni našoj ljudskosti.

Narod Izraela i Židovi

Pitanje:

U prvoj poruci na 18. stranici napisano je da je narod Izraela odabran na jednom od Elohim-ovih natjecanja kao najuspješniji čovjekoliki narod obzirom na inteligenciju i genij. Potom je u drugoj poruci na 220. stranici napisano: "Židovi su naši izravni potomci na Zemlji. To je razlog zašto je baš njima namijenjena posebna sudbina. Oni su potomci "sinova Elohim i ljudskih kćeri", kao što piše u *Genezi*. Nije li ovo protuslovno?

Odgovor:

Narod kojega su odabrali naši stvoritelji, Elohim, kao najsavršeniju kreaciju stvorenu u laboratoriju na ovoj lokaciji našeg planeta, bio je narod Izraela. Možda stoga jer su ti ljudi bili najuspješniji, su sinovi Elohim podlegli kušnji i s njihovim ženama izrodili djecu od koje je nastao židovski narod. Tako je rasa koja nastanjuje Izrael postala židovski narod.

Raeljanski Pokret i Novac

Pitanje:

U prvoj knjizi na 96. strani piše:

Ne skupljajte sebi blaga na zemlji... Nitko ne može dva gospodara služiti. Ili će na jednoga mrziti i drugoga ljubiti, ili će uz jednoga prianjati i drugoga prezirati. Ne možete Jahvi služiti i mamoni. *Matej 6: 19 -24.*

A Vatikan se silno napada zbog svojeg bogatstva, dok Raeljanski pokret moli za novac od svojih članova. Ne upada li i sam u istu zamku kao i Vatikan?

ODGOVOR:

Ne smije se uspoređivati one koji žive u luksuzu i obilju preporučujući svojim vjernicima da žive siromašno i one koji koriste novac svojih siromaha da bi uzdržavali čitav niz biskupa i kardinala u svrhu stalnog povećavanja uloga u nekretnine održavajući palaču iz nekih drugih vremena s gardom opremljenom helebardama; ovi rimski uzurpatori ne smiju se uspoređivati s pokretom koji nema, niti će ikada imati plaćeni kler: on nije imao, niti će ikada posjedovati tri četvrtine kuća i nekretnina u glavnom gradu u kojem ljudi imaju problema s pronalaženjem prikladnih stanova kao što je slučaj u Rimu gdje odbijaju iznajmiti stan bilo kome, što možda proizlazi iz straha od devalvacije ulaganja; on nema, niti će ikada imati prinčevu palaču koja će se urušavati pod teretom zlata i srebra.

Mi zaista imamo potrebu za pribavljanjem dosta novčanih sredstava, ali ona će se koristiti isključivo za postizanje ovih ciljeva:

1. Prevođenje poruka Elohim na svaki jezik da bi se na njih privukla pozornost svih naroda svijeta.

2. Gradnja ambasade u kojem će Elohim službeno moći susretati ljude. Ovo veleposlanstvo neće biti ni palača ni katedrala, već obična kuća s komforom na koje imaju pravo svi suvremeni ljudi, s diplomatskim imunitetom gdje će i najmanja država imati svojega veleposlanika.

I konačno, ako uz malo sreće uspijemo pribaviti više novca nego što bude potrebno za ostvarenje prva dva cilja koja sam već naglasio i u ovakvom kratkom vremenskom rasponu u kojem još nismo uspjeli proširiti poruku diljem našeg planeta, iskoristit ćemo višak novca za izgradnju istraživačkog centra pokraj ambasade. Ovaj centar će okupiti sve znanstvenike koji budu željeli raditi na stvaranju života u laboratoriju omogućavajući čovječanstvu da se izjednači sa svojim stvoriteljima. Stvaranjem bioloških robota doći će do eliminacije rada, a naposljetku i novca. Također imamo u planu izgraditi školu za genije i nadarene. Ovi istraživački timovi moći će slobodno raditi izvan laboratorija koji izrabljuju radnu snagu, izvan multinacionalnih trustova i državnih sustava koji za posljedicu imaju gušenje genija. Na ovaj način će imati priliku raditi bez straha da će vidjeti kako njihova otkrića padaju u ruke političko-vojnih snaga koje koriste nova otkrića zbog izgradnje još razornijeg oružja.

U Vremenu i Prostoru Ništa Nije Konstantno

PITANJE:

U prvoj knjizi na 99. strani napisali ste da je planet Elohim udaljen malo manje od jedne svjetlosne godine, to je udaljenost koju svjetlo preputuje u godini dana ili devet tisuća bilijuna kilometara. Svjetlo se pokreće otprilike tri stotine tisuće kilometara u sekundi. Naši suvremeni znanstvenici navode da je najbliža zvijezda izvan našeg Sunčevog sustava udaljena četiri svjetlosne godine. Kako objašnjavate tu razliku?

ODGOVOR:

Elohim ne žele da znamo gdje se točno nalazi njihov planet. Ovo je potpuno razumljivo ako u obzir uzmemo čovjekovu sklonost ka uništavanju, čak iako je tehnološka razina na Zemlji još uvijek prilično primitivna.

Ovo će sve detaljnije biti otkriveno kada oni službeno stignu u ambasadu koju za njih gradimo. U međuvremenu, možemo samo postavljati pitanja. Znanstveni članovi našega pokreta postavili su hipotezu: udaljenost između njihovog i našeg planeta mogla bi iznositi oko četiri svjetlosne godine slijedeći svjetlo koje bi se pomicalo u izrazitoj krivulji, ali bi mogao biti udaljen samo jednu svjetlosnu godinu ako bismo putovali pravocrtno. To je moguće.

Dodao bih da se svjetlo ne pokreće istom brzinom u svim slojevima svemira jer ništa nije nepromjenjivo u prostoru kao ni u vremenu. Ovo je jedna od najvećih grešaka koju čine današnji znanstvenici. Oni započinju s opservacijom koja se temelji na ograničenom razdoblju da bi izvukli zaključke koji uključuju nekoliko proteklih tisuća godina i vrijeme koje će tek doći ili svoje zaključke temelje na ograničenom prostoru da bi povukli zaključke o beskonačnosti svemira. Čovjek je uvijek pravio istu pogrešku pri procjenama sukladno svom znanju. Oni koji su kao temelj koristili horizont, podrazumijevali su da bi Zemlja trebala biti ravna.

Ovo je isto tako točno i kod povijesnog datiranja kao što su metode koje se temelje na radioaktivnosti pod naslovom "Ugljik 14", kalij-argon, uran-olovo-torij, ili sve ostale slične metode. Postoji jako zanimljiva knjiga s vrlo ozbiljnim objašnjenjem svih ovih činjenica za zainteresirane znanstvenike:

Aludiram na Evoluciju ili *Stvaranje* (vidi bibliografiju na kraju ove knjige). Ukratko, greška ovih metoda datiranja je započinjanje s principom da je današnje kretanje atoma uvijek bilo isto i počevši od toga vrše se proračuni temeljeni na pogrešnim informacijama jer u vremenu i prostoru ništa nije konstantno.

Radi ilustracije ove greške, uzmimo za primjer čovjeka starog 25 godina i izmjerimo njegov rast tijekom godine dana, koji u prosjeku za mnoge ispitanike iznosi jedan milimetar. Počevši od toga mogli bismo utvrditi da je čovjek star 1750 godina, jer ima 1,75 m. Zaboravili bismo da rast ovog mladog čovjeka nikada nije bio stalan. U prvoj godini narastao je više od 500 milimetara (od trenutka začeća) u razdoblju između četvrte i pete godine života izrastao je samo 60 milimetara, između sedme i osme godine života samo 30 milimetara, ali između 14. i 15. godine oko 80 milimetara! Kako vidite, ništa nije konstantno, svi pokušaji određivanja dobi ispitanika počevši od djelomičnog promatranja njegova razvoja bila bi potpuna pogreška... Ako smo započeli mjeriti od 60 centimetara u prvoj godini razvoja da bi procijenili dob osobe, u 21 godini ovakvoga rasta mogli smo predvidjeti da će ova jedinka u 21. godini života imati 12,6 metara.

PITANJE:

U prvoj knjizi na 28. strani napisali ste da su Elohim stvorili izvorni kontinent prije 25.000 godina iz kojeg su se njegovi dijelovi kasnije razdvojili da bi oblikovali danas nam znane kontinente. Prema nekim znanstvenicima američki kontinent je nastavio odvajati se od Europe svake godine po nekoliko centimetara, ili svake godine po jedan metar kako tvrde drugi. Bilo kako bilo, čak i ako je jedan metar godišnje za dvadeset pet tisuća godina dosegnut ćemo 25.000 metara ili 25 kilometara, ali sjevernoamerički kontinent je udaljen puno tisuća kilometara od Europe. Kako je to moguće objasniti?

ODGOVOR:

Odgovor na ovo pitanje je jednak kao i onaj na prethodno pitanje. U uzorku rasta ljudskoga bića odnos između prve godine života i 21. godine iznosi 600 prema 1. To je tisuću puta veće nego kada govorimo o razdvajanju kontinenata.

Ovdje opet ništa nije konstantno, kako u vremenu, tako ni u prostoru. Zapravo, kontinenti se možda razdvajaju samo nekoliko centimetara godišnje, ali su se u početku razdvajali više stotina kilometara svake godine.

Nedavno je došlo do potresa na arapskom poluotoku i ljudi su bili iznenađeni kada su primijetili da je stvoren rasjed koji je odvojio dvije regije za jedan metar samo tijekom jedne noći.

A ipak, mi živimo u relativno mirnom razdoblju povijesti Zemlje, popratni efekti "oluje" stvaranja prvobitnog kontinenta od strane naših Očeva imali su vremena umiriti se tijekom 25 milenija. U nepreglednosti vremena i prostora ništa nije konstantno, kako u materiji, tako ni u energiji.

Prijenos Plana Stanične Organizacije i Čeone Kosti

PITANJE:

Pitanje su postavili svi oni koji su Raela prepoznali kao osobu koju su poslali naši stvoritelji, Elohim, i koji je posljednji u nizu proroka koji će izvršiti prijenos njihovog plana stanične organizacije ili putem vođe kojeg će imenovati za vršenje te dužnosti. Ovo bi se sve izvršilo u svrhu očuvanja genetskog koda svakog raeljana da bi mu bilo dopušteno konačno ponovno stvaranje na Planetu Vječnih. S druge strane, svakog raeljan se moli da uzme u obzir potrebne mjere opreza u njegovoj ili njenoj oporuci da bi se čeona kost mogla poslati Vođi svih Vođa nakon njegove ili njene smrti; čemu bi to koristio, obzirom da je prijenos plana stanične organizacije već izvršen?

ODGOVOR:

Prijenos plana stanične organizacije je prepoznavanje Elohim kao naših stvoritelja koje će svaki raeljan izvršiti tijekom života. Očuvanje čeone kosti je prepoznavanje Elohim kao stvoritelja, čak i nakon smrti. Oni zajednički čine priznanje "u životu kao i u smrti". Plan stanične organizacije ili genetski kod svake jedinke je upisan u ogromno računalo koje pohranjuje sva naša djela tijekom života, od začeća, od susreta jajašca sa spermijem, od trenutka upisivanja novog genetskog koda, dakle, nove jedinke. Ova jedinka će se pratiti tijekom cjelokupnog življenja i na kraju života će računalo znati ima li ona pravo na vječni život na planetu na kojem će Elohim prihvatiti samo najsvjestnije muškarce i žene.

PITANJE:

Što će se dogoditi s raeljanima koji budu umrli u nekoj nesreći i čija tijela budu potpuno uništena?

ODGOVOR:

Ako Raeljan po ovom pitanju bude u svojoj oporuci upozorio i zahtijevao da se njegova čeona kost pošalje Vođi svih Vođa, tada to nije problem obzirom da će to biti upisano u računalo zajedno s pregledom podataka svakoga od nas tijekom našeg cjelokupnog postojanja. Na isti način će se poštivati posljednja volja i oporuka raeljana i to neće predstavljati problem za one koji umru bez ovlaštenja o poštivanju njihove posljednje volje i oporuke odbijajući odstranjenje čeone kosti. Ovdje je važno da svaki raeljan načini njegovu ili njenu oporuku na već poznati način.

Kada bude postojalo više milijuna raeljana, vlada će biti prisiljena pobrinuti se da se zakonskim putem poštuje njihova posljednja volja i oporuka. Posljednja volja i oporuka prvih kršćana isto tako se nisu poštivale sve dok su kršćani bili u manjini. Raeljanstvo će biti dominantna religija u svijetu trećega milenija, a onda će se poštivati posljednja volja i oporuka svih raeljana.

PITANJE:

Većina ljudi umire u starosti. Hoće li ti ljudi biti ponovno stvoreni stari i hoće li živjeti vječno kao stari ljudi?

ODGOVOR:

Jasno da ne! Osoba koja bude imala sreću što će ponovno biti stvorena da bi vječno živjela na Planetu Vječnih ponovno se rađa mlada, s tijelom u punoj snazi. Pri svakom ponovnom stvaranju ljudi će ponovno biti stvoreni na isti način da bi mogli vječno živjeti.

PITANJE:

Piše da će biti spašeni samo oni koji vas budu slijedili. Ako osoba čiji je život bio usmjeren prema sreći i procvatu ljudskog roda nije nikada čula za poruke Elohim, ima li takva osoba mogućnost da bude spašena?

ODGOVOR:

Ova osoba se nalazi među pravednima i bit će spašena. Taj dio poruke razmatra one koji su ih pročitali. Među njima će biti spašeni samo oni koji su odlučili slijediti pravila naših stvoritelja. Ipak, ako na Zemlji postoje ljudi koji žive u nastojanju da pomognu napretku čovječanstva ili svim svojim nastojanjima pomognu svojim bližnjima i oni koji su umrli ne znajući za poruke naših Očeva, ti ljudi će biti među pravednima, pa će biti spašeni. Za one koji ne znaju za poruke, a budu se ponašali pozitivno, to će se tolerirati više nego kod onih koji budu znali za njih zato što potonji nemaju ispriku za zadržavanje svojega stava, pa su tijekom života više pozornosti trebali posvetiti svojim djelima.

Je li Zemlja Atom Božjega Prsta?

PITANJE:

Poruka objašnjava da je naš planet samo atom atoma divovskoga bića kojega smo mi samo jedan dio, baš kao što je inteligentni život u atomima atoma onoga od čega se i sami sastojimo. Ipak, može li se veliko biće kojega smo mi samo dio smatrati "Bogom"?

ODGOVOR:

Sve to ovisi o tome što se podrazumijeva pod riječi "Bog". Ako mislimo na svemir, onda da, ali samo djelomično; zato što divovsko biće kojega smo mi samo djelić također živi na planetu koji je atom drugoga divovskoga bića i tako dalje do beskonačnosti.

Ako pod pojmom "Bog" podrazumijevamo biće koje nad nama ima moć, onda uopće ne, jer takav "Bog" ne postoji.

Beskonačno veliko biće čiji je Zemlja samo atom nema nikakve moći nad nama, jer ne smijemo smetnuti s uma da za to biće vrijeme protječe puno sporije. Vrijeme koje je potrebno tom biću da o nečemu razmisli za nas će predstavljati nekoliko milenija. Vrijeme koje je potrebno bićima koja žive na jednom atomu naših atoma da o nečemu razmisle, za nas predstavlja bilijunti dio bilijuntoga dijela sekunde. Ovo beskonačno malo biće moglo bi pomisliti da smo mi "Bog" i bilo bi u krivu baš poput nas, ako bismo biće čiji smo i sami dio smatrali božanskim. Kako je i sam svemir beskonačan, u njemu nema središta, što eliminira mogućnost postojanja svemogućeg i sveprisutnog Boga!

Beskonačnost je sveprisutna i mi smo dio nje kao što je ona dio nas. Dakako, ona nema moći nad nama i "beskrajno" je indiferentna zbog naših odluka ili ponašanja. Napokon, nema nikakvih dokaza da je veliko biće na čijim česticama živimo kao paraziti čovjek. To je možda pas ili crv (jedina stvar koju mogu dokazati Elohim je činjenica da je to nešto živo).

Noina Arka – Svemirski Brod?

PITANJE:

Poruke navode da je Noina arka bila svemirski brod. Dakako, prije nekoliko godina otkriveni su ostaci broda na ledenjaku planine Ararat za koje neki tvrde da su krhotine Noine arke, jer izgleda poput broda. Kako to objašnjavate?

ODGOVOR:

Nedavno pronađeni komadi drva su analizirani i procijenjeno je da nisu stariji od sedam stotina godina, što bi Noinu arku smjestilo u razdoblje oko 1200 godina n.e. Čak i ako priznamo da sustav datiranja jako griješi i da se jedan pomnoži sa tri, rezultat bi iznosio dvije tisuće godina, a to bi značilo da je do poplave došlo početkom razdoblja kršćanstva, a to je besmisleno. Čak i da se jednoga dana pronađu ostaci drvenog broda starih pet tisuća godina, što bi odgovaralo periodu kada je došlo do poplave, to ne bi dokazalo da je Noina arka bila drveni brod. Netko bi pokraj planine Ararat sigurno pronašao dijelove drvenog broda koji potječe iz epohe prave poplave, jer je u vrijeme kada je Noa izgradio svoj svemirski brod koji je bio predodređen za spašavanje određenog broja ljudi od uništenja, u lukama njegove države je bilo nekoliko drvenih brodova koje su nosili ogromni plimni valovi u doba strašnih eksplozija koje su prouzročile uništenje svekolikog života na Zemlji. Baš kao što i danas na Floridi, nedaleko od suvremene američke raketne postaje koja je opremala astronaute na Mjesec, pronalazimo čudesne jedrilice izgrađene od drva i veličanstvene jahte koje pripadaju američkim milijunašima.

U slučaju atomskog rata određene eksplozije bi mogle aktivirati ogromne plimne valove koji bi ove brodove mogli odnijeti na vrhove najbližih planina poput slamnatih dijelova. Moguće preživjele osobe bi temeljem nalaza krhotina ovih brodova nekoliko stoljeća kasnije mogle zaključiti da je došlo do ogromne poplave koja ih je tamo odnijela, a obzirom da izvjesni napisi izvješćuju o tome da su ljudi bili spašeni od te poplave, jer su bili zaštićeni na brodu, bili bi uvjereni da se radilo o plovilima.

Vrlo je bitno stajalište koje nam pomaže da jasno shvatimo da poplava nije bila rezultat stalnih kiša, kako se općenito misli, već rezultat kolosalne kataklizme koja je potpuno i na vrlo brutalan način preokrenula površinu Zemlje. Da je bila uvjetovana stalnom kišom svi brodovi bili bi spašeni i, naravno, svi pomorci i navigatori te epohe bili bi spašeni bez problema. Sada je potpuno jasno da su spašeni samo oni koji su bili na Noinoj arki, što ima smisla, jer je ona bila jedini svemirski brod!

Život Poslije Života - ili San i Stvarnost?

Pitanje:

Nedavno je objavljena knjiga koja se odnosi na svjedočanstva ljudi ponovno vraćenih u život pošto su pali u komu i gotovo svaki od njih je ispričao istu priču o vizijama koje su imali kada se približavala smrt – viziju harmoničnih ljudi koji nose bijelu odjeću i pjevaju, viziju ljudi koji su nestali, itd. Vi tvrdite da nakon smrti ništa ne postoji osim ukoliko Elohim ne budu intervenirali svojim ponovnim stvaranjem života onih koji budu umrli. Kako objašnjavate ovu dosljednost u svjedočanstvu i ne dokazuje li ona postojanje duše?

Odgovor:

Sve što se događa u ljudskome mozgu je isključivo posljedica elektrokemijskih reakcija. Bez obzira radi li se o ljubavi, mržnji, zadovoljstvu, patnji ili mašti ili o svim ostalim stanjima svijesti, osjećajnosti ili bolesti; taj proces u svakom slučaju ovisi o kemijskim reakcijama koje se proizvode u unutarnjem dijelu mozga i rezultiraju električnim impulsima ili porukama, bez obzira jesu li ona vizualna, auditivna, temelje li se na memoriji ili tumačenju novih događaja koji se temelje na elementima koje netko ima u svojoj memoriji.

Kada jako duboko i brzo dišemo osjećat ćemo se vrlo brzo ushićeno i ako natjeramo sto ljudi da učini isto, iskustvo svakoga od njih pokazat će dosljednost. Ako sto ljudi budemo natjerali da pretrči jedan kilometar, svaki od njih će ostati bez daha. Svaki dati fenomen odgovara fizičkoj reakciji, koja će biti jednaka za svakoga od njih. Kada netko padne u komu, mozak je na određeni način natopljen krvlju i moždane stanice su stoga ispunjene kisikom na određeni način i te kemijske reakcije proizvode određene doživljaje koji su gotovo identični kod svakoga od nas.

Ako kiselinu stavimo na kamen vapnenac, uvijek će se proizvoditi pjena. Ako glave stotina ljudi dovoljno jako udarimo, oni će pasti u komu i svi će imati dojam da su vidjeli istu stvar. Doista, oni će opisivati samo ono što je pohranjeno u njihovoj memoriji obzirom na kemijske reakcije kojima su bili podvrgnuti. To je pomalo slično snovima. Nitko ne bi pomislio da će to reći jer je sreo 10 drugih ljudi koji su svi sanjali da ih lovi bik od 10 metara visine bljujući vatru, pa obzirom da je puno ljudi govorilo o istoj stvari, onda ovakvi bikovi sigurno postoje. Svi smo mi ponekad sanjali da možemo letjeti samo uz mali napor koji smo načinili stopalima; ipak, nitko zaista ne vjeruje da je to dokaz da možemo letjeti poput lastavica ili da je ovakvo što moguće zato što tisuće ljudi sanja isti san. Ovi snovi ne smiju se tumačiti kao stvarnost, čak i kada bi ih znanost pokušala tehnički ostvariti ugradnjom aparature koja će nam jednoga dana zaista omogućiti letenje. Nešto čega se dobro sjećaju svi oni ljudi koji su bili u komi je činjenica da se nisu željeli vratiti u svoje tijelo, što zaista nije iznenađujuće. Bilo bi točnije reći da nisu imali želju ponovno biti svjesni svojega tijela, kao što to, primjerice, ne želimo ni onda kada izađemo iz slatkog sna u društvu suprotnog spola te se pokušavamo vratiti natrag u snove da bismo ponovno proživjeli sretno iskustvo.

Činjenica je da svi oni koji su se probudili iz kome opisuju gotovo isto iskustvo što dokazuje da su se u ljudskom mozgu proizvodile gotovo identične kemijske reakcije, dakle, njihove reakcije na električne fenomene su identične.

Ako ugradimo elektrode u 1000 ljudskih mozgova na potpuno ista mjesta i napunimo ih jednakim električnim nabojem, svi će osjećati isto i imat će jednake vizije. To je upravo ono što se događa u vrijeme smrti. Ako izvjesni privilegirani ljudi budu zaslužili ponovno stvaranje na Planetu Vječnih nakon smrti, to će se dogoditi samo kada dođe do konačne smrti, a ništa se neće događati sve dok se osoba bude nalazila u komatoznom stanju, odnosno dok bude živa.

Znanstvena Razina Razvoja Elohim

Pitanje:

Ne čini se da između naših stvoritelja i nas postoji veliki vremenski raspon, čak iako se oni nalaze 25.000 godina ispred nas. Njihov spori napredak daje nam dojam da ćemo biti u mogućnosti iste stvari izvršiti u puno kraćem vremenu. Kako to?

Odgovor:

Riječi koje sam koristio pri opisivanju svega onoga što sam vidio su odabrane da bi to mogao razumjeti najveći mogući broj ljudi u tehnološki razvijenim zemljama. Zapravo, mi ne možemo ni početi predstavljati kapacitet tehnološke razine naših stvoritelja. Ono što smo činili krajem 20. stoljeća kršćanske ere činilo bi se čudesnim Europljanima koji su živjeli prije jedva 100 godina, kao i indijanskim plemenima u Amazoni koja danas žive u prašumama. Ali ono što mogu napraviti naši stvoritelji, ukoliko bi im to pokazali, izgledalo bi podjednako čudesno našim najnaprednijim znanstvenicima. Elohim su odlučili ne otkrivati čudotvornost svoje tehnologije, u protivnom bi nas doveli do nerazumijevanja što bi ponovno dovelo do mističnih vjerovanja, i konačno, do primitivnih religija. Na ovaj način, Elohim se nadaju da ćemo sami nastaviti, prije svega, tragati za razumijevanjem materije i sila koje nas okružuju.

Isto kao što su se preda mnom pojavili s bljeskajućim svjetlima i u nekoj vrsti skafandera pri svom prvom dolasku na Roc Plat da me ne bi zbunili, a drugi put je njihovo pojavljivanje bilo trenutno i na razini tla, također su čovječanstvu mogli pokazati tehnološke trikove koje čak ni najmaštovitiji znanstvenici ne bi bili kadri razumjeti.

Oni su u stanju činiti izvjesne stvari s beskrajno velikim česticama kao što su planeti, čak i sa cjelokupnim sunčevim sustavima, gdje mi još uvijek imamo problema kada to činimo s beskonačno malim česticama kao što su neuroni ili elektroni. Želim reći, da mogu modificirati pokrete planeta unutar sunčevog sustava i čak pomicati cjelokupne sunčeve sustave. To mogu izvoditi koristeći valove kojih mi još uvijek nismo ni svjesni.

Vratimo se na ono što je napisano u prve dvije poruke. Moramo priznati da, primjerice, između naše sadašnje znanstvene razine na Zemlji i vještine ponovnog stvaranja života znanstvenim putem koji tako postaje vječan, postoji divovski korak za koji će našim znanstvenicima trebati puno vremena, čak iako to nije potpuno nepojmljivo ni za one koji su najotvorenijeg uma.

Ni Bog ni Duša, Već Elohim i Genetski Kod

PITANJE:

U porukama je napisano da ne postoji Bog obzirom da je svemir beskonačan u prostoru i nema središte, pa zato iz istih razloga ne postoji ni duša. Zar se ne bi moglo reći da Elohim zamjenjuju "Boga" u svijesti mnogih Raeljana i da mogućnost ponovnog stvaranja na Planetu Vječnih zamjenjuje ideju "duše" dopuštajući ulazak u "raj"?

ODGOVOR:

Da, nema "Boga". Svemir je beskonačan i zato ne može imati središte prema definiciji beskonačnosti. Ipak, nužno je razlikovati one kojima je "Bog" pojam koji označava beskonačnost, nešto vječno, sveprisutno, neopipljivo nemajući snagu nad čovjekom i onih za koje je "Bog" biće sa bijelom bradom koje sjedi na oblaku i koje je stvorilo ljude po svojem vlastitom liku. Od početka je postojao konglomerat između ove dvije koncepcije, dvije potpuno različite stvari koje su stavljene pod isti nazivnik, a koje su sada izgubile svoja odvojena značenja. Elohim su prvim ljudima objasnili da je na jednoj strani beskonačnost, sveprisutana i vječna, koje smo i sami djelić a koja je dio nas samih, dok su na drugoj strani oni, Elohim, koji su stvorili nas prema svojem liku.

Malo po malo, svojstva beskonačnosti su se pripisala Elohim, a to je djelomično istinito jer su vječni; a za beskonačnost snaga manifestacije putem nebeskih glasnika je opet djelomično točna, jer na određeni način Elohim možemo shvatiti kao instrument beskonačnosti pri stvaranju inteligentnih bića prema vlastitom liku.

Ipak, beskonačnost nas ne promatra ni izravno ni stalno i sama po sebi nije svjesna našeg individualnog ponašanja. Bez obzira hoće li čovječanstvo dosegnuti Zlatno doba ili će nestati u samouništenju za beskonačnost nema nikakve važnosti, barem ne više nego što i sami obraćamo pažnju na molekulu naših prstiju koju smo ostavili na nekom predmetu u trenutku doticanja. U odnosu na beskonačnost potpuno je normalno da postoji selekcija na svim razinama, kako za čovjeka ili psa za koje Zemlja ne predstavlja ništa više od atoma na lubanji ili noktu prsta tako i za sunce koje ga obasjava ili za bilijune nastanjenih planeta koji se mogu pronaći u noktu našega palca.

Oni koji razmišljaju o "Bogu" kao o beskonačnosti, kao što uči većina istočnjačkih religija, u pravu su u smislu da to predstavlja koncepciju bez identiteta i bez svijesti o našem vlastitom postojanju ili o nečem drugom.

Onim kojim "Bog" predstavlja naše stvoritelje, Elohim, nisu potpuno u krivu sve dok o njima ne misle kao o bićima koje moraju obožavati na rukama i koljenima ili ležati na podu licem okrenutim prema prljavštini, već promišljajući o njima kao o starijoj braći u beskonačnosti koju bi trebalo voljeti, kao što želimo da nas zavole bića koja ćemo jednoga dana i sami stvoriti.

Duh je koncepcija čiju etimologiju ćemo slijediti da bi bolje razumjeli njeno značenje. Riječ duh (*spirit*) potječe od latinske riječi "*spirare*" što znači "disati", a riječ "duša" (*soul*) ima isti korijen kao i francuska riječ "*souffle*" koja isto tako znači dah. Možemo analizirati točan sastav ljudskog tijela, onda pomiješati sve kemijske sastojke, ali živo biće nećemo dobiti. Nešto će nedostajati, nešto će biti potrebno skupiti, artikulirati, organizirati prema dobro utvrđenom planu. Uzmite sve što je potrebno da biste sagradili kuću iz snova: 10 tona kamena, tonu cementa, 100 kilograma boje, dva umivaonika, kadu, itd. i sve to stavite na gomilu. U svakom slučaju, nećemo dobiti kuću jer nedostaje najvažnija stvar: plan. Stvaranje osobe slijedi isti princip, ono mora imati plan. Ovaj plan je genetski kod, što znači da prikupljanjem sićušne količine tvari kojom bismo oblikovali prvu stanicu koja sadrži stanični plan, mogli bismo reći da je zapravo ta osoba skoro završena. Ova prva stanica bi koristila materiju koju joj mi dajemo kao hranu da bi se udvostručila na dva dijela, onda četiri, pa osam stanica, i tako dalje, slijedeći precizni plan sve dok se ne ispuni cjelokupna informacija sadržana u genetičkim specifikacijama.

Svako živo biće ima genetski kod koji se razlikuje prema vrsti, ili ovisi o jedinkama koje pripadaju istoj vrsti, u izvjesnim detaljima kao što je boja očiju, kosa, karakter, itd. Čak i *Biblija* jasno navodi da svako živo biće posjeduje "dušu", a ne samo čovjek.

> Jer ne smijete jesti tijelo u kojem je još duša, to jest njegova krv. Sigurno ću iskati dio tvoje krvi; od svake životinje ću to iskati i od čovjeka; od svakog čovjeka iskat ću živu dušu njegovog bližnjeg. *Geneza 9: 4-5.*

> Jer život jednog stvorenja je u krvi. *Levitik 17: 11,*

I zato nema eterične duše koja poslije smrti dražesno isplovljava iz tijela, ali postoji genetski kod kao osobnost svakog pojedinca. Upravo putem genetskog koda Elohim nastavljaju s ponovnim stvaranjem onih ljudi čiji je život na Zemlji zaslužio vječni život na njihovom planetu.

"Bog" ne postoji, ali postoje Elohim, naši stvoritelji koje želimo pozdraviti kako i zaslužuju i u koje vjerujemo, ili bolje rečeno, u koje imamo povjerenja. Nakon smrti isto tako neće postojati autonomna duša koja će odletjeti iz našega tijela, ali postoji genetski kod koji dopušta ulazak u vječni život.

Religija Beskonačnosti

PITANJE:

Raeljanski pokret je ateistička religija čiji su ciljevi širenje poruka Elohim o demistifikaciji svjetskoj populaciji i izgradnja ambasade u kojoj će oni službeno uspostaviti kontakt s vladama planeta Zemlje. Pretpostavimo da ljudi pokažu mudrost i uspiju izbjeći samouništenje, da se poruke prošire na svakom jeziku, izgradi ambasada i da Elohim stignu; koja će tada biti funkcija raeljanske religije i koja će biti njena misija?

ODGOVOR:

Ako do svega toga dođe, a mislim da hoće, čak i ako postoji samo jedan prema sto da će čovjek odabrati put mudrosti, čovjekova religija će biti ona koju propovijedaju Elohim – beskonačnost. Misija raeljanskih vođa će onda biti podučavanje tehnika koje će čovjeku dopuštati život u skladu s beskonačnošću. Ove tehnike su sažeto objašnjene u *"tumačenjima"* druge poruke i u poglavlju o *Senzualnoj Meditaciji*. Drugim riječima, sve što omogućuje podizanje čovjekove razine svijesti, poboljšanje percepcije elektrokemijskih reakcija i unutarnjih promjena koje proizvodi mozak.

Religija beskonačnosti je religija apsoluta, a time je neizbježno vječna. Sama činjenica da su ljudi koji su u znanosti 25.000 godina ispred nas još uvijek vjerni ovoj religiji, dokazuje da je ovo apsolutna religija, vječna religija za sve živuće vrste koje su dosegle univerzalnu razinu svijesti, odnosno beskonačnost.

Seminar buđenja koje redovito organiziramo sastoje se od pristupa ovoj religiji beskonačnosti putem senzualne meditacije.

Budućnost Tradicionalnih Religija

Pitanje:

Ako bi Elohim došli do ambasade u društvu Mojsija, Isusa, Bude i Muhameda i svih velikih proroka koji žive na Planetu Vječnih, što bi bilo s postojećim religijama?

Odgovor:

Većina bi se usmjerila na Raeljanski pokret, barem oni posjetitelji crkve koji su vjerni napisima ovih religija, dovoljno su inteligentni i otvorenog uma. Na žalost, veliki broj uskogrudnih fanatika predvođenih klerom ovih religija koji strahuje od gubitka izvora svojih prihoda usprotivit će se općem okupljanju u Raeljanskom pokretu. Oni će reći da su Elohim uzurpatori ili ih je poslao "vrag", a okrenuti prema vlastitom Kristu, rado bi ga ponovno razapeli baš kako bi kler Inkvizicije spalio Isusa kao vrača u njegovo vlastito ime da je imao nesreću pasti im u ruke u toj epohi.

Nedavno sam imao priliku doručkovati s jednim predstavnikom Židovske zajednice u Montrealu, Quebec. Tijekom obroka zapitao sam ga što bi učinio da mu sam Mojsije kaže da postupi drugačije nego što to piše u *Starom zavjetu*. Odgovorio je da bi nastavio primjenjivati ono što piše u *Bibliji*.

Puno ljudi je poput njega i ovo je jedan od problema s kojima će Elohim biti suočeni tijekom svoje potrage za priznanjem od strane čovječanstva. Morat će biti jači od uvjerenja koja su stvorili.

Da Elohim sutra negdje na svijetu ateriraju i objasne vladama i medijima koji bi se susreli s njima da ne postoje ni "Bog" ni duša i kada bi predstavili Isusa od krvi i mesa i rekli tko je on, vjerujete li da bi Vatikan svoje bogatstvo stavio njemu na raspolaganje? Zasigurno ne, jer je sustav postavio prioritet na temeljne ciljeve katoličke crkve. Sve časne sestre su supruge Isusove. Bi li ga one služile da se vrati? Biti supruga nekome tko ne postoji u materijalnom smislu vjerujući da negdje živi i brinući se ukoliko se zaista vrati: to je problem časnih sestara.

Veliki mislilac jednom je rekao: Ne možemo promijeniti ljudski um, ti ljudi će jednostavno umrijeti i zamijenit će ih drugi, razvijeniji umovi koji drugačije misle. Vrijeme je na našoj strani. Doista, uvijek će postojati mala jezgra uskogrudnih fanatika, ali oni će izumrijeti, upravo kao što su izumrle pretkršćanske religije koje su žrtvovale prve kršćane i čija uvjerenja ipak nisu potpuno nestala. Problem će nastati samo onda ako Elohim stignu prije nego što ta primitivna uvjerenja potpuno iščeznu.

Raeljanstvo i Geniokracija

Pitanje:

Izdali ste knjigu pod naslovom: *Geniokracija* iz koje se razvio politički pokret koji je nazvan: Pokret za Svjetsku Geniokraciju. Ne pokušavate li koristiti religijski pokret u svrhu nametanja političke doktrine?

Odgovor:

Puno Raeljana je zapravo bilo zainteresirano za poglavlje u prvom poglavlju koje je objašnjavalo kakva je politička organizacija na planetu Elohim te su me zamolili da ovu ideju pretočim u manifest koji bi im pomogao formirati politički pokret slijedeći ovu ideologiju. Činjenica da su Elohim željeli da favoraziramo usađivanju "geniokracije" na Zemlji istovremeno dopuštajući ljudima slobodu za razumijevanje nečeg boljeg ako to mogu, potaknula me je da napišem ovaj manifest. Kasnije je nekoliko raeljana bilo detaljnije zainteresirano za "geniokraciju" koja je stvorila stranku i čak je i predstavila kandidata na nekim izborima samo nekoliko mjeseci nakon njenog stvaranja.

Moj stav je vrlo jasan u svim državama u kojima napreduje

"geniokracija". Na Zemlji sam prije svega da bih izvršio misiju koja se sastoji od širenja poruka naših stvoritelja i izgradnje ambasade za koju su nas zamolili. Oni koji su uključeni u "geniokraciju" znaju da cjelokupno slobodno vrijeme posvećujem svojoj misiji, pa iako želim postići najbolje, nisam zabrinut po pitanju njihovih problema. Čak sam i zamolio sve vođe koji su počeli s radom ovih političkih pokreta da što brže pronađu druge neraeljane koji bi ih mogli zamijeniti da bi se vođe po tom pitanju mogli posvetiti onome što je po mom mišljenju važnije: svom radu u funkciji vođa.

Ako kandidati "geniokracije" budu nastojali biti izabrani, raeljanima ću uvijek savjetovati da glasuju za njih. Potpuno je evidentno da neka osoba može biti raeljan i "geniokrat", kao što netko može istovremeno biti demokrat i kršćanin; netko može imati i religiju i političko mišljenje. Dapače, raeljani ne moraju biti uključeni u stranku "geniokrata", baš naprotiv. Uvjeren sam da ljudi mogu raditi jednu stvar tijekom nekog vremena, i to u najmanju ruku vrlo dobro, pa zato savjetujem raeljanima da ne sudjeluju aktivno u stranci "geniokrata", već da je prepuste neraeljanima. Kada netko radi osam sati dnevno i svoje cjelokupno slobodno vrijeme provede u širenju poruka, svaki slobodni trenutak postaje dragocjen. Ne bi trebalo ni minute trošiti na "geniokraciju" kada se to vrijeme može utrošiti na širenje poruka. Mora se odabrati, a politička ideologija nema takvu težinu u usporedbi s porukama Elohim.

Zakotrljao sam loptu sa "geniokraciji" i sada računam na neraeljane da tu istu loptu povedu. Možda će se to razviti u nešto ogromno što će spasiti čovječanstvo ili će možda čovječanstvo spasiti sebe bez "geniokracije", čak i ako to ljudi shvate kasnije. Jedina važna stvar je da se uskoro izgradi ambasada; ovo je moja jedina preokupacija, a to bi trebala biti i jedina preokupacija istinskih raeljana. Prioritet prioriteta je izgradnja ambasade za naše stvoritelje da ih možemo dočekati u društvu drevnih glasnika: Mojsija, Isusa, Bude i Muhameda. Ovo je jedini razlog mojega postojanja na Zemlji. Ovo mora biti jedini razlog postojanja za sve one ljude koji mi žele pomoći.

Tko je Stvorio Stvoritelje Stvoritelja?

Pitanje:

Elohim su stvorili nas, a drugi ljudi sa drugog planeta njih. Tko je stvorio stvoritelje Elohim-a?

Odgovor:

Pojam beskonačnosti u prostoru je čovjeku lakše shvatiti od razumijevanja pojma beskonačnosti u vremenu.

Jednom kada budemo postigli toliki stupanj slobodoumnosti, moći ćemo shvatiti da je Zemlja u svemiru samo čestica atoma drugih atoma na ruci divovskog bića koje promatra zvjezdnato nebo od kojega se sastoji ruka, želudac ili stopalo bića koje je čak još ogromnije od njega i koje se našlo pod nebom, itd., do beskraja.

Isti proces može se primijeniti na beskonačno malo, na atom atoma naših ruku. Tamo žive inteligentna bića za koja su ove čestice planeti i zvijezde i ova bića sastoje se od atoma od kojih su djelići zvijezde i planeti na kojima žive inteligentna bića, itd., itd., isto tako do beskraja.

Beskonačnost u vremenu je čovjeku teže razumjeti zato što je čovjek rođen tijekom jednog dana, živi izvjesni broj dana i umire, pa bi za sve što je u svemiru želio da bude vremensko ograničeno, kako je i on. Za čovjeka nerazvijenog uma ideja da u svemiru nešto može biti vječno je nepodnošljiva, čak i ako bi to bio sam svemir. Današnji znanstvenici pridržavaju se istoga pravila tvrdeći da svemir mora imati izvjestan broj kilometara i mora da je star nekoliko milijuna godina. Bez obzira radi li se o prostoru ili vremenu, možemo izmjeriti samo onaj djelić svemira koji smo u stanju osjetiti. Sve je vječno, bez obzira nalazi li se u obliku materije ili energije, a mi sami smo stvoreni od vječne materije.

Elohim su stvorili ljudi sa drugog planeta koje su opet stvorili drugi ljudi koji su došli sa drugog planeta i tako dalje sve do beskonačnosti. Jednako je glupo tragati za počecima svemira u vremenu kao što je besmisleno tragati za početkom prostora.

Vratimo se na primjer inteligentnih bića koja žive na djeliću jednog atoma naše ruke i za koje je ova čestica planet. U odnosu na prostor, znanstvenici na ovom mikroskopskom planetu koji su, primjerice, smješteni usred koštane srži prvog članka desnog kažiprsta će isprva tvrditi da se ostale čestice koje mogu promatrati golim okom okreću oko središta njihovog planeta, čestice na kojoj su oni smješteni. Za ove znanstvenike je očigledno da je njihov planet središte svemira, ali oni će napredovati i jednoga dana će neki genij dokazati da se njihovo sunce ne okreće oko njihova planeta i da se zvijezde također ne okreću oko njihova malenoga svijeta, već je to njihov planet koji se sam okreće u bliskom nepokretnom nebu kao što se okreće istovremeno i oko njihova sunca. Vjerojatno će biti spaljen zbog svojih heretičkih teorija od strane inkvizicijskih lovaca na vještice na njihovom "sićušnom planetu", ali doći će dan kada će ljudi koji su otkrili više sofisticiranih instrumenata za promatranje dokazati da je on bio u pravu. Onda će učeni znanstvenici toga doba nastaviti mjeriti svemir i s velikom skromnošću će reći da se svemir proteže od najudaljenije čestice zvijezde koja se nalazi na jednom kraju neba do najudaljenijeg djelića zvijezde na drugome kraju. Ova mjera će predstavljati samo jedan bilijunti dio bilijuna prostora našega prsta na kojem su oni smješteni. Ipak, obzirom da ne mogu vidjeti dalje od toga, pretpostavit će da svemir prestaje tamo gdje ga oni ne budu mogli promatrati. Dakako, tehnike promatranja će sve više napredovati i bit će otkriveno puno galaksija i jata galaksija. Bilo kako bilo, dokazat će se da je svemir veći nego što se pretpostavljalo i uvijek će iznositi toliko i toliko tisuća kilometara ili svjetlosnih godina, malo više nego ranije, 10 ili 100 puta više, i napokon, u svakom slučaju će uvijek nešto iznositi. Na Zemlji smo došli do ove točke napretka.

Ipak, vratimo se na planet koji se nalazi na našem prstu. Znanost stalno napreduje i stanovnici našega članka su sada spremni upustiti se u smiona svemirska istraživanja. Oni će konačno dosegnuti nove vidike, kost od kojeg je sazdan njihov planet koji je samo atom atoma. Na ovaj način bit će sigurni da svemir iznosi toliko i toliko. Dokaz za to je da se iza te točke više nema što promatrati. Malo kasnije uspjet će preći beskraj koji razdvaja kost od mišića i njihov svemir će ponovno poprimiti nove dimenzije. Poboljšat će svoje svemirske brodove i konačno će dosegnuti sloj kože koja prekriva naš prst. Dostigli su kraj svemira koji iznosi jedan i pol centimetar prema našim mjerama, ali on za njih iznosi puno svjetlosnih godina. Dakako, svoja svemirska istraživanja moći će izvoditi unutar ostalih dijelova našega tijela. Slijedit će određena strujanja gdje se zvijezde misteriozno pokreću pri vrlo velikim brzinama. Divovski hodnici koje će zabilježiti na mapi da bi se mogli slobodno vraćati i odlaziti sa njihovog planeta, ali će imati malo saznanja o tome da putuju kroz naše krvne sudove. Njihov svemir će se mjeriti, razgraničavati. Imat će određenu visinu, širinu i dubinu. Nevjerojatan broj svjetlosnih godina prema njihovim mjerama, ali samo 1,75 metara za nas. Još neće otkriti da, primjerice, naša stopala stoje na planetu koji se za njih sastoji od golemog broja galaksija što njihovi uskogrudni umovi koji stalno žele negdje smjestiti svoje granice ne mogu čak niti početi poimati. Količina atoma koju sadrži Zemljina nutrina nemjerljiva je u usporedbi s brojem atoma unutar našega tijela.

Također bi morali postati svjesni činjenice da postoje drugi "ljudi-svemiri" poput nas, koji hodaju ovim planetom i da naše nebo sadrži mnoge zvijezde i druge galaksije, i tako dalje u beskraj.

Samo nekolicina najmudrijih, dosegnuvši natprosječnu razinu svijesti koja će im dopustiti usklađivanje sa svemirom, moći će podučavati svoje sljedbenike u doba u koje za službene znanstvenike njihov svemir bude iznosio samo milijunti dio milijuntog dijela milimetra kosti našega prsta koji će oni moći promatrati samo iznutra...

Pojam Beskonačnosti u vremenu je potpuno ista stvar. Znanstvenici tog minijaturnog svijeta mogli bi otkriti dob svojega svemira mjerenjem starosti molekule od koje je sazdan njihov planet koji je zapravo atom atoma i svemir bi bio toliko star. Onda bi shvatili da je starost stanice čija molekula za koju su mislili da predstavlja "čitav svemir" puno veća, premda je ona bila samo jedan njegov dio. Zatim bi otkrili da je ud čiji je ova stanica samo jedan djelić, još uvijek puno starija i da je dob bića kojega je ona samo jedan dio je još veća, i tako u beskraj.

Što je Svrha Života?

Pitanje:

Što je svrha života?

Odgovor:

Kako je navedeno u porukama, sve se mora procjenjivati u odnosu na četiri razine. Naš život ne znači ništa u odnosu na beskonačnost. Ako umremo, ako cijelo čovječanstvo nestane, ništa se neće izmijeniti u beskonačnost vremena ili prostora. Divovsko biće, na kojem smo mi parazit djelića njegovog atoma, neće osjetiti našu smrt, a čitava povijest čovječanstva od njegovog stvaranja bi za njega trajala samo bilijunti dio sekunde.

Živa bića na atomima atoma naše ruke nastavit će postojati kao da se nije ništa dogodilo, čak i ako atom na kojem se bude nalazio njihov svemir bude zakopan duboko u zemlju u izljevu krvi koja bude izlazila iz našeg prsta koji bi, na primjer, bio otkinut u nekoj eksploziji. Čak i ako ovu kapljicu krvi bude progutao crv koji zadržava atom u kojem je smješten njihov svemir da bi uspostavio nove stanice za svoj razvoj ovo neće imati utjecaja na živa bića ovog malenog svijeta, ne više no što bi utjecalo na živa bića na atomima koji čine stanice njihovih vlastitih prstiju...

U odnosu na Elohim naš život je vrlo važan jer smo njihova djeca i moramo im pokazati da smo već dovoljno privilegirani time što smo stvoreni prema njihovom liku. To znači da možemo postati svjesni beskonačnosti te ćemo također jednoga dana zauzvrat moći stvarati ljude prema našem vlastitom liku.

U odnosu na ljudsko društvo, naš život je jednako tako vrlo bitan jer smo rezultat duge liste preživjelih koji su izbjegli epidemijama i ratovima i stoga smo postali plod duge prirodne selekcije. Dužni smo sami sebi aktivno sudjelovati u planu koji će čovječanstvu dopustiti ulazak u Zlatno doba u koje sada ulazi. Mi smo stanice ovoga ogromnog bića koje se zove Čovječanstvo i u doba rođenja ovog čovječanstva svaka stanica, svaka naša jedinka je važna zato što on ili ona ima ulogu koju će morati odigrati.

Konačno, u odnosu na vlastito ja, naš život ima samo važnost koju mu mi sami pridajemo. Ako spoznamo Elohim kao naše vlastite stvoritelje i poželimo doprinijeti širenju poruka da se pročuju po cijeloj Zemlji da čovječanstvo može ući u Zlatno doba i ako budemo uživali u ovom ogromnom trudu, tada ćemo život uživati iz tog razloga.

Pitanje je bilo "što je svrha života"? Život je stvoren da bi se u njemu moglo uživati. Bez obzira nalazite li zadovoljstvo u širenju poruka naših stvoritelja ili u doprinošenju ulaska čovječanstva u Zlatno doba ili zadovoljstvo nalazite u ugađanju samom sebi usklađujući se s beskonačnošću ili na neki drugi način.

Što Je Užitak?

PITANJE:

Što je užitak?

ODGOVOR:

Užitak je reakcija organizma koji je postigao proizvodnju ugodnih kemijskih reakcija izvršenjem nekog djela. Novorođenče će iskusiti ugodu tijekom sisanja majčinih prsa, jer time taži glad i zato što kemijska reakcija koju proizvodi mlijeko na okusnim pupoljcima jezika proizvodi senzaciju ugodnih osjećaja. Sva naša čula su tu da bi nam pružila užitak, a *Senzualna Meditacija* se temelji na unaprjeđenju percepcije ugode izazvane kemijskim reakcijama koju prenose naša čula.

Sve što činimo tijekom života, radimo to zato što nam pruža užita k. Ne postoji ni jedna radnja koja se vrši tijekom našeg cjelokupnog življenja koju ne činimo iz užitaka. Osoba koja plaća porez na dohodak čini to zato da ne bi morala ići u zatvor zbog neplaćanja. Žena koja se baca pod kotače automobila jer želi spasiti svoje dijete, čini to iz zadovoljstva zbog preživljavanja svojega djeteta, čak i ako bi to značilo da će pri tome biti ranjena. Vojnik koji se baca pred neprijateljsku vatru da bi spasio svoj bataljun čini to iz zadovoljstva jer će svojom smrću spasiti drugove. Piloti samoubojice u Japanu su krajnji primjer ovakvoga tipa junaštva – zadovoljstva.

Postoji razlika između izravnih užitaka kao što je trenutno senzualno zadovoljstvo i neizravnih užitaka kao što je odabir ponašanja o kojem smo ranije govorili, a to su reakcije na vanjske intervencije bez postizanja rezultata u svjesnom razvoju naših instrumenata percipiranja okoliša.

To se događa samo onda kada se svjestan užitak postigne u samoći kao pokušaj poboljšanja kvalitete nečije percepcije da bi se došlo do istinskog procvata. Povezani smo s beskonačnošću putem naših čula. Netko tko ne vidi, ne čuje, nema osjećaj njuha, okusa ili opipa bi zapravo bio mrtav, čak iako mu srce još kuca. Takva osoba neće biti svjesna svojega okoliša i stoga neće biti inteligentna. Važno je primijetiti da ljudi lišeni jednoga osjetila razvijaju ostala osjetila u puno većem omjeru nego ljudi sa svim svojim osjetilima. Slijepci, na primjer, razvijaju akutno osjetilo sluha, ili mogu čitati vršcima prstiju.

Znanstveni eksperimenti pokazali su da je centar za ugodu smješten u mozgu. Ovo je otkriveno stavljanjem elektroda u dio mozga i slanjem slabih električnih naboja. Ljudi na kojima su se vršili ovi eksperimenti osjetili su nešto što je bilo blisko orgazmu, zadovoljstvu da su otkrili nešto novo, imali su osjećaj da su im u javnosti iskazane počasti, to sve istovremeno. Kasnije su komplementarna mjerenja dokazala da je bio aktiviran isti centar za ugodu, bez obzira je li se radilo o postizavanju seksualnog orgazma ili se došlo do nekog otkrića ili je umjetnik dovršio svoje remek djelo, ili je vojnik primio medalju.

Drugi eksperiment je još bolje pokazao da su umjetnici koji su bili seksualno uzbuđeni tijekom stvaranja primijetili povećanje svojih potencijala pri kreativnom radu.

Ništa ne može biti logičnije. Užitak povećava kreativni potencijal jer stimulira naša osjetila i umjetnik mora biti povezan s beskonačnošću da bi mogao stvoriti skladno remek djelo. Zato moramo stremiti poboljšanju kvalitete percepcije užitka povećanjem osjetljivosti svih naših čula. Kao izravan rezultat koji je drugačiji od povećanog užitka, ovo povećanje osjetljivosti će razviti u potpunosti naše kreativne potencijale da bi se ostali dio čovječanstva mogao okoristiti našim ostvarenjima na taj način unaprjeđujući opću razinu svijesti. To je ono što podučavamo na seminarima buđenja koje organiziramo za raeljane. Unaprjeđenjem razine individualne svijesti, unaprjeđujemo i razinu svijesti čovječanstva i na taj način povećavamo izglede za ulazak u Zlatno doba.

U cilju promjene društva moramo prvo promijeniti pojedince od kojih se ono sastoji. Nasilje uvijek proizvode oni koji su nesretni. Unaprjeđenjem sreće pojedinaca pomoći ćemo umanjiti potencijal za nasilje. Štoviše, prilično često nasilje proizvode oni koji vjeruju da su nesretni i umjetnost političara se ogleda u pojačanju ovoga uvjerenja da takve ljude zbace sa vlasti kako bi oni zauzeli njihovo mjesto. Kasnije, prvi koriste istu taktiku pri postizavanju istih ciljeva i tako održavaju osjećaj nezadovoljstva koje bi jednoga dana pojačanjem uspješnih svrgavanja s vlasti moglo rezultirati općim osjećajem da se uzrok nezadovoljstva nalazi u drugoj državi. Tako započinju ratovi.

Ako svaki pojedinac postane svjestan beskonačnosti kroz razvijanje vlastite senzualnosti, tada će doći do transformacije cjelokupnog društva. Ovo će započeti osvješćivanjem ljudi koji su razvijeniji od drugih koji će kada jednom dosegnu određenu razinu postati vođe onima koji se budu nalazili oko njih te će drugima dopustiti potpuno osviještenje, a ovi će zauzvrat osvještavati druge, itd. Na taj način će razina svijesti čovječanstva postupno rasti do točke na kojoj će fatalni svjetski sukob postati nemoguć.

Ovaj proces je već započeo i tisuće malih, nenasilnih manifestacija koje su organizirali studenti ili intelektualci u korist mira o unilateralnom razoružanju te i te države održale su se diljem svijeta, a to je pojačano televizijskim medijem, središnjim živčanim sustavom čovječanstva. Svaki pojedinac u svakom trenutku svojega života pridonosi osviještenju ili gušenju planetarne svijesti. Ne smijete se bojati utjecati na druge, jer mi smo ovdje zbog toga. Dakako, u svakom trenutku sve naše napore i svaku riječ moramo usmjeriti na ono što kažemo, tako da sve što budemo rekli i svaki čin koji budemo provodili mora imati pozitivan utjecaj na tijek ljudske povijesti. Nikada ne smijemo nastojati uvjeravati druge, jer ljudi koji uoče da ih nastojimo uvjeriti, imaju tendenciju učvršćivanja svojih stavova. Dok naprotiv, ako netko spozna gledište koje je zajedničko s filozofijom onoga drugoga, tada će se koncentrirati na to zajedničko stajalište i u njemu će otkriti novi put za našeg slušača tako da će ovaj imati dojam kako je sam došao do te spoznaje. Bilo bi glupo reći da nećemo utjecati na nekoga drugoga ako budemo tvrdokorno slijedili vlastite stavove i dopustimo li da drugi slijede svoje. Već sama činjenica da ne pokušavamo utjecati na druge na njih ima puno veći utjecaj od zauzimanja fanatičnog stava prema nečemu. Ljudi se sve više i više boje fanatizma bez obzira o čemu se radilo i tu imaju pravo. To je, zapravo, početak mudrosti.

Na Zemlji postoje ljudi koji traže istinu i pokazuju je i oni drugi koji istinu traže i skrivaju je, ali ne postoji ni jedna osoba koja nije u potrazi za istinom. Onda postoje ljudi koji se pretvaraju da su pronašli istinu i iskazuju je, previše su zauzeti njegovanjem tradicionalnih vrednota, a u posljednju skupinu spadaju ljudi koji su pronašli pravu istinu i iskazuju je: to su Raeljani.

Jako se zanimamo za ljude koji traže istinu i iskazuju je, jer to pokazuje da su iskreni i otvorenog uma te su općenito vrlo inteligentni i relativno harmonični. U svakom slučaju, uglavnom su spremni prihvatiti novu viziju svijeta bez straha da će ih ova promjena traumatizirati i dovesti do neuravnoteženosti. Ovi ljudi predstavljaju veliku većinu današnjih raeljana; oni su pioniri.

Oni ljudi koji traže istinu i skrivaju je za nas su također vrlo bitni, ali moraju biti više nego voljni pridružiti nam se kada budu prebrodili svoju samosvijest i kada prestanu brinuti što će drugi o njima misliti. Oni koji se pretvaraju da su pronašli istinu i iskazuju je doći će k nama kada postane očigledno da u svemiru ništa nije konstantno i zato je besmisleno štititi tradicionalne vrednote koje više nemaju nikakvog značaja. Oni vole svoje tradicionalne vrijednosti, ali jednako tako su zaokupljeni razmišljanjem o tome što "Bog" zaista jest.

Svi ovi ljudi to čine zbog osjećaja zadovoljstva. Potonji izvlače zadovoljstvo u razmišljanju o tome kako će njihova djeca podučavati svoju vlastitu djecu istom načinu molitve, premda će ih u školi učiti da je čovjek nastao od majmuna. A što ako je to krivo? Ono što je za njih bitno je činjenica da je školska poduka nešto što se mora poštivati, da ne govorimo o poštivanju onoga što kaže svećenik. Činjenica da su obje stvari protuslovne nije ni tu ni tamo, bitno je da su obje tradicije, pa po ovim poklonicima tradicije nije na nama da ispitujemo tko je u pravu. Kršćani bi Isusa sigurno razapeli i drugi put da ih je zamolio da ne idu u crkvu nedjeljom, ili da svoju djecu ne krste prije nego što dosegnu zrelost. Ovo je stajalište koje su usvojili štovatelji tradicionalnih vrednota.

Oni ljudi koji traže istinu, a skrivaju je, osjećaju zadovoljstvo pri pomisli da je važnije ono kakvi se čine da jesu, nego što su oni zaista. Ovi ljudi ne bi razapeli Isusa, bili bi protiv toga, ali ne bi intervenirali, niti bi rekli nešto protiv toga. Oni ne žele biti uključeni ni u što, čak ni ako bi to značilo obranu onoga što smatraju istinom.

Kada cjelokupno čovječanstvo bude u potpunosti uživalo u senzualnosti, rizik za svjetski sukob će potpuno iščeznuti. Korijen cjelokupnog nasilja uvijek leži u senzualno nezadovoljnim ljudima. Zato moramo naučiti uživati svim čulima i pomoći svakome oko nas da otkrije svoju potpunu senzualnost počevši od djece. Nije dovoljno pokazati im "kako to djeluje", kao što tome naginje spolni odgoj, već ih moramo poučiti "kako to koristiti", na način kako doći do ugode i na koji način pružati više užitka.

Spolni odgoj trebalo bi zamijeniti senzualnim odgojem.

Užitak uvijek ispunjava, to je izravan užitak, a ne užitak vojnika koji gine za svoje drugove. Izravan užitak u svakom pojedincu razvija način na koji će se uskladiti s beskonačnošću i zaista se osjećati kao njen dio.

Naše tijelo ne predstavlja ništa više od akumulacije atoma organiziranih prema glavnom planu, genetski kod. Tjelo uzajamno djeluje s okolišem kroz beskraj kemijskih reakcija kojih nismo uvijek svjesni. Podizanje naše razine svijesti odgovara osjećaju većeg broja kemijskih reakcija, tako da možemo bolje uroniti u beskonačnost i postati bolje harmonični. Kada se budemo osjetili povezani sa svemirom, vječnošću i beskonačnošću, nikada nećemo biti nesretni jer ćemo tada otkriti užitak bitka.

Što je Smrt?

PITANJE:

Što je smrt?

ODGOVOR:

Smrt u odnosu na Beskonačnost ne znači ništa. Materija od koje smo sazdani je vječna. Zato smo načinjeni od vječnosti. Beskrajno mali djelići od kojih se sastoji naš nos postojali su i prije nego što su postali dio nas samih. Neki od ovih djelića su bili sastavni dio odreska kojeg je naša majka jela dok smo mi još bili u maternici, a ovi djelići su putovali njenim tijelom i postali dio našega lica. Drugi djelići su bili u voću koje smo jučer pojeli, oni su dospjeli u naš abdomen, a onda su putovali kroz krv da bi dospjeli na naš nos. Ovo se odnosi na svaki dio našega tijela. Nakon smrti, reakcija će biti identična. Čestice će se vratiti u Zemlju da bi se reciklirale, a neke čestice će dospjeti u životinje, druge u biljke, ipak će najveći broj njih ostati u tlu, "jer ti si prah i u prah ćeš se vratiti".

Smrt je, dakako, završna kataklizma za masu oblikovanu akumulacijom organizirane materije koja nas čini onakvima kakvi jesmo.

Smrt je početak procesa rasipanja materije od koje smo sastavljeni. Dakako, da bi razumjeli smrt, zaista moramo razumjeti što je život.

Život nije ništa drugo nego organizacija neorganiziranog. Elohim su stigli na Zemlju u vrijeme kada život nije postojao. Tu je postojala samo neorganizirana materija na našoj razini, što nazivamo "biološkim nivoom.

Oni su uzeli tu materiju, "zamijesili" je kako se navodi u *Bibliji* i "oblikovali" je da bi stvorili živa bića. Ovo je sve urađeno na molekularnoj razini, ali za primitivnog čovjeka ovo je bilo nemoguće razumjeti, pa su to povezali s lončarenjem. Oni su vjerovali da su naši stvoritelji uzeli komad gline i stvorili Čovjeka kao kada biste željeli izraditi lončanicu. Istina je da stvoritelji nisu uzeli kemijske komponente iz Zemlje, već su ih znanstvenim putem kombinirali na način da bi ono bez "života" dobilo "život".

Svako živo biće na Zemlji su stvorili Elohim počevši od temeljne "cigle", molekularne strukture sastavljene od promišljeno sakupljenih atoma. Naši znanstvenici počinju otkrivati da sva živa bića - životinje ili biljke, čovjek ili životinja imaju slične temeljne komponente. To je kao vrsta abecede gdje je svako slovo jedan atom koji čini genetski kod svake živuće vrste. Poredak slova može se razlikovati kod svake vrste, ali slova abecede stalno ostaju ista, pa su s relativno jednostavnom "ciglom" naši stvoritelji uspjeli načiniti ogromnu količinu "kuća" koje su se razlikovale u svojoj pojavnosti, ali su bile identične u temeljnim komponentama. Kada se vrste reproduciraju, onda samo reproduciraju genetski kod prvoga modela svoje vrste. To znači da je život organizacija neorganiziranog, a smrt je dezorganizacija organiziranoga.

Život je kao kuća koja se sama izgradila počevši od vlastitog plana i, štoviše, automatski se i održava. Smrt je kraj ovog automatskog održavanja i početak rasipanja temeljnih materijala od kojih je kuća izgrađena i napokon završava uništenjem plana koji je sadržavala. Veliki Arhitekti našega svemira koji su osmislili planove ovih "kuća", time su osmislili tip koji će jednoga dana dostići razinu svojih stvoritelja, pa će i sami postati arhitekti stvarajući planove kojima će graditi "kuće" koje će se same izgrađivati od njih samih. Ovakav tip izuzetne "kuće" je Čovjek koji će uskoro moći stvarati nove sintetičke genetičke kodove, nove planove počevši od beživotne tvari.

Živo biće je stvoreno sa sposobnošću postavljanja samoga sebe u vlastiti okoliš putem "punjača percepcije", svojih osjetila. Ljudi nisu ništa više od samostalno programiranih, samostalno reproduktivnih bioloških kompjutora. Ne postoji razlika između ljudi i visoko sofisticiranih bioloških kompjutora kao što su oni koje možemo proizvoditi, samo što su naši kompjutori puno savršeniji i rade puno točnije od čovjeka. Kompjutori mogu biti opremljeni alatkama koje im omogućavaju smještanje u vlastitom okolišu. Nedavno su kompjutor opremili kotačima koji su mu omogućavali da se naokolo pokreće bez poteškoća zahvaljujući TV kamerama koje su bile priključene na njegov "mozak". On točno može "vidjeti" ono što mi vidimo vlastitim očima i može se pokretati u svojem okolišu. Kompjutor vrši samo one radnje za koje je programiran, a to čini i Čovjek; ipak, nastavimo uspoređivati čovjeka s kompjutorom. Što se tiče slušanja, kompjutor je lako opremiti mikrofonom koji će primati zvuk kao što to i mi činimo vlastitim ušima. Također se može postaviti analizator kojim će odrediti parfeme koji ga okružuju, baš kao što mi to činimo vlastitim nosom. Također mu je moguće dodati analizator okusa da bi mogao osjetiti i razlučiti okus različitih supstanci baš kao što i mi to činimo našim ustima. Konačno je moguće opremiti kompjutor ticalima koja će izvoditi funkcije koje i mi činimo rukama kao što je mjerenje temperature, tvrdoće i težine. Štoviše, kompjutor možemo opremiti "organima" koji bi bili daleko savršeniji od naših ljudskih organa. Uzmimo, na primjer, vid. Kamere korištene na kompjutoru mogu se opremiti mnogostrukim lećama uključujući pokretni teleobjektiv koji će davati jasnu vidljivost onoga što se događa na kilometarskim udaljenostima ili na mikroskopskom objektu; stvari koje ljudsko oko ne može sagledati, osim ako ne posjeduje umjetnu protezu, dalekozore ili mikroskope.

Ista stvar može se primijeniti na čulo sluha. Ljudi mogu bolje čuti samo uski niz zvukova. Životinje su tu puno bolje opremljene od nas i mogu čuti visoki niz zvukova. Uzmimo, primjerice, psa. Tako naš kompjutor može biti opremljen receptorima osjetljivim na ultrazvuk ili infrazvuk i usmjerene mikrofone koji će omogućiti slušanje zvukova na kilometarskim udaljenostima i određivati njihovu točnu lokaciju.

Vratimo se na vid. Kamere bi morale biti opremljene tako da mogu registrirati ultraljubičaste ili infracrvene zrake omogućavajući gledanje tijekom noći, nešto što ne možemo činiti s našim ograničenim vidom. Što se tiče čula njuha, analizator bi mogao osjetiti mirise i odmah prepoznati kemijski sastav parfema ili okolnih plinova, nešto što naš nos ne bi nikada mogao. Analizator okusa bi mogao izvršiti detaljnu kemijsku analizu bilo koje zadane supstance. Napokon, što se tiče osjetila opipa, mogli bi ga prepustiti ticalima, mehanizmu za opip s mogućnošću precizne analize temperature, težine i čvrstoće objekata ili tvari, osim što bi rekao da je nešto vruće ili teško. Također bi mogao rukovati stvarima na temperaturama koje naša koža ne bi mogla podnijeti i prenositi stvari koje teže tisuću puta više nego što bi naši jadni ljudski mišići mogli podići.

Možemo ići još dalje i opremiti naš kompjutor čulima koje čovjek ne posjeduje ili ne može koristiti. Mogli bi ga opremiti radarom omogućavajući mu pokretanje u potpunom mraku sonarnim uređajem, detektorom s rendgenskim zrakama, kompasom, detektorom gravitacije, radio-komunikacijskim sustavom, tolikim osjetilima koje naše tijelo nema da to čak nismo u stanju ni pojmiti, osim uz korištenje elektronske opreme koju rijetko na istom mjestu i u isto vrijeme imamo na okupu.

Usporedimo energetske potrebe ljudskoga kompjutora i stroja. Kada je čovjeku potrebna energija, kaže "Gladan sam", i potraži hranu za jelo. Znanstvenici su nedavno dovršili računalo opremljeno električnim baterijama. Ono radi i njegove kamere omogućuju pokretanje i pohranjivanje i obilaženje teških kutija baš kao i kod viljuškara. Odjednom baterijsko punjenje postane preslabo i počne gubiti učinkovitost. Njegov energetski pokazatelj indicira da je vrijeme za izmjenu baterija. Onda se sam od sebe pokrene i ode do električne utičnice, uključi se i strpljivo pričeka dok se ne napuni dovoljno, onda se isključi i vrati na posao. Nije drugačije ni kod čovjeka koji kaže "Gladan sam", i krene do samoposlužnog restorana, kupi obrok, pa se vrati na posao.

Što se događa kada je čovjek povrijeđen? Prestane raditi, dobije medicinsku skrb, a onda se vrati na posao. Kompjutor može biti programiran za samostalno održavanje, baš kao što ga se može programirati za samostalno hranjenje. Ako neki njegov dio postane neupotrebljiv, otići će do radionice, zamijeniti dio, a to će biti urađeno bez ljudske pomoći. Ovaj kompjutor će onda postati vječan i nikada se neće suočiti s problemom smrti kao što je slučaj s čovjekom.

Čovjek može vršiti samostalnu reprodukciju, a to može i računalo. Ipak, sukladno tome mora biti programiran. Ako je kompjutor programiran na izvođenje replika samoga sebe za vršenje iste stvari, onda bi za kratko vrijeme imali pretjerani prinos računalne populacije. Zato se oni ne smiju programirati za reprodukciju; kod ljudi se ovo naziva instinkt za očuvanje vrste, nesvjesna željom za reprodukcijom. Ljudi nalaze zadovoljstvo u kopulaciji nesvjesni da ona zapravo odgovara impulsu, instinktu očuvanja vrste. Kad kopulacija ne bi pružala zadovoljstvo, tada ne bi bilo ni reprodukcije. Ljudski genetski kod je tako programiran da se zadovoljstvo postiže kopulacijom da bi se izvršila reprodukcija.

Ljudi koji koriste kontracepciju kao što je pilula, dijafragma ili kondom, itd., "varaju" svoj genetski kod. Oni se svjesno prepuštaju užitku bez straha od reprodukcije. Zadovoljstvo uvijek pridonosi širenju uma, ali pretjerani prirodni prirast sigurno predstavlja ozbiljnu opasnost za ljudski rod; kontracepcija je čudesan način kojom ljudi pokazuju da su svjesni samih sebe i važnosti svojih djela prema cijelom čovječanstvu .

Vratimo se na naše računalo; ono također može biti programirano za osjećaj zadovoljstva pri vršenju određenih stvari. Svaki kompjutor koji obavlja radnje onako kao što je programiran za njihovo izvršavanje, osjeća zadovoljstvo pri njihovom izvršenju. Kada kompjutor "osjeti" da mu je energetska razina niska, kaže "Ovo ne valja", i ode na ponovno punjenje. Kada bude osjetio novu energiju koja teče kroz njegov strujni krug, tada će reći "Ovo je dobro" i to čineći "osjeća zadovoljstvo".

Što ulazi u program nekog kompjutora? Informacije sadržane u memorijskoj banci koja će upravljati ponašanjem kompjutora. Ako je programiran za računanje, on će računati; ako je programiran za crtanje, tada će crtati; ako je programiran za sviranje glazbe, onda će svirati glazbu. Ali neće svirati glazbu ako bude programiran za računanje i obratno, osim, naravno, ako nije programiran za obje funkcije.

Kako je programiran čovjek? S jedne strane je njegov genetski kod ispunjen informacijama koje se odnose na njegovo ponašanje, na čula koja mu omogućavaju komunikaciju s okolišem; na fizički dio kojim se može kretati, hraniti, reproducirati, itd. To je ono što svako ljudsko biće dobiva rođenjem (više ili manje u odnosu na nasljeđe) i što je priroćeno.

S druge strane, obrazovanje će mu podariti jezik za komunikaciju sa svojim bližnjima, zakoni će regulirati njegovo ponašanje, niz "moralnih vrijednosti", poimanje svijeta, religijske osjećaje, itd. Sve ove stvari će odrediti ponašanje ljudske jedinke. Pojedinac će imati dojam da samostalno provodi vlastite vrijednosti živeći u svijetu u kojem su njegove vrijednosti one koje je sam odabrao, ali to su samo one vrijednosti koje mu je nametnula njegova izobrazba, ideje koje je primio od ljudi koji su imali ulogu učitelja ili programera. Ovo se zove iskustvo.

Obični ljudi, nesvjesni ljudi, nesposobni su za bilo što drugo osim za ono za što ih je programirala genetika ili iskustvo. "Potpuni čovjek", čovjek koji podiže svoju razinu svijesti da bi se mogao uskladiti s beskrajnom u prostorom i vremenom, postaje kompjutor koji se sam programira. On može propitivati program koji mu je nametnula naobrazba, a da ne pita za savjet, kao što svoje cjelokupno ili djelomično obrazovanje može zamijeniti novim i boljim sustavom vrijednosti u odnosu na više standarde od onih zastarjelih koje su motivirale njegovu obitelj i okoliš. Općenito, ovi standardi su imali za cilj da ga prilagode održavanju tradicionalnih vrijednosti iz prošlosti koje potječu iz doba kada su ljudi bili potpuno primitivni s niskom razinom svijesti pri poimanju svijeta i kada su bili stvoreni s ciljem da u tome odigraju ulogu.

Običan čovjek koji želi postati "potpuni čovjek", čovjek s višom razinom svijesti koja bi mu omogućila iskorištavanje malo više od 10 posto svojega mozga – postotak koji koriste obični i djelomični ljudi – mora znati izvršiti vlastito "dubinsko ispiranje mozga". Ova operacija će mu omogućiti sagledavanje svih činjenica pohranjenih u mozgu i vraćanje onoga što mu se bude činilo dobrim kao i zanemarivanje stvari koje mu se budu činile loše. Sačuvat će svoje vlastite ideje i riješit će se onih koje je primio od drugih ljudi, svoje obitelji ili okoliša, ideje koje je primio od onih ljudi koji su ga željeli modelirati prema vlastitim konvencijama i za vlastitu korist. Ovo se odnosi na njegovo ponašanje, reakcije na svjetska događanja, na način kako se budi, ustaje, oblači, radi, razgovara s drugim ljudima i sluša ih, na procvat njegovog spolnog života, itd., na sve, svaki pokret bez obzira kako malen ili nevažan se on činio. Potpuni čovjek je svjestan svakog pokreta svojih obrva i utjecaja koji ima na ljude koji ga okružuju. Očito, ovo veliko "proljetno čišćenje", da bi bilo učinkovito, mora se vršiti u društvu nekoga tko je već prešao crtu koja dijeli "obične ljude" od beskrajnog svemira "potpunog čovjeka". Netko tko poznaje sve različite putove i sposoban je voditi ovoga novog putnika u pravom smjeru, voditi ga bez prisiljavanja, dopuštajući mu slobodan odabir vlastitog puta.

Čovjekova svijest je kuća koju su obično izgradili drugi ljudi i temelji se na standardima koji nikada nisu bili upitni obzirom da se ista stvar događala njima i njihovim roditeljima prije njih. Potpuni čovjek će ovu kuću srušiti i sagradit će novu koju će prilagoditi svojem ukusu i imaginaciji. Iz starih ruševina će iskoristiti određene stvari koje budu upotrebljive, pa će ih kombinirati s novim komponentama i izgradit će novu kuću koja će odlično odgovarati njegovoj novoj osobnosti.

Ljudi su kuće gradili u skladu sa svojom razinom svijesti. Kuće su uvijek bile kvadratne ili pravokutne s kosim krovovima i to ništa nije moglo promijeniti. Uvijek se iznova nastavlja gradnja istog tipa kuće. Svaka kuća izgleda kao grčki hram s okomitim zidovima, stupovima i kosim krovom, poput piramide koja se nalazi na vrhu grčkih stupova. Suvremene tehnike gradnje dopuštaju unošenje većeg stupnja osobnosti pri gradnji kuće. Ona, npr., može biti potpuno zaobljena, može imati oblik lopte ili jaja ili egipatske piramide, ptice ili stabla, itd. Kuće koje se grade serijski izgledaju potpuno identično oblikujući uniformirana sela morbidnog izgleda točno odražavajući razinu svijesti njihovih stanovnika. A ipak, paradoksalno je da je kuća tipičan primjer čovjekove sposobnosti za samostalno programiranje. Kos je uvijek gradio gnijezdo na isti način i to se ne može promijeniti, jer je to programirano njegovim genetskim kodom. Čovjek je, dakako, sposoban prilagoditi svoje sklonište okolišu. On može graditi grčke hramove, piramide, kolibe, iglue, drvene ladanjske kuće, nebodere od željeza i cementa, kamene katedrale i tornjeve od metala i stakla.

Puka činjenica da je čovjek kompjutor za samostalno programiranje ne čini ga drugačijim od stroja. Svi kompjutori mogu biti programirani za vršenje istih radnji. Kao i mi i oni se mogu programirati za samostalnu reprodukciju. Također bi bilo moguće programirati kompjutor za samostalno programiranje. Mogao bi živjeti, raditi, reproducirati se iz bazičnog programa koji se temelji na iskustvu i davati obavijesti svojim potomcima, kompjutorima koje bi on sam reproducirao. Mogli bismo čak zamisliti kompjutor koji ima sposobnost "širenja uma" te bi mogao probuditi programe već postojećih kompjutora koji su stvoreni kao strojevi i ne mogu se samostalno programirati, tako da bi se ova karakteristika mogla prenijeti njima...

Čovjek stoga kroz stroj počinje otkrivati da ne postoji ništa mistično o njemu samom ni o njegovom podrijetlu kao ni o njegovom ponašanju. Sve što može činiti čovjek, može i kompjutor, štoviše, još puno bolje. Ovo se primjenjuje na sve što može činiti čovjek, a uključuje i umjetničku kreativnost. Postoje kompjutori koji mogu komponirati glazbu, crtati, itd. Ne bismo mogli pronaći ni jednu ljudsku sposobnost koja se ne bi mogla "ubaciti" u kompjutorski program, čak bi se moglo programirati i usklađivanje s Beskonačnošću. Sve ovo je upravo fantastično, a čovjek se može smatrati čudesnim strojem i bezrezervno se prepustiti traženju sreće i potpunog procvata ispunjenjem vlastitih i potreba svojih bližnjih da bi izgradio svijet u kojem će svi ljudi biti sretni jer imaju osjećaj da su dio beskraja i vječnosti.

Spolna Sloboda i Neobveznost

PITANJE:

Poruka spominje potpunu spolnu slobodu. Hoće li postati obvezno mijenjanje partnera za partnere koji su otkrili ove knjige i žele postati sljedbenici raeljanstva?

ODGOVOR:

Sloboda da se nešto radi i obveza dvije su različite kategorije koje ne smijemo brkati. Par Raeljana koji se jako vole i gdje oba partnera ne žele dijeliti spolna iskustva s drugim parovima trebali bi ostati zajedno. Ako se osjećaju sretno jedno s drugim bez potrebe o nekom drugom iskustvu, to je dobro. Svako mora činiti ono što želi. Spolna sloboda je sloboda volje imati samo jednog partnera. Sloboda da ostanemo sa njim, kada smo jednom pronašli nekoga tko odgovara ravno onomu što smo tražili u partneru. Dakako, prilično često se događa da ćete nakon iskustva s drugom osobom još više cijeniti društvo vašeg partnera, jer ćete postati svjesniji njegovih ili njenih kvaliteta. Što se tiče spolnih kontakta, sve je moguće i sve je dopušteno. Moram inzistirati na riječi dopušteno, jer ona nema značenje obveze.

Od osnutka Raeljanskog pokreta imao sam priliku vidjeti puno parova koji su započeli novu vezu. Neki od njih činili su se tako uspješni da ne vidim što bi mogli tražiti drugdje osim samo da bi ova iskustva potvrdila da su oni istinski stvoreni jedno za drugo. Neki ljudi su dovoljno osviješteni da bi razumjeli da iskustvo samo po sebi nije stvarno potrebno. Kada je čovjek potpuno svjestan, ne treba nešto činiti da bi otkrio kakav će biti krajnji rezultat, on to zna, on to osjeća.

Osim ako iskustvo nema za cilj buđenje sljedbenika ili ako to bude potrebno za osobni napredak. Svaka osoba je slobodna slijediti svoj vlastiti odabrani put toliko dugo dok se budu slijedila tri temeljna pravila: Poštivanje ukusa i odluka drugih pri slobodnom odabiru njihovih partnera; moramo biti potpuno svjesni da nam nijedno ljudsko biće ne može pripadati u smislu našega vlasništva; i uvijek i iznad svega moramo tragati za srećom onih za koje tvrdimo da volimo.

Temeljem ovoga sve je moguće, parovi, život u troje, život u četvero i sa više ljudi Raeljana koji će živjeti savršeno sretni bez obzira jesu li homoseksualci, heteroseksualci ili biseksualci.

Raeljanstvo i Homoseksualnost

PITANJE:

Kakav stav ima Raeljanski pokret u pogledu homoseksualnosti?

ODGOVOR:

To je vrlo jednostavno: Svaki pojedinac ima pravo činiti sa svojim tijelom ono što njemu ili njoj odgovara. Homoseksualnost nije normalan ili nenormalan model ponašanja. Svaka osoba mora imati harmonični spolni život koji će odgovarati ukusu i prirodnim sklonostima. U maternici se spolna diferencijacija osjeća u vrlo kasnoj razvojnoj fazi. Ima vrlo muževnih muškaraca i onih ženstvenijih kao i muževnijih žena i onih drugih koje su jako ženstvene sa svim mogućim međuvarijacijama.

Glupo je optuživati homoseksualce jer su homoseksualni, baš kao što bi bilo glupo optuživati čovjeka jer je čovjek, ili mačku jer je mačka, zato što je sve to genetski. Puno tipova životinja je homoseksualno i u prirodi se često mogu vidjeti psi, stoka i kokoši koje se prepuštaju homoseksualnom ponašanju. Homoseksualnost je prirodna toliko kao kokoš ili pas. Ono što nije prirodno je prisiljavati druge da dijele iste ideje o seksualnosti i općenito to čine svi, koji muče osobe koje im nisu slične. Općenito su to ljudi koji su također rasisti, tradicionalisti i militaristi. Agresija usmjerena na homoseksualnu populaciju jedan je oblik rasizma. Ona obično potječe od ljudi koji imaju bijedan seksualni život i obzirom da su ljubomorni ne mogu tolerirati da drugi blistaju jer žive drugačije od njih.

Ovi isti ljudi koji osuđuju homoseksualnost vrlo će lako oprostiti muškarcu koji je osuđen zbog silovanja žene, čak iako je ovo odvratan zločin. Među raeljanskim vođama postoje muške i ženske homoseksualne osobe, postoje heteroseksualci i biseksualci. Svi oni su u procvatu jer su svjesni da su voljeni onakvi kakvi jesu s mogućnošću ispunjenja samih sebe, jer u svojim tijelima žive onako kako im se sviđa, u bratstvu koju im ni jedna druga religija nije mogla pružiti. Kako netko još uvijek može biti sljedbenik rimokatoličke crkve kada se čuje da "vatikanski uzurpator" osuđuje homoseksualnost dok žene lišava njihovih prava na svećenstvo. Dva su dokaza rasizma i seksizma koja mogu pomoći onima koji smognu snage da sagledaju istinu.

Deisti i Evolucionisti: Lažni Proroci

PITANJE:

Napisano je, "Kada dođe doba Apokalipse, bit će puno lažnih proroka." Tko su oni?

ODGOVOR:

U današnje doba ima puno lažnih proroka. Istinsko značenje proroka, njegova etimologija dolazi od grčke riječi 'prophetes" što znači "on koji otkriva", kako smo ranije naveli. Lažni proroci našega doba, odnosno oni koji otkrivaju ili poučavaju šireći lažne informacije, to su svi oni ljudi koji čovječanstvo nastoje vratiti u primitivna vjerovanja do nematerijalnog i nedodirljivog, a ipak, svemogućeg "Boga" koji bdije nad svakim čovjekom kažnjavajući ga i nagrađujući, ovisno o slučaju. Ovo je pojam koji se zamjenjuje s beskonačnim, a ono je doista i nedodirljivo u svom totalitetu jer je beskrajno u prostoru i vječno u vremenu, a opet bez svijesti o sebi i stoga nema moć nad čovječanstvom u cjelini kao ni nad ijednom osobom po tom pitanju, nego Elohim, naši stvoritelji, koji su stvarni i svemoćni u ovom dijelu svemira, ali nas vole, svoju djecu, i dopuštaju nam da se slobodno razvijamo u znanstvenom i duhovnom pogledu.

Druga kategorija suvremenih lažnih proroka su svi oni ljudi, znanstvenici ili ne, koji tvrde da je život na Zemlji, a stoga i čovječanstvo, rezultat sukcesivnih nasumičnih događaja koji su se događali tijekom, kako oni nazivaju, "evolucije". Kako je Einstein rekao, ne može postojati sat bez urara. Svi oni koji vjeruju da smo potekli od majmuna tijekom sporog evolucijskog procesa, vjeruju da je prekrasan sat kakvi smo upravo mi sami, izgrađen slučajno. To je pomalo poput izreke koja kaže da ako bismo sve komponente sata stavili zajedno u torbu i tresli je neko vrijeme, na kraju bismo dobili sat koji odlično radi. Pokušajte milijun puta ako želite…

Evolucionisti su, također lažni proroci, davatelji lažnih informacija, ljudi koji odvode većinu populacije od istine o našim stvoriteljima, Elohim. Ova populacija koja će lako progutati i glupo vjerovati u sve što su rekli ovi uskogrudni visoki svećenici u bijelim kutama koji tvore veliki dio znanstvene zajednice namjenski je ostavljena u neznanju i tako je neminovno da vjeruje da je istina ono što kaže činovništvo. Možete li početi poimati što Elohim osjećaju kada vide da ljudi njihovo remek djelo pripisuju nasumičnom slučaju?

Samoubojstvo

PITANJE:

U drugoj poruci je rečeno da onaj tko podnosi previše bola ima pravo počiniti samoubojstvo. Znači li to da je samoubojstvo dobra stvar?

ODGOVOR:

Sudit će nam se prema našim djelima koja smo činili tijekom našeg života na Zemlji. Osoba s više pozitivnih od negativnih djela imat će pravo na vječni život na planetu Elohim. Ako osoba koja fizički bude previše patila i ako ljudska znanost bude nemoćna u otklanjanju ovog bola, onda takva osoba ima pravo okončati svoj život.

Ako je većina djela u njegovom životu bila pozitivna, bit će ponovno stvoren da bi mogao vječno živjeti. Ako su ta djela bila negativna, neće biti ponovno stvoren i za njega neće postojati ništa. Ali ako većina njegovih djela bude negativna, može biti ponovno stvoren da bi mu kasnije sudili isti ljudi koji su zbog njega patili.

Netko tko ne pati fizički ili nije invalidan, ne smije počiniti samoubojstvo, jer mi svi imamo misiju koju moramo ostvariti na ovoj Zemlji, osobito raeljani. Oni svoje živote moraju posvetiti širenju poruka Elohim čiji su glasnogovornici. Okončanje vlastita života podsjeća na izdaju, to je kao da bježite tijekom bitke. Ovdje plediram na bitku koja će osvijestiti čovječanstvo i dopustiti mu da preživi da bi dospjelo u Zlatno doba. Elohim računaju na sve nas i svaki raeljan je za naše stvoritelje dragocjen.

Dopustite da ponovim što sam već rekao: Jedino vrijeme kada je suicid prihvatljiv je onda kada osoba bude podnosila ekstremnu fizičku bol koju znanost ne bude mogla otkloniti ili kada čovjekove sposobnosti budu nestale do te mjere da više ne bude mogao učinkovito djelovati. Svi ostali ljudi su poslanici naših očeva koji se nalaze na nebu i svi mi naše živote moramo posvetiti širenju dobrih vijesti.

2

Nova Otkrića

Ovo poglavlje sadrži otkrića koja je Rael na zamolbu Elohim trebao čuvati u tajnosti tri godine od putovanja tijekom kojega mu je otkrivena druga poruka. Obzirom da se sada nalazimo u 34. godini (1979.), došlo je vrijeme da ljudi postanu svjesni ovih otkrića.

Vrag ne Postoji, ja Sam ga Susreo!

Nemojte drhtati kada se budete pitali čeka li stvorenje s rogovima, kopitima, dobro skriveno, pravi trenutak da dođe i ubode vas trozubom u stražnjicu. Obzirom da ne postoji "Bog" koji sjedi na bijelom oblaku i drži munju u desnoj ruci, ne postoji ni vrag.

Za obične ljude su riječi *Vrag, Sotona, Lucifer* ili *Demon* različita imena za jednu i istu osobu koja predstavlja sile zla, baš kao što pomisle na "Apokalipsu" pri spomenu "kraja svijeta".

Pogledajmo pravo značenje ovih riječi. Sotona je kronološki najstariji. Kada su Elohim stvorili prva potpuno sintetička ljudska bića u laboratorijima na svom rodnom planetu, određena skupina ljudi iz njihovog svijeta je protestirala protiv ove genetske manipulacije za koju su smatrali da je opasna po njihovu civilizaciju. Oni su se bojali da će jednog dana znanstvenici stvoriti monstrume koji će pobjeći iz laboratorija i počiniti ubojstva među pučanstvom.

Nažalost, znamo da su njihovi strahovi postali stvarnost i pokret koji je zagovarao prestanak genetskog inženjeringa je dokazao da je u pravu; tako je vlada planeta Elohim naredila znanstvenicima da prestanu sa eksperimentima i prisilila ih da unište sve svoje radove. Ovu grupa koja je bila protiv genetskih manipulacija predvodio je

Eloha pod imenom Sotona. Znanstvenicima je napokon dopušten odlazak na drugi planet i vršenje eksperimenata. Opis ovoga događaja opisan je u *Mateju 13:3-4*. Ovo je priča koja opisuje stvaranje života na drugim planetima od strane Elohim:

> Izađe sijač da sije. I kad je sijao, nekoje zrno pade na put, i došoše ptice i pozobaše ga.

Ptice su glasnici koje je poslao Sotona, koji je mislio da je planet odabran za njihove eksperimente stvaranja života preblizu njihovom i da bi kojim slučajem bića koja su stvorena u laboratoriju mogla, zapravo, biti inteligentnija od svojih stvoritelja i postati nasilna i da bi oni mogli dokazati da su ona opasna za stanovništvo planeta Elohim. Vlada im je odobrila da još jednom unište radove znanstvenika.

Morali su tragati za novim planetom koji bi bio pogodan za stvaranje života, ali su dva puta pretrpjeli neuspjeh. Prvi put je odabrani planet bio preblizu zvijezdi i njihovo djelo je izgorjelo uslijed štetnih radijacija koje su dopirale sa te zvijezde, a drugi put zbog neobuzdane vegetacija. Napokon su dospjeli do planeta koji im je nudio sve potrebne elemente, tako da je njihovo ostvarenje moglo preživjeti, a bio je dovoljno daleko da ne predstavlja opasnost u očima grupe kojom je predsjedao Sotona.

> Drugo pade na kamenito tlo, gdje nije imalo mnogo zemlje. Ono brzo izniknu, jer nije ležalo duboko u zemlji. Ali kad obasja sunce, uvenu, i jer nije imalo korijena usahnu. Opet drugo pade među trnje. Uzraste zajedno trnje i uguši ga. Drugo pade na zemlju dobru, i donosilo je rod stostruk, šezdesetostruk, tridesetostruk. Tko ima uši, neka čuje" *Matej 13: 5-9*.

Znamo da su Elohim u to vrijeme također stvorili život na dva druga planeta, dakle to je aludiranje na "tri žetve".

Također nam je poznato da je dopuštenje koje je znanstvenicima dano da dođu na Zemlju i stvore život, dano pod jedinim uvjetom da ne stvaraju bića prema vlastitom liku. Prva poruka objašnjava kako su oni odbacili ovu naredbu i također pokazuje reakciju njihove vlade koja im je izričito zabranila da otkriju prvim ljudima na Zemlji koje su stvorili, kako su bili stvoreni i tko su oni, zahtijevajući da ovim prvim ljudima bude dužnost da strahuju od svojih stvoritelja, te su stvoriteljima naložili da se prikazuju kao nadnaravna bića i na određeni način kao božanska bića.

Sotona je smatrao da se ne može očekivati ništa dobra od ovih bića stvorenih znanstvenim putem i da iz Čovjeka može proisteći samo zlo. Jasno razumijemo da je bio Sotona jedan od Elohim i da je bio vođa neke vrste političke stranke na planetu Elohim, stranke koja se protivila stvaranju bilo kakvog tipa bića prema vlastitom liku od strane drugih Elohim, koji su mislili da bi mogli stvoriti bića koja bi bila pozitivna i nenasilna.

Onda je došao Lucifer, što znači "nositelj svjetla". Lucifer je jedan od Elohim koji su stvorili život na Zemlji, odnosno čovjeka.

Lucifer je predvodio malu skupinu znanstvenika koja je radila u jednom od laboratorija genetskog inženjeringa i proučavala ponašanje prvih sintetičkih ljudi. Primijetivši neobične sposobnosti koje su ispoljavala njihova stvorenja, Lucifer je odlučio prekršiti naredbu i otkriti ovim prvim ljudskim bićima da su oni koje su zamijenili s "Bogovima" zapravo ljudi poput njih samih, načinjeni od krvi i mesa, koji su došli sa drugoga planeta u letjelicama od opipljivog materijala. Lucifer i njegova skupina Elohim osjetili su ljubav i naklonost prema ovim sintetički stvorenim ljudima. Voljeli su ih kao vlastitu djecu, ove prve ljude koje su po cijeli dan proučavali i koji su bili prisiljeni na Elohim gledati kao na "Bogove". Bilo im je nepodnošljivo gledati njihova stvorenja koja su bila uspješna i fizički i psihološki, a k tome krasna i inteligentna, da ih obožavaju na rukama i koljenima kao idole, samo zato jer im je vlada njihovog planeta, kojoj je predsjedavao Jahve, zabranila da svojim stvorenjima kažu istinu i prisilila Elohim da stalno budu u ulozi natprirodnih bića.

Lucifer, "nositelj svjetla", prosvijetlio je prve ljude otkrivši im da stvoritelji nisu "Bogovi", već ljudi poput njih samih. Ovom stavu se izravno usprotivio Sotona koji smatra da se od ljudi može očekivati samo zlo i tako je izrazio neposlušnost do naredbi Jahvea, predsjednika Vijeća Vječnih koji je upravljao planetom Elohim.

Toliko o tome, nema stvorenja sa rogovima.

Jahve osuđuje znanstvenike koji nisu poslušali njegove zapovijedi. Oni su bili osuđeni na provođenje ostatka života u izgnanstvu na Zemlji. "Zmija" je osuđena da puzi po Zemlji, kako je poetski napisano, a ljudi su protjerani iz laboratorija, "Rajskoga Vrta", gdje su ih hranili i skrbili o njima, a da ti nisu morali učiniti ni najmanji napor.

Ipak, Sotona još uvijek nije bio zadovoljan. On je želio da svako stvoreno ljudsko biće bude potpuno uništeno, jer ih je ocijenio opasnim zbog njihove nasilnosti. Kako je vrijeme prolazilo, Sotona je zgrtao dokaze o čovjekovoj agresiji promatrajući kako ljudi ubijaju jedni druge oružjem koje su im dali sinovi Luciferove prognane skupine Elohim. Luciferova skupina je uključena u "nježne" odnose s ljudskim kćerima koje su uspjele pribaviti oružje u zamjenu za svoje čari pod izlikom da će ih dati svojim očevima i braći da mogu loviti da bi se prehranili. Zapravo, ljudi su s ovim arsenalom odabrali odvratnu međusobnu borbu.

Vidjevši dokaze o pokolju na Zemlji koje je Sotona prikupio Vijeću Vječnih, Jahve odluči učiniti ono što je molio Sotona, odnosno, potpuno uništiti život koji je bio stvoren na Zemlji i u to ime dopusti Luciferovoj skupini povratak na njihov vlastiti planet i oprostiti mu prekinuvši njegovo izgnanstvo. Kada je Luciferova skupina shvatila da će njihova divna kreacija biti uništena, odlučili su to ne dopustiti. Još su uvijek jako osjećali da među ljudima postoje pozitivni i miroljubivi pojedinci koji su puni ljubavi i bratstva. Među njima bio je i Noa kojem su pomogli izgraditi svemirski brod koji bi ga zaštitio od uništenja ostajući u orbiti oko Zemlje. U ovom brodu bilo je nekoliko muškaraca i žena i genetski kodovi nekih životinjskih vrsta koji su trebali biti korišteni za ponovno stvaranje nakon kataklizme.

Bilo je to tek onda kada su Elohim otkrili da su i sami stvoreni na isti način kako su stvorili čovjeka, znanstvenim putem u laboratoriju od strane drugih ljudi koji su došli sa drugoga svijeta. Tada su odlučili da više nikada ne unište ljudski rod i pomogli su

Luciferu i njegovoj skupini pri ponovnom stvaranju životnih oblika koje su sačuvali u "arki". Sotona je još uvijek bio uvjeren da je zlo u čovjeku, ali se poklonio pred većinom onih koji su, uz Jahvu, imali drugačije mišljenje u Vijeću Vječnih. Jahve je shvatio iz poruke koju je sadržavao svemirski brod bez posade koji je dolazio sa planeta onih koji su stvorili Elohim i koji je sletio na njihov planet, da ako su ljudi nasilni tada će se sami uništiti kada budu otkrili energiju koja će im omogućiti ulazak na interplanetarnu razinu civilizacije.

Elohim su odlučili dopustiti Čovjeku samostalni napredak, ali su odabrali ili su na Zemlji porodili određene ljude, koji bi bili odgovorni za stvaranje religija koje bi očuvale tragove o njihovom radu na Zemlji i da bi čovjekove stvoritelje kao takve mogli prepoznati kada za to dođe vrijeme i čovječanstvo bude dovoljno znanstveno napredovalo da onda može razumjeti na racionalan način.

Poruke od ovakve važnosti mogli su predati samo ljudima od povjerenja, a prije svega su se Elohim morali uvjeriti da su njihovi odabranici vjerni svojim stvoriteljima i da neće iznevjeriti ono što im je otkriveno. Sotona je bio odgovoran za testiranje proroka. Kako će testirati vjernost ovih ljudi? Kada su jednom neku osobu kontaktirali glasnici Elohim-a, govoreći joj o svojoj misiji, Sotona, ili netko od njegovih ljudi kontaktirao bi budućeg proroka i klevetom bi uništio Elohim u njegovim mislima pokušavajući nagnati čovjeka da se odrekne svojih očeva pod zakletvom ili da, na primjer, prihvati izdaju misije uz obećanje o materijalnim dobrima. Koja je grčka riječ za klevetnika? Jednostavno *"Diablos"*. Ovdje je naš čuveni vrag, iako još uvijek nema ni rogove ni kopita...

Na primjer, Isusa su odveli u pustinju na četrdeset dana, na razdoblje inicijacije i on se u izvjesno doba sukobio s "vragom" da bi ovaj vidio hoće li poreći svojega oca.

> Tada Isusa odvede Duh u pustinju, da ga kuša đavao.
> *Matija 4: 1.*

Pojašnjeno: "Isus je bio odveden u pustinju da bi ga testirao klevetnik."

Također je opisano puno testova koje je nametnuo "vrag". Prvi od svih njih moli Isusa da kamenje pretvori u kruh da bi dokazao da je sin Božji:

> Ako si Sin Božji, zapovjedi, da ovo kamenje postane kruh. On mu odgovori: "Stoji pisano: Čovjek ne živi samo o kruhu, nego o svakoj riječi, što dolazi iz usta Božjih." *Matija 4: 3-4.*

Isus kaže Sotoni da je važnije biti vjeran Elohim, nego jesti. Vrag ga kuša hranom obzirom da je Isus neko vrijeme postio. Onda je Isus bio odveden u Sveti grad, postavi ga na vrh Hrama i tada mu Satan reče, neka skoči i da će anđeli "anđeli Božji" ublažiti njegov pad i da se pritom neće ozlijediti.

> "Ako si Sin Božji, baci se dolje! Anđelima svojim naložio je za tebe. Oni će te nositi na rukama svojim." Isus mu reče: Ne kušaj Gospodina, Boga svojega" *Matej 4: 6-7.*

Isus odgovara vragu da on nije postavljen na Zemlji zbog beskorisnog zadatka testiranja svojih stvoritelja, na taj način dokazujući da ne traži svakoga trenutka njihovu pomoć. Onda ga Sotona povede na vrh visoke planine i predloži da će ga načiniti najbogatijim kraljem na Zemlji.

Tada ga uze đavao sobom na goru vrlo visoku. Tamo mu pokaza sva kraljevstva svijeta s krasotom njihovom, i reče mu: "Sve ovo dat ću tebi, ako padneš ničice i pokloniš mi se."

> "Tada mu zapovjedi Isus: "Odstupi, sotono! Stoji pisano: "Gospodinu, Bogu svojemu, klanjaj se i njemu jedino služi!" Tada ga ostavi đavao, i gle, anđeli pristupiše, i služili su mu. *Matej 4: 8-11.*

Isus pokazuje svoju lojalnost Elohim, koje će služiti radije nego što će biti moćan i bogat čovjek. Mora se naglasiti da u ovim stihovima Isus aludira na klevetnika njegovim vlastitim imenom, jer da ga naziva Sotona. Obzirom da je test uspješno prošao "anđeli", glasnici Elohim-a su se spustili do Isusa da bi dovršili inicijaciju.

Isus nije bio jedini kojega je testirao "vrag". Joba je također testirao Sotona. Početak *Knjige o Jobu* je prilično elokventan, jer jasno pokazuje kakvi su dobri ili čak bratski odnosi postojali između Jahve i Sotone:

> A dogodi se jednoga dana, te dođoše sinovi Elohim i stupiše pred Jahvu. I Sotona se pojavi među njima. "I Jahve upita Sotonu: "Odakle dolaziš?" Sotona odgovori Jahvi: "Prohodio sam zemljom i putovao po njoj." Tada reče Jahve Sotoni: "Jesi li opazio i slugu mojega Joba? Nema takva čovjeka na zemlji. Pošten je i pravedan, boji se Elohim i kloni se zla." Sotona odgovori Jahvi: "Je li možda Job uzalud se Elohim bojao? Ne ograđuješ li njega i kuću njegovu i sve, što mu pripada? Djelo ruku njegovih blagoslivljaš, i njegov se posjed proširuje dalje u zemlji. Ali pruži samo jednom ruku svoju i dotakni se imanja njegova, pa neće li otvoreno ustati protiv tebe?!" Tada Jahve reče Sotoni: Samo na njega samoga ne smiješ staviti ruku!" I Sotona ostavi Jahvu." *Job 1: 6-12.*

Jasno možemo vidjeti da je Jahve iznad Sotone u hijerarhiji Elohim. Ipak, još uvijek Sotoni daje ovlasti u svojstvu "vođe oporbene stranke", kako bi činio što mu drago dajući mu Joba, tako reći da dokaže da može uzeti čovjeka koji Elohim istinski voli i dovesti ga do mržnje prema njima ako bude pogođen nesrećama, uništenjem ili bolešću.

Sotona, zapravo, potpuno uništi Joba, ali potonji i dalje nastavlja voljeti i poštivati Elohim.

> Tada ustade Job, razdera svoju haljinu i ošiša sebi glavu. Onda se baci ničice na zemlju, duboko se pokloni i pomoli se: "Gol izađoh iz krila matere svoje. Gol se opet vraćam onamo. Jahve dade, Jahve uze. Neka je blagoslovljeno ime Jahvino!" Kod

svega toga ne sagriješi Job i ne reče nikakve nepristojne riječi protiv Elohim. *Job 1:20-22.*

Sotona još uvijek nije bio zadovoljan kada je izvijestio predsjednika Vijeća Vječnih;

Dogodi se jednoga dana, da dođoše sinovi Elohim i stupiše pred Jahvu. I Sotona se pojavi među njima i stupi pred Jahvu. Jahve upita Sotonu: "Odakle dolaziš?" Sotona odgovori Jahvi: "Prohodio sam zemljom i putovao po njoj." Tada reče Jahve Sotoni: "Jesi li opazio i slugu mojega Joba? Nema takva čovjeka na zemlji. Pošten je i pravedan, boji se Elohim i kloni se oda zla. I premda si me nagovorio, da mu naškodim ni za što, još je uvijek utvrđen u svojoj pobožnosti. Sotona odgovori Jahvi: "Kožu za kožu: sve što ima čovjek, daje za život svoj. Ali pruži samo jednom ruku svoju i dotakni se kostiju njegovih i mesa njegova, pa neće li otvoreno ustati protiv tebe!" Tada reče Jahve Sotoni: "Dobro, neka ti je on u vlasti! Samo mu moraš sačuvati život!" *Job 2:1-6.*

Zato Jahve dopusti da Sotona uništi zdravlje Jobovo da bi vidio voli li on i dalje svoje stvoritelje. A Job je nastavio štovati Elohim. Tek onda je zapitao Jahvu zašto je doveden na ovaj svijet, ako je to samo zato da mu život bude pun nesreća. Napokon, Jahve je intervenirao objasnivši Jobu da je u krivu prosudio svoje stvoritelje koji su izvršili testiranje, time što je požalio da je rođen. Jahve je povratio Jobovo zdravlje i još više imanja koje je imao prije nesreće.

Na kraju susreta s Jahvom na područnom brodu, izašao je na nekoliko trenutaka van i rekao da će se kasnije naći sa mnom. Onda me je jedan od dvojice Elohim zamolio da pođem s njim. Odveo me je u malu, izvanredno uređenu sobu. Zidovi, kao i njena unutrašnjost bili su kružnog piramidalnog oblika, a zidovi su bili prekriveni blještavim valovima koji su odavali dojam vodenih valova obojanih mnoštvom boja. Sve se pomicalo u izvanredno opuštajućem ritmu glazbenih vibracija. Rečeno mi je da se smjestim u udobnu stolicu prekrivenu crnom kožom koja je izgledala kao da je živa. Onda je rekao:

"Moram te upozoriti da među Elohim ne postoji samo jedno mišljenje u pogledu budućnosti čovječanstva na Zemlji. Jahve misli da su ljudi dobri i da bi ih trebalo pustiti da sami napreduju te je uvjeren da će se, ako su negativni, sami uništiti. Svi moji sljedbenici i ja mislimo da su ljudi zli i da bi čovječanstvu trebalo pomoći u ubrzavanju njihova samouništenja. Predlažemo da nam pomogneš ubrzati konačnu kataklizmu koja bi pročistila svemir od bića koja su nastala samo kao rezultat neuspjelog eksperimenta.

Ako pokušaš izvršiti misiju koju ti je povjerio Jahve, uvijek ćeš biti siromašan i morat ćeš se nositi sa sarkazmom svih ostalih. Patit ćeš, čak ćeš možda završiti u zatvoru, ili još gore, usmrtit će te tvoja krvna braća. Ako prihvatiš moju ponudu i provedeš moj plan koji se temelji na povećanju različitih rasističkih tendencija koje postoje u ljudima da bi izbio svjetski sukob koji će izazvati rasizam, načinit ću od tebe moćnog i bogatog čovjeka. Tvoja uloga će biti izdavanje knjiga koje ću ti ja diktirati i koje će ti omogućiti stvaranje različitih političkih i duhovnih pokreta koji propovijedaju uništenje arapske, žute i crne rase, a imat će ulogu preuzimanja cjelokupnog bogatstva i materijalnih sirovina potrebnih bijeloj rasi koje ona i zaslužuje, jer su bijeli ljudi uložili napore koji su im omogućili razvoj tehnika pri njihovu pronalaženju, a u prvom redu za njihovo svrsishodno korištenje.

Čim bude izbio ovaj planetarni sukob, ti i svi oni ljudi koji mi budu pomogli da do njega dođe, bit će spašeni. Mi ćemo te našim svemirskim brodom odvesti na sigurno mjesto i na kraju, kada sve bude uništeno, dopustit ćemo ti povratak na Zemlju, da bi mogao započeti stvarati novo čovječanstvo. Ovom novom civilizacijom ćeš upravljati kako budeš želio, ali, naravno, uz našu pomoć.

U međuvremenu, čim se vratiš na Zemlju, u ime zaklade na švicarskoj banci bit će doznačena svota od 1, 5, 10, ili ako budeš želio, i više milijuna koji će ti pomoći da počneš iznova. Reci nam koliku svotu želiš i ako to ne bude dovoljno, odmah ćemo doznačiti još novaca. Nadalje, ako ovo prihvatiš i budeš nam od pomoći, ti i oni ljudi koji nam budu pomogli, imat će pravo na vječni život.

Jedina stvar koju te molimo da Čovječanstvo uništi groznu civilizaciju koja sada postoji na Zemlji. Zato ćeš im također morati reći da si susreo vanzemaljca i da te je upozorio da će izvršiti invaziju na Zemlju. Dat ćemo ti potrebne dokaze o našem postojanju i nitko neće posumnjati ni riječi. Zato će čovječanstvo povećati svoje naoružanje da bi se pripremilo za mogući napad sa neba. Ovo će spriječiti Jahvu u ponovnom pokušaju zaustavljanja međusobnog ubijanja ljudi ili zaustavljanja povećane gradnje atomskog oružja i agresije na Zemlji.

Uzmi u obzir da te s jedne strane nekolicina ljudi moli da radiš za već izgubljeni slučaj, jer prije ili kasnije ljudi će se sami "otpuhati" sa lica Zemlje. Ovi isti ljudi ti čak neće ni dati dokaze o svojem postojanju, niti će ti pružiti ikakvu financijsku pomoć da bi ti pomogli pri uvjeravanju tvoje braće. Prepustit će te sarkazmu, policija i zakonski pritisci mogu te odvesti čak i iza rešetaka, a ne moraš ni pomisliti na to da bi te mogao ubiti neki fanatik jer tvrdiš da "Bog" ne postoji. S druge strane, moj prijedlog će te odmah učiniti bogatim i moćnim, postat ćeš čovjek koji će samo ubrzati proces na koji su ljudi već unaprijed predodređeni.

"Onda, kakav je tvoj odgovor? Želiš li razmisliti o ovome nekoliko dana prije nego što mi odgovoriš?"

A ja sam odgovorio: "Nisam potpuno uvjeren da će doći do samouništenja čovječanstva, premda postoji devet prema deset da hoće. Čak ako bi bilo samo i jedan prema tisuću da će čovječanstvo suspregnuti svoju agresiju i izbjeći uništenje, mislim da bi to bilo vrijedno rizika. Želio bih razmišljati o tome na način da će to ljudi shvatiti prije nego što bude prekasno. Čak i kada bi došlo do konačne kataklizme, Jahve mi je rekao da bi svi ljudi koji bi se borili za mir i nenasilje bili spašeni u cilju ponovnog naseljavanja Zemlje i pokušali izgraditi svijet pun ljubavi. Tvoj prijedlog ne nudi ništa više, osim možda da će biti spašeni oni ljudi koji budu potpomogli tvoj plan koji uključuje eksploziju nasilja. Nova civilizacija koju bi oni tada ustrojili ne bi izbjegla nasilje, jer je ona glavna značajka njenih osnivača, u izravnom, društvenom i nasljednom smislu. Već sama činjenica da se čovječanstvu kaže za invaziju izvanzemaljaca na Zemlju bila bi dovoljna za povlačenje okidača za više straha, a k tome i agresije na našem planetu. Tako da čak i postoji jedan prema tisuću da bi Zemlja sada mogla biti spašena, ova prilika bi bila umanjena za polovinu nakon vijesti o mogućoj intervenciji sa tvoje strane. Jedan od najvažnijih faktora koji bi doprinijeli smanjenju nasilja među ljudima je buđenje uma prema svemiru i beskonačnom. Ako svi ljudi u nebo budu gledali s nadom i bratskim osjećajima, onda će se međusobno osjećati puno bližima i misliti manje o međusobnom ubijanju.

Nisam zainteresiran za bogatstvo i moć. Nemam gotovo ništa, ali i ono malo što imam je sve što mi je potrebno za sreću. Moja misija koju izvršavam ispunjava moj život srećom. Sve što trebam je hrana za moju djecu i krov nad njihovim glavama. Sve ovo su mi pružili vjerni sljedbenici koji mi žele pomoći da iznesem istinu pred sve ljude na Zemlji. Ne mogu živjeti u dvije kuće istovremeno, niti mogu istovremeno voziti dva auta, pa čak i da posjedujem vlastitu kuću, ne znači da bih bolje spavao, niti bi mi vatra bila toplija. Obzirom da mi je ovu misiju povjerio Jahve, prije bih želio da se ona izvrši kolektivnim naporima onih koji žele pozdraviti Elohim, jer ovo bi zasigurno bio najljepši dokaz ljubavi koji možemo pružiti našim stvoriteljima.

"Znači, odbijaš moj prijedlog?" upita Eloha.

"Da i to iz razloga koji sam ti upravo naveo, jer sam u osnovi protivnik nasilja."

"Jesi li siguran da zbog ovoga nikada nećeš požaliti?", upitao je. "Ne bi li ipak radije pričekao i razmislio o tome?"

"Nikada neću promijeniti mišljenje, bez obzira na to što će mi se dogoditi. Čak i da moj život bude u opasnosti, radije bih svoje napore usmjerio prema ljubavi i bratstvu koji će objediniti sve ljude da bi pozdravili svoje stvoritelje kao što Elohim to i zaslužuju.

U tom trenutku vrata su se otvorila i Jahve je ušao zajedno s jednim drugim Elohom. Okrenuo se prema meni i rekao, "Vrlo sam zadovoljan tvojom reakcijom na prijedloge koji su ti postavljeni. Bio sam uvjeren u tvoju reakciju, ali Sotona, naš brat, koji te je upravo testirao, neće biti uvjeren da se išta dobra može očekivati od ljudi dok se ne ujedine, a novac i cjelokupno oružje ne uništi. Moj pratitelj koji je sretan zbog tvojeg ponašanja je Lucifer, prvi koji je vjerovao u čovječanstvo, čak i prije negoli sam i sam shvatio da čovječanstvu treba dopustiti napredovanje, a čovjeku dati priliku da sam kroči kroz završni test uklanjanja problema nasilja bez našega upliva."

Sotona mi je tada rekao da je mislio da na Zemlji nema više od nekolicine ljudi poput mene. Ljubav i bratstvo sjali su sa njegova lica, a on je izrazio mišljenje, samo zbog tih rijetkih izuzetaka čovječanstvo još nema pravo na postojanje. Onda smo se vratili u onaj prostraniji od dva svemirska broda, u letjelicu koja me je odvela do Planeta Vječnih na kojem je zaključena moja inicijacija. Sve ovdje navedeno odnosi se na knjigu koja sadrži drugu poruku: *Izvanzemaljci su me odveli na svoj planet.*

Oče Moj Koji Jesi na Nebesima

Tijekom mojega prvog susreta s ovim posjetiteljem iz svemira, kojega do tada nisam znao kao Jahvu, predsjednika Vijeća vječnih, pitao sam se zašto su odabrali baš mene za svojega glasnika na Zemlji. Rekao mi je da su odlučili "odabrati" nekoga tko je rođen nakon atomske eksplozije na Hirošimu, do koje je došlo 6. kolovoza 1945., potom dodavši: "Pratili smo te od tvog rođenja, čak i ranije." (Odnosi se na str. 5 u *Knjizi Koja Govori Istinu.*)

U početku sam taj odgovor smatrao veoma intrigantnim i često sam o tome razmišljao tijekom dvije godine, u razdoblju između prve i druge poruke.

Morao sam pričekati ponovni susret s Jahvom da bih to sebi u potpunosti razjasnio.

Na kraju svojih napomena upućenih narodu Izraela, otkrio je istinu o mojem podrijetlu, kako izvješćuje druga poruka, onda kad smo bili na planetu vječnih.

Još jednom mi je rečeno da stavim poseban pojas sa širokom kopčom koji mi je omogućavao putovanje zrakom slijedeći određene struje valova. Letio sam oko 20 metara iznad bujne vegetacije nakon mirnog izlaska iz laboratorija u kojem je bio moj um modificiran u čudnoj stolici školjkastog oblika.

Za otprilike desetak sekundi dospjeli smo do rajske čistine na kojoj je sjedilo nekoliko proroka s kojima sam prije toga objedovao. Nekoliko stotina metara pod sobom vidio sam nepregledne i veličanstvene pješčane plaže koje su graničile s tamnomodrim morem takve dubine i ljepote po kojoj im nije ravan ni jedan zaljev u Sredozemlju.

Plavetnilo vode bilo je kao iz kalifornijskog bazena, ali se prostiralo do horizonta s velikim ružičastim i zelenim površinama unutar plavetnoga mora. Kada sam pažljivije pogledao, vidio sam tragove svih boja, od kojih je svaka nijansa bila ljepša od one druge, kao da je morsko dno, udaljeno oko 10 kilometara, bilo oslikano. Pitao sam odakle dolaze te neobične boje, i rečeno mi je da morska trava daje vodi boju. Morska trava je stvorena i posađena na umjetnički način, zbog izazivanja tog osobitog efekta koji sam primijetio.

Pojas mi je dopustio blagi spust na maloj čistini pokraj skupine od desetak proroka. Pridružio nam se jedan od njih, koji mi je predstavljen kao Isus.

Slijedeći Jahvu svi smo pošli i sjeli na sjedala isklesana u stijeni. Sva ta sjedala bila su prekrivena izvanrednim crnim krznom koje je izgledalo kao da je živo. Smjestili su nas na klisuru koja je gledala na more.

Jahve me je pitao jesam li tijekom posljednje dvije godine od našega prvog susreta postavljao sebi pitanja koja su me osobito zaokupljala. Bez oklijevanja sam mu rekao da sam se uvijek pitao što je mislio kad mi je objasnio "da su me pratili od mojega rođenja a i ranije".

To pitanje sam puno puta prebirao u mislima pitajući se je li to značilo da su moji roditelji bili odabrani prije mojega začeća i jesu li telepatskim putem dovedeni jedno do drugoga da bi me začeli, ili su jedno drugo već poznavali kada su ih odabrali, ili sam bio začet kada su njih odabrali, ili se to zapravo dogodilo onda kada su odabrali embrio kojega su oni stvorili.

Jahve je odgovorio na to pitanje koje mi je bilo veoma važno. Njegov je odgovor bio još neobičniji nego što sam mogao pretpostaviti.

U tom trenutku prestao me oslovljavati na francuskom s *"vi"*, oblikom iz poštovanja, i počeo mi se obraćati prisnijim oblikom *"ti"*. Onda je rekao:

"Osoba koju si smatrao ocem nije bila tvoj pravi otac. Nakon eksplozije u Hirošimi shvatili smo da je došlo vrijeme da na Zemlju pošaljemo novoga glasnika. On bi bio posljednji prorok, ali prvi koji bi se obratio čovječanstvu pitajući ih za razumijevanje, a ne za vjeru. Zatim smo odabrali ženu kao i u doba Isusa. Tu smo ženu odveli jednim od naših brodova i oplodili je, upravo onako kako smo učinili s Isusovom majkom. Zatim smo je oslobodili i nakon toga iz njene smo memorije potpuno izbrisali sve tragove toga događaja.

Ali prije nego što se to sve dogodilo, dogovorili smo se da će ona susresti čovjeka koji će to dijete financijski pomagati i pristojno ga odgojiti. Taj čovjek morao je biti drugačije vjeroispovijesti od žene, tako da djetetov odgoj ne bude strogo religijski uvjetovan. Zato je čovjek kojega si smatrao ocem i vjerovao da je to zaista on, bio Židov.

Tvoj pravi otac je također i Isusov otac, a to znači da ste braća. Ti sada trenutno gledaš u svojega oca. Tvoj očuh je bio poput Josipa, on se morao brinuti o tebi i o tvojoj majci sve do trenutka kad si se mogao početi sam skrbiti za sebe.

Od ovoga trenutka možeš mi se obraćati sa *ti*, jer ti si moj sin i ja sam tvoj otac."

To je bio najdirljiviji trenutak tijekom cijelog putovanja. I ja sam u Jahvinim očima također vidio isto tako snažne osjećaje i ljubav. Činilo se da je i Isus dirnut istim osjećajima. Onda sam prvi put poljubio svojega oca i brata.

Tada me Jahve zamolio da našu rodbinsku vezu ne otkrijem prije nego proteknu tri godine. To je razlog da o tome do sada nisam nikada govorio.

U svakom slučaju, to nije važno, ne smijemo počiniti istu pogrešku kao oni ljudi koji su Isusa prepoznali kao glasnika što se spustio s neba. Nije bitan glasnik, već sama poruka.

"Isus je došao na Zemlju da ljudima pokaže put, ali ljudi su gledali u njegov prst", rekao je jedan veliki mislilac, a to je nažalost istina.

Ja, Rael, također vam pokazujem put koji ćete slijediti otkrivajući poruke koje mi je dao moj otac "koji je na nebesima". Važnije je prepoznati Elohim kao naše očeve i izgraditi ambasadu na Zemlji što je njihova želja, nego obraćati pozornost na glasnika. Bitne su samo poruke, a kroz njih i vjerodostojnost onih koji su ih poslali, a ne glasnik.

Ne gledajte u moj prst, već prije u smjer prema kojem pokazujem.

Jahvina Poruka Ljudima Zemlje: Apokalipsa Posljednje Nuklearne Kataklizme

Ja, Jahve, kroz riječi mojega proroka Raela, obraćam se ljudima planeta Zemlje:

Nažalost, samo je jedan prema stotinu da vaše čovječanstvo neće podleći samouništenju, a svaki Raeljan mora djelovati tako da čovječanstvo bude dovoljno mudro da shvati te iskoristi i najmanju priliku kako bi umaklo konačnoj kataklizmi i moglo prijeći u Zlatno doba. Još bolje, svaki Raeljan svojim djelima u smjeru buđenja svijesti doprinosi jačanju te jedinstvene i male prilike preživljavanja da bi spriječio njeno daljnje slabljenje.

Nemoguće je predvidjeti budućnost, jer je nemoguće putovati vremenom, ali je uvijek moguće predvidjeti budućnost biološkog entiteta, a čitavo čovječanstvo možemo shvatiti kao biološki entitet. Ako je primitivnu ženu oplodio znanstvenik, potonji je mogao predvidjeti budućnost te žene. Mogao je predvidjeti da će ona za devet mjeseci roditi dijete, a mogao je otići tako daleko da je odredio i djetetov spol.

Na isti način, mi koji smo navikli na stvaranje života u beskraju planeta, znamo što se događa s čovječanstvom koje je doseglo vašu tehnološku razinu, a nije doseglo jednaku razinu mudrosti.

Zato, iako ne možemo predvidjeti budućnost pojedinaca, možemo, dakle, predvidjeti, što bi se najvjerojatnije moglo događati sa živim organizmom tijekom perioda trudnoće, ili s čovječanstvom tijekom njegova razvoja.

Kad se u majčinoj utrobi pri susretu sjemena i jajašca stvori prva stanica, ona sadrži sve potrebne informacije za stvaranje potpunog ljudskog bića koje će moći obavljati višestruke funkcije. A što su stanice brojnije, to su brojnije i razvijene funkcije. Broj funkcija je proporcionalan broju stanica koje se dobivaju uzastopnim diobama, sve dok dijete ne bude spremno za rođenje, jer samo onda ono postaje cjeloviti organizam sa svim organima koji će mu biti potrebni za obavljanje svih funkcija koje će ispuniti svaku njegovu potrebu.

Potpuno ista stvar je s čovječanstvom, uzimajući u obzir da je svaki čovjek poput stanice velikog bića u vrijeme trudnoće, a to je čovječanstvo. Broj funkcija, otkrića i tehnološka razina čovječanstva proporcionalna je broju ljudi. Tako lako možemo predvidjeti da će do razdoblja Apokalipse doći kada ljudi budu mogli elektroničkom protezom vratiti vid slijepima, kada se čovjekov glas bude pronio iznad oceana putem satelitskih telekomunikacijskih sustava i kad se čovjek bude izjednačio s onima koje je greškom zamijenio za "Boga", stvaranjem sintetičkih bića u laboratoriju, itd.

Sva ta predviđanja odnose se na temeljito znanje o biologiji vrste. Znamo da će fetus razviti oči u određenom mjesecu svojega života, njegovi spolni organi će se razviti u nekom drugom mjesecu njegova rasta, a isto pravilo se može primijeniti na sve živuće vrste u razvoju. Znamo da će to dovesti do otkrića koja će omogućiti obavljanje određenih znanstvenih podviga nakon toliko stotina ili tisuća godina. To je potpuno ista stvar.

Diktirali smo naše poruke prorocima u drevnim vremenima, da bi ih mogli prepoznati ljudi kada dođe vrijeme da se pojavimo u javnosti bez stvaranja novih deističkih religija, odnosno kada ljudi budu mogli to shvatiti.

Među ovim tekstovima je *Apokalipsa* koju smo diktirali Ivanu. Pokazali smo mu događaje koji će se dogoditi ljudima kada uđu u doba Apokalipse putem vizualnog uređaja koji je sličan vašem televizijskom prijamniku. Ivanov tekst o Apokalipsi je, nažalost, bio pretrpan suvišnim detaljima i iskrivljen primitivnim prepisivačima, koji nisu mogli biti drugo, nego religiozni ljudi koji vjeruju u Boga.

Ivan započinje svoju priču susretom s nama:

Tada se zanesoh u dan Gospodnji, i začuh za sobom glas veliki kao trube. *Otkrivenje 1: 10.*

Tu objašnjava da s nama pokušava komunicirati telepatskim putem, to je ono kad kaže "zanesoh se u dan Gospodnji" u nedjelju koja se odnosi na "dan Gospodnji", i da je čuo metalni zvuk "glas veliki kao trube", to je nešto što nam je svima poznato – zvukove koje proizvode električni zvučnici.

Tada se Ivan okrenuo da vidi što se nalazi iza njega:

> I okrenuh se, da vidim glas, koji mi je govorio; i okrenuvši se vidjeh sedam svijećnjaka zlatnih, i usred sedam zlatnih svijećnjaka kao Sina čovječjega, obučena u dugačku haljinu, i opasana po prsima pojasom zlatnim.

> A glava njegova i kosa bijela kao bijela vuna, kao snijeg; i oči njegove kao plamen ognjeni; i noge njegove kao mjed, kad se rastopi u peći; i glas njegov kao šum voda mnogih;

> I imao je u svojoj desnoj ruci sedam zvijezda, i iz usta njegovih izlazio mač oštar s obje strane; i lice njegovo kao što sunce sja u sili svojoj. *Otkrivenje 1: 12-16.*

Ivan je vidio sedam letećih strojeva od zlatnog metala "sedam svijećnjaka" usred kojeg je stajalo maleno biće; "poput sina čovječjeg", obučeno u pilotsko odijelo koje je prianjalo uz tijelo čak do stopala i nosio je široki pojas. Koža i kosa su bijele, kaciga je opremljena s dva mala projektora koje je Ivan zamijenio za oči. Stajao je na čvrstim, izoliranim potpeticama od žutoga metala govoreći snažnim glasom, i "glas njegov kao šum voda mnogih".

U ruci mala osoba drži aparat sa sedam blještećih signala koje odašilje prema sedam letjelica koje se nalaze u njegovoj blizini. Mač oštar s obje strane je samo detalj kojega su dodali pisari da bi pojačali prijetnju pojave i naglasili snagu i strah prvih kršćana od "Boga". Mala osoba koja se pojavila pred Ivanom bio je zapravo jedan od nas.

Ivan je u panici pao ničice licem prema tlu:

I kad Ga vidjeh, padoh k nogama njegovim kao mrtav. I metnu desnicu svoju na me govoreći: "Ne boj se, ja sam prvi i posljednji, i živim: i bio sam mrtav, i evo živim u vijeke vjekova, i imam ključeve od smrti i podzemlja. Napiši, dakle, što si vidio, i što jest, i što ima da se zbude po tom." *Otkrivenje 1: 17-20.*

Zamolili smo Ivana da ustane i rekli da mora napisati sve što je vidio i sve ono što će mu biti izdiktirano, tako da ljudi ove spise mogu pronaći kada za to dođe vrijeme. Rekli smo mu da smo "prvi i posljednji", što znači prvi na Zemlji i posljednji ako ljudi budu uništili sami sebe kada otkriju energiju koja će im to omogućiti. Objasnili smo mu da je onaj koji je govorio poznavao smrt, ali je ponovo stvoren zahvaljujući procesu koji objašnjava prva poruka, koji nam dopušta vječni život u mnogim tijelima.

I gle, vrata otvorena na nebu, i glas prvi, što sam ga čuo kao trubu gdje govori sa mnom, reče: "Uzađi ovamo, i pokazat ću ti, što treba da bude za ovim".

Odmah se zanesoh. I gle, prijestolje je stajalo u nebu, i na prijestolju je sjedio netko. *Otkrivenje 4: 1-2.*

Ivan je vidio "vrata otvorena na nebu"; vrata jedne od naših letjelica bila su otvorena, a Ivan je prenesen u unutrašnjost letećeg stroja na nosivoj zraci. To je za njega potpuno neshvatljivo i zato kaže "u duhu".

Tamo je vidio nekoga da sjedi na "prijestolju", a oko njega je bilo ukupno 24 čovjeka koji su također sjedili na "prijestoljima".

Ja, Jahve, bio sam ta osoba na prijestolju i oko mene je sjedilo 24 drugih vječnih predstavljajući Vijeće vječnih, vodeće tijelo našega planeta.

Tada sam uključio napravu za vizualizaciju misli i on je vidio što bi se normalno trebalo dogoditi s čovječanstvom i što riskira da se mu dogodi, kada za to dođe vrijeme:

I vidjeh, i gle konj bijel, i onaj, koji sjeđaše na njemu, imao je luk. I njemu se dade vijenac, i izađe pobjeđujući i da pobijedi. *Otkrivenje 6: 2.*

To se odnosi na prvi od sedam pečata, ili ako vam je draže, na sedam poglavlja povijesti čovječanstva. To je, zapravo, trijumf kršćanstva na Zemlji jer dopušta da Stari Zavjet bude otkriven svakome. Zatim je otvoren drugi pečat:

I izađe drugi konj, riđ, i onome koji sjeđaše na njemu dopusti se da uzme mir sa zemlje, i da ubija jedan drugoga, i dade mu se mač veliki. *Otkrivenje 6: 4.*

Ovaj riđi konj predstavlja vjerske ratove i ratove općenito, što će biti jedan od glavnih razloga za kašnjenje ljudske reprodukcije. Potom dolazi treći pečat:

I vidjeh, i gle, konj vranac, i onaj koji sjeđaše na njemu imao je vagu u ruci svojoj. 'I začuh kao glas između četiri bića gdje govori: Oka pšenice za denar, i tri oke ječma za denar; a ulja i vina neće ni biti'. *Otkrivenje 6: 5-6.*

Vranac je glad koja će iskati određeni broj života prije nego što čovječanstvo potpuno riješi taj problem. A nakon toga dolazi četvrti pečat:

I vidjeh, i gle, konj sivac, i onome koji sjeđaše na njemu bilo je ime smrt, i podzemlje pratilo ga. *Otkrivenje 6: 8.*

Taj sivi konj predstavlja velike epidemije i kugu i mnoge druge bolesti koje su desetkovale čovječanstvo. Zatim je slomljen i peti pečat:

I kad otvori peti pečat, vidjeh pod žrtvenikom duše onih koji su bili pobijeni zbog riječi Božje i zbog svjedočanstva koje su dali.

I povikaše glasom velikim govoreći: "Dokle, Gospodine sveti i istiniti, ne sudiš i ne osvetiš krvi naše na onima, što stanuju na zemlji?"

I dane su svakome od njih haljine bijele, i rečeno im bi, neka se strpe još malo vremena, dok se navrši broj drugova njihovih i braće njihove, koji valja da budu pobijeni kao i oni.

Otkrivenje 6 : 9-11.

Ta scena predstavlja ono što se dogodilo kada su nas veliki proroci koji žive vječno u našem društvu na našem planetu zamolili da, prije konačnog suda, dopustimo ponovno stvaranje ljudima čiji je život protekao pozitivno. Dopustili smo ponovno stvaranje za nekoliko tisuća ljudi sa Zemlje kako bi odmah mogli živjeti među nama, dok smo se prvo odlučiti za čuvanje njihova genetskog koda da ih ponovo stvorimo tek nakon što čovječanstvo bude dovršilo svoj evolucijski proces. Tada je otvoren i pečat šesti:

I vidjeh, kad otvori šesti pečat, i gle, zemlja se potrese vrlo, i sunce postade crno kao vreća od kostrijeti, i sav mjesec postade kao krv. I zvijezde nebeske padoše na zemlju, kao što smokva odbacuje svoje nezrele plodove, kad je veliki vjetar zaljulja.

I nebo se izmače kao knjiga, kad se savije; I svaka gora i otok s mjesta se svojih pokrenuše.

I kraljevi zemaljski i knezovi i vojskovođe i bogataši i silnici i svaki rob i slobodnjak, svi se skriše po špiljama i po pećinama gorskim. *Otkrivenje 6:12-15.*

Šesti pečat predstavlja konačnu opasnost za čovječanstvo, najveću opasnost, onu koja bi ga potpuno mogla uništiti – atomski rat.

"Veliki potres" predstavlja samu eksploziju, "crno sunce" je pomračenje neba prouzročeno gljivastim oblakom, a prašina koja nastaje kao posljedica eksplozije zatamnit će mjesec. "I nebo se izmače kao knjiga, kad se savije", to se dogodi kada oblake trenutno i nenadano progoni nadolazeći vrući zrak kojega je proizvela eksplozija. Ljudi koji su se skrivali među stijenama planina, to su oni koji su pohrlili u atomska skloništa. Ljudi koji su slijedili našega proroka bit će spašeni od te konačne kataklizme, ako do nje dođe – oni ljudi koji su/će prenijeti svoj plan stanične organizacije nakon što pročitaju ili čuju poruke.

Oni ljudi koje će odabrati naš golemi kompjutor koji prati sve ljude od začeća do smrti.

> I vidjeh drugoga anđela gdje uzlazi od istoka sunčanoga, koji je imao pečat Boga živoga; i povika glasom velikim na četiri anđela kojima je bilo dano da naškode zemlji i moru, govoreći: "Nemojte škoditi ni zemlji, ni moru, ni drveću, dok ne zapečatimo sluge Boga našega na čelima njihovim." *Otkrivenje 7: 2-3.*

Oni ljudi koji će biti pečaćeni na čelima i koje će rukom dotaknuti naš prorok, prenijet će stanični plan svoje čeone kosti koja sadrži najčišći i najtočniji genetski kod. Ukupni broj onih koji će "biti pečaćeni na čelima" iznosit će oko 144.000, a to će uključivati one ljude koji su već ponovo stvoreni na našem planetu, zatim one koji su živjeli posvećeni procvatu čovječanstva, a da nisu nikada čuli za poruke, kao i one ljude koji su Raela prepoznali kao glasnika nakon čitanja poruka.

Sve dok ukupan broj tih ljudi ne bude dosegao 144.000, moći ćemo pripomoći odgađanju konačne kataklizme, kako bi bilo dovoljno onih koji bi započeli život nove generacije na Zemlji kad ona opet bude postala odgovarajuće mjesto za život ljudi.

Ako šesti pečat predstavlja otkriće i prvu uporabu atomskog oružja, sedmi pečat predstavlja konačnu kataklizmu, svjetski atomski rat koji će rezultirati uništenjem života na Zemlji.

Kad je prva truba sedmog pečata zatrubila:

> ... i postade tuča i oganj, pomiješani s krvlju, i padoše na zemlju,
> i trećina drveća izgorje, i sva zelena trava izgorje. *Otkrivenje 8: 7.*

Jedna trećina Zemlje je izgorjela u radioaktivnosti, stabla i zelena trava više ne rastu.

> I drugi anđeo zatrubi, i kao velika gora ognjem zapaljena bačena
> bi u more; i trećina mora postade krv; i umrije trećina stvorenja,
> što živi u moru, i trećina lađa propade. *Otkrivenje 8: 8-9.*

Eksplozija je proizvela golemu erupciju lave koja se ulila u ocean i uništila jednu trećinu života u moru i jednu trećinu brodova.

> I treći anđeo zatrubi, i pade s neba velika zvijezda koja je
> gorjela kao baklja i pade na trećinu rijeka i na izvore voda. I
> ime je zvijezdi Pelin; i trećina voda postade pelin, i mnogi ljudi
> pomriješe od voda, jer postadoše gorke. *Otkrivenje 8: 10-11.*

Atomske eksplozije uslijedile su kao oštri odgovor na prvi napad projektila i posvuda "padaše velike zvijezde s neba". Većina pitke vode postala je zagađena i mnogi su ljudi od toga umrli.

> I četvrti anđeo zatrubi, i udarena bi trećina sunca i trećina
> mjeseca i trećina zvijezda, da pomrači trećina njihova, i trećina
> dana da ne svijetli, tako i noći. *Otkrivenje 8: 12.*

Prah i pepeo su se izdigli uzastopnim nuklearnim eksplozijama i bili su tako gusti da je nebo potamnilo zaklanjajući Sunce, Mjesec i zvijezde, pa izgleda kao da su se skratili i noć i dan.

I peti anđeo zatrubi, i vidjeh zvijezdu gdje pade s neba na zemlju; i dade joj se ključ od zjala bezdana. I otvori zjalo bezdana, i izađe dim iz zjala kao dim iz velike peći, i pocrnje sunce i nebo od dima iz zjala. *Otkrivenje 9: 1-2.*

Ovo je opis padajućih projektila i gljivastog oblaka koji on stvara.

I iz dima zjala izađoše skakavci na zemlju, i dade im se vlast, kao što je imaju škorpioni zemaljski.

I zapovjedi im se, da ne škode travi zemaljskoj, niti ikakvoj zeleni, niti ikakvu drvetu, nego samo ljudima, koji nemaju pečata Božjega na čelima svojim.

I dade im se, da ih ne ubijaju, nego da ih muče pet mjeseci; i mučenje njihovo bijaše kao mučenje škorpiona, kad ubode čovjeka.

I u one dane tražit će ljudi smrt, i neće je naći; i željet će da umru, i smrt će od njih bježati. *Otkrivenje 9: 3-6.*

Skakavci su avioni napunjeni atomskim bombama koje će padati na velike gradove i uslijed izlaganja radioaktivnosti uvjetovat će užasnu patnju ljudi koji će preživjeti eksplozije. Oni će biti otrovani radioaktivnošću, jednako kao što bi bili otrovani ubodom škorpiona.

Skakavci bijahu kao konji opremljeni za boj; i na glavama njihovim kao krune od zlata; i lica njihova kao lica čovječja.

I imahu kose kao kose ženske, i zubi njihovi bijahu kao u lavova.

I imahu oklope kao oklope gvozdene, i glas krila njihovih bijaše kao glas kola, kad mnogi konji trče u boj.

I imahu repove i žalce kao škorpioni; u repovima njihovim bijaše sila, da škode ljudima pet mjeseci. *Otkrivenje 9: 7-10.*

Ti skakavci prekriveni metalom u očima primitivnog čovjeka izgledali su kao konji koji su odlazili u rat. U unutrašnjosti su imali kabinu s koje bi se ljudsko lice moglo vidjeti "kao ljudska lica", leteći vrlo visoko ostavljali bi trag bijelog dima koji Ivan naziva kosom, a njihovi "zubi" su projektili smješteni pod njihovim krilima. "Oklopi kao od čelika" su trup aviona, a buka koja dolazi iz njihovih strojeva poznata vam je. Moć u "repovima kao škorpioni" predstavlja radijaciju koju proizvode projektili bačeni na stanovništvo napadnutih zemalja.

I šesti anđeo zatrubi, i začuh glas jedan od četiri roga zlatnoga žrtvenika, koji je pred Jahvom. *Otkrivenje 9: 13.*

Ivan opisuje četiri zvučnika koja su bila smještena ispred mene dok sam mu sve ovo prikazivao.

I tako vidjeh u viđenju konje i one, što sjeđahu na njima: imali su oklope ognjene i plavetne i sumporne; i glave konja bile su kao glave lavova, i iz usta njihovih izlazio je oganj i dim i sumpor.

I od ova tri zla pogibe trećina ljudi, od ognja i od dima i sumpora što su izlazili iz usta njihovih.

Jer sila je konja u ustima njihovim i u repovima njihovim, jer su repovi njihovi kao zmije, imaju glave i njima čine zlo.
                                                      Otkrivenje 9: 17-19.

To je ponovo opis više aviona, "konjske glave" su zrakoplovni strojevi iz kojih izlazi plamen i dim. Repovi koji "imaju glave, i njima čine zlo" nuklearni su projektili, a može se shvatiti da se "glave" odnose na nuklearni projektil, bez obzira radi li se o onima na samonavođenje ili ne. Ivanu smo dali što je moguće detaljniji opis, a ta priča odražava ono što je viđeno očima primitivnog čovjeka. Kad bi se ta ista priča ispričala amazonskim Indijancima, jedan bi od njih svojim riječima opisao otprilike isto sjećanje, tim više, ako bi desetak članova njegova plemena kasnije prepričavali priču u vrijeme njegove odsutnosti.

> I kad ispustiše sedam gromova glasove svoje, htjedoh ja da pišem; i začuh glas s neba, koji je govorio: "Zapečati, što objaviše sedam gromova, I to ne piši." *Otkrivenje 10: 4.*

Tu smo Ivanu jasno rekli da nema "Boga" i da smo mi ljudi kao i on, a također smo mu objasnili da bi to trebala ostati tajna koju ne smije zapisati kako ne bi izazvali još veću pometnju među ljudima koji su još uvijek trebali štaku za oslonac, sve do svanuća dana kad čovječanstvo dosegne dovoljnu tehnološku razinu i kada će svako moći razumjeti o čemu smo govorili.

> Nego u dane glasa sedmoga anđela, kad zatrubi, svršit će se tajna Božja, kao što javi svojim slugama, prorocima. *Otkrivenje 10: 7.*

Jasno smo mu objasnili da kad dođe vrijeme, ljudi će biti u stanju razumjeti da nema "Boga" i na temelju istih znakova razumjet će da smo mi stvoritelji čovječanstva.

> ...jer đavao siđe k vama, imajući gnjev velik, jer zna, dan vremena malo ima. *Otkrivenje 12: 12.*

Posljednji test za čovječanstvo, koji je izbor između samouništenja i ulaska u Zlatno doba, to je zadnja mogućnost za Sotonu koji bi tako dokazao da je imao pravo izjavivši da iz čovjeka može proizići samo zlo.

Ako čovječanstvo uspješno prebrodi tu posljednju tešku kušnju i u potpunosti uspije razoružati cijeli planet, tada će ljudi dokazati da su zaslužili primiti naše nasljeđe jer će nam pokazati da su zaista nenasilni. "Zvijer", kako je prikazano dalje u tekstu, zapravo je korištenje nuklearne energije u ubilačke svrhe.

> Ovdje je mudrost! Tko ima um, neka izračuna broj zvijeri; jer je broj ljudi i broj njezin šest stotina i šezdeset i šest. *Otkrivenje 13: 18.*

Zapravo, 666 je broj generacija koje će postojati na Zemlji od prvih ljudi stvorenih u prvobitnim laboratorijima. Prvi ljudi stvoreni su negdje prije 13.000 godina, a ljudska generacija je procijenjena na 20 godina života, pa ako pomnožimo 666 s 20 dobivamo 13.320 godina.

Generacija koja je rođena na početku doba Apokalipse, 1945. godine kršćanske ere bila je zapravo šest stotina šezdeset i šesta od stvaranja prvog čovjeka u laboratoriju Elohim. Ta se generacija vremenski točno poklapa s prvom uporabom nuklearne energije u svrhu uništenja Hirošime, 6. kolovoza 1945.

Još jednom, tumačenje nije bilo potrebno da bi bilo shvaćeno. Trebalo je samo pročitati što je napisano. Broj 666 je zapravo "broj ljudi" nastalih po stvaranju, odnosno, broj generacija.

> I nastadoše munje i glasovi i gromovi, i bi veliki potres zemlje, kakav nikad ne bi, otkako su ljudi na zemlji, toliki potres, tako veliki. *Otkrivenje 16: 18.*

Šokovi nakon atomskih eksplozija su golemi, i povećavaju se s lančanom reakcijom.

> I svi otoci iščeznuše, i gore se ne nađoše. *Otkrivenje 16: 20.*

Ta monstruozna eksplozija, s obzirom na lančanu reakciju, divljački će odvojiti kontinente, razjediniti otoke i pomesti planine kao slamu.

> I tuča velika kao talenti pade s neba na ljude. *Otkrivenje 16: 21.*

U onim dijelovima Zemlje koji nisu bili bombardirani, stijene padaju s neba, na tisuće kilometara udaljenosti od mjesta gdje su padale bombe.

> I vidjeh nebo novo i zemlju novu; jer prvo nebo i prva zemlja prođoše, i mora više nema. *Otkrivenje 21: 1.*

Ivan je imao mogućnost vidjeti kako je Zemlja izgledala dok je sjedio u raketi koja se udaljavala od Zemlje. Činilo se kao da Zemlja uzmiče, a zapravo se udaljavao sam leteći objekt. Svemirski brod putuje zatim nebom obasutim zvijezdama, što je čovjeku sa Zemlje nepoznato, zato se kaže "novo nebo". Potom svemirski brod dolazi do novog planeta "nove Zemlje".

> I vidjeh grad sveti, Jeruzalem novi, gdje silazi od Jahve s neba, pripravljen kao zaručnica, ukrašena zaručniku svojemu. *Otkrivenje 21: 2.*

Promatrajući iz svemirskog broda primitivan čovjek ima osjećaj da grad, prema kojem leti plovilo, "silazi s neba", očigledno je da se događa suprotno.

> I začuh glas veliki s prijestolja gdje govori: "Evo šatora Jahvina među ljudima, i stanovat će s njima, i oni će biti narod njegov, i sam Jahve bit će s njima, Elohim njihov.

> I otrt će Jahve svaku suzu od očiju njihovih, i smrti neće biti više, ni tuge, ni vike, ni boli neće biti više, jer prvo prođe.
> *Otkrivenje 21: 3-4.*

To je opis planeta vječnih, na kojem će svi ljudi spašeni od konačne kataklizme živjeti s nama dok budu čekali na mogućnost novog naseljavanja Zemlje, kako bi ponovo mogla nastati civilizacija miroljubivih ljudi.

To je rezultat s kojim će se suočiti čovječanstvo, ako ne dosegne razinu mudrosti koja će biti izjednačena s tehnološkom razinom.

Sve je to vidio primitivan čovjek, jer u odnosu na nas, Ivan je bio primitivan, a takvi su bili i Mojsije i Isus također, kao što su bili i svi naši proroci primjerice na našem nivou, prije no što smo im dali dostojnu inicijaciju, kako bi dobili uvid u određene vještine transformacije materije. Vaši najnapredniji znanstvenici su u usporedbi s nama primitivni, isto kao što su Indijanci iz Amazone kada bi se uspoređivali sa znanstvenicima iz Cape Canaverala.

Nažalost, ovi događaji očekuju čovječanstvo uz 99 posto vjerojatnosti.

Zato svaki od vas koji nas prepoznaje kao svoje stvoritelje i koji prepoznaju Raela kao našeg posljednjeg glasnika na Zemlji, svi se vi morate boriti da bi čovječanstvu povećali mogućnost izlaska bez obzira na male mogućnosti opstanka, otkrivajući naše poruke cijelom čovječanstvu. Ako je to ono što činite, možete živjeti u miru i cijelo vrijeme pokušajte širiti svoje vidike ispunjavajući se što više, jer ako ste među pravičnima koji čine sve što je u njihovoj moći da bi istina i nenasilje mogli konačno pobijediti, možete se opustiti i biti uvjereni da ćemo vas spasiti od konačne kataklizme, ako do nje ikada dođe. Težite ka ljubavi, težite bratstvu, težite inteligenciji, ali nemojte očajavati ako budete vidjeli da je velika većina ljudi ostala nasilna, agresivna i glupa. Bez obzira kako budete sagledavali te činjenice, vaš trud će biti nagrađen.

Čovječanstvo će razviti interplanetarnu svijest, i tako će cijelo čovječanstvo ući u Zlatno doba, ili će sve eksplodirati, a vas ćemo spasiti kako biste mogli ponovo izgraditi sve.

Ja, Jahve, alfa i omega, ja koji sam bio prvi na Zemlji i koji ću biti posljednji, ja šaljem ovu poruku svim ljudima na Zemlji kroz riječi svoga proroka Raela, svim onim ljudima koje smo stvorili i koje smo pokušali odvesti ka Zlatnom dobu, a koje volimo kao da su naša vlastita djeca.

Mir na Zemlji svim ljudima dobre volje i svima onima koji žele biti sretni.

Naše nasljeđe je spremno, nadajmo se da dijete neće umrijeti tijekom porođaja.

Sada ste vi na redu!

3

ATEISTIČKA RELIGIJA

Anđeli Bez Krila

Obratio mi se anđeo s neba. Rekao je da sam ja Mesija Apokalipse, da idem Zemljom i propovijedam Evanđelje, te da osnujem crkvu u kojoj ću biti papa i biskup, ja, prorok te Katoličke crkve.

Oni ljudi koji me poznaju, čitajući ove riječi vjerojatno će reći: "To znači, sada je postao iracionalan, nezamislivost njegova zadatka prouzročio mu je ozbiljnu psihološku neravnotežu, i on je izdajica ovoga slučaja."
Taj bi se uvod mogao ovako protumačiti:

Obratilo mi se biće s krilima, koje dolazi s neba. Rekao mi je da sam ja božansko biće, da sam poslan radi objave kraja svijeta i da bih trebao propovijedati Evanđelje po cijelom svijetu i izgraditi crkvu od kamena u kojoj bih ja bio papa i biskup i sjedio na prijestolju i ja, prorok ove Katoličke crkve, privržen Rimu, moram objaviti što će se dogoditi u idućim stoljećima.

Sada pokušajmo pronaći istinu u skrivenom značenju riječi koje sadržava ta rečenica.
Kao što smo učinili s riječima *Elohim* i *Apokalipsa*, najprije moramo potražiti etimološki pravo značenje svake važne riječi.

Dok smo time zaokupljeni, započnimo s etimologijom riječi *Etimologija*, odnosno, njenim izvornim značenjem od Grčke riječi *eutemos*, što znači "istina" i *logos*, što znači "znanost". "Znanost te riječi koja je istinita", ili "znanost istine". Što bi moglo biti prirodnije za ljude koji su se okupili oko *Knjige Koja Govori Istinu* nego da budu etimolozi, "tragači za istinom"?

Elohim je riječ koja je bila pogrešno prevedena riječju *Bog*, zato što je njeno stvarno značenje "oni koji dolaze s neba" na Hebrejskom, a *Apokalipsa* je bila prevedena kao "kraj svijeta", a cijelo vrijeme je imala značenje *Otkrivenje*, kao što je to sada svima jasno. Zato iz ovog prividno mističnog uvoda uzmimo jednu po jednu riječ.

Obratio mi se anđeo s neba.

Pogledajmo u rječnik: *anđeo* od grčke riječi *angelos* znači "glasnik". Već ovo mijenja cjelokupno značenje. Sada možemo čitati:

Obratio mi se glasnik s neba.

Nadnaravno postaje shvatljivo. Nastavimo:

Rekao mi je da sam Mesija Apokalipse.

Mesija na Aramejskom *meschika* znači "određen od Gospodina", ili posvećen, "odabran od Gospodina". Prvo pogledajmo riječ *Gospodin* da bi bolje razumjeli riječ *messiah*. Otkrivamo da riječ *Gospodin — seigneur* na francuskom dolazi od latinske riječi *senior*, koja ima značenje "najstariji". Prema srednjovjekovnom vokabularu riječ "Gospodin" je bila osoba koja je vladala provincijom. "Bog" kojeg su nam u *Bibliji* željeli prikazati kao vječnog, očigledno je "najstariji", prema tome "Gospodin" vlada Zemljom. S vremenom se ta riječ transformirala, a katolička religija je usvojila frazu "Moj Gospodin" – "Monseigneur" na Francuskom, koja je ekvivalent Engleske riječi sire.

Kada je u Francuskoj došlo do revolucije koja je otklonila svu gospodu, ova riječ je, nažalost, sačuvana unutar religije, a to znači da se u tim okvirima još uvijek obraćamo biskupima, itd. s "Moj gospodine" ili "Monseigneur".

Mesija znači "odabran od Boga", a kao što znamo, *Bog* je loš prijevod riječi *Elohim* koja znači "oni koji su došli s neba", pa stoga možemo reći da *mesija* znači "onaj kojega su odabrali oni koji su došli s neba." Kao što smo već vidjeli, *apokalipsa* na Grčkom znači "otkrivenje", pa možemo jasno napisati:

> Rekao mi je da su me radi Otkrivenja odabrali oni koji su došli s neba.

Sve je jasno. Ipak, nastavimo:

> ...kako bi otišli i širili evanđelje na Zemlji.

Evanđelje, potiče od Grčke riječi *"euagelion"* koje znači "dobra vijest". Onda možemo pročitati:

> ...kako bi širili dobru vijest na Zemlji,

Nakon toga:

> ...stvorili crkvu.

Crkva – *eglise* na Francuskom – *ekklesia* na Grčkom što znači "okupiti". Onda postaje:

> okupiti skup.

Zatim je napisano:

...čiji ću ja biti papa i biskup.

Papa od grčke riječi *pappas* znači "otac", a *biskup* (na engleskom *pontiff*) od latinske riječi *pontiflex* znači "povezati", kao kada most povezuje dvije obale, ili dva mjesta na Zemlji, ili jedan planet s drugim planetom.

Prema tome, jasno možemo pročitati:

...čiji ću ja biti otac i osobna spona između planeta naših stvoritelja i Zemlje.

I napokon:

Ja, prorok ove katoličke religije.

Prorok od Grčke riječi *prophetes* znači "onaj, koji otkriva".

Religija na Latinskom *religio* znači "ono što povezuje", ili "veza" koja ujedinjuje stvoritelje s njihovim djelom. *Katolički* od grčke riječi *katholikos*, što znači "univerzalan".

Stoga kraj rečenice znači:

Ja, onaj čija je misija otkrivenje univerzalne spone koja povezuje čovjeka i njegove stvoritelje.

Sada spojimo sve dijelove i pročitajmo:

Glasnik s neba mi se obratio. Rekao mi je da su me odabrali oni koji su došli s neba, za otkrivenje, da bih otišao i širio dobru vijest na Zemlji, i stvorio skup, čiji ću biti otac i spona između planeta naših stvoritelja i Zemlje, ja, čija je misija otkrivanje univerzalne spone koja povezuje ljude i njihove stvoritelje.

Ako iz ovih riječi izostavimo misticizam, onda rečenica postaje racionalno shvatljiva svima. A ipak, rečenica na početku ovog poglavlja je imala identično značenje. Kako je prikazao naš primjer, jasno se pokazuje kako je u umu mističnog, uskogrudnog primitivca lako izmijeniti pravo značenje rečenice, ako se ne poštuje točno značenje riječi.

Prema tome, postaje jasno de je Raeljanski pokret religija; spona koja povezuje stvoritelje čovječanstva s njihovim djelom, iako je to zapravo ateistička religija, u smislu nevjerovanja u postojanje Boga – *ateist* od grčke riječi *atheos* znači "poricanje postojanja bilo kojeg oblika božanstva".

Mnogi kažu da prakticiranje kulta određuje karakter religije. Što je kult? Ta riječ je podrijetlom od latinske riječi *cultus* znači "priznanje koje se iskazuje Bogu". A mi bismo onda rekli "priznanje koje se iskazuje stvoriteljima", budući da je *Elohim* riječ u množini. Telepatski kontakt nedjeljom u 11 sati ujutro, obveza o razmišljanju o Elohim barem jednom dnevno (druga Knjiga, str. 173), obveza pozivanja regionalnog vođe na "ručak" kako bi se za stolom moglo razgovarati o poruci barem jednom godišnje, mjesečni susret s regionalnim vođom, godišnji skup 6. kolovoza radi proslave ulaska u doba Apokalipse – sve te ceremonije mogu se okarakterizirati kao kult, jer je svaka od njih osmišljena za odavanje priznanja našim stvoriteljima, u pravilnim vremenskim razmacima, pojedinačno ili u skupinama.

Iako Raeljani ne vjeruju u "Boga", još uvijek prepoznaju Isusa kao glasnika kojega su poslali naši stvoritelji, baš kao što su i Mojsije, Buda, Muhamed, Joseph Smith i svi drugi veliki proroci koji su živjeli na ovoj Zemlji i koji će se vratiti u društvu Elohim kako prognoziraju zapisi. Raeljani daju veće značenje zapisima, točnije biblijskoj *Genezi*, ali i *Kuranu* i mnogim drugim religijskim knjigama koje su poruke Elohim lišile njihova mističnog značenja.

Zato Raeljan ignorira ljudske zakone koji su se naslanjali na religijske zapise, one zakone koje su stvorili ljudi da bi ojačali iskazivanje poštovanja vladama i zakonima koji su isključivo ljudski.

Priznanje koje pridajemo Elohim, moglo bi se nazvati "kultom", zašto ne? Kult sam po sebi nije loš sve dok ga ne provode ljudi koji Elohim smatraju božanstvima, već prije od strane onih koji ih iskreno vole zbog izvanrednog čina ljubavi koji su izvršili dajući nam život i slobodu u našem samostalnom napretku dok ne dođe vrijeme kada se izjednačujemo s njima.

Nema potrebe klečati ili ležati pod zvijezdama licem okrenutim prljavštini, dapače, prije bi trebalo gledati u nebo, stajati uspravno i biti ponosni što smo svjesni privilegije da živimo danas u doba kada možemo shvatiti i pokazati ljubav našim stvoriteljima koji su nam pružili taj fantastičan potencijal za stvaranje života ovladavajući sićušnim česticama materije na našoj razini, prema galaksiji dižući čelo puno ljubavi i nade, nade da ćemo jednoga dana susresti one kojima dugujemo svoje postojanje i našu sposobnost razumijevanja zašto smo ovdje i što je naša misija u beskonačnosti prostora i vremena.

Donedavno je čovječanstvo obožavalo stvoritelje koji su svakoga čovjeka stvorili sa sposobnošću razumijevanja stvoritelja, pa sada čovjek mora razumjeti stvoritelje i tim više im iskazivati ljubav.

Ako se čovječanstvo znanošću bude koristilo u negativne svrhe i ako dođe do fatalne nuklearne kataklizme, sve one ljude koji budu radili na sprječavanju te katastrofe, pokušavajući ljude učiniti svjesnim svojih pogrešaka u ime Elohim, spasit će naši stvoritelji.

Elohim će nagraditi one ljude koji imaju vjeru u naše očeve osiguravši im ulazak u vječni život na njihovom planetu gdje žive svi proroci koji su poslani na Zemlju da bi osvijestili čovječanstvo. Riječ *vjera* (na engleskom *faith*) dolazi od latinske riječ *fides* i znači "predanost, veza". I zato je moguće ne "vjerovati bez razumijevanja" ali istovremeno poklanjati povjerenje u Elohim, imati vjeru u njih, jer oni koji su dovoljno inteligentni da vjeruju u njih, bit će nagrađeni. Dok bude pokušavao spriječiti čovječanstvo od počinjenja neopozive greške, Raeljan ima vjeru u Elohim, jer zna da ga oni u slučaju fatalne kataklizme neće zaboraviti.

"Lišavanje Odgovornosti"

Da su prije 2000 godina u Jeruzalemu postojale novine, one bi izvještavale o nezaposlenosti, krizi energije uvjetovane manjkom robova, i o stalno rastućim troškovima života uslijed pretjeranih rimskih poreza. Ti bi naslovi ispunjavali sve naslovnice u novinama, ukoliko bi postojale, i bili bi dnevna tema razgovora. Potom bi bilo nekoliko redaka koje su napisali službeni "znanstvenici" toga vremena, ili urednika u potrazi za priznanjem, o lažnom proroku koji tvrdi da je "kralj Židova", a tadašnjim vlastima bi se sugeriralo da toga čovjeka odmah uhite, jer naokolo povlači hordu lakomislenika, svojih "sljedbenika". Ne smije se iskorištavati lakovjernost javnosti na taj način...

Tako se onda ovu "prosvijećenu osobu" uhiti, sudi joj se i osuđuje na smrt. Taj čovjek koji je svoj život posvetio širenju poruka naših stvoritelja bit će razapet između dva razbojnika. Kakav je zločin on počinio? Nezakonito prakticiranje istine koja je bila privilegij samo za predstavnike službeno registriranih religija: onih koje su postojale barem dvije ili tri stotine godina? To bismo mogli nazvati vrstom "kontroliranog naziva".

> Ali glavari svećenički i starješine nagovoriše narod, da traže Barabu, a Isusa da dadne pogubiti. *Matej 27: 20.*

"Visoki svećenici" službenih religija i mediji zaduženi za novosti uvjere mase da religija mora biti stara nekoliko tisuća godina da bi bila "prihvatljiva", tako da svi ostali nisu ništa drugo do opasne sekte.

Svi oni ljudi koji su stajali između čovjeka i istine dopuštali su čovjeku vjerovanje u religiju "visokih svećenika" države – i znanstvenika koji tvrde da je čovjek nastao od majmuna, ali koji, s druge strane, krste svoju djecu i polažu križ na grobove svojih roditelja. Oni također sprječavaju istinu dopuštajući čovjeku vjerovanje u religiju tradicija koja velikim fundamentalistima našeg društva koje truli, dopuštaju preživljavanje koje će trajati nekoliko godina duže, koja promiče i štiti obitelj kao poreznog obveznika, kao zatvoreni sustav u stagnaciji koji guši osobnost, na taj način podržavajući naciju koja hrani političare koji su kadri učiniti bilo što da bi i dalje mogli primati plaću. Vojska također čini istu stvar, kao što čine i loše plaćeni vladini zaposlenici koje se podučavalo da se ne osjećaju odgovornim za svoja djela i koji misle da društvo štite kada osude, muče ili čak nekoga ubiju.

To su religije koje odobravaju vlade, zato istovremeno pokušavaju eliminirati one koje bi mladu generaciju mogle oduševiti i usrećiti kad otkriju istinu, jer bi ih to moglo ponukati na razmišljanje o uništenju zastarjelih primitivnih struktura, koje bi zamijenili novijima prilagođenim futurističkom tehnološkom svijetu u kojem živimo.

Glavni je prioritet svih koji žele manipulirati pučanstvom lišavanje ljudske odgovornosti. To se naziva maksimalno "lišavanje odgovornosti". Oni su jako dobro svjesni zašto to treba biti tako. Znaju da vojnik neće nekoga ubiti osim ako nije potpuno uvjeren da to čini iz nekog razloga, isto tako taj vojnik neće mučiti zatvorenika, osim ako ga nisu uvjerili da će to biti korisno za neku veću svrhu.

Oni također znaju da će se građanin suprotstaviti plaćanju većih poreza, osim ako mu nije rečeno da će to pomoći poljodjelcima ili žrtvama suše.

Ljudi će za viši cilj učiniti sve. Umijeće vladanja leži u uvjeravanju ljudi o važnosti njihove države.

Američki znanstvenici nedavno su izveli zaključni eksperiment na području odgovornosti. Angažirali su glumce koji su se pretvarali da su predmet eksperimenta o potencijalnom ljudskom nasilju. Zatim su putem oglasa odabrali ljude koji su bili voljni sudjelovati u eksperimentu koji je istraživao mogućnosti ljudskoga mozga. Ti su ljudi bili pojedinačno smješteni na klupu koja je bila opremljena različitim polugama koje su trebale pustiti električni naboj u kocku u kojoj su bili smješteni glumci i u kojoj bi se pretvarali da primaju naboj. Sve klupe su imale trideset poluga, od kojih je svaka navodno mogla odaslati naboj jačine od 15 volta, pa su sve zajedno mogle odaslati naboj od 15 do 450 volta. Bile su postavljene s lijeva nadesno u skladu sa slabom, srednjom jačinom ili vrlo visokom jačinom električnog naboja. S druge strane glumac bi vidio svjetlo na ploči ispred sebe koje je prikazivalo intenzitet šoka koji je primio iz električne stolice na koju je bio privezan, pa bi u skladu s tim mogao glumiti. Ako je šok bio lagan, on bi simulirao laganu reakciju, ako je bio srednje jačine, tada bi poskočio malo više i malo bi kriknuo, a onda bi se pobunio i rekao da više ne želi nastaviti s eksperimentom. Ako je intenzitet bio povećan, vikao bi i molio da ga puste, i napokon, kada bi bila postignuta maksimalna voltaža od 450 volti, tada se pretvarao da je pao u nesvijest. Šokove su glumcima puštali oni ljudi koji su bili odabrani prema oglasima.

Dakako, ti odabrani ljudi nisu znali da su tamo bili glumci i mislili su da doista ljudima   puštaju prave elektrošokove. Znanstvenik je glumcu postavio jednostavno pitanje i kad bi ovaj odgovorio pogrešno, odabranici iz oglasa bi mu to priopćili pomoću elektrošokova. Taj isti znanstvenik je zahtijevao od osobe da shodno tome poveća voltažu i ne sluša preklinjanja primatelja elektrošokova te je rekao da će ovaj eksperiment biti od velike koristi za znanost, a iz istog razloga i za čovječanstvo.

Taj eksperiment u kojem je promatrač bio zapravo onaj kojega promatraju, ponovljen je puno puta, tako da se moglo statistički ustanoviti koliko bi ljudi išlo tako daleko da i ubiju druge u ime napretka znanosti. On se provodio u mnogim državama, pa su se rezultati mogli usporediti i analizirati.

Suprotno očekivanjima znanstvenika koji su prikupili rezultate eksperimenta i psiholozima koje su ovi konzultirali, pokazala se velika skupina ljudi koja se nije kolebala hoće li ići tako daleko i povećati strujni naboj na 450 volti. U SAD-u je 60 posto ljudi poslušalo znanstvenika koji im je rekao da ne slušaju krikove onih koji su bili izloženi elektrošokovima, te bi nastavljali s puštanjem struje, čak i onda kad su "žrtve" bile u takvom stanju da više nisu mogle prozboriti ni riječi, što se ubrajalo u pogrešne odgovore. I to se događalo tri puta za redom, nakon čega bi odabrali novoga "egzekutora". Takav se eksperiment također izvodio u mnogim europskim zemljama gdje je bilo preko 70 posto ljudi koji su išli tako daleko i puštali maksimalnu voltažu. Najviši rekord postignut je u Njemačkoj gdje bi 85 posto ljudi bilo odgovorno za ubojstvo na električnoj stolici.

Zaključak profesora Stanleyja Milgrama s Odsjeka za psihologiju pri Sveučilištu Yale je sljedeći:

"Kad pojedince postave na položaj hijerarhijske kontrole, prestaju funkcionirati mehanizmi koji inače osiguravaju reguliranje djelovanja pojedinca, koja tada kontroliraju oni ljudi što zauzimaju viši položaj u hijerarhijskom lancu... Izostanak osjećaja odgovornosti najveća je posljedica podređenosti autoritetu...

Većina ispitanika svoje ponašanje stavlja u široki kontekst društveno korisnih pothvata – istraživanja znanstvene istine. Laboratorij za psihologiju bi mogao jasno podnijeti zahtjev o opravdanosti ovoga čina i tako uliti povjerenje onima koji su pozvani na rad."

Čin kao na primjer egzekucije žrtve električnom strujom, koji je za osudu ako se gleda izolirano, poprima potpuno drugačije značenje kada se postavlja u takvu okolinu.

Moral ne nestaje, ali je usmjeren na potpuno drugačiji način: podređena osoba doživljava sram i ponos ovisno o njenoj dobroj ili lošoj provedbi djela kojim zapovijeda autoritet. Jezik nudi veliki broj termina koji označavaju ovu vrstu morala: lojalnost, osjećaj dužnosti, disciplina...

Ovo je nesumnjivo temeljna lekcija naše studije – obični ljudi koji samo obavljaju svoj posao i bez nekog osobitog neprijateljstva sa svoje strane, mogu postati vršitelji strahovito destruktivnog procesa.

Štoviše, čak i kada destruktivni rezultati njihova djela postanu potpuno očiti i kad ih netko zamoli da izvrše djela koja nisu sukladna s temeljnim moralnim normama, relativno malo ljudi ima unutarnje resurse koji su potrebni za odupiranje autoritetu.

To je smrtna greška koja izgleda prirodna mnogim ljudima i koja na duge staze našoj vrsti ostavlja samo osrednje mogućnosti preživljavanja."

To je prilično jasno. Sada možemo razumjeti zašto je Isus bio razapet, zašto su milijuni ljudi umirali u rukama Inkvizicije tijekom vjerskih ili građanskih ratova, u nacističkim masakrima. Sada je lakše shvatiti kako običan prodavač ili bankar može postati egzekutor, ili spaljivati vještice, ili postati SS vojnik koji će žene i djecu slati u komore smrti. Svi oni su mislili da čine nešto za dobrobit čovječanstva. Prvi su se željeli riješiti "prosvijetljenog" čovjeka koji je želio odbaciti njihovu tradiciju, a potonji su osjećali da su ljudi koji žive na drugačiji način sigurno odgovorni za loš urod ili kugu, ili čak ekonomsku krizu. Činjenica jest da bi se zaostalim ljudima moglo oprostiti zbog ovakvih ideja, ali ne i vladama, koje su motivirale mase takvim monstruoznim idejama i davale im razloga za djelovanje.

Francuski vođe u Alžiru postupali su po istom načelu. Oni su svoje časnike prisiljavali na mučenje stanovnika sjeverne Afrike pod izlikom pribavljanja obavijesti od koristi za njihovu državu. Oni časnici koji su provodili mučenja smatrali su čak da su "sami sebe žrtvovali" postupajući na taj način, "hrabro", u svrhu najboljih interesa njihove države.

Ljudi Zemlje, budite oprezni i nemojte obavljati ni neznatne postupke, a da se sami ne zapitate nije li takva gesta u suprotnosti s vašim dubokim osjećajem poštovanja ljudskog bića. Odbijte svaku hijerarhiju koja sa sobom povlači potiskivanje odgovornosti za postupke koje provodite.

Svi su se nacisti na suđenju branili tezom da su u dobroj namjeri samo izvršavali naredbe. Čovjek koji je lansirao bombu na Hirošimu samo je slijedio naredbe. U svakoj moćnoj zemlji postoje ljudi koji su spremni lansirati nuklearne projektile u dobroj namjeri i s jasnom sviješću znajući da samo "vrše svoju dužnost pri provođenju primljenih naredbi." Oni su odgovorni za svoja djela! U svakom dijelu nacističke Njemačke, muškarce, žene i djecu su mučili, jer su ljudi slijedili naredbe i po njima je jedini čovjek koji je za to odgovoran bio Adolf Hitler. Bilo bi prejednostavno kada bi tako bilo! Na primjer, postoje stotine nuklearnih projektila spremnih za lansiranje iz Francuske, a predodređeni su za razaranje drugih zemalja gdje žive tisuće žena i djece. Kad bi došlo do masakra, bi li jedini čovjek odgovoran za njih bio predsjednik Republike? Naravno, da ne! Svaki čovjek koji ima moć za ubijanje drugih ljudi osobno je odgovoran za korištenje ove moći. Čovjek koji potpaljuje peć za kremiranje, dok djeca leže jaučući, odgovorniji je od onoga koji je izdao naredbu na prvom mjestu, baš kao što je čovjek koji baca bombu na grad odgovorniji od onoga koji je izdao naredbu.

Svaka osoba je u potpunosti odgovorna za svoje postupke i nikada se ne može skriti pod izlikom da je samo slijedila naredbe koje su izdali nadređeni.

Ako nekoga od vas sutra zamolim da nekoga ubijete da bi naš Pokret mogao brže napredovati, vi to ne smijete učiniti. Ili još bolje, ako vas Eloha zamoli da ubijete drugog čovjeka, morate to odbiti, jer bi vjerojatno Sotona bio taj koji bi pokušao dokazati vječnima da su svi ljudi loši.

Sva vaša djela bi se trebala temeljiti na dubokom osjećaju poštivanja za život drugih ljudi, njihovih ideja i okusa. Borimo se s ideologijama bez ikakvog korištenja nasilnih fizičkih postupaka prema onima koji se s nama ne slažu.

Probudite ljude oko sebe, pokažite im kako da postanu obzirni prema drugima i kako da odbiju "lišavanje odgovornosti", čiji su najveći zagovornici oružane snage. Upamtite, 85 posto u Njemačkoj i 60 posto u SAD-u. Svu svoju energiju morate koristiti tako da u budućnosti bude samo 10 posto slabića, koji će se složiti s izvršavanjem nasilja koje bi naredila politička ili vojna hijerarhija.

Oni koji su ubili Isusa, učinili su to u miru. Oni nisu bili odgovorni; oni su samo slijedili naredbe. Poncije Pilat sam je odbio primiti odgovornost za ovaj zločin i "oprao ruke". Dopustio je fanaticima koje su uvjerili rabini, baš kao i esesovci, da razapne Isusa. Da smo sve te ljude pitali osjećaju li se odgovornima, vjerojatno nitko od njih to ne bi osjećao. Oni bi svi "prali ruke" kao i Rimljani. Rabini bi tvrdili da su slijedili zakon i nadređenog, fanatici isto tako, i tako bi možda mogla biti odgovorna samo jedna osoba, čak iako je cjelokupno pučanstvo ono koje je počinilo zločin, zločin pri čemu nisu poduzeli ništa da spriječe ubojstvo nevinog čovjeka.

Oni koji su prve kršćane poslali u lavlji brlog, također su samo izvršavali naredbe. Oni koji su spaljivali vještice, oni koji su mučili protestante, kao i nacisti u Auschwitzu također su samo izvršavali naredbe, kao što je to činio i pilot zrakoplova koji je nosio bombu iznad Hirošime, ili piloti helikoptera koji su spaljivali sela u Vijetnamu.

Svi mi imamo izbor u svakom trenutku našeg života: ostati odgovorni za svoje postupke ili postati neodgovorna osoba. Ali neodgovorni su još uvijek odgovorni za svoje postupke i jednoga dana će morati odgovarati za njih, jer su počinili zločin protiv čovječanstva.

Ako morate, naučite ovo napamet, ali odbijte biti poslušnici hijerarhije koja od vas traži izvršavanje postupaka za koje ne biste željeli biti odgovorni. Oružane snage su najopasniji primjer. Bilo bi puno bolje umrijeti zato što smo odbili ubijati, nego ubijati pod izlikom slušanja naredbi. Onaj koji izvršava monstruozne naredbe zapravo je odgovorniji od onoga koji ih je izdao.

Nema razloga koji bi mogao opravdati nametanje boli drugim ljudima. Ako bi preživljavanje čovječanstva ovisilo o bolu nanesenom samo jednom jedinom čovjeku, jednom nenasilnom čovjeku, onda bi bilo bolje dopustiti propast čovječanstva. Tim prije ako bi to značilo spašavanje nečije zemlje ili još gore granice koja je zapravo samovoljno povučena na kugli zemaljskoj, a koja pripada svim ljudima.

Potpuno poštivanje tog načela jedini je način kojim možemo spriječiti bezosjećajno propadanje čovječanstva glede lišavanja odgovornosti pojedinaca.

Sljedeću rečenicu uvijek bi trebali imati u svojim mislima:

"Potpuno sam odgovoran za sve što činim drugima čak i onda kada mi je to naređeno."

"Ne postoji razlog koji bi opravdao nanošenje boli ili smrti nenasilnoj osobi, čak i ako bi o tome ovisilo preživljavanje čovječanstva, to ne bi opravdalo ni jedan izuzetak." To je druga rečenica koju biste uvijek trebali imati na umu.

Očito je, naravno, da se to pravilo ne primjenjuje u slučaju samoobrane, što je objašnjeno u porukama i dopušta moguće savladavanje nekoga tko pokušava biti nasilan prema vama ili vašim bližnjima čak i uporabom sile. Ako bi vojnik prijetio nuklearnim projektilima da će uništiti čovječanstvo, onda bi bilo opravdano savladati ga primjenom sile, čak i smaknuti, ako ne postoji neki drugi mogući način. Nasilje bi trebalo primijeniti samo nad onima koji prijete čovječanstvu nasiljem, u međuvremenu ih pokušavamo razoružati i onemogućiti.

Dakako, tu postoji vrlo dobar način nadziranja onih ljudi koji imaju moć, kada se pokoravaju izdanim naredbama, da lansiraju nuklearne projektile koji mogu uništiti gradove za samo nekoliko sekundi. Njihov bi identitet trebalo obznaniti na točno određenoj listi i trebalo bi dati im do znanja da će im se suditi u slučaju aktiviranja bilo kakvih projektila, i to zajedno s onima koji su takve naredbe izdali. To je ono što pokušavamo učiniti s nacističkim kriminalcima danas; ipak, da je takva lista postojala sa sličnim nalozima prije 1939., mnogi bi više razmišljali prije mučenja nevinih žrtava.

Nenasilni civili trebali bi imati pravo postaviti neutralne promatrače među vojne snage za bilježenje identiteta onih koji provode okrutna djela prema naredbama nadređenih, tako da se nehumane misije ne izvršavaju isključivo pod izlikom izdate naredbe.

Postoji nadzor policije, ali nema nadziranja vojske. Oni imaju odriješene ruke kada zapovijedaju dobro znajući da tijekom rata vojnik može biti ubijen ako odbije pokoriti se zapovijedi.

Dok se Zemlja ne riješi vojski i ratova, neutralni promatrači će se suprotstaviti smaknućima vojnika koji su odbili izvršiti zločine protiv čovječnosti. UN bi mogao postaviti takve promatrače u sve države svijeta i tada vojnik ne bi mogao biti osuđen sve dok njegov neposluh ne bi procijenilo vijeće promatrača koje bi ispitalo da li je naredba koju je on odbio izvršiti mogla biti zločin protiv čovječnosti.

Budući da su prisiljeni izvršavati naredbe koje ne odobravaju, ti se ljudi boje da će biti kažnjeni ako budu neposlušni. Oni radije ubijaju nevine ljude ili ih muče kako ne bi bili zatvoreni ili ubijeni. Nemojte se pokloniti autoritetu, odbijte to! Budite istinski heroji čovječnosti koji će radije biti lišeni slobode ili čak života nego napadati nevine. Ako milijune budete motivirali na takav postupak, ljudi koji budu izdavali naredbe vidjet će vojsku onih koji odbijaju provoditi zločine, i tada će doći vrijeme za kažnjavanje nalogodavaca.

Prije 1936. su ljudi imali dovoljno energije za odbijanje rada koji nije bio pod sindikalnom zaštitom, kad su svi moćni šefovi izrabljivali ljude kao stoku, čak i onda kad je to značilo smrt od policije, tzv. "zaštitnika zakona", za mnoge od njih. Moguće je pronaći jednaku količinu energije za borbu protiv posljednjeg oblika tiranije koja se nameće pučanstvu ovoga svijeta – protiv militarizma.

Mnogi moćni i časni ljudi uznemireni su zbog mojih riječi. Na njihovu žalost prekasno su spoznali moju nazočnost. Ako sam zbog toga bio zabrinut tijekom prve dvije godine moje misije, sada više nisam. Na početku, da su me poslali u zatvor, ne bih mogao provoditi svoju misiju na Zemlji. Srećom, ljudi od zakona koji su bili u blizini smijali su se vidjevši ovog dugokosog mladog čovjeka koji je pričao o letjelicama i Marsovcima s ružičastim antenama... Sada razumiju da je sadržaj poruka naših stvoritelja revolucionaran, koji propituje i iskorjenjuje sve ono što su koristili kako bi postali moćni – religiju, politiku, oružane snage, rad, obitelj, državu... Tako me sada žele zaustaviti koristeći svoju "pravdu" onako kako su je koristili protiv mojega brata Isusa.

Uvijek postoji pravda koja opravdava najgoru nepravdu. Prve su kršćane osuđivali državni tribunali, isto je bilo sa spaljivanjem vještica ili slanjem Židova u logore smrti, ili sa sovjetskim disidentima koje su slali u psihijatrijske bolnice ili u radne logore; svi su ti ljudi bili "nekonformisti", oni su zbunjivali, jer su odbijali biti "normalni" i konformisti. Nažalost, prekasno su se probudili. Čak i da završim u zatvoru, bilo bi na tisuće glasnika u svijetu poput vas, koji bi donosili poruke naših stvoritelja. Ja više nisam sam, ja sam jedan od 3000. Tada bih u ćeliju ušao s osmijehom misleći na vas, kako diljem svijeta drugi Raeli surađuju da se izgradi ambasada i da čovječanstvo uđe u Zlatno doba.

U svojoj tamnici osjećao bih sreću onoga tko je izvršio svoju misiju za koju je bio stvoren, pa čak i da je bio onemogućen u svom djelovanju, sve što je započeo nastavlja napredovati i bez njega. Također se nadam da će moj otac koji je na nebu shvatiti da više nisam potreban na ovoj Zemlji i dopustit će mi da se pridružim svojoj braći, prorocima, na planetu Vječnih.

Sama ta pomisao dovoljna je da poželim pjevati o slavi naših očeva, da ponovo izustim riječi koje su ljudi ponavljali bez razumijevanja: "Aleluja! Aleluja", što na hebrejskom znači: "Slavljen budi Jahve". Da, slavljen budi Jahve koji si mi dao snagu za izvršenje misije sve do kraja.

Moja raeljanska braćo, sad vama predajem baklju tako da dovršite svoju misiju. Čak i ako vrijeme trijumfiranja istine još nije tu, možete biti mirni i sigurni da ono nije jako daleko i da ćete imati priliku to doživjeti. U Bibliji je zapisano: "Ova generacija neće nestati prije nego što sve bude otkriveno."

Te riječi su upućene onima koji će imati priliku živjeti u doba Apokalipse u koju smo ušli godine 1945. Vi ste ta generacija! Ili ćete spoznati Zlatno doba na Zemlji jer su vaši napori doprinijeli svjetskom miru i osvješćivanju čovječanstva, ili će čovječanstvo samo sebe uništiti i vi ćete saznati o Zlatnome dobu među velikim prorocima koji su već na planeti Vječnih.

Elohim računaju na svakoga od vas da bi pobijedila svjetlost. Moja završna riječ bit će ponovno etimološka demistifikacija: "Amen", što na hebrejskom znači: "Neka tako bude!"

A onima koji budu čitali ovu knjigu bez potpunog znanja o porukama naših stvoritelja, poručujem da pročitaju druge knjige što prije, a potom da nam se pridruže u osvještavanju čovječanstva o našim stvoriteljima i u izgradnji rezidencije u kojoj će se Elohim službeno obratiti vladama Zemlje, gdje će stići u društvu velikih proroka, Mojsija, Isusa, Bude, Muhameda i drugih, kako to najavljuju zapisi.

Onda mi pišite. Osobno ću odgovoriti na vaše pismo i naznačit ću kada i gdje možete obaviti prijenos svog staničnog plana, svoj prvi čin kojim prihvaćate Elohim kao naše stvoritelje, ime i adresu svog regionalnog vođe i podatke kada će se održati sljedeći raeljanski seminari buđenja, kako možete postati vođa, učinkoviti glasnik naše ateističke religije Beskonačnosti, procvata i ljubavi za čovječanstvo.

Uzmite olovku. Nemojte ostati promatrač svojega života! Postanite glumci na ovoj pozornici svog sivog, tužnog i sumornog života, tako da ga možete osvijetliti tisućama boja potpune svjesnosti.

Uzmite olovku i papir i pišite mi jednostavno i skromno, koristeći se svakodnevnim riječima. Recite mi da li vas je otkrivanje istine šokiralo. Slijedite impuls koji je došao iz vaše nutrine i rekao: "O, to nije loše, ali što ja mogu promijeniti, ja sam samo jedna osoba, a onda, što će reći susjedi?"

Ne skrivajte glavu u pijesak, izađite iz lomljive ljuske koju vam je društvo tako olako dalo! Vaša glava već izlazi van i odlično se osjeća, ali se bojite da je sve to samo još jedna iluzija, vrlo kratkotrajno zadovoljstvo koje će kasnije samo dovesti do problema. Netočno!

Proživite u potpunosti fantastičnu egzaltaciju koju ste osjetili. Ući ćete u novi svijet u kojem ćete susresti stotine sličnih sebi, koji su pročitali poruke tijekom samo jedne noći i koji su poput vas oklijevali pri uključivanju u širenju poruka. Ti će vam ljudi pomoći i objasniti kako su napredovali, a vi ćete shvatiti da ste ispunjeni srećom dok budete gledali sebe kroz njih i slobodno govorili o vašim tjeskobama bez straha da će od vas napraviti budalu, jer ste uvjereni da ljudi oko vas dijele s vama isti koncept o svemiru; koncept kojeg nosite u sebi, iako nikada niste izrazili svoje misli, jer ste se bojali da ćete biti ismijani.

Petar, jedan od naših vođa jednom je rekao: "Raeljan se ne postaje – shvati se da se je to oduvijek bilo kad se otkriju poruke."

Ako ste otkrili da ste Raeljan, očekujem vaše pismo, a Elohim čekaju da ga ubacite u poštanski sandučić! Moja adresa je:

Rael,
International Raelian Movement,
Case Postale 225, CH-1211,
Geneva 8, Switzerland.

ili mi pošaljite e-mail na adresu: headquarters@rael.org

Komentari I Svjedočanstva Raeljana

Raeljanstvo Očima Znanosti

Marcel Terusse – *Kemijski inženjer i raeljanski vođa*

1. EVOLUCIJA, OPSKURANTIZAM I NEODARVINISTIČKI MIT

Mnoge od nas u školi su učili teoriji evolucije, a utjecala je i na naše lekcije povijesti, filozofije, pa čak i religije. Citiram Jean Rostanda: "Bili smo impregnirani, zasićeni i uvjetovani ovom idejom...učili smo o tome u školskim klupama ponavljajući poput papiga da je život evoluirao i da su se organizmi transformirali u druge." Nažalost, čak i oni koji nisu išli u školu i prošli kroz taj zatupljujući proces učenja, ili oni koji jesu ali nisu razumjeli tu teoriju, u nju vjeruju još fanatičnije od onih koji je razumiju. Napokon, ta stalna indoktriniranost, iz generacije u generaciju neumitno mora dovesti do predrasuda, osobito zato što velike količine dokaza protiv nje nikada nisu prezentirane učenicima.

Koliko bi ljudi imalo hrabrosti da ih smatraju hereticima kad bi se usudili propitivati evoluciju unatoč poznatim znanstvenicima, profesorima te pripadnicima klera koji to navode kao činjenicu?

Ovo je veliki problem osobito za one koji se suočavaju s karijerom znanstvenika, ali srećom po njih, unutar znanstvene zajednice postoje elokventni umovi, kao što je ranije navedeni eminentan biolog Jean Rostand. U njegovoj knjizi Evolucija koja je napisana 1960. godine zapisao je:

...jesmo li doista sigurni, kao što bi to zasigurno bila želja neodarvinista, da je problem evolucije zaista riješen? Mutacije s kojima smo upoznati i koje oni žele smatrati odgovornima za dolazak i nastanak cjelokupnog života na Zemlji nisu ništa više od oskudice organskog pomanjkanja, greške, gubitaka pigmenata ili kakvih dodataka ili udvostručavanja prethodno nastalih organa. U svakom slučaju, one ne donose zaista nikakvu novinu u organski plan i ništa što bi nas ponukalo da budemo skloni vjerovanju da je to početak novog organa ili neke nove funkcije. Definitivno ne, ne mogu priznati da bi te greške u nasljeđu mogle izgraditi cjelokupni živi svijet u svom svojem bogatstvu, njegovu strukturalnu finoću i zapanjujuće prilagodbe, čak ni uz konkurentski faktor koji pruža prirodna selekcija i uz pomoć neizmjernog vremenskog trajanja."

Mnogi eksperimenti osmišljeni su u posljednjem desetljeću ne bi li se shvatili mehanizmi mutacija koji bi potvrdili iste zaključke.

Jedan od pionira na tom području studija bio je 1946. godine nobelovac H. J. Mueller koji se osobito koncentrirao na običnu vinsku mušicu pod imenom drosophila melanogatser. On je zaključio da "se tako rijetko događa da mutacija dopusti preživljavanje da to možemo sve smatrati kao štetno."

Gotovo sve mutacije, uključujući i one koje se pojavljuju u prirodi i one koje su namjerno prouzročene u laboratoriju, rezultat su nasljednih bolesti, pogoršanja stanja vrijednosti preživljavanja i genetskih monstruoznosti. Kromosomski plan živih organizama je krajnje kompleksan i svaka njegova modifikacija će neminovno rezultirati dezorganizacijom.

U laboratoriju smo uz pomoć eksperimentalnih metoda imali mogućnost ogoliti kokošje vratove, kao i čitava tijela kokoši ili izmijeniti boju očiju, krila i zatka insekata, itd. Čak možemo izvršiti male transformacije ostalih organa, ali u prirodnom okolišu nijedna mutacija nije bila tako napredna da bi osigurala svoje preživljavanje. Nezgoda te vrste ne može nikada povećati organizaciju, ali će za rezultat imati samo štetu, isto kao što bacanje sata na pod ne bi povećalo njegovu točnost, niti bi udaranje kompjutora francuskim ključem dovelo do posebnih svojstava pri računanju. A vremenski faktor ništa neće izmijeniti, jer ono što je bilo nemoguće postići jučer, bit će i danas.

Sama mutacija uvijek ostaje unutar granica vrste, na primjer, među nebrojenim mutacijama koje su bile izazvane na vinskoj mušici – drosophila, ni jedna nije proizvela drugačiju vrstu niti nešto drugačiju od njenih predaka. Veličina mušice, boja i morfologija mogu varirati, ali čak i serija mutacija nikada nije proizvela novi organizam s atributima koji ranije nisu postojali. Žive stanice sastavljene su od krajnje kompleksnih molekula, same su načinjene od mnogih kombinacija atoma, pa kako je moguće da ove fine strukture spontano oblikuju svoje sastavne dijelove koji su nasumično razbacani? Neživa materija ne komplicira samu sebe, već naprotiv, teži organizaciji i stabilnosti.

Beskorisno je reći da će jednoga dana doći do toga, jer vremenom dolazi do raspadanja i dezintegracije. Tendencija da se svaka organska struktura mora vratiti u stanje dezorganizacije izražena je zakonom termodinamike, koji definira funkciju entropije. Red se nikada ne postiže bez intervencije vanjske sile. Uslijed toga će neživa tvar koja ne sadržava energiju ili pokret uvijek ostati inertna pri odsustvu vanjske sile koja će je voditi, organizirati i usmjeravati. Zato se teorija evolucije nalazi u izravnoj kontradikciji sa zakonom entropije.

Metode koje su korištene u izgradnji teorije evolucije potpuno su neznanstvene, a takve će i ostati sve dok zagovornici transformacije ne budu objektivno razmatrali dokazni materijal i nastavili forsirati činjenice.

Do istinitog napretka doći će samo ako prestane težnja za slavom, sitničave prepirke, strah za održanjem reputacije i egocentrizam, pa će se moći donositi pošteni zaključci koji se temelje na čvrstim činjenicama umjesto na unaprijed stvorenim pogrešnim idejama.

Život na Zemlji nije rezultat slučajnosti, već je plod vanjske intervencije, Elohim, naših stvoritelja.

2. NOVA HIPOTEZA ZA POVIJEST ČOVJEČANSTVA

Kada je CIA, američka Središnja obavještajna agencija dala Hudson institutu zadatak o izučavanju svjetske distribucije prirodnih resursa kao što su benzin, plin i ugljen, profesor Nebring, kojem je povjeren nadzor te studije, otkrio je prilično neobičan fenomen.

On je postavio kontinente onako kako bi njihov položaj izgledao krajem geološkog razdoblja tercijara prije nego što su se odvojili i došao je do zaključka da svi glavni naftni izvori, poput onih na Arktiku i Aljasci, asfaltni pijesak Alberte, bitumenski škriljevac Kolorada, Meksika i Venezuele, nafta za industriju u Orinoku, Nigeriji, južnoj Sahari, Libiji, Arabiji, Iranu i Sibiru, oblikuju krug.

Današnja izučavanja o nafti otkrivaju da je nastala kao rezultat raspadanja živih organizama, biljaka, životinja, itd., koje su se raspadale u anaerobnim uvjetima bez prisutnosti zraka, pa su posebne bakterije umanjile i transformirale njihove bjelančevine i masti. Mrtvo drveće je glavni izvor ovih bjelančevina i masti, ali ono što se obično događa kada jedno od njih ugine jest da ga uobičajena bakterija koja udiše zrak rastavi i reciklira u šumski hranidbeni lanac bez proizvodnje nafte, dakle za navedeni proces se moraju stabla odmah zakopati da bi se spriječio ulazak zraka.

Ali kada su ispitivali naftna polja, otkrili su da su jako duboka (2000 metara dubine u sjevernoj Francuskoj) i da prekrivaju znatnu površinu (18.000 kvadratnih km u Apalačkom gorju, SAD), tako da je stvarni obujam materijala koji je vjerojatno bio nasilno zakopan u isti mah bio golem.

Ni jedna teorija do danas nema zadovoljavajuće rješenje, ali mi Raeljani imamo ključ te zagonetke.

Kada su Elohim odlučili uništiti svoje baze, laboratorije i sve što su stvorili na Zemlji, mora da su koristili ekstremno snažne metode uništenja koje su pored kidanja izvornog kontinenta i plutanja svakog pojedinog fragmenta izvan središta šoka, te su pomeli ujedno i cijelu zemljinu površinu. Budući da se sraz morao širiti prema vanjskim dijelovima od epicentra sraza prouzročenog bombom, sva živa materija, uključujući neizmjerne goleme šume, životinje, čak i čovjeka, bila je zakopana duboko, odmah i zajedno pod tonama zemlje u obliku prstena koji je činio obruč oko središnje eksplozije.

To bi objasnilo ekstremno velike količine žive tvari koja je bila zakopana dovoljno brzo da bi uvjetovala anaerobne uvjete u velikoj kružnoj formaciji koja je Nebringa toliko zainteresirala kad je ponovo vratio sve fragmente onoga što je nekada sačinjavalo naš jedinstveni kontinent.

Tijekom vremena kada su Elohim izgradili prvi kontinent sve dok ga nisu rascijepili, erozija bi jako akumulirala sediment bogat životinjskom materijom, poput koralja i školjaka u oceanima, osobito oko rubnih dijelova kontinenta, Sjevernoameričke i Južnoameričke ploče, koje su klizile prema zapadu, su premjestile oceanski sediment, koji se je sakupljajući na kontinentalnoj ploči dizao i oblikovao Andske Kordiljere i planinski lanac Stjenjaka.

Ista stvar se dogodila s indijskim potkontinentom koji se odvojio od Afrike, pa je klizeći prema sjeveroistoku na svom putu zarobio goleme količine materijala koji mi danas poznajemo kao Himalaje. Antarktika koja je otplutala prema jugu prekrivena je golemim slojem leda koji je sve do danas sačuvao tragove tropske vegetacije. U međuvremenu su Australija, dio Afrike i Indije otišli prema jugoistoku akumulirajući duž svojeg rubnog dijela sediment koji je oblikovao australski Veliki razdvajajući lanac.

Uništenje je imalo kataklizmički karakter i nije izazvalo samo velike geološke promjene, već i klimatske, uništavajući nebrojene oblike života, zakapajući ih pod slojeve pijeska, vapnenca, zemlje i neke vrste blatnjavog leda koji ih je sačuvao do danas i iz kojega su periodično dolazili na dan iz njihovih zamrznutih ljesova velikog sibirskog Sjevera.

Samo šačica ljudi u arki bila je zaštićena tijekom "poplave". Nakon njihova povratka kontinent je bio potpuno neprepoznatljiv i opustošen od uništenja, geološka izdizanja Zemljine kore rezultirala su dijelovima odrubljene površine, a pojava pukotina u sloju Zemljine kore uvjetovala je vulkansku aktivnost.

Vidi se da se priča o jedinstvenom kontinentu, koji se razdvojio na puno dijelova, i obratno, iskrivila, "gdje je nekada bilo kopno, a sada je voda", pa su nastale legende o Atlantidi ili Mu, u kojima se smatralo da je kontinent nestao u moru. On, zapravo, nije potonuo, nego se samo postranično pomaknuo.

Nisu svi živi organizmi bili ponovo stvoreni nakon poplave, neki su se smatrali monstruoznim i štetnim za ekološku ravnotežu, kao na primjer golemi gmazovi i dinosaurusi, što objašnjava nagli i istovremeni nestanak tih pretpotopnih životinja.

Nakon "poplave", Elohim su Zemlju nastanjivali zajedno s ljudima i tragovi njihove nazočnosti koje još uvijek pronalazimo pripadaju postdiluvijalnoj eri.

Naučimo se otvoriti oči, jer sve što imamo oko sebe omogućuje nam da to i shvatimo. Nalazimo se u dobu Apokalipse, dobu kada se još jednom možemo nadati susretu s našim stvoriteljima, Elohim.

3. PRIJENOS PLANA STANIČNE ORGANIZACIJE U SVJETLU ZNANOSTI

Koliko je do danas poznato, spektralna izučavanja koja ispituju odnos između materije i energije dopustila su nam izvjesno razumijevanje strukture i molekularne građe. Premda se u našim ljudskim očima materija može činiti homogenom, bez obzira nalazi li se u plinovitom, tekućem ili krutom stanju, ona je, zapravo, načinjena od mnogih blokova koji su nazvani molekulama, a koje se i same sastoje od atoma.

Atom se može usporediti s minijaturnim sunčevim sustavom s pozitivnom jezgrom u sredini oko koje se okreću elektroni, od kojih je svaki sposoban okretati se oko sebe, upravo kao što to čini i Zemlja na svom putovanju oko Sunca. Pokret elektrona je opisan pomoću četiri kvantna broja (glavni, orbitalni, magnetni orbitalni i magnetni spinski). Mehanika valova dovela je u vezu posebnu vibraciju prema svim pokretnim česticama, gibanje koje se može predvidjeti Shrodingerovom jednadžbom.

Jedan atom može samo emitirati ili apsorbirati energiju određenih frekvencija. To se odvija u pratnji spektra odvojenih i različitih radijacija koje se izravno odnose na energetsko stanje atoma. Zato svaki tip atoma ima svoj specifični tip atomskog spektra.

Nuklearna magnetska rezonancija također može dati detaljnu obavijest o prirodi veze koja atome drži na okupu i tako oblikuje molekulu.

Unutar molekule atomi će vibrirati u međusobnom odnosu. Ako postoje samo dva atoma, onda je tu samo jedna temeljna frekvencija koja slijedi pridruživanju tih dviju nukleusa pored dva gravitacijska središta, pa je iz tog razloga linearna.

Molekule koje su sastavljene od više atoma imat će veći broj temelja.

Atomi se također mogu rotirati oko svoje osi. Energije njihovih vibracija i rotacija mogu varirati samo na diskontinuiran način. Skok s jedne energetske razine na drugu događa se apsorpcijom ili emitiranjem energije. Svaka kemijska reakcija temelji se na takvim promjenama energije, a emisija koja je rezultat tih transformacija materije može se mjeriti i bilježiti kao "rotacijski i elektrovibracijski molekularni spektri". Svaka molekula našega tijela vibrira na taj način i zato emitira cijelo mnoštvo vibracija, što na prvi pogled može izgledati kao golema kakofonija. Dakle, ljudsko tijelo je odašiljač električnih i elektromagnetskih valova. Danas nam naša tehnologija još uvijek ne dopušta bilježenje ovakvih fenomena na organizmu koji je tako kompleksan kao što je ljudsko biće. Nijedna od naših metoda ili analiza nije još uvijek tako precizna da bi mogla odrediti emisiju koja dolazi iz određene molekule i one iz pozadinske buke, ali s vremenom...

Prisjetimo se da je Hertz otkrio valove, koji su nazvani njegovim imenom, tek oko 1920-e godine, a nuklearna magnetska rezonancija poznata je tek od 1946., pa gdje ćemo onda biti za 50, 100 ili 1000 godina? Ne zaboravimo da su Elohim 25.000 godina ispred nas.

Princip krštenja, prijenos nečijeg plana stanične organizacije danas nam je shvatljiv i ova ceremonija je znanstveno objašnjena prema sljedećem: Svaki pojedinac ima jedinstven stanični kromosomski plan, koji vibrira njegovom vlastitom elektromagnetskom emisijom spektra.

Vođa, čiju su osobnu frekvenciju Elohim zabilježili tijekom njegove ili njene inicijacije, može djelovati kao posrednik između Raeljana i satelita Elohim koji bilježi svaku ljudsku misao.

Voda se koristi kao posrednik između čela novog Raeljana i ruke vođe da bi utvrdila dobar električni kontakt i raeljansko krštenje pokazuje Elohim da je Raeljan razumio poruke i živi ponašajući se prema njihovim načelima. To je čin priznanja.

Dojmovi Svećenika

VICTOR LEGENDRE – *bivši rimokatolički svećenik*

Bio sam u Europi na godišnjem odmoru kada sam saznao za poruke koje su izvanzemaljci (Elohim) odaslali Claudu Vorilhonu, "Rael". Od 10. lipnja 1976. posjetio sam Francusku, Španjolsku i Italiju, kada sam 30. lipnja u ruke uzeo prvu poruku, *Knjigu Koja Govori Istinu*, a nekoliko dana kasnije, 2. lipnja pročitao sam knjigu pod naslovom *Izvanzemaljci Su Me Odveli Na Svoj Planet*. Prvu knjigu pronašao sam u Ženevi, a drugu u Clermont Ferrandu u Francuskoj.

Teško da bih riječima mogao opisati što sam osjećao dok sam čitao te dvije poruke: iznenađenje pomiješano s divljenjem i strahom, šok od radosti! Nemoguće je vjerno opisati, radost me odvela u stanje dobrog osjećanja, ili neizrecive euforije i u duboki osjećaj mira s novim pogledom! Ne! Obnovljenim pogledom na sve. Riječi *"ressentiment"* (francuska riječ koja podjednako znači ponovno osjećati) koristio bih za objašnjenje različitih osjećaja koje sam tako intenzivno proživio.

Dva dana prije mojega odlaska iz Europe posjetio sam prijatelja, po zanimanju glazbenika, koji me je zamolio da mu donesem *Knjigu koja govori istinu*, jer je nije mogao pronaći u Kanadi, budući da nije znao tko je izdavač. Dao mi je da poslušam intervju koji je CBC International emitirao u Europi i koji je nekoliko puta bio emitiran tijekom 1975./76. godine. Tada sam imao samo nejasnu ideju o porukama; i da udovoljim prijatelju, obećao sam da ću mu donijeti tu knjigu.

Prije nego je njegovo očekivanje mog povratka, koji je uslijedio 10. srpnja bilo nagrađeno, sam ja bio taj koji je bio nagrađen i to iznad svakog očekivanja. Bilo je kao da sam pronašao dragocjeni biser, a da ga nisam ni tražio. Naravno, govorim o sadržaju poruka. Tek pošto sam se vratio, počeo sam smisleno proučavati tu poruku, usudio bih se reći, bez sustavnoga reda pokušavao sam razumjeti bit poruka. Pogledao sam u biblijske napise koje sam izučavao tijekom studija teologije dok sam se spremao za svećenički poziv; zatim u Kabalu koja mi je bila nepoznata, izuzev nekoliko hebrejskih riječi koje sam naučio na teologiji; isto tako izučavajući povijest religija, osobito povijest kršćanstva, i napokon sam zavirio u područje znanosti. Oblikovao sam svoje mišljenje koje se temeljilo na tom istraživanju. Što me najviše pogodilo u tim porukama? Što me se najviše dojmilo?

Bez puno komentara istaknut ću jaka stajališta u sintezi mojih dojmova, premda bi se o ovim stajalištima moglo diskutirati na široj razini:

Izvorna *Biblija*, koja je napisana na hebrejskom, govori o Elohim, što doslovno znači "oni koji su došli s neba". Elohim je riječ nepravilno prevedena riječju *Bog* u današnjoj Bibliji. Dakle, ne postoji nematerijalni, svemogući Bog; ipak, tu su Elohim, stalno prisutni u *Bibliji*, koji su među ostalim, stvorili život u laboratoriju, uključujući i ljudski život, putem inertnih kemikalija udruženih sa DNK. Stoga su Elohim ili izvanzemaljci jasno prisutni u različitim epohama i različitim civilizacijama. Zato smo daleko od uskogrudnog poimanja koje kaže da "se izvanzemaljci i *Biblija* ne smiju miješati."

Nema duše koja napušta tijelo poslije smrti, postoji genetski kod koji je načelo života.

Naslov prve poruke objavljen je u *Ezekiji 2:9-10*, u *Otkrivenju 5:1* i u *Danijelu 10:21*. "Ali ću ti prije izreći, što je napisano u knjizi istine"

I u *Danielu 12:4* "A ti, Daniele, zatvori ova objavljenja! Zapečati ovu knjigu do posljednjega vremena! Mnogi će je pretraživati, i spoznaja će biti velika."

Pojam o beskrajno velikom i beskrajno malom, osviještenje uma prema beskraju je tamo gdje prebiva istina. Slučajna evolucija, ili uzastopni nasumični događaji su mit. Naprotiv, evolucija prebiva prvo u umovima naših stvoritelja.

Nitko ne može pripadati nekome drugome, bez obzira o kakvom se odnosu radilo, poslovnom, bračnom, ili o nekoj drugoj situaciji.

Potvrda i razvoj temeljnih ljudskih ciljeva za koji je svaki od nas prozvan da slijedi u njegovom ili njenom životu glasi: Misli, stvaraj i cvati!

Rješenja predložena za rješavanje velikih problema čovječanstva: među ostalim, selektivna demokracija ili geniokracija koja bi se primjenjivala na humanitarizam: biće genija je sirovina čovječanstva; procedura koja će uslijediti je stvaranje geniokratske svjetske vlade; stvaranje robota koji će ukinuti fizički rad; jedinstvena svjetska valuta do potpunog ukidanja novca; univerzalni drugi jezik, svaka regija će očuvati svoj materinji jezik; ukidanje vojne službe i postavljanje profesionalnih vojnika koji će biti u službi svjetskog mira: ne možemo istovremeno nastaviti tražiti "mir i sigurnost", kako Pavao iz Tarza kaže u Poglavlju 5 u svojoj prvoj poruci Tesaloncima.

Savršeni spoj znanosti i religije u našoj epohi, doba Apokalipse (ili otkrivenje), gdje se ovo dvoje tako savršeno uklapa: svi religijski napisi, osobito *Biblija*, objavili su povratak velikih proroka – skoro njih 40 – u društvu naših stvoritelja, Elohim.

Kad sam završio s čitanjem prve dvije poruke, osjetio sam u svojoj nutrini licemjerje kršćana koji mole samo sa svojih usana, dok je uputa za ljubav prema bližnjima gotovo uvijek zaboravljena. Osjetio sam tu vremensku i duhovnu dominaciju Crkve koja vlada novcem i bogatstvom koje je akumulirala.

Ta dominacija se održava i potiče političkim moćnicima koji u njoj vide samo prednosti; osjetio sam mistifikaciju koja je tu samo zato da bi ljude uspavala; daleko smo od budnosti koju preporučuje Isus, od čitanja znakova našega vremena i od njihova prepoznavanja kada do njih dođe; ali kult tradicije je onaj koji je ljude zaslijepio.

Sjećam se ovih riječi iz *Knjige propovjednika, 7:10*, Ne govori: "Kako je to, da su prije bila vremena bolja nego danas? Jer nije mudro postavljati takvo pitanje." Činilo mi se da je krivnja savjesti naglašena idejom da je čovjek grješnik, da je čovjek nesavršen, što je objašnjeno odbijanjem inteligencije, tj. čovjeku je rečeno da vjeruje bez razumijevanja i održava ideju o tome da su spolni užitak ili čak senzualnost vrijedni prijezira.

Povezao sam znakove vremena koji su objavljeni u religijskim napisima naše epohe gdje vidimo da se odvijaju. Ta epoha je naša, *doba Apokalipse* ili *doba Otkrivenja* u kojoj se sve može razumjeti. Znaci vremena otkrivaju izvorni misterij u svjetlu znanstvenog napretka. Netko tko traži detaljno po *Bibliji* i uspoređuje proročanstva s postignućima našeg vremena znanosti, otkriva, potvrđuje i razumijeva samo ono što je "temelj Zemlje" i ono što je skrivano od "utemeljenja svijeta".

Dopustite da nabrojim neke od ovih znakova sa njihovim dostignućima: Čovjek će se izjednačiti s Elohim (stvoriteljima života), gluhi će čuti, slijepi će povratiti vid, sakati će ponovno moći koristiti udove (elektroničke proteze). Čovjek će pronijeti svoj glas na sva četiri kuta Zemlje (telekomunikacije i radiotelefonija); liječenje otrovanih ljudi (antidote, antivenski serumi); liječenje bolesnih rukama (razvoj kirurgije); produžetak života; narod Davidov će ponovno pronaći svoju državu (stvaranje izraelske države), brojni znaci s neba (NLO); tisuće lažnih proroka koji pokušavaju čovječanstvo gurnuti u fanatizam, opskurantizam i misticizam (religije i sekte).

Čak ako me rimska Katolička crkva ne prizna kao svećenika, budući da sam se priključio Raeljanskom pokretu, ostat ću unatoč tome svećenik. Povjerena mi je fantastična misija, širenje poruka najvećem mogućem broju ljudi; ja sam još uvijek "svećenik", jer sam kao i Rael, glasnik onih kojima sam oduvijek vjerovao (Elohim), ali tek sada zaista razumijem njihov rad, stvaranje čovjeka i Isusovu misiju. Ja sam još uvijek "svećenik", ali sam oprezan; otkako sam otvorio svoj um, također sam postao i onaj koji otvara umove i više nisam onaj koji dopušta uspavanost ljudske savjesnosti; ja sam i ostat ću "svećenik", odnosno vođa za čovječanstvo na putu mira i univerzalne ljubavi.

Da... ja Sam Raeljan

MARCEL TERRUSSE – *Inženjer kemije i raeljanski vođa*

Da, ja sam Raeljan, sljedbenik religije beskonačnosti vremena i prostora, zemaljsko dijete koje je ponovno otkrilo tragove naših očeva na zvijezdama i onaj koji ostatku čovječanstva pokušava obznaniti tu našu predivnu priču.

Vjerujem da Raeljanom ne postaješ onda kada ti se otkriju poruke i pronađe jeka vlastitih misli i preokupacija, nego naprosto shvatiš da si to bio oduvijek.

Jednoga dana naiđeš na poruku i tada osjetiš odjek vlastitih misli, vlastitih briga. Svi smo pokušali raspršiti misterij svoga podrijetla i nesigurnost svoje budućnosti. Poruke su mi dale odgovor na to pitanje.

Naravno, za nekoga tko je dobio tehničko i znanstveno obrazovanje, neki dijelovi poruka ne čine se jako "ortodoksnim" i dosljednim u odnosu na tradicionalno izučavanje. Ipak, primijenimo savjet Montaignea "i neka sve prođe kroz sito, i ne dozvolimo da u našem umu ostane što, jedino radi autoriteta i povjerenja." Ako sve elemente poruka budemo pokušali kritički analizirati, ubrzo ćemo postati svjesni da imamo posla s krajnje čvrstom građevinom.

Uvijek sam intuitivno osjećao da je postojala veza između svih više ili manje divnih priča iz drevnih vremena i da u svakoj od njih u besmislenoj zbrci postoji poneki grumen zlata...

Počeo sam proučavati Arijadnino klupko i ono mi je potvrdilo da su oduvijek postojali kontakti s Elohim.

Pronašli smo tragove u mitovima i suvenirima drevnih civilizacija:

• Grčka mitologija, koja se odnosi na čitave serije bogova, polubogova i divova drevnoga vremena; Mahabharata, indijska mitska epska pjesma sa svoja dva dijela: Vede i Ramayana;
• *Ep o Gilgamešu*, sumersko-babilonska epska pjesma
• *Kojiki iz Japana* koja izvješćuje o onom što se dogodilo na početku
• *Popol Vuh i Kronika o Akakoru* u Latinskoj Americi
• I nama bliskija, *Knjiga o Enohu, Kabala, Biblija*
• Neki fizički tragovi vidljivi su na visočini Nazca (gravure), u

Baalbecku i zasigurno u Tiahuanacou, Uskršnjem otoku (Ile de Paques) i na mnogim drugim mjestima diljem svijeta.

Na raspolaganju imamo sve dijelove slagalice koja će rekonstruirati priču o našem podrijetlu.

Tijekom čitanja poruka sigurno sam imao priliku postaviti neka pitanja o očitim proturječnostima koje bi mogle postojati između određenih citiranih činjenica i općeg znanja. Čini se da u onom što smatramo znanstvenim dostignućima koja se temelje na krhkim i prijepornim hipotezama pronalazim nesavladivo puno proturječja u današnjim znanstvenim izučavanjima.

Uvijek sam mislio da su svi prirodni fenomeni u svemiru koji se mogu razumjeti, koherentni i da svi oni ovise jedno o drugom na više ili manje kompleksan način.

Razvoj sve apstraktnijeg matematičkog oruđa orijentirao je fiziku na put koji je čudno logičan, ali je izvan materijalnih realiteta.

Tako je Einstein pretpostavio da je brzina svjetlosti nesavladiva granica svih brzina u svemiru, počinivši kardinalnu grešku uzimajući za princip da je svemir ujednačeno prazan i identičan samome sebi u svakom dijelu kozmosa, osim zvijezda i planeta.

Iznad oblaka koji su okruživali naš planet, gustoća molekula plina progresivno se smanjuje razmjerno visini, sve dok ne postigne razinu koju nazivamo "praznina".

Ipak, međuzvjezdana "praznina" je prožeta valovima svake vrste: rendgenske zrake, infracrveni, radio-valovi, itd. Tako čitavo valovito gibanje implicira postojanje okoliša koji se giba u valovima, međuzvjezdani prostor nije prazan, kako bi nas ove pojave željele uvjeriti, ali je pun tvari koja se može valovito gibati – kvantni potprostor sastavljen od beskrajno malenih čestica u odnosu na veličinu poznatih atoma.

Valovito gibanje implicira kretanje, a kretanje energiju. U stoljeću u kojem vjerujemo da je ekvivalent mase i energije potpuno točan nije logično poricati postojanje mase međuzvjezdanog i intergalaktičkog svemira.

Svemir je heterogen i lokalna karakteristika svemira ovisi o energetskom gradijentu u dijelu koji se proučava. Zemlja i Sunčev sustav kupaju se u difuznom energetskom okolišu čestica "kvantnog potprostora", čiji pritisak je odgovoran za ono što nazivamo snaga privlačnosti.

Gravitacijski prostor može se usporediti s plinovitom atmosferom koja je slična zračnoj atmosferi.

Brzina širenja valova je funkcija lokalne gustoće i nije konstantna, kako vjeruju relativisti, tako da se sve kozmičke udaljenosti moraju ponovo izračunati.

Sve udaljenosti u svjetlosnim godinama koje su obračunate prema tradicionalnim metodama su precijenjene. Zvijezde koje nas okružuju puno su bliže nego što vjerujemo. Štoviše, razvoj teorija koje žele prilagoditi dimenzije prostora vremenu su besmislene. Vremenski faktor, koji po svim fizičkim formulama i jednadžbama ima parazitski karakter, je arbitrarni element.

Vrijeme samo po sebi ne postoji; pojam o njemu je subjektivan i dolazi iz naše vlastite biološke i mentalne organizacije. Projiciramo ga na vanjski svijet, izvodimo zaključak o nesavladivoj iluziji o "potpunom univerzalnom vremenu".

"Znanstveno vrijeme je konvencionalno; ono se temelji na fizičkim standardima podložnim o koordiniranju u različitim oblicima na proizvoljan način.

Naša koncepcija kozmosa je temeljno pogrešna zajedno sa našim filozofskim pojmovima.

Svuda oko sebe nalazim na potvrdu ovih poruka. Dovoljno je otvoriti oči da bismo razumjeli ovu krasnu priču o dolasku Elohim na Zemlju i stvaranju života u laboratorijima, koju ćemo uskoro i sami ponoviti.

Nesumnjivo da me je moja izobrazba kao kemičara približila sklonosti koja postoji između kemijskih elemenata i bioloških struktura koje sudjeluju u životnim mehanizmima. Ali čak i za običnu, intelektualno radoznalu osobu, brzi prelet na popularne znanstvene preglede dopušta nam predviđanje smjera u kojem se kreće biokemijsko i medicinsko istraživanje.

Postanimo svjesni da smo sintetizirali određene gene kombinirajući nukleotide; da su segmenti molekula DNK usađeni u unutrašnjost kromosoma bakterija; da nam je sve poznatiji prijenos genetičkog materijala iz jednog organizma u drugi...

Pogledajte u pravcu u kojem su otišli istraživači dobitnici posljednje Nobelove nagrade...

Razumijevanje molekularne strukture i mehanizama koje oni nadziru otvaraju mogućnost regeneracije tkiva, izmjenu organa i stvaranje novih životinjskih vrsta, a s vremenom i sintezu ljudi prema našem liku... i krug ponovno započinje.

Izučavanje o mehanizmima o šifriranju informacija u molekulama DNK dovest će nas do razumijevanja i korištenja memorijskih supstanci u našem mozgu, koje bi se mogle prenijeti s jednog pojedinca na drugog. Postanimo svjesni biološke revolucije koja napreduje i o tome kako će njene posljedice stvoriti temeljnu razliku u cjelini naših društvenih i političkih struktura.

Probudimo se, ovo nije znanstvena fantastika.

Biti Raeljan ne znači biti osamljen u skupini koja "je usmjerena samo na sebe" i ne obazire se na druge u uvjerenju da je pronašao istinu te se osjeća superiornim u odnosu na druge; Smatram da je raeljanski pokret upravo suprotnost sekti.

Naši postupci imaju ambiciozne ciljeve, ali skromno napreduju, svjesni da je čovječanstvo kažnjeno agresijom, ponosom, taštinom i sebičnošću.

Volim filozofiju našeg postojanja koja se razvila u Raeljanskom pokretu jer zahtijeva potpunu ekspanziju ljudskih jedinki. Ona nas uči da osluškujemo ono što nosimo u dubini naših bića i otkrivamo ono što je u nama najbolje.

Život je posvuda u svemiru, ali naš život je jedinstven i važno je učiniti ga uspješnim: "Život je izgubljeni blagoslov ako netko nije živio onako kako je želio." (*Eminescu*)

Pronašao sam procvat temeljitim proučavanjem poruka, bolje razumijevanje drugih ljudi i sebe samog, a one su mi dopustile da postanem svjesniji našeg stupnja solidarnosti.

Filozofija Raeljanskog pokreta je filozofija ljubavi života i njegovih stvoritelja, tolerantna i pacifistička filozofija koja teži za otklanjanjem krivnje sa senzualnosti i odrješenjem svih tabua, zabrana i inhibicija povezanim sa spolnošću.

Privrženost Pokretu nije vojačenje, prema kojem nikada nisam imao povjerenja, već je dobrovoljan čin koji obogaćuje, što mi je donijelo puno zadovoljstva u vlastitom procvatu koji sam postigao i donio radost u širenju poruka drugima.

Vjerujem da ne smijemo učiniti grešku – onu koja se dogodila s Kristom – i dati više važnosti glasniku nego poruci. Bitno je da postanemo svjesni da su izvanzemaljci uvijek imali određenu ulogu u našoj povijesti i danas je na nama da ponovo uspostavimo kontakt s njima.

Povijest čovječanstva nam pokazuje da je na svakom stupnju njegova razvoja bilo potrebno iskorjenjivanje i obnavljanje temeljnih vjerovanja u našim znanstvenim, društvenim, filozofskim i religijskim koncepcijama. Nažalost, "nova znanstvena istina obično ne nameće samu sebe uvjeravanjem svojih protivnika; njen trijumf rezultira progresivnim izumiranjem njenih protivnika i pojavom nove generacije za koju je ova istina oduvijek bila bliska." (*M. Planck*)

Vjerujem da bi ljudima trebali pomoći da stanu na svoje noge i odbace štake, odnosno vjerovanja i religije; podizanjem razine svijesti trebali bismo nastojati odbaciti mračnjaštvo. Jer ako je tijekom stoljeća religija tražila, a ponekad i nametala vjernicima "vjerovanje" u misterije i najčudnovatije priče, danas našu povijest možemo shvatiti i o nama ovisi kako ćemo otvoriti oči i umove i pripremiti se za budućnost.

Početci naše budućnosti sadržani su u sadašnjosti. Čovječanstvo se nalazi na povečerju svojega rođenja, a možda i smrti, i oni koji nisu razumjeli značenje riječi *apokalipsa* možda će ipak biti u pravu.

Mi Raeljani sudjelujemo u osvještavanju čovječanstva i u razvoju kozmičke svijesti.

To je smjer mojega uplitanja u ambiciozni projekt koji čovječanstvo priprema za pozdravljanje naših stvoritelja, Elohim.

Posvećenje Moje Svećeničke Službe

YVAN GIROUX – *bivši rimokatolički svećenik i profesor katekizma*

Želio bih reći da sam već vrlo rano, u dobi od 12 godina postao zainteresiran za sve povezano s čovjekom i Bogom. Vidio sam ih kao dvije sličnosti, čovjeka i "Boga" koji se sastoje od beskonačnosti, i koji sami tvore beskonačnost. Tada sam se doista zainteresirao za "Boga" i za moj odnos s njime.

Uskoro sam dospio u kontemplaciju, misticizam, kao da sam pokušao nestati sa Zemlje i dosegnuti nebo.

Zato sam čitao, postavljao pitanja, istraživao i meditirao. Prošao sam kroz mnoge godine izučavanja da bih se još više udubio u ovaj predmet. Izučavao sam "humanističke znanosti", filozofiju, teologiju, i konačno, "religiologiju", jer sam imao vjeru u čovjeka (koju još uvijek imam) i njegovu inteligenciju.

Budući da sam dovršena i potpuna ličnost, tražio sam obitelj u kojoj bih svoj cijeli život mogao posvetiti ovome "Bogu" kojega sam zauvijek propitkivao, tragao za njim, materijalizirao ga u meditaciji i kontemplaciji, Boga s kojim sam vodio duge razgovore kao da mi je stari prijatelj. Ipak, taj dio sam zadržao kao tajnu, jer bi me mogli smatrati luđakom.

Pronašao sam religioznu zajednicu očeva kojoj sam posvetio šest godina svojega života kao student i pastor (sjemeništarac) te proveo divne trenutke otkrivanja i stvaranja unutar nje. Ali uskoro sam postao svjestan nečega što mi se činilo površnim. Postojalo je nešto što nije obećavalo da će zadovoljiti moje najdublje aspiracije.

Uživao sam u molitvi, (još uvijek uživam), jer me veže sa mojim stvoriteljima, mojim izvorom beskonačnosti. Mnogi ljudi su me smatrali mističnim, ali Isusova oca sam vidio kao čovjeka upravo kao što je to bio i Isus kada je rekao "oče moj koji jesi na nebesima..." Moja pomisao da je tamo više stvoritelja je znači bila istinita. Štoviše, istraživao sam Bibliju i došao do zaključka da Isus nije bio Bog i gorljivo sam počeo istraživati jedan aspekt teologije pod nazivom "teolozi Božje smrti", ili "teologija Božje smrti". Na neki način bio sam ateist, ali sam se bojao priznati istinu.

U školama teološkog mišljenja otkrio sam drugi oblik obmanjivanja.

Nisam bio potpuno zadovoljan odgovorom na brojna pitanja koja sam postavljao, u ispitivanju čovjeka i njegove vjere, o čovjeku u njegovom religijskom i društvenom uplivu, u ovoj Crkvi koju sam smatrao da je neusklađena, ponekad čak i pogrešna.

Ipak, radio sam usred "Crkve" za koju je rečeno da je Kristova, u brojnim pokretima koje uključuje, cijelo to vrijeme dok sam specijalizirao religijsku znanost (religiologiju) da bih mogao još dublje istraživati.

Moja izučavanja nagnala su me na rad unutar mojega okruženja, da bih ga mogao propitivati i uzdrmati. Još uvijek sam se osjećao neshvaćenim.

To istraživanje za koje mi je trebalo više od tri godine dovelo me u neku vrstu praznine, tuge. Nisam više mogao tolerirati toliku količinu misticizma i sljepila. Volio sam učenje, ali sam dosegao točku na kojoj više nisam osjećao čvrstu podlogu. Osjećao sam da je polagani proces izlaganja korišten za opravdavanje nekih dušobrižničkih i crkvenih struktura, misticizma i opskurantizma bio nebitan, neusklađen i sve više i više sam ga odbijao. Oni ljudi koji nisu dijelili moja stajališta smatrali su da sam kritičan i površan. Oni su se svojoj vjeri i religiji prilagodili banalnim idejama, a to još čine i danas.

Tada sam odlučio na godinu dana učiniti korak unazad i potražiti istinu u svojoj "duši". Još uvijek sam podučavao, ali nisam se angažirao u pokretima. Propitkivao sam Isusa i osjetio naziranje svjetla.

Dana 9. studenog 1976. pohodio sam konferenciju u Plateau Auditorium u Montrealu koju je vodio Claude Vorilhon "Rael". Te noći sam stvarno osjetio da moje godine izučavanja nisu bile uzaludne. Shvatio sam mnoge stvari, između ostaloga, da sam duboko u sebi uvijek bio "ateist", a istovremeno i duboko religiozan. Bio sam zainteresiran za ovu stvar, volio sam čovjeka, molitva me održavala u stalnoj komunikaciji sa skupinom izvanzemaljaca, našim stvoriteljima, Elohim, koje sam iz dana u dan sve više demistificirao. Sve sam shvatio u hipu. Bio sam sretan. Prepoznao sam u Raelu Isusa koji govori u svom vremenu. Nešto mi se dogodilo, osvijestilo me, prosvijetlilo i privuklo; za 90 minuta sve u mojoj nutrini bilo je ponovno rekonstruirano, sve je bilo povezano, sve je ponovno postalo usklađeno i od tada to nije ni prestalo biti. Bio sam ushićen, i to se je održavalo izvana.

Nakon svega, iz njegovih usta čuo sam istinu, tako jednostavno, tako jasno i uz takve dokaze. Tolike godine naporno sam tragao za ovom istinom. Činilo mi se kao da mi je u trenu otklonjena mentalna blokada.

Na predavanje sam otišao s nekim prijateljima, ali kako se kasnije potvrdilo, ono nije pokrenulo takvu reakciju u njima. Upravo na isti način te noći i oni su primijetili promjenu u meni, a primijetili su je kasnije još puno više. Bilo je kao da su poruke u meni izazvale preokret, ali oni neće priznati ono što su vidjeli. Ja sam postao tih, sretan i blistao sam. Čuo sam ih kako su pokušali odbiti, uništiti s mističnim zaključivanjem, ovu divnu, jednostavnu i oslobađajuću istinu koja je postala nježna glazba za moje uši u svojoj cjelini, ta dobra vijest u svoj svojoj punoći, u cjelini, u jasnoći.

Oni su odbili Raela i njegove poruke od Elohim na isti način kao što su ljudi pokušali odbiti Isusa i njegovu poruku.

Tih nekoliko trenutaka s Raelom otkrilo mi je sintezu sazdanu tijekom više od 12 godina istraživanja, analiza, predanosti, patnji i vlastite darovitosti.

Sada bih mogao svoje cjelokupno biće posvetiti širenju tih velikih vijesti, tog velikog oslobođenja i to bi se dogodilo putem inteligencije, shvaćanja, sklada i uravnoteženja mojih uzdrmanih misli. Nije bilo jednostavno nositi se s reakcijama moje obitelji, moje žene, mojih prijatelja, mojega profesionalnog okruženja, Crkve i prijatelja koji su još uvijek bili svećenici.

Ipak, uvelike su mi pomogli mnogi moji osviješteni prijatelji i upute koje sam dobio dok sam pohađao seanse za osvještavanje duha i tijela. Na sve svoje godine učenja gledam kao da sam ih proveo u laboratoriju, izravnoj pripremi za život koji trenutno vodim kao vođa u tom čudesnom Pokretu, u toj "čudnoj", ali prekrasnoj "novoj" religiji, mladoj ateističkoj religiji. Nemam osjećaj da je došlo do razbijanja stvari iz prošlosti, jer nastavljam s onim što sam započeo kao dijete: shvaćanje o početcima čovjeka, geneza, mogućnost hodanja u svijetlosti i izgradnja sadašnjosti, uvijek demistificirati i uvijek pretakati i razotkrivati istinu na kojoj se stvorila kora stara otprilike 2000 godina, produbljivanjem razumijevanja brojnih teoloških, filozofskih i religijskih aspekata, poruka koje su stvoritelji čovječanstva, Elohim, predali Raelu, kako bi živjeli sadašnjost i imali pogled na predivnu budućnost. Te noći bio sam potresen porukama tako jako, jer sam ih gotovo nesvjesno osjećao godinama. Od tada sam osjećao poruke u svakom dijelu svojega života, čak i u najskrivenijim kutovima, i svojem profesionalnom radu kao učitelj, u svojoj obitelji, društvenom i političkom životu.

Poruke su potpuno promijenile moja dosadašnja uvjerenja, ali ja sam već dugo vremena bio spreman. Čekao sam, čak sam i podučavao o ovom proroku Elohim. Ali nikada nisam mogao dobro razumjeti. Onda...odjednom, sve je postalo jasno: poruke su me osvijestile, zurile su mi u lice. Odjednom sam mogao shvatiti Bibliju, Isusa i Jahve.

Bio sam tako sretan da se to dogodilo da sam treperio od radosti. Bilo je to kao ledeni tuš tijekom vrućeg, vlažnog ljetnog dana.

Raela sam prvi put susreo nekoliko dana nakon konferencije. Tijekom jednog vikenda uspio sam pročitati dva puta poruke. Rael mi je rekao: Imaš sve u sebi za pronalaženje odgovora na tvoje probleme. Kada ih jednom budeš riješio, bit ćeš 80 posto učinkovitiji. Tvoji obiteljski problemi te pritišću, oni te zaustavljaju i paraliziraju. Sada znam na što je mislio. Tako sam sretan da sam odabrao put osvieštenja i svjesnosti.

Od tada sam puno puta pročitao poruke i postavši vođa bilo je to posvećenje moje svećeničke službe koju sam oduvijek tražio. Shvatio sam da nisam čekao uzalud i da sam nastavio put u istinskoj crkvi, jer sam odlučio slijediti posljednjeg od velikih proroka iz doba Apokalipse i raditi na širenju poruka Elohim, naših stvoritelja, raditi na ovom "jedinstvu" kojem sam već posvetio svoj život, jer ove poruke objavljuju "religiju religija", religiju beskonačnosti, religiju inteligencije čovjeka i vječnosti materije.

Prema tome, to je onda moj svršetak i moj početak. Sretan sam i volim. Oslobođen sam svojih obveza kao stručnjak za religiju.

Podučavam francuski jezik i matematiku kao glavne predmete te religiju i etiku kao drugi predmet. U svom profesionalnom okruženju nikada ne govorim otvoreno o porukama, ali ljudi ih mogu osjetiti u mojem ponašanju i zato me poštuju. Bliži se vrijeme kada će me ljudi pitati za poruke, ja to osjećam i siguran sam u to. Gdje god se kretao, širim poruke svojom nazočnošću i riječima. "Odmetnuo" sam se od Rimokatoličke crkve čak iako sam još uvijek uvjeren da raskida nije ni bilo, već je prije došlo do nastavka istine. Ovo me pomlađuje i ugađa mi.

Cijeli moj život posvećen je otkrivanju svim ljudima dobre volje, ova demistificirana istina, ove poruke ljubavi, bratstva i mira; ova mirnoća, ova jedinstvena i revolucionarna poruka za one koji teže razumijevanju očima inteligencije, koje su nam podarili naši stvoritelji Elohim, očima mudrosti, stvorenim i beskonačnim.

Budimo Aktivni, Tako da ne Postanemo Radioaktivni

MICHEL BELUET – *bivši nacionalni vođa za SAD*

Ovdje je moje svjedočanstvo u kojem ću potanko opisati duboke i temeljne razloge koji su me doveli do toga da postanem vođa u Raeljanskom pokretu, nakon razmišljanja o dubljim značenjima koja su me dovela do moje privrženosti.

Poruku koju su Elohim predali Claudu Vorilhonu, Raelu, u potpunosti povlači ponovno razmatranje na svim razinama – društvenoj, političkoj, znanstvenoj, filozofskoj i religijskoj. To omogućava opće sudjelovanje u izgradnji sutrašnjeg društva. Kako sam došao do tih zaključaka?

Od moje dvanaeste godine zanimao me raznovrsni raspon tema, kao i aktualni događaji i oni koji su se događali u prošlosti, kada sam dosegnuo stupanj na kojem sam počeo propitkivati evoluciju čovječanstva. I, poput mnogih drugih, propitkivao sam sve, dok sam sanjario o savršenom svijetu. Što sam otkrio i gdje su bila moja nadanja? Ovdje su sažeta:

Podrijetlo Života

Nisam bio zadovoljan teorijom o božanskom stvaranju, premda se činilo da postoji neka konstanta: diljem svijeta, sve religije i mitologije govore o stvaranju Čovjeka kojega je stvorio jedan ili više Bogova, koji su došli s neba. Potom sam zaključio da je moralo biti nešto istine u ovoj prvoj misli, koja je opipljiva i materijalna, a to je povlačilo zaključak da je Čovjek odnekuda došao, da nije sa Zemlje. Teorija evolucije koja tvrdi da je Čovjek rezultat uzastopnih mutacija koje su započele od anorganske materije, čija su posljedica bila organska bića, a to smo mi, činila se previše manjkava da bi bila istinski vrijedna. Osim toga, sada je ozbiljno propituju eminentni stručnjaci.

Čovjek

Primijetio sam da je od samih početaka Čovjeku nedostajalo tolerancije, ljubavi, poštovanja i osjećaja za bratstvo u svojem odnosu prema drugima. Volio bih kad bi ovi nedostatci u ljudskim odnosima bili izbrisani.

Društvo

Povijesne pogreške koje je ponavljao svaki tip državnog uređenja u rješavanju temeljnih problema čovječanstva, ponukale su me na razmišljanje o sustavu koji bi dopustio izbor najstručnijih ljudi na Zemlji koji bi bili zaokupljeni isključivo brigom o poboljšanju našega društva.

To bi podrazumijevalo da ih ne bi plaćali politički, vojni ili industrijski trustovi koji su odobrili veliki broj ubojitih ratova i stalno povećanje naoružanja i uništenja u ime vrijednosti kao što su majka zemlja, rad i obitelji i ropstva čovjeka prema čovjeku. Postalo mi je jasno da je čovječanstvo doseglo ključni dio svoje epohe presudan u njegovoj evoluciji u kojoj je čovjekova budućnost postala riskantna.

Religije

Osjetio sam da je u osnovi svih religija postojala temeljna i pristupačna istina, ali su ovu istinu koristili kako primitivni, tako i oni sustavi koji su promicali mračnjaštvo da bi ljude podjarmili do potpunog ograničenja. Također sam osjetio da je ova istina, kako su je otkrili proroci, morala dolaziti od bića koja su dosegnula visoki stupanj mudrosti.

Protivio sam se shvaćanju da je čovjek kriv zbog svoje putene prirode, kao što sam bio protiv svega što je umanjivalo čovjeka pod izlikom da će on biti, u drugoj dimenziji, značajniji nakon smrti. Bio sam uvjeren da čovjek može postići višu razinu svijesti kad se potpuno uskladi sa svojom ljudskom prirodom.

Znanost

Znanost, ta izvorna radoznalost koju je čovjek transformirao u sustavno izučavanje samoga sebe i okoliša u kojem živi, dopustila je čovječanstvu pomicanje granica neobjašnjenog. Znao sam da je moguće primjenjivati znanost u rješavanju problema s kojima se sukobljava naša civilizacija, ukoliko se znanost mudro koristi. Zagađenje, pretjerani prirodni prirast, energetska kriza – sve te probleme mogla bi riješiti znanost usklađena s prirodom, a imperativno je da bi se taj ideal trebao postići što prije. Jednako sam svjestan trenutnog aspekta našega znanja i toga da svaka teorija nije drugo do provizorna interpretacija činjenica, koje su same po sebi neosporne.

Nepoznato

Bio sam svjestan svega neobjašnjenog na Zemlji, što nas je navodilo da vjerujemo da su inteligentna izvanzemaljska bića intervenirala tijekom naše povijesti. Sve ovo je za mene prilično prirodno i znam da ćemo jednoga dana moći sve objasniti.

Bio sam svjestan sadašnjeg stanja stvari i mojih želja za boljim svijetom i evolucijom čovječanstva za više harmonije, nenasiljem i više bratstva, ali nisam mogao biti zadovoljan ni sa jednom postojećom organizacijom, bila ona religijske, političke ili društvene prirode. Osjećao sam se nemoćno i osamljeno.

A onda, 1978. godine, saznao sam za poruke koje su izvanzemaljci povjerili Claudu Vorilhonu, u prosincu 1973. godine, sadržane u knjizi pod naslovom *Knjiga Koja Govori Istinu* i u drugoj knjizi koja je napisana nakon susreta, godine 1975., pod naslovom *Izvanzemaljci Su Me Odveli Na Njihov Planet.* Bio sam ispunjen radošću čitajući te dvije knjige u kojima su se spojila sva moja nadanja o postizanju harmonije, mira i bratstva koje je na Zemlji uvijek nedostajalo. Knjige također govore o sredstvima koja su koristili naši očevi kako bi prebrodili iste probleme s kojima se i sami susrećemo. Ali poput dobrih očeva, oni nas puštaju da sami slobodno odabiremo, jer smatraju da smo jedinke koje su sposobne birati same.

Odlučio sam postati vođa da bih sa svijetom mogao komunicirati o tom nadanju, tako da čovječanstvo dostigne Zlatno doba u kojem će čovjek moći ostvariti potpuni procvat. Nisam želio ostati pasivni svjedok evolucije čovječanstva koje kreće prema mogućem samouništenju, već prije aktivni čovjek da bi se izbjegla mogućnost da jednoga dana svi postanemo radioaktivni.

Od Marksizma Do Raeljanstva – Privrženost

JEAN-BERNARDU NDJOGA-AWIRONDJOGU –
politolog i bivši marksist

Za nekoga tko je navikao na razmišljanje u terminima evolucije, klasama i klasnim borbama, nije bilo jednostavno razumjeti i prihvatiti da u pozadini "tradicije" postoji nešto tako fantastično, divno, umirujuće.

Ali putem poruka Elohim, svi prividni apsurdi iz biblijskih napisa odjednom su za mene postali plemeniti, praktični i beskrajno važni.

Spoznaja o tome da čovjek nije rezultat slučajnosti, već je znanstveno i mudro ostvarenje nekoga tko ga je oblikovao prema vlastitom liku, bila je uzvišena istina!

A pomisao da će jednoga dana, ljudi na Zemlji biti jednaki svojim stvoriteljima, izvanzemaljcima!

Sada je došlo vrijeme objave.

Rael, svjetlost Elohim, bliska ljudima, započeo je svoju misiju.

Ona sada počiva na nama, vođama, koji će mu pomoći nastaviti širenje poruka naših nebeskih očeva više no ikad, tako da se Zemlja zauzvrat može pridružiti koncertu intergalaktičkih civilizacija koje postoje u beskonačnosti svemira...

Nova Umjetnost Življenja

Michel Deydier – *psiholog*

U svemiru postoji beskonačni broj psihosomatskih emocionalnih entiteta, ili ako vam drago, osobnosti sa svojim dotičnim biološkim, energetskim i mentalnim aktivnostima. Za društvene odnose tih entiteta potrebna je vrlo bitna spretnost u prilagodbi bez koje čovjek ne bi bio u stanju oblikovati društvenu skupinu. Čovjekovo mentalno bogatstvo uvjetovano je njegovom sklonosti koja mu u svako doba dopušta preispitivanje svega onoga što čini njegov život te ga čini sretnim ili nesretnim.

Istu vještinu koristio sam kada sam pokušao slijediti put koji bi me doveo do osobne svijesti i napretka. Čovjekovo znanje je pitanje svestranosti. Mora se uvući u najmanje otvore svijesti, a onda proširiti do najdubljih slojeva nesvjesnog, bez uništenja faune, "k vragu" sa frustracijom, mora se ići preko, "ja frustriram tebe, a ti frustriraš mene". Priča se nikada ne mijenja i mi smo uvijek isti.

Ako se želite popeti u svoju glavu, prvo morate naučiti da ćete se pri uspinjanju možda ogrepsti, tu će biti puno stvari koje nećete željeti vidjeti. Pa suočite se s njima i počnite se smijati samom sebi gledajući kako možete biti umišljeni, štoviše, budete li postali svjesni svoje gluposti i taštine, to bolja osoba ćete postati i nikada nećete biti povrijeđeni, jer ćete prije nego što se budete zavoljeli u potpunosti, prihvatiti samoga sebe.

Bio sam u tom stanju svijesti kada sam prepoznao konačnost poruka; prvo sam ih prepoznao, onda sam ih dugotrajno probavljao, a priznajem da je taj proces imao i svoja aktivna razdoblja.

Prvo, to nije bila jednostavna slučajnost, već istinska kolizija u kojoj je došlo do velikog, manje ili više svjesnog pranja mozga i vraćanja svake stvari na svoje mjesto. Po definiciji, psiholog je izvana neorganizirana osoba, (ali je prilično dobro organizirana iznutra). Bio sam zapanjen kada sam vidio kako obavijest koju su otkrili izvanzemaljci nije samo pronašla svoje mjesto u mojim mislima, već je također uspostavila nevjerojatnu sintezu među elementima u mojem životu.

Još nevjerojatnije su kreativne promjene kojima se sada koristim kako bi pomogao svojim pacijentima.

Akcije uvjetuju reakcije, to me vodilo do pojedinačnog provjeravanja svakog glavnog elementa poruka. Iskreno rečeno, došao sam do izvjesnog broja zaključaka; neki su bili apsurdni, a neki manje. Odbio sam slijediti vjerovanje, jer umne operacije povezane s vjerovanjem nemaju ništa s operacijama koje upravljaju logičkim razmišljanjem, čak i kod subjektivnih provjera.

Ne vjerujem slijepo u izvanzemaljce, istinski razumijem njihovu ulogu i nazočnost na istinski i misaoni način uz potpuno razumijevanje koncepta. Dakle, uz potkrepu tih zaključaka, bacio sam drugi pogled na važne točke moje formacije. Okrenuo sam se naglavačke, a onda postranično, ali na moje veliko iznenađenje nisam pronašao ništa više ni na jednoj, kao ni na drugoj strani. Moja uloga je bila liječenje bolesti uma i upravo sam otkrio kako sam bio smiješan i ograničen. Otkrio sam da psihoterapija počiva na dobro maskiranoj židovsko-kršćanskoj osnovi. Ako na to gledate iz tog kuta, ta misao nije jako umirujuća, niti posve jasna. Ali s druge strane, koga to društvo nikada nije prevarilo? Bilo kako bilo, treba reagirati na takve uzurpacije; i tako se nalazim na ovom sporom brodu koji pronosi istinu, ljepotu, zdrav razum i gradi oslobađajući napredak.

Smatram da su poruke koje su izvanzemaljci predali Claudu Vorilhonu najinteligentniji odgovor koji sam ikada mogao pronaći za podrijetlo čovječanstva, kao i za sudbinu naše civilizacije i prosvjećenje anatomije nove umjetnosti življenja.

Pristajem na taj impuls bez oklijevanja.

Odbijam usredotočiti svoj život na sebičnu individualnu ideologiju. Duboki instinkt poveo me u izučavanje tog izvješća, stari instinkt, već pomalo zaboravljen, koji čovjeku daje snagu za ponovo podizanje. Svaki čovjek ga ima, svatko može sudjelovati u obnavljanju kolektivnog života na vlastitoj razini koristeći se prirođenom vještinom prilagodbe i instinkta za preživljavanje.

Dvije su stvari koje čovjeka čine stvorenjem, kojima će vjerojatno moći modificirati svoj zemaljski i kozmički okoliš, što ga ovlašćuje za donošenje konačnog izbora u velikim povijesnim trenutcima ispunjenima strašću.

Nikada društvo nije bilo tako blisko svojim ciljevima, pa je i prirodno da je tako uznemireno.

Povijest je pretrpana događajima, neospornim dokazima evolucijskih vrijednosti patnje. Sadašnjost daje prikaz logičnih spornih pitanja o značajnim evolucijskim pravilima. Budućnost nudi panoramu prepunjenu mogućnostima zbog ujedinjena moralnih vrednota sa znanstveno-tehničkim kapitalom.

To su motivacije koje su me dovele do shvaćanja poruka koje su odaslali izvanzemaljci. Sretan sam što sam imao mogućnost iskazivanja svojega svjedočanstva. Čvrsto i bezrezervno podržavam poruke i moja stremljenja su oblikovana koracima koji su doveli do stvaranja života na našem planetu.

5

Dodatak

Susret 7, listopada 1976

Dana 7. listopada 1976. godine oko 50 Raeljana nalazilo se u La Negrerie, pokraj Roc Plata u Dordogni u jugozapadnoj Francuskoj na dan prve godišnjice kontakta 7. listopada 1975., komemorirajući vrijeme kada je Rael bio odveden na planet vječnih i primio poruku koja je sadržana u drugoj knjizi pod naslovom: *Izvanzemaljci Su Me Odveli Na Svoj Planet*. Susret je bio predviđen za 15 sati. U 14:45 svi su došli i sakupili se oko Raela. Među sudionicima je postojao duboki osjećaj harmonije te su bili ushićeni da će ovih nekoliko trenutaka provesti sa posljednjim od velikih proroka. Odjednom je netko viknuo: "Što to pada s neba?" Velike pahuljice padale su s vedrog neba. Činilo se kao da su načinjene od pamučne tvari koja bi se dodirom otopila za nekoliko sekundi. Onda je netko viknuo: "Vidi, na nebu je nešto jako blještavo!" Dva blistava objekta, oba jako svijetla, nalazila su se baš iznad nas. Padanje pahuljica trajalo je oko desetak minuta, a onda su objekti odjednom nestali. Roger, vođa iz Toulousa, koji je radio u istraživačkom laboratoriju uspio je pribaviti uzorak pamučastih pahuljica, ali su one tijekom analize ishlapile.

Svi ljudi koji su bili privilegirani doživjeti to iskustvo nisu bili razočarani prijenosom plana stanične organizacije za koji je bio zadužen Rael, čak i ako je za neke od njih to značilo da moraju proputovati pola Francuske, a za druge čak i još dalje. U točno određenom trenutku i na određenoj lokaciji na kojem se susret trebao održati, Elohim su prisutnima dali znak koji oni nikada neće zaboraviti.

Prvi puta Rael nije bio jedini svjedok djela Elohim. Bio je u društvu 50 ljudi koji mogu posvjedočiti taj fenomen.

Philippe, vođa iz Belgije, u nekoj je knjizi kasnije pročitao da je isti fenomen viđen u Brazilu, u Belgiji, a najuočljiviji je bio u Italiji tijekom nogometne utakmice koja se morala prekinuti. Uvijek su se pojavljivali isti sjajni brodovi i pamučaste pahuljice.

Rael tvrdi da se ta okupljanja ne događaju sa ciljem svjedočenja o NLO-ima, ali u svakom slučaju, puno sudionika još uvijek želi da im Elohim ponovno podare zadovoljstvo svojim pojavljivanjem...

Poruka Elohim, dana 14. ožujka 1978

Odaslano Raelu telepatskim putem, u ponoć:

"Ja, Jahve, kroz riječi mojega glasnika Raela, sljedećom porukom se obraćam ljudima Zemlje."

"Pazite! Nije nemoguć skori kontakt ostalih izvanzemaljaca s ljudima planeta Zemlje. To su ljudi koje smo isto stvorili znanstvenim putem na drugom dijelu svemira i s kojima trenutačno ne održavamo izravnu komunikaciju iz razloga koji vam ne možemo predočiti, a da ne prouzročimo ozbiljnu neravnotežu. Samo znajte da računamo na vas da ćete tim ljudima otkriti pravo podrijetlo, jer oni su vaša svemirska braća i poput vas su u potrazi za svojim stvoriteljem. Recite im istinu o tome kako su stvoreni i otkrijte im *Knjigu Koja Govori Istinu* i poruku od 7. listopada iz 30. godine doba Apokalipse."

Važno je primijetiti da je to jedna i jedina poruka koju je Rael tijekom tri godine primio telepatskim putem. Sve što bi ljudi morali znati, ili skoro sve, rečeno je u prve dvije poruke.

Izmjena novih zapovijedi

Izmijenjena je šesta zapovijed novih zapovijedi iz druge poruke. Da bi se izbjeglo pretjerano starenje vođe Raeljanskog pokreta, vođe nad vođama birat će vođe pete razine na vremenski rok od sedam godina, a mora ih biti najmanje dvanaest da bi mogli glasovati. Sve dok ih ne bude barem 12 na petoj razini, vođe i četvrte i pete razine zajednički će glasovati, jer mora biti ukupno 12 ljudi koji će odlučivati. Ako ne bude dovoljno vođa na te dvije razine, glasovanje će se odobriti vođama treće razine. Vođa svih vođa će se birati između četvrte i pete razine, i kvalificirat će se za reizbor na kraju svojega mandata u trajanju od sedam godina.

Ta izmjena sa sobom povlači i izmjenu četvrte nove zapovijedi iz druge poruke: godišnja donacija koja je jednaka barem jednom postotku godišnjeg prihoda trebala bi se uplatiti raeljanskoj zakladi. To će koristiti potrebama vođe nad vođama omogućavajući mu potpuno i stalno posvećenje svojoj misiji – širenju poruke. Tu izmjenu koju je predložio Rael naši stvoritelji su prihvatili, jer su shvatili potrebu za tim promjenama, kako bi Pokret postao djelotvorniji i ubrzalo se širenje poruka.

Poruka Elohim, dana 13. prosinca 1997

Sada je navršeno 24 godine otkako smo putem riječi našega proroka RAELA, našega voljenog sina, otposlali svoju posljednju poruku muškarcima i ženama planeta Zemlje. Poruke koja će, kako je predviđeno, doći i uništiti "Misterij Boga".

Protekle su 24 godine tijekom kojih ste nas vi, Raeljani, koji ste nas službeno i javno priznali za svoje stvoritelje, ulagali napore da biste nas mogli pozdraviti u ambasadi koje smo od vas tražili. Vaša predanost i trud je ozarila naša srca i najpredaniji među vama nalaze se među onima koji će biti nagrađeni.

U svim religijama postoje ljudi koji zavrjeđuju našu ljubav, ali Raeljani su oni koji su nam najbliži. Oni su naši novi odabranici i jednoga dana će imati novu Obećanu Zemlju, jer se njihova ljubav zasniva na svijesti i razumijevanju, a ne na slijepoj vjeri.

Oni koji su nas voljeli kao jednoga ili više natprirodnih bogova, u našim su očima bili dragocjeni, a u doba prije razvitka znanosti nisu imali drugog izbora. No oni koji nas nastavljaju voljeti još i više, znajući da nismo nadnaravna bića, već smo stvoreni prema njihovu liku, dirnuli su nas do te mjere, pa će još više biti nagrađeni, jer nas vole svojom sviješću, a ne samo vjerom. A svijest je ono što ih čini sličnima nama.

Zamolili smo da se izgradi ambasada u kojoj bi nas pozdravili pokraj Jeruzalema, a vlasti, čiji su službenici ljudi uskogrudnih nazora, već su nekoliko puta odbili dodijeliti potrebna ovlaštenja i eksteritorijalni status. Naša osobita sklonost prema Jeruzalemu više je sentimentalne prirode, jer za nas je Jeruzalem svugdje gdje nas ljudska bića vole, poštuju i uz dužno poštovanje žele nas pozdraviti, a odabrani ljudi, Raeljani, su oni koji znaju tko smo. Židovi na Zemlji više nisu narod Izraela, već oni koji nas priznaju kao svoje stvoritelje i zauzvrat nas žele vidjeti.

Veza koju imamo s izraelskim narodom uskoro će biti raskinuta i novi Savez će se okončati. Oni imaju jako malo vremena da spoznaju svoju grešku prije nego što još jednom budu raspršeni.

U međuvremenu, moramo pitati potrebno odobrenje i eksteritorijalni status sve narode Zemlje zbog izgradnje naše ambasade, a promjer zemljišta u iznosu od jednog kilometra može biti voda ili kopno uz uvjet zabrane navigacije.

Kad od neke države budemo dobili ovo dopuštenje, Izrael će posljednji put imati kratko vrijeme za promišljanje o davanju odobrenja za takvo ovlaštenje, pa će time zadržati svoj privilegirani položaj kod nas, ili će se ambasada izgraditi na nekom drugom mjestu i Davidov narod će izgubiti svoju zaštitu i bit će raspršen.

Država koja bude dala izgraditi ambasadu na svojem teritoriju, ili teritoriju koji će dati ili prodati u tu svrhu zajedno s eksteritorijalnim statusom, imat će jamstvo za svijetlu budućnost i uživat će u prednostima naše zaštite i postati duhovno i znanstveno središte cijelog planeta u predstojećim milenijima.

Čas našeg Velikog Povratka je blizak i podržat ćemo i zaštititi najodanije među vama. Vaši neprijatelji će moći sve više svjedočiti o našoj moći, osobito uzurpator iz Rima, njegovi biskupi i svi oni koji budu djelovali u naše ime bez naših ovlasti.

Godina 2000. nama ne znači ništa, a ništa ne znači ni većini ljudi koji nisu kršćani, ali mnogi lažni proroci pokušat će iskoristiti tu promjenu milenija da bi ljude naveli na pogrešan put. To se očekivalo i to je odabir onih najsvjesnijih. Slijedite svojega vođu nad vođama; on će znati kako izbjeći opasnost toga prijelaznog vremena, jer on je Put, Istina, Život.

Budizam na Zemlji postaje sve uspješnija religija, i to je dobro, jer je to religija najbliža istini i novoj znanstveno-duhovnoj ravnoteži koja je potrebna ljudskim bićima novoga doba. Budizam bez mističnog naboja prošlosti pruža raeljanstvo i sve veći broj budista će postati Raeljanima.

Neka vam radost približavanja našega Velikog Povratka poda krila kako biste mogli prebroditi posljednje prepreke na putu. Tako smo blizu tom danu da uvijek kad budete meditirali možete osjetiti našu nazočnost. A taj osjećaj će osvijetliti vaše dane i noći, i život će vam postati predivan bez obzira na prepreke koje budete morali prelaziti. Radost kada nas budete vidjeli bit će manja od zadovoljstva koje ste imali radeći za taj dan. Najveće zadovoljstvo je u obavljanju vaše misije, a ne u samom rezultatu. U međuvremenu, naša ljubav i svjetlo vodit će vas kroz riječi našega voljenog Proroka i ne zaboravite, čak i ako vas stalno vidimo, svaki put kada vas on pogleda, vidimo vas još bolje, jer on uljepšava ono što vidi kroz ljubav koju za vas osjeća.

Što ga više volite, to više volite nas, jer on je dio nas na Zemlji. Ako vam ponekad teško padne da nam pokažete ovu naklonost, to je zato jer niste svjesni da gledate našeg voljenog Sina koji opet hoda među vama.

Ne možete voljeti nas, a zanemarivati njega, jer do Oca ćete doći preko Sina, jer on je među vama, jede kada i vi to činite, spava kada i vi spavate, smije se kada se vi smijete i plače kada plačete i vi.

Ne pretvarajte se da nas volite ako se prema njemu ne odnosite kao prema najdražoj osobi među nama.

Njegova ljubav prema vama tako je velika da nas stalno moli da oprostimo stvari o kojima sudimo kao neoprostivim. On je vaš najbolji odvjetnik u očima vaših Stvoritelja. A na vašem planetu gdje su ljubav i oprost sve rjeđi, u društvu koje poprima sve barbarskije osobine zbog gubitka tih vrijednosti, on je vaš najvrjedniji dobitak.

Nedostaje vam ljubav? Pogledajte njega; on živi među vama!

Neka vas njegovo svjetlo vodi vratili se mi ili ne, jer, u svakom slučaju, očekujemo vas među vječnima.

Mir i ljubav svim ljudima dobre volje.

Ujedinjeni narodi – Rael, rujan 2005

Ujedinjeni Narodi Moraju Nestati Kako Bi Ih Zamijenila Organizacija S Više Demokracije

O tome sam govorio posljednjih 30 godina... UN nije demokratska organizacija. To je elitni klub kojega vodi nekoliko postkolonijalnih i suvremenih imperijalističkih supersila, od kojih su sve bjelačke i zapadnjačke države.

Za UN, koji bi trebao biti istinski demokratska organizacija, svaka nacija bi trebala biti ovlaštena na glasovanje razmjerno veličini njena stanovništva, što znači da bi Indija i Kina, koje predstavljaju gotovo 50% čovječanstva sa združenim pučanstvom od gotovo 3 bilijuna, trebale imati odgovarajuće "glasačko tijelo" od 50%. SAD bi s druge strane sa samo 300 milijuna stanovnika trebale imati glasačko tijelo od samo 5%, a Ujedinjeno Kraljevstvo sa samo 60 milijuna stanovnika koje predstavlja samo 1% svjetske populacije trebalo bi imati glasačko tijelo od samo 1%. Ali umjesto toga UN-om vlada mala skupina bogatih zapadnjačkih nacija koja predstavlja manje od 10% čovječanstva, osobito oni u tzv. "Vijeću sigurnosti"...

Ako Bush, Blair i ostali lideri imperijalističkih, postkolonijalnih država zaista žele ono što tvrde da žele, tj. promicanje demokracije, onda moraju prihvatiti istinski, demokratski UN.

Ali istina je da oni to stvarno ne žele; ono što oni žele je nastavljanje vladanja svijetom, ekonomski i duhovno. Kao što sam iznio svoje mišljenje sa ustanovljenjem ICACCI (Međunarodni komitet protiv imperijalizma kršćanskog kalendara – www.icacci.org); zašto UN, koji bi trebao predstavljati cjelokupno čovječanstvo, koristi kršćanski kalendar za sve svoje službene isprave, kada je samo 25% stanovništva kršćanske vjeroispovijesti? Zašto muslimani, Siki, Židovi, budisti, šintoisti, itd., koji imaju svoj vlastiti kalendar, moraju potpisivati UN-ove isprave koristeći se kršćanskim kalendarom?

UN bi trebao usvojiti neutralni kalendar koristeći godinu početka svojega djelovanja kao nultu godinu, ili godinu bombardiranja Hirošime kao simbol mira. Umjesto toga, on još uvijek koristi kršćanski kalendar, koji prisiljava nekršćanske zemlje u većini da priznaju Isusov datum rođenja pri potpisivanju isprava – bez senzibiliteta za osjećaje onih čiji su očevi bili masakrirani, bačeni u ropstvo ili su ih križari u ime kršćanstva divljački ubijali.

UN ima samo dva izbora: da se potpuno izmijeni i postane istinski demokratska, nereligiozna organizacija, ili da bude uništena i da je zamijeni jedna istinski neutralna i demokratska organizacija. Možda je ovo potonje bolje rješenje, jer je uvijek bilo vrlo teško promijeniti postojeće. Možda će novi svjetski organ koji bi zamijenio UN koštati znatno manje i biti demokratskiji, jer će ga "stvoriti ljudi za ljude". To bi čak mogla biti internetska virtualna svjetska vlada gdje bi ljudi svoj izbor mogli izravno izreći putem Interneta. Ta internetska demokracija imala bi dodatnu prednost učinivši suvišnim najopasnije, najmanje povjerljive i najskuplje ljude na Zemlji – političare. Moj prijedlog za vladu na Internetu (www.upworldgov.org) mogao bi biti pravo rješenje za zamjenu zastarjelog UN-a.

Autorov Dodatak

Prošlo je tridesetak godina otkako sam napisao tri knjige koje sada čine ovaj novi sažeti izvadak izdanja pod novim naslovom *Inteligentni plan – Poruka Stvoritelja*. Kasnije ću raspraviti razloge koji stoje iza tog novog naslova, ali u međuvremenu je važno osvrnuti se na ono veliko što se zbio u proteklih trideset godina. Naš svijet se tijekom tog razdoblja nastavio vrlo brzo mijenjati, i to uvijek u smjeru otkrivene obavijesti koju sam prvo dobio tijekom ranih 70-ih godina prošloga stoljeća. Razlog zbog kojega su knjige reproducirane neizmijenjene jest taj da pokažu kako su neobične istine koje su prvi puta otkrivene prije tri desetljeća, postupno i uzastopno dokazane novim znanstvenim otkrićima i razvitkom.

Prvobitno sam davne 1974. godine na francuskom jeziku objavio prvi dio ove knjige pod naslovom *Knjiga Koja Govori Istinu*. Nakon naglog, neočekivanog i nezaboravnog svemirskog putovanja u listopadu 1975., prva knjiga bila je popraćena knjigom pod naslovom *Izvanzemaljci su me Poveli na Svoj Planet*, koja je izdana godine 1976. Godine 1979. napisao sam i izdao knjigu pod naslovom *Poželimo Dobrodošlicu Izvanzemaljcima*, koja prvi put obznanjuje obavijesti za koje su me Elohim molili da ih zadržim za sebe tijekom tri godine. Napisao sam četiri druge knjige, jednu pod naslovom *Geniokracija* (1978.), koja opisuje napredan oblik demokracije kojeg zagovaraju Elohim, *Senzualna Meditacija* (1980.), priručnik za prakticiranje vitalne meditacije koje su osmislili Elohim da bi potpuno razbudili naša čula i pomogli nam pri postizanju harmonije, *Da Za Kloniranje Čovjeka* (2000.), koja opisuje znanstveni napredak koji će postati sastavni dio naših života na području kloniranja i nanotehnologije i *Maitreya*, antologija koju su odabrali vodeći Raeljani sa mojih recentnih predavanja i razgovora.

Te knjige su do sada na gotovo trideset jezika prevodili dobrovoljni pomagači Raeljanskog pokreta. Ukupno je bilo prodanih, više od dva milijuna kopija mojih knjiga po cijelom svijetu. Golemi broj primjeraka je otisnut, izdan i distribuiran pod nadzorom različitih nacionalnih podružnica Međunarodnog Raeljanskog Pokreta (IRM). Tijekom trideset dvije godine postojanja, IRM je stalno rastao. Ta organizacija trenutno ima više od 65.000 članova diljem svijeta, a nacionalne su podružnice sada utemeljene u gotovo 90 zemalja, uključujući sve glavne svjetske nacije. Sada je Pokret najjači u Francuskoj, Kanadi, Japanu, Južnoj Koreji i Africi. Također se jako širi u SAD-u, Australiji, Britaniji, jugoistočnoj Aziji, Latinskoj Americi i u većini drugih europskih zemalja. Nedavno su osnovane nove nacionalne podružnice u Bugarskoj, Mongoliji i Litvi.

Na redovitim seminarima održanim na svakom kontinentu, smo ja i stariji članovi IRM predali učenje Elohim koje je izloženo u ovim knjigama, tisućama ljudi svih uzrasta. Sve u svemu, sada u cijelom svijetu ima preko 200 vođa, Raeljanskih svećenika. Pokret ima dvije glavne publikacije u kojima ja i ostali Raeljani pišemo o trenutnim događajima: *Apokalipsa*, međunarodni, ilustrirani časopis koji izlazi dva puta godišnje i *Kontakt*, tjedni bilten distribuiran putem Interneta na raelianews.org. Ta izdanja pomažu pri daljnjem širenju filozofije i shvaćanja.

Rođenje ovce Dolly bila je prekretnica u ljudskoj znanstvenoj povijesti i tada je postalo jasno da će kloniranje ljudi vrlo skoro postati uobičajeno. Upravo kao i na planetu Elohim, kloniranje na Zemlji će ljudskim bićima postati sredstvo postizanja vječnog života.

Nakon što je klonirana ovca Dolly 1997., započeo sam projekt pod nazivom Clonaid koji bi privukao pozornost na temu kloniranja ljudi. Uskoro nakon toga, dr. Brigitte Boisselier, briljantna znanstvenica i raeljanski biskup, preuzela je taj projekt i osnovala tvrtku. Potpuno sam se povukao iz svakog angažmana u tom projektu, budući da je moja prvobitna svrha bila samo promicanje koncepcije kloniranja ljudi, pa IRM nema izravne veze sa Clonaidom. Ja ću, naravno, nastaviti filozofsko podupirati dr. Boisselier i njenu tvrtku te nastavak njena rada. Bio sam osobito zadovoljan kada je u prosincu 2002. godine dramatično obznanila na naslovnici uz veliki naslov da je to možda najveći prijelomni trenutak cjelokupne 32-godišnje misije do danas: Clonaid je uspješno prisustvovao pri rođenju prve klonirane bebe, djevojčice pod nadimkom "Eve".

Iako su do vremena pisanja ovih redova zakonske zavrzlame dovele do kašnjenja izdanja znanstvenog dokaza tog uspješnog kloniranja čovjeka, nesumnjivo je da je ime Raeljanskog pokreta i ono što ga je predstavljalo postalo svakodnevna pojava na cijelom planetu.

Sljedeći potrebni korak je omogućavanje prijenosa mentalne obavijesti, memorije i osobnosti iz jedinke koja stari, u novog, fizički mladog, odraslog klona. Taj izravni memorijski prijenos u mladog odraslog čovjeka znači da će postojeća ista jedinka moći neograničeno živjeti. Ljudski zakoni će se morati prilagoditi promjenama u našoj kulturi i prednostima rastuće tehnologije. To još uvijek predstavlja začetak svih sličnih problema, ali novi zakoni će se morati prihvatiti kako bi se definirali kriteriji planiranja o tome kome će biti dopuštene blagodati tih tehnologija. Tu, kao i na planetu Elohim, broj klonova bi se mogao ograničiti na jednoga klona po glavi jedinke, i to tek nakon smrti.

Ove godine došlo je do još jedne prekretnice slične težine kako je sažeto navedeno u Uvodu knjige kada se pojavila recenzija u vašingtonskom znanstvenom magazinu navješćujući uspješno prihvaćanje nove teorije Inteligentnog plana od strane akademskih krugova. To izdanje označilo je prvi formalni akademski izazov zastarjele i nedokazane Darwinove teorije evolucije na visokoj razini. Kao rezultat toga, tijekom protekle godine, *Inteligentni Plan* (*Intelligent Design*), ili ID, privukao je rastuću pozornost i nadahnuo puno debata u akademskim krugovima i izvan njih u Americi, Europi i u cijelom svijetu. Dok ovo pišem, po SAD-u bjesni debata o uvođenju Inteligentnog plana u škole kao alternativa Darwinovoj teoriji evolucije.

Njeni protivnici ovaj Pokret sagledavaju kao službeni pokušaj ponovnog uvođenja "Boga" u nacionalne škole usprkos odbijanju tog dopuštenja od strane Vrhovnog suda prije gotovo 50 godina temeljem jasnog odvajanja crkve i države, kao što piše u Ustavu. Doista, sada je očito da američki religiozni konzervativci definitivno koriste kamuflažu kako bi u američke škole ponovno infiltrirali svoje dogmatske religiozne poglede.

Ipak, naše vrlo originalno i jedinstveno raeljansko objašnjenje podrijetla života na Zemlji učinkovito nudi treću opciju i to onu koju Vrhovni sud ne može zanijekati, jer ne promovira religiju u školama! Ono bi se najbolje moglo opisati kao *ateistički inteligentni plan*, što je znanstveno stvaranje života na Zemlji koje je izvršila napredna ljudska civilizacija s drugoga planeta. To stvara potpuno novu racionalnu teoriju koja objašnjava naše podrijetlo koje se, zapravo, može reproducirati u laboratoriju, kako je iskazao znanstveni istraživač, Craig Venter, u posljednjem objavljivanju da je započeo proces stvaranja prvog potpuno sintetičkog jednostaničnog organizma. Bitna pretpostavka da bi nešto moglo dobiti atribut znanstveno nalazi se u mogućnosti laboratorijske reprodukcije. Evolucija nije nikada bila reproducirana u nekom laboratoriju; zato se ona i nazivala "teorija", a isto se, naravno, odnosi i na teoriju o "Bogu". Taj treći način, ateistički inteligentni plan, jedini je koji se može upravo sada reproducirati u laboratoriju i do njega samo što nije došlo.

Predodžba o tome da se u svemiru nalaze bilijuni planeta sličnih Zemlji također je većini znanstvenika prihvatljiva kao i činjenica da naš planet nije nužno najnapredniji u svemiru. I tako, puno razvijenija ljudska civilizacija koja je davno stigla na Zemlju da bi tu stvorila život u nekoj vrsti panspermije, najracionalnije je objašnjenje našega podrijetla. U najmanju ruku, to bi bilo vrijedno podučavanja u školama, što bi bilo alternativa teoriji evolucije, a ni jedna škola ne može poreći pristup teoriji ateističkog inteligentnog plana na osnovama odvojenosti crkve i države. Čak i vjernici, oni koji vjeruju u Boga, uvažili bi naše objašnjenje kao "trojanskog konja", kako bi ušli u školski sustav kao alternativa monolitskoj, dogmatskoj i netolerantnoj darvinističkoj teoriji evolucije.

Važno je također reći da pripreme za izgradnju ambasade na želju Elohim, dobro napreduju. Ambasada i rezidencija moraju se zaštititi eksteritorijalnim pravima kao bilo koja uobičajena međunarodna diplomatska misija i sukladno preciznim naputcima Elohim, raeljanski arhitekti već su dovršili povjerenu izradu nacrta za kompleks zgrada u kojem će se održati najdramatičniji i najčudesniji susret voditelja svjetskih vlada u povijesti. Nedugo nakon što smo izgradili mali model ambasade, u Engleskoj se pojavio žitni krug koji je imao zapanjujuću sličnost sa njime. Moram reći da financije nisu glavna prepreka za dovršenje tog projekta. Politički i diplomatski problemi još su veći problem, a strpljenje i upornost bit će potrebni da bi ih prebrodili. U vezi s tim, Raeljanski pokret je nekoliko puta od 1991. godine obavio prezentacije izraelskoj Vladi i glavnom rabinu u Jeruzalemu tražeći dodjeljivanje eksteritorijalnosti za izgradnju ambasade u blizini Jeruzalema gdje su Elohim stvorili prva ljudska bića. Prvi hram židovske religije je zapravo bila prethodno ambasada oko kojega je izgrađen drevni grad. Elohim sada čekaju da im izraelska država dodijeli takav eksteritorijalni status za novu ambasadu – treći hram, ali do sada nije bilo pozitivnog odgovora na sedam postavljenih zahtjeva.

Prvi korak je načinjen 8. studenog 1991, na židovsku Novu godinu, a druga službena prošnja je postavljena izraelskom glavnom rabinu nekoliko mjeseci kasnije. Prošnja je bila priznata i započela je prijava. U ljeto 1993. godine izraelska vladina komisija zaključila je da je Raeljanski pokret u svojim nastojanjima miran pokušaj i stoga ne predstavlja prijetnju sigurnosti Izraela. U njihovom izvješću se vjeruje da su dva rabina zaključila da bi bilo "bolje ne poduzimati ništa protiv Raela u slučaju da on doista bude očekivani Mesija." U studenom 1993. godine, daljnji izravni zahtjev postavljen je izraelskom premijeru, Yitzaku Rabinu, kada se on nalazio u Kanadi pohađajući Židovsku konvenciju u Montrealu. Nakon mjesec dana, gospodin Rabin je putem jednog od svojih službenih predstavnika odgovorio da nije suglasan. Ako Izrael konačno bude uskratio odobrenje za dodjelu eksteritorijalnosti, kako se već pokazalo, najvjerojatnije ćemo ambasadu uspostaviti na palestinskom ili egipatskom teritoriju, ili u nekoj drugoj susjednoj državi. Zapravo, donje padine planine Sinaj bile bi izvrsna alternativa, jer se tamo Jahve, vođa Elohim, prvi puta pojavio pred Mojsijem. Usprkos tome, Elohim bi više voljeli Izraelu dati priliku da se suglase s tim zahtjevom, jer je to istinska svrha izraelske države. Od poruke Elohim, 13. prosinca 1997. započeli smo pregovore s drugim zemljama i kad jednom budemo dobili "zeleno svjetlo", konačna "posljednja prilika" za zahtjev bit će dana Izraelu.

Već 1990., u znak njihovih posebnih osjećaja prema izraelskom narodu, Elohim su se složili s mojim prijedlogom o usklađenju njihova prvobitnog simbola Beskonačnosti pri njegovom korištenju od strane podružnica Raeljanskog pokreta na Zapadu. Središnja svastika koja ima značenje "dobrog osjećaja" u sanskrtu, i koja također predstavlja beskonačnost u vremenu, zamijenjena je galaksijskim vrtlogom. Ta promjena uvedena je kao pokušaj da se pripomogne u pregovorima za izgradnju ambasade Elohim u Izraelu te iz poštovanja za osjećaje žrtava koje su patile i umrle pod nacističkom svastikom tijekom 2. svjetskog rata. U Aziji, gdje se svastika može pronaći u većini budističkih hramova i predstavlja beskonačnost u vremenu, prvobitni simbol ne predstavlja problem. Naravno, ta modifikacija simbola IRM (International Raelian Movement) za Zapad načinjena je sa zadovoljstvom i sada kad se osvrnem u prošlost i pogledam naš napredak od 1973. godine, vidim da se sve odvija po planu.

Međunarodni raeljanski pokret jednoga će dana postići sve ciljeve koje su postavili Elohim – sa ili bez mojega sudjelovanja. Znam da je on postao samoodrživ i da bi sada mogao odlično funkcionirati bez mene. Još uvijek puno toga ostaje za uraditi čak i onda kada konačno dođe do posljednjeg velikog dana i kada Elohim otvoreno i službeno stignu na Zemlju pred očima lidera svjetskih vlada i nizom međunarodnih televizijskih kamera i predstavnika medija, očekujem da će neki skeptici još uvijek nastaviti sumnjati jesu li ova visoko napredna ljudska bića doista bila u stanju umjetno stvoriti cjelokupni život na našem planetu. Vodeći članovi IRM-a i ja smo osobno svjesni da bi to moglo biti tako. Ali to nas ne pogađa – upravo suprotno.

I sami Elohim će definitivno sletjeti tu u ne tako dalekoj budućnosti, negdje u vrijeme koje neki nazivaju "singularnost"– u vrijeme kada će sve biti shvatljivo zahvaljujući znanosti. Do toga će doći najkasnije za trideset godina od sadašnjeg trenutka, a dogodit će se puno brže ako se istine koje sam opisao u ovoj knjizi budu brže širile svijetom.

Elohim će sa sobom dovesti sve velike proroke iz prošlosti, uključujući Mojsija, Elijaha, Budu, Isusa Krista i Muhameda.

Taj dugo očekivani događaj bit će predivan dan u povijesti čovječanstva. Nadam se da ćete biti nazočni kada oni slete kod svoje ambasade i nadam se da ćete moći podijeliti radost znajući da ste u toj predivnoj avanturi odigrali svoju ulogu. Područje ambasade koje će se izgraditi, postat će svjetsko duhovno središte u idućim milenijima. Ljudi svih nacija hodočastit će na ovo "sveto" mjesto. Kopija te ambasade bit će sagrađena pokraj prave ambasade i otvorena za javnost da ljudi mogu vidjeti kako ono izgleda u svojoj unutrašnjosti.

Pa hoće li misija Raeljanskog pokreta završiti dolaskom naših stvoritelja? Nipošto! Baš naprotiv, to će tek biti pravi početak naše misije. Nestankom svih primitivnih religija, ovaj vakuum će se morati ispuniti novom duhovnošću – onom koja je usklađena sa tek nadolazećom tehnološkom revolucijom.

Sada smo ljudska bića koja koriste tehnologiju sutrašnjice sa jučerašnjim religijama i jučerašnjim načinom razmišljanja. Zahvaljujući Elohim moći ćemo dosegnuti duhovne razine prigrlivši njihovu religiju – ateističku – religiju beskonačnosti kao što predstavlja njihov simbol. Vođe Raeljanskog pokreta postat će svećenici te nove religije, koja dopušta ljudima da se osjećaju u harmoniji s beskonačno malim i beskonačno velikim, shvaćajući da je čovjek zvjezdani prah i neuništiva, vječna energija.

Laboratoriji i sveučilišta bit će izgrađeni u blizini ambasade i tamo će, pod vodstvom Elohim, naši znanstvenici moći poboljšati svoje znanje. Na taj ćemo način postupno dosegnuti znanstvenu razinu Elohim. To će nam omogućiti da se otisnemo na druge planete kako bismo i sami stvorili život i mi ćemo postati "Elohim" za one koje budemo stvorili. Na našem su planetu, Brigitte Boisselier i drugi znanstvenici realističke vizije već počeli utirati put novome, postali su "inteligentni planeri", koji će, iako rade za budućnost, biti potpuno svjesni istinske prirode svoje prošlosti i svojih korijena. Kroz nas i kroz njih, duhovnost i znanost će zajedno koračati u miru, ruku pod ruku, napokon oslobođene srednjovjekovnih strahova koji su progonili našu prošlost. To će nam omogućiti da i sami postanemo "bogovi", kao što je davno napisano u drevnim napisima, možda još točnije ili zabavnije "ateistički bogovi."

Dakako, ne zaboravimo da je naš najveći zadatak izgradnja ambasade za Elohim, tako da konačno tu mogu službeno sletjeti i javno biti među nama! A oni će u naš problematičan, a ipak, potencijalno divan svijet donijeti svoja dubokoumna učenja o ljubavi kao i o znanosti.

Rael
Quebec, Kanada
jesen 2005

DODATNA OBAVIJEST

Čitatelji će možda poželjeti uspostaviti kontakt s autorom ili njegovom organizacijom, Međunarodnim Raeljanskim Pokretom (IRM) u vezi s daljnjim obavijestima o njegovoj knjizi i drugim temama. Glavna globalna adresa autora glasi:

c/o The **International Raelian Movement**
Case Postale 225, CH 1211
Geneva 8
Switzerland

Službene internetske adrese Međunarodnog raeljanskog pokreta i vezanih organizacija su:

www.rael.org
www.raelianews.org
www.raelradio.net
www.rael-science.org
www.raelafrica.org
www.apostasynow.org
www.icacci.org

Kako bi upisali na engleski rael-science, koji se distribuira odabirom znanstvenih novosti putem elektroničke pošte, a odnosi se na ovu knjigu, pošaljite prazni e-mail na sljedeću adresu:

subscribe@rael-science.org

Seminari I Kontakti

Svake godine u cijelom svijetu održava se nekoliko seminara gdje se Raeljani sastaju da bi slušali o učenju Elohim, koje su oni predali njihovom proroku Raelu. Ako budete željeli sudjelovati na jednom od tih seminara, ili biti u kontaktu s Raeljanom koji se nalazi u vašoj blizini, molimo kontaktirajte s jednim od niže navedenih Raeljanskih pokreta. Ako želite cjelovitu listu kontakata s Raeljanimama u preko 86 zemalja, posjetite web stranicu: www.rael.org.

Europe

7 Leonard Street
London, England, UK
Tel: +33(0) 6 16 45 42 85
Email: europe@intelligentdesign.com

Africa

05 BP 1444, Abidjan 05,
Cote d`Ivoire, Africa
Tel: (+225) 07.82.83.00
Email: africa@intelligentdesignbook.com

America

P.O BOX 570935
Topaz Station
Las Vegas, NV 89108, USA
Tel: (+1) 888 RAELIAN
Tel: (+1) 888 723 5426
Email: usa@intelligentdesignbook.com
Email: canada@intelligentdesignbook.com

OCEANIA

G.P.O. Box 2397
Sydney, NSW 2001
Australia
Tel: +61(0)419 966 196
Tel: +61(0)409 376 544
Email: oceania@intelligentdesignbook.com

ASIA

Tokio-To, Shibuya-Ku
Shibuya 2-12-12
Miki Biru 401, Japan 150-0002
Tel: (+81) 3 3498 0098
Fax: (+81) 3 3486 9354
Email: asia@intelligentdesignbook.com

UK

BCM Minstrel
London WCIN 3XX
England, UK
Tel: +44(0)7749618243
Email: uk@intelligentdesignbook.com

Zahvale

Zahvaljujem The Fitzwilliam Museum, Sveučilište Cambridge, Ujedinjeno Kraljevstvo, za dopuštenje reproduciranja slike Kristovo krštenje, autora Aert de Geldera, 1710. Ulje na platnu, 48,3 x 37,1 cm.

Isto tako zahvaljujem Nacionalnoj galeriji u Londonu za dopuštenje reproduciranja slike Blagovijest sa svetim Emidijem autora Carla Crivellija iz 1486. Jajčana tempera i ulje na platnu prenijeto s drva, 207 x 146,7 cm.

Colinu Andrewsu (www.CropCircleInfo.com) zahvaljujem na dopuštenju za korištenje fotografije iz zraka s odrezanim krugom iz Cheesefoot Head u Wiltshire, Engleska, u kolovozu 1990.

Zahvaljujem Marcusu Wenneru na brizi oko prijevoda na engleski jezik od strane izvornih govornika knjiga Poruka izvanzemaljaca i Poželimo Dobrodošlicu Izvanzemaljcima, koja čini većinu ovog novog izdanja s prijevodom i osvrtom na djelo.

DRUGE KNJIGE KOJE JE NAPISAO RAEL

SENZUALNA MEDITACIJA
Važan svezak koji prati knjigu pod naslovom *Inteligentni plan: Poruka stvoritelja.*

Da bismo osvijestili svoj um i usmjerili ga prema budućnosti i shvatili svoj istinski potencijal, moramo naučiti kako razbuditi naša tijela koja će do kraja biti otvorena za zadovoljstva svih naših čula... to je životna lekcija koju nam je Rael donio sa svojega putovanja na drugi planet.

U tom svesku on detaljno opisuje meditativne tehnike koje su osmislili Elohim da bi nam pomogli dovesti nas u harmoniju sa beskonačnom prirodom svega.

Pomažući nam intenzivnije uživanje u zvukovima, bojama, okusima, parfemima i nježnostima, ta učenja nam omogućavaju pronalaženje nove kreativnosti u nama samima.

GENIOKRACIJA
Prvi prijevod na engleskom jeziku o krajnje proturječnoj političkoj tezi.

Demokracija je nesavršeni oblik vlade predestinirana na otvaranje puta vladavini genija – "geniokraciji". U ovom sustavu nijedan kandidat za obnašanje političkih dužnosti na visokoj razini ne može ući u izbornu utrku, ako njegova razina inteligencije ne bude pedeset posto iznad prosjeka. Nadalje, da bi mogao glasati, glasač mora imati razinu inteligencije deset posto iznad prosjeka. Geniokracija je, stoga, selektivna demokracija.

Ove stimulativne koncepcije već se primjenjuju na planetu Elohim. Ako nam na pamet ne padne ništa bolje od ovoga, oni savjetuju da se počnemo pripremati za uvođenje sličnog sustava, jer sav ljudski napredak je krajnje ovisan o radu genija.

U prvom izdanju knjige koja se treba izdati na engleskom jeziku, Rael opisuje kako bi tu mogao djelovati takav proces kada jednom testiranje inteligencije bude dovoljno razvijeno.

DA, KLONIRANJU LJUDI
Blistav pogled na budućnost.

U ovoj knjizi Rael, koji je nadahnuo Clonaid, prvu tvrtku koja nudi kloniranje ljudskih jedinki, objašnjava kako je današnja tehnologija prvi korak u potrazi za vječnim životom.

Uz izuzetnu viziju daje nam neobičan pogled na zapanjujuću budućnost i objašnjava kako će naša početna tehnologija transformirati naše živote i napraviti revoluciju u našem svijetu.

To je knjiga koja nas priprema za život u svijetu nezamislive ljepote koji je pretvoren u raj i u kojem će poljodjelstvo i teška industrija postati suvišni primjenom nanotehnologije, a sjajna umjetna inteligencija brzo će preteći ljudsku inteligenciju i obavljati sve dosadne zadatke. Vječni život bit će moguć, u kompjutorskom zapisu ili u serijama stalno pomlađenih ljudskih tijela gdje bi svijet mogao biti mjesto zabave i ljubavi, i nitko više ne bi morao raditi!

MAITREYA
Odlomci iz njegova učenja.

Rael, pretkazani "Maitreya sa Zapada", dijeli svoje učenje i uvid u ovu čudesnu knjigu izvadaka s mnogobrojnih raeljanskih seminara na kojima je podučavao tijekom proteklih trideset godina. Mnoštvo tema poput ljubavi, sreće, mira, duhovnosti, kontemplacije, mita o savršenstvu, nenasilju, znanosti, ljubavnim vezama i još puno toga ispunjavaju ovu knjigu. Odlično štivo za svakoga tko je zainteresiran za razvoj svoje vlastite ličnosti i tko želi imati ispunjen i radostan život.

BILJEŠKE I OSVRTI IZDAVAČA

1. Za biblijske citate u ovoj knjizi korištena je online Biblija Dr. Ivana Šarića (Sarajevo, 1942) u kojoj smo riječi Bog i Gospodin promijenili u Hebrejska izvorna imena Elohim i Jahve.
2. Korišten je manji dio Korana / Sura 21. El-Enbija (Vjerovjesnici)
3. Godine 1975 je Rael uz odobrenje Elohim, promijenio ime pokreta u Raeljanski Pokret.
4. *Napomena:

Izraz ''Inteligentni Plan'' je prilagođen za izdanje ove knjige i odnosi se na koncept izraza ''Inteligentni Dizajn'', koji se koristi kao objašnjenje inteligentnog stvaranja života bez nazočnosti koncepta boga ili koncepta evolucije

BIBLIOGRAFIJA

Biblija Dr. Ivana Šarića (Sarajevo, 1942)

INDECKS

www.ingramcontent.com/pod-product-compliance
Lightning Source LLC
Chambersburg PA
CBHW051813090426
42736CB00011B/1453